新文科

中外文化互鉴
科技人文融合丛书

总主编 彭青龙

# 数字人文阅读

## Understanding Digital Humanities: A Reader

主编◎金 雯 王 贺

上海交通大学出版社
SHANGHAI JIAO TONG UNIVERSITY PRESS

**内容提要**

本书囊括目前数字人文研究的代表性研究,对其在不同领域的总体发展趋势、研究特点、方法等进行了简要描述、概括和解释,为一本指南型读物。本书分七章,汇集数字人文领域的重要研究文献,方便学生很快地了解数字人文在不同人文社科领域中的应用,比较便捷有效地掌握数字人文的基本方法和研究实例。具体来说,第一章是基本方法文献,后面的五章为学科专业板块,分文学、历史、艺术和艺术史、新闻传播学以及教育学,最后一章是数字人文的理论反思。本书所选文献比较有代表性,难度分布适中,便于本科生和研究生自习或随课程学习。

**图书在版编目(CIP)数据**

数字人文阅读/金雯,王贺主编. —上海:上海
交通大学出版社,2025.5. —ISBN 978 - 7 - 313 - 31073 - 6

Ⅰ.C39

中国国家版本馆 CIP 数据核字第 2024H9G043 号

**数字人文阅读**
**SHUZI RENWEN YUEDU**

| | | | | |
|---|---|---|---|---|
| 主　　编: | 金　雯　王　贺 | | | |
| 出版发行: | 上海交通大学出版社 | 地　　址: | 上海市番禺路 951 号 | |
| 邮政编码: | 200030 | 电　　话: | 021 - 64071208 | |
| 印　　制: | 苏州市越洋印刷有限公司 | 经　　销: | 全国新华书店 | |
| 开　　本: | 889mm×1194mm　1/16 | 印　　张: | 15 | |
| 字　　数: | 391 千字 | | | |
| 版　　次: | 2025 年 5 月第 1 版 | 印　　次: | 2025 年 5 月第 1 次印刷 | |
| 书　　号: | ISBN 978 - 7 - 313 - 31073 - 6 | | | |
| 定　　价: | 72.00 元 | | | |

# 前　言

自数字人文在中国勃兴以来,学界、出版界已组织翻译、编写多种数字人文入门读物(含技术入门读物)及其与不同学科专业领域结合而产生的研究成果选集,但一部能够囊括目前各个人文学术及相关领域的数字人文研究的代表性研究,且能对其在不同领域的总体发展趋势、研究特点、方法等进行简要描述、概括和解释的指南型读物,目前尚未出现。基于此种认识,受"中外文化互鉴 科技人文融合"丛书主编、上海交通大学彭青龙教授和上海交通大学出版社的委托,我们组织国内数字人文及相关领域的知名专家学者和拥有长期业界实践经历的专业人士,精心编写了这本《数字人文阅读》,以帮助对数字人文感兴趣的读者,尤其是青年学子、学者更好地理解这一领域的历史与现实、理论与实践、成就及其不足。

本书共七章,亦即七个单元。其中,第一章为对数字人文基本方法的概述,以满足读者对这一新的研究方法、取向进行理解的需要(但正如下文及本书力图想要说明的那样,数字人文不应该只被看作一种研究方法),其余六章则聚焦于特定领域的数字人文研究,或是数字人文的某一侧面,某一重要问题。但无论是对方法的说明,还是对某一领域的数字人文发展的宏观和微观分析,每章在结构上均由"导言"和两到三篇代表性的研究论著组成。毫无疑问,"导言"是对整章主题的解释和说明。以第二章"文学研究中的数字人文"为例,其"导言"不仅旨在说明文学是什么、文学研究是什么,不仅考察了文学研究与数字人文的关系,还致力于描述和分析全球范围内文学研究中数字人文的发展现状、研究方法和典型案例,最后还有对本章主题的批判性思考。而紧接着出现的两三篇文章,既可看作对"导言"的论证,同时也是"导言"的论据,尽管它们所扮演的角色和给读者带来的阅读难度不尽相同。一般而言,每一单元的第一篇文章较为通俗易懂,可能比较适合零基础或刚刚走进此领域的读者,而第二篇、第三篇文章就要稍难一些,可作为进阶阅读的对象。需要说明的是,有些文章因篇幅太长,在收入本书时我们做了一定程度的压缩和精简,当然也包括一定程度的重新翻译和校对,这些工作都由每一单元的编者来完成。

除此之外,与一般性的选本、入门读物不同的是,我们不仅在每篇文章的前面为读者提供了数百字的"导读",以说明此文的贡献、作者的研究思路和我们选择此文的理由,在文章结束以后还提供了我们搜集并向读者推荐的"延伸阅读文献"清单,并在文章的主体部分添加了不少注释。这些注释与原文作者的注释、译者的注释不同,其作用主要为帮助那些零基础的数字人文读者、爱好者理解这一领域的特定术语、概念、研究工具、方法和技术等,以降低其入门门槛。与此同时,这些言简意赅的注释的数量也被严格限定在一定的范围之内,亦即一个人文学科(如汉语言文学、英语语言文学、历史学、艺术学等)的高年级本科生需要专门理解且可由此获得正确理解的层次之上。全部注释,连同这些我们精选的研究论著、我们撰写的"导言""导读"和推荐的"延伸阅读文献",一起构成了本书的"正文本"。换言之,本书并不是一部由不同主题的中外数字人文研究成果组成的论文集,而是根据一定的原则、结构和编者的反复考虑、精诚合作而形成的一部面向高年级本科生、研究生和来自其他领域的数字人文爱好者的数字人文读本,是对既有的数字人文出版物的补充、丰富和发展,也是促进数字人文在当下、未来能够取得更大进步的新的努力。

当然,这里所谓的"一定的原则和结构"既包括上文已经言明的部分,更指向本书的编写框架,即除了首章概述数字人文方法之外,其余六章何以呈现出如此这般的"书籍的秩序",甚至也可能还包括这样的问题,例如,有的读者也许会有疑惑,为何本书未能纳入更多的人文学术领域的数字人文研究的进展和成果。事实上,在设计、讨论本书的编写框架时,我们首先遵循的是一般对于"人文学术""人文社会科学"的理解,亦即将"人文学术"置于前,而将"社会科学"置于后,同时,将"人文学术"看作文学研究、历史研究、哲学研究、艺术研究等领域的集合,故此本书主体部分的前三章依次为"文学研究中的数字人文""历史研究中的数字人文""艺术和艺术史研究中的数字人文"。但有心的读者也许已经注意到,这里明显缺乏对哲学研究领域中的数字人文这一主题的探讨。何以故呢?这主要是由于我们考虑到,目前在这一领域数字人文的发展还不太充分(尤其是与文学、历史研究等领域相比),同时,一些所谓的关于数字思想史、观念史的研究亦可被放入"历史研究中的数字人文"这一主题来进行讨论。

其次,本书也包含着我们对数字人文本身的理解。这一理解的核心在于,我们认为,数字人文首先应该是面向人文学术的数字研究(方法、方式、形态、生态),是可以与既有的人文学术对话、利用数字技术和方法而形成的新的研究实践,是人文学术在数字时代的新的发展的可能。但同时我们也注意到,无论是在中国,还是其他国家和地区,数字人文都呈现出一种鲜明的跨学科性,在社会科学领域也引起了一定反响。之所以本书第四章是对一般被认为是社会科学分支领域的新闻传播学与数字人文的关系的探讨,或者说,在所有社会科学领域,我们只选择新闻传播学的原因,也正在于此。具体来说,这不仅是由于这一领域的学者对数字人文多有关注,较早地展开数字人文研究(甚至早于许多人文学术领域的研究者),而且对数字读写能力(数字素养)、数字出版、数据新闻、数据可视化、算法和模型的批判和探索,实际上也构成了该领域目前最为前沿的研究实践。更重要的是,所有这些议题和研究对象既与作为学术研究领域的数字人文息息相关,构成了许多数字人文研究者关心的核心议题,也指向了一种面向大众的、偏重应用和推广的数字人文生产实践,而这同样也是数字人文的重要组成部分。相形之下,其他的社会科学分支领域则显得逊色不少。此外,也有社会科学领域的学者提出所谓的"计算社会科学""数字社会学"等研究思路、范式,既与我们理解的数字人文之间存有一定差异,也已出版诸种专门著作,有兴趣的读者不妨取以参阅。

与前五章相比,本书末两章的主题、在全书中的地位及与之相应的编写方式,似稍显特殊。前者集中于数字人文教育和教学,后者关注的是数字人文的理论探究与争议,二者虽各有其重心,但不变的、贯穿其中的是"全球视野"这一编写原则。在数字人文教育和教学中,来自国外 iSchool 联盟的数字人文教育、教学经验值得我们参考、借鉴;而在国内,在新文科这一新的高等教育政策、理念的影响下,数字人文的发展不仅迎来了新的契机,也在逐渐形成新的格局,亦须深入讨论。在数字人文的理论探索与争议中,我们固然深知自数字人文诞生之日起,围绕着这一概念已产生许许多多的讨论和论争,但在本书中,我们更关心的、也更想要澄清和回应的(或许也是目前国内外数字人文学界争议较多的)话题,则是数字人文与新自由主义、工具主义、基础设施等理论、成说之间的争议。但相关的理论论争文献数量极多,实难缩小为本书规定的两三篇之数。因此,我们在这两章中充分考虑到这一主题的特殊性,并未延续前面各章的编写方针,而是采取了一个折中的办法,即由编者撰写一长篇综述,对其予以概述;同样地,原定的"延伸阅读文献"亦改为"重要论争文献",置于文末,读者或可凭此线索,走向对数字人文理论的更深入的探索。

最后,也许还有必要对本书的编写过程等问题作一交待。本书的编写程序为:首先由主编金雯、王贺商讨确定编写此书,并邀请国内数字人文及其相关领域的知名专家学者和业界人士组成编委会,其后组织多次线上和线下会议,就全书的编写理念、原则、结构和体例反复讨论,并以我们提供的全书目录和范文为例,展开遴选、编辑、注释和其他方面的工作。第一章到第七章的编撰者分别为金雯、王贺、王涛、吴维忆、尤莼洁、于丽华与赵薇。最后,由主编统整全部稿件,并撰写全书前言,提交丛书主编审阅,待其审阅结束后,再提交出版社进入编辑、审校、出版程序。

现在,在全体编者和本丛书主编、出版社领导和本书责任编辑的共同努力下,我们终于完成了本书的编写、审校和出版工作,将这一共同努力的成果,呈现到了读者面前。在此,请允许我们对全体编委会成员及催生本书的相关人士所付出的辛勤劳动和贡献的无量智慧,致以衷心感谢。同时,我们也诚恳地希望在本书的阅读、流通过程中,能够得到广大读者的批评指正。

金雯/华东师范大学中文系、国际汉语文化学院
王贺/上海师范大学中文系、数字人文研究中心
2024 年 12 月于上海

# 目　录

第一章

# 数字人文基本方法

# 导　言<sup>①</sup>

数字人文是一场阅读革命,本质上是使用机器算法来阅读和分析文本,有时候是很快地阅读分析大量文本,有时候是阅读分析文本中包含的数量较大的某类数据。机器在某些方面的阅读能力可能会超过人类,也可能发展出与人类不同的阅读能力。对文科学者和学生来说,这是令人激动的前景,也经常会使人忧心忡忡。

机器如何阅读和分析? 在本章的选文中,我们可以看到,计数(比如词频统计和人物网络)并进行可视化处理是机器阅读的核心技能。计算机算法在这些任务上有着得天独厚的优势,这是毋庸置疑的。不过,文科人一般总要询问一个更难的问题,那就是这些计算机拥有的阅读分析能力与人类头脑处理文本信息的能力之间有着什么关联? 进而,我们可以问,在阅读方面,电脑能代替人脑吗? 会对人脑形成助力还是威胁,还是兼而有之?

首先,从助力角度来看,人类研究者对文本的解读必然建立在某些假设的前提下,这些假设往往缺乏数据支撑,而机器阅读可以帮助我们很快地建立这些基本假设和命题的实证性。正如本章第一篇选文所言,人文研究向来有注重实证性的传统,对实证的需求并不源自数字人文,但数字人文相当契合这个实证传统。比如,在研究18世纪欧洲小说的时候,研究者通常会从这样一个假设出发,即认为此时人们还没有完全建立起虚构叙事可以写实的观念,因此这个世纪出现的标志性小说奠定了虚构小说的写实功能。但如果我们想要确定这个前提是正确的,就不能仅仅依靠对几个重点文本的细读,而需要对18世纪出版的大部分虚构叙事的"写实性"做一个统计。这种统计不一定要用到计算机算法,但仍然是一种数学统计。为了实现这一点,首先需要建立数据库,将18世纪出版的所有小说都放到数据库中,对出版信息加以归类和标注,随后必须找到一个可以简单确定文本"写实性"的方法。研究者尼古拉斯·佩奇(Nicholas Paige)曾根据18世纪法国出版的虚构叙事指出,我们可以比较简单地从叙事中的主要人物入手来确定小说的写实性。如果叙事中的人物为知名公共人物,那么该文本很难归为虚构,也就不能称之为写实,只能说是纪实,但假如文本中的人物为无名氏,而其生活环境又是一个与现实比较符合的同时代国家,那么我们可以基本确定这是一部虚构的写实作品。<sup>②</sup> 这样,人类研究者不需要仔细阅读18世纪法国小说,便可以快速验证这些作品是否体现了一种新的文学观念的诞生。同理,也有学者从18世纪英国出版的叙事作品的标题中去判断"小说"一词在何时变得流行,是否代表了与之前叙事观念的一种断裂。<sup>③</sup> 这两项研究告诉我们,人文研究者需要实证考察,需要对文学类数据进行

---

① 本章导言由金雯撰写。

② Nicholas Paige, "Examples, Samples, Signs: An Artifactual View of Fictionality in the French Novel, 1681 - 1830", *New Literary History*, Vol. 48, No. 3, 2017, pp. 503 - 531.

③ Leah Orr, "Genre Labels on the Title Pages of English Fiction, 1660 - 1800", *Philological Quarterly*, Vol. 90, No. 1, 2011, pp. 67 - 95.

批量分析。即便不用到计算机,这种思维已经提示了数字人文的必要性。

我们只要往前再进一步,数字人文也就孕育而生了。我们接下来在第二章中会看到苏真(Richard Jean So)与霍伊特·朗(Hoyt Lang)的研究。他们的目标是通过机器训练,让计算机学会对20世纪初美国文学杂志上发表的短诗进行分类,将其中类似"俳句"的作品准确辨认出来,以此从量化角度来说明东方诗学对20世纪初美国诗坛的渗透和影响,使这个论点更具有实证性。他们用监督学习的方法向机器传授人类辨认俳句的路径,然后请机器尝试对一定数量的诗作进行分类,并对其分类结果做出从人类读者出发的检验。研究者也同时对这些诗作分类,并与算法辨别的结果进行比较。这项研究一方面使用算法对俳句的影响做出量化计算,一方面也对机器的阅读能力做出检验,考察机器阅读在按照人类的分类标准进行训练后与人类阅读者会出现什么样的异同点。这项研究告诉我们,人类研究者在使用机器算法进行文本数据分析的时候,始终处于设计师的统领位置,而且对自己的研究方法保持着切近的反思。他们不断通过各种实验摸索机器阅读与人类阅读的关联与异同。

同样的研究思路出现在很多数字人文的实例中。有学者研究如何使用算法来批量区分侦探小说与科幻小说等叙事文类,他们一方面让机器帮人判定文本类型,辅助人类劳动,另一方面以这样的方式来补充人类视角下对这两种体裁之间的差异的认识,进行理论反思。同样,加拿大学者安德鲁·派博(Andrew Piper)考察了《少年维特的烦恼》中的用词规律如何出现在歌德后期的作品中,并考察了这些词汇特征中包含的隐喻意义,告诉读者机器在词频统计时可以做得更精细更准确,能按照人类阅读模式帮助人类处理文本数据,也能开拓人类阅读能力的边界。[1] 许多研究者已经向我们揭示,计算机算法最重要的优势就在于可以挖掘人脑在写作和阅读过程中几乎是无意识处理的大量数据。我们写作时对词汇和标点的使用往往是不假思索的,在阅读的时候也不会对此太过关注。我们可以让机器帮助我们统计和分析平时我们不注意的标点、代词和句式等语法细节,以帮助我们发现尚未充分揭示的文本规律和人类意识维度。人机互动阅读的潜力是巨大的:首先,这种合作补充了人类阅读中实证性的匮乏;其次,这整个过程激发了人类研究者的方法论思辨,使他们能反思自身阐释能力的边界,也能尝试突破这种边界。机器阅读并没有脱轨或与人作对。

尽管如此,仍然有许多人文学者认为数字人文对人类阐释传统构成了威胁,许多有关数字人文的争议都源自有关人类独特的解读方法是否会因为数字人文的崛起而被取消的担忧。人类阐释的特殊之处有很多,不仅时而依赖模糊的直觉,也经常体现为一种以分析为基础的创造性综合阐释。前者或许贝叶斯统计也能模拟,但后者至今还是无法依靠电脑完成的。因此人类人文研究者往往想要给数字人文泼冷水,给当下的数字人文研究"找茬"。这种对抗是极其必要的,对数字人文领域的规范化是有益的。不过,正如赵薇在最后一章中所言,这种激烈对抗的态度也可能会固化某些偏见,强化人机区隔,这就有悖批评的初衷了。如前所述,计算机阅读并未呈现出取代人类阅读的趋势,最好的数字人文研究都呈现出一种人机合作的模式,人类研究者利用机器算法,对算法搜集的证据加以创造性综合并由此提出对文本的崭新阐释,达成计算机和人类独自都无法完成的任务。当然,赵薇也同时指出,数字人文可能会加剧新自由主义和工具主义对人文学科和人文精神的蚕食。需要注意的是,这些隐患与人类自身的生产制度和生产关系有着密切关联,体现的不只是技术的力量,而且是社会制

---

[1] Andrew Piper and Mark Algee-Hewitt, "The Werther Effect I: Goethe, Objecthood, and the Handling of Knowledge", in *Distant Readings: Topologies of German Culture in the Long Nineteenth Century*, edited by Matt Erlin and Lynne Tatlock, Rochester: Camdem House, 2014, pp. 155 - 184.

度在与技术革新的碰撞中可能产生的问题。技术对人的意识和社会构成有巨大的影响力,但不能说是决定性的因素。

　　本书所有的编撰人都是人机合作的拥护者,并不无谓地惧怕算法的威胁,也总是尝试保持对社会制度的检省和批判,以我们自己的方式来回应有关数字人文的担忧,并减少其隐患。这也是我们编撰此教材的最根本原因。

# 远读的系谱[①]

**导读：**本文原载于《数字人文季刊》(*Digital Humanities Quarterly*, DHQ)2017 年 11 卷 2 期，题为"A Genealogy of Distant Reading"，转载于《数字人文》2020 年第 2 期。作者认为数字人文研究的核心术语"远读"(distant reading)与文学社会学、人类学等社会科学学科有着紧密的关联，远读模式的谱系不仅比计算机算法出现得早，其精髓也并不在于使用越来越先进的算法。所谓对文本进行实验性研究，就是要提出假设，采集和分析数据，并做出推论，审视之前的假设。这个过程贵在挑战确认性偏差，提出新的阐释。这篇文章很可贵地告诉我们，数字人文当然要为算法和统计科学伤脑筋，尤其是考察体裁和文类如何能够通过现有的数学和文本信息统计手段建模，但更重要的是，我们需要提出我们想要解决的人文学科问题——即有关文学与社会关系的问题，并用适当的量化手段推进分析。很多情况下，用算法无法直接解决的问题反而可以通过较为传统的实验和统计手段获得。作者对数字人文的知识论基础提出了一个重要而简洁的观点，数字人文中的"数字"必须宽泛地理解，文学与社会的关系的大问题可以通过量化和实验的方法获得，但"数字"不等于最高精尖的数学手段。阅读这篇文章有助于平衡文科学者对高等数学和计算机科学方面掌握不够的忧虑，告诉我们数字人文的根本方法论在于用新的证据重新验证文学意识形态功能的基本假设，使用算法和机器学习为我们提供了重要手段，帮助我们提出和修正学术问题，但不应该成为量化研究的边界和限制。当然，作者安德伍德深谙算法的重要作用，知道文学文本使用算法可以考察机器阅读模式的特征，使之与人类阅读模式发生对话并互相渗透影响。在另一篇文章《机器学习与人文视角》(*PMLA*，2020)中，他论述了用机器模拟人类视角，测试科幻小说和幻想小说这两种文类标准的历史沿革的方法。最终，所有人文学科中的术语和范畴都是在具体历史语境中产生的，因此机器的算法总是被人类社会的变化所牵引，必须跟随其变化而变化，也为读者提供了拓展自身视野的些许可能。

近十年内，用实证研究方法去描述文学史渐趋流行，成为数字人文的一个次领域。起初，我并不重视这一实证方法与文学史研究相结合的做法，学者研究的对象是复杂的历史，而这却是一种新闻快讯式的处理方法。譬如《纽约时报》所载，凯瑟琳·舒尔茨(Kathryn Schulz)在 2011 年将远读描述为"目前在'数字人文'标题专栏下正在扩散的"众多方法之一。[②]认为有必要较真的读者可能会反驳说，这两

---

① 作者：泰德·安德伍德(美国伊利诺伊大学巴纳-香槟分校英文系、信息科学学院)；译者：伊豆原英悟(清华大学人文学院)；导读、注释：金雯。

② Kathryn Schulz, "What Is Distant Reading?" *The New York Times*, June 24, 2011, http://www. nytimes. com/2011/06/26/books/review/the-mechanic-muse-what-is distant-reading. html.

者其实互不包含。"远读"和"数字人文"课题在 2011 年之前就已经有所对话,它们是在此之前十年,在不同的学术领域,为描述不同的研究而创造的两个术语。在较早出现的"远读"实例中,数字科技并没有扮演核心的角色。

最近,我已经注意到了学者开始用类似的方式讲述学术史:即把所有对文学史的量化的或实证的研究方法都看作该学科的数字化转型。例如,在艾米·埃尔哈特(Amy Earhart)的"数字文学研究"的系谱中,"远读"被描述为学术传统中出现的最新转向,而她所指的学术传统最初都以编辑理论和互联网为核心:"我在本书第一部分阐述的电子文本大部分试图'再现'[1]:技术主要运用于创造理想化的或者优于纸质文本的版本。随着诸如斯蒂芬·拉姆齐(Stephen Ramsay)、弗朗哥·莫莱蒂(Franco Moretti)、马修·乔克斯(Matthew Jockers)、杰弗里·罗克韦尔(Geoffrey Rockwell)等现代数字学者尝试运用技术降解、形塑并革新文学文本,数字文本研究(digital literary studies)乃至范围更大的数字人文领域目前的趋势是逐渐远离对'再现'的关注而趋于阐释性功能。"①

也许可以说,在"数字文本研究"(埃尔哈特认为这一传统可以追溯到 20 世纪 90 年代的互联网带来的巨大影响)领域,阐释性问题的出现可能相对较晚,但是埃尔哈特在文章中提到的这些学者却比网络要年长得多。文学的量化解读可以从书籍史、社会学和语言学回溯至 19 世纪的一系列实验中去。② 这一模式从狭义上来说是数字人文的一个分支——就像我们可以说披萨是美国菜的一个分支一样。这两者都是从不同社会背景中引进的,并且都继承了其自身更加久远的历史。如今,远读和人文社会学常被纳入"数字人文的大数据研究"。③ 在我看来,这是把重点放在了一个奇怪的地方,意味着我们已经开始忘记(或者至少要淡化)我们过去的工作成果。"大数据"是 21 世纪的技术专业的流行语。把它作为一个分类项,用它来归整更为久远的针对人类文化组织的研究模式,就是一件奇怪的事。

为了厘清已经开始被合并在一起的不同的知识传统模式,本文要把目光转向 20 世纪中叶。我要特别强调的是,远读不是一种新趋势,它既不是数字技术决定的,也不是由当代对于"数据"这个词的热衷而定义的。自称做远读分析的研究者(distant reader)所提出的问题,原本是由那些研究文学史和社会科学的交叉研究学者(如雷蒙德·威廉斯和詹尼斯·莱德威)架构起来的。当然,计算机科学也是至关重要的影响因素之一。但是,从本质上来说,将远读和其他的文学批评形式进行区分的核心实践并不是技术运用,而是一种将历史知识探究描述为实验的做法,这种实践所使用的假设和样本(文本或其他社会证据),是在作者得出结论之前就被定义好的。

在人文学科中融入实验研究的探索为我们提出修辞学和社会学意义上的挑战,这与整合数字媒体带来的挑战全然不同。人们愿意看到——也很可能看到——从事远读分析的研究者和数字人文学者合作共生。但是我们不能认为这种共容性是理所当然的,好像它们是同一事物不言而喻的两个不同版本。它们并非如此,关于它们共存的制度化形式还需进一步商榷。

---

① Amy Earhart, *Traces of the Old, Uses of the New: The Emergence of Digital Literary Studies*, Ann Arbor: University of Michigan Press, 2015, http://dx.doi.org/10.3998/etlc.13455322.0001.001.
② T. C. Mendenhall, "The Characteristic Curves of Composition", *Science*, Vol.9, 1887, pp.237 – 246; L. A. Sherman, *Analytics of Literature: A Manual for the Objective Study of English Prose and Poetry*, Boston: Ginn, 1893.
③ Frédéric Kaplan, "A Map for Big Data Research in Digital Humanities", *Frontiers in Digital Humanities*, Vol.2, 2015, pp.1 – 7.

# 一 ▶ "远读"

文学研究并不是一个新概念。俗语文学研究(vernacular literary study)大规模地在 19 世纪进入大学时,已经是一项有着宏伟目标的项目了,它试图追踪近一千年间文学、语言和社会的平行发展。直到 20 世纪,文学研究才出于实用目的局限于单一文本的精读。如果我们以长远的眼光来考察文学学科的历史,最近对大型数字图书馆的研究就成为一个更为宽泛的趋势的表现。这一趋势始于 20 世纪中叶,其倾向于回归文学研究原初的历史志向。

但是这也有点太长远了,对理解当今学术争论没有太多帮助。为此,我们需要一个更为严谨的架构,这个架构能够积极地描述过去约半个世纪的文学史实证研究方法所要达到的目标,而不是将实证研究简化为 21 世纪技术的作用。本文就将提供这样一个中等规模的解释。我选择的架构即"远读"这一概念。我想从一开始就表明一点,这个词并不是必然的,还有其他一些适合的选项。安德鲁·格德斯通(Andrew Goldstone)认为"远读"倾向于突出文本的阐释(阅读),而忽视社会结构问题。① 詹姆斯·F. 英格里希(James F. English)已经阐明,我们可以围绕"文学社会学"(sociology of literature)展开与下文类似的叙述。② 如果想包括文学研究以外的学科,那么"文化分析"(cultural analytics)可能是同样合适的选项。简言之,就像大多数的历史现象一样,我所描述的趋势是由众多重合的驱动力组成的,正确的描述方法也不止一种。

我之所以选择"远读",是因为这个概念可以凸显文学历史实验的宏观尺度,而不是局限于讨论理论性假定、方法或分析对象。尽管我理解格德斯通对词汇的疑虑,可我认为我们还是可以把"阅读"解释为对社会结构,同样也是对文学形式的探究。"远读"这个词生动而令人难忘,因此有一个关键性优势,不像"某某挖掘"或"某某分析"这些词一样令人感到生硬。另一方面,它确实也有一个显著的缺点:它通常被理解为新兴事物,这会妨碍我们把 20 世纪的研究成果囊括其下。我需要在接下来的篇幅中深化传统叙述。"远读"一词的确是莫莱蒂在 2000 年前后创造的,虽然他是我所要描述的学术传统中的重要学者,但也没有理由把他发明的这个词作为整个模式兴起的原点。"远读"这个命名所描述的不是一种全新的方法。这个词在《世界文学猜想》一文中首次出现的时候,实际上表示的是一种常见的学术活动,即对以往研究的综述。③ "远读"已经逐步演变为研究文学史某种具体方法的代名词,但这种被描述的方法无疑是远远早于此术语出现的。

莫莱蒂在 21 世纪之初的研究是重要的,这不仅因为它开创了探索宏观文学的思路,还因为它为既有研究注入了新的可能性,催生了具有论辩性的研究理据。关于莫莱蒂的贡献,我乐于谈论更多,但本文有一个更大的目标——一个兴起于 20 世纪晚期的批判传统,这包括原本被称为"书籍史"或"文学社会学"以及最近被强调的量化性实践。所有这些研究方法的共同点在于提出了有关文学的历史性大问题,并通过研究社会样本或文献证据来回答。这些示例样本的数量从几十个到上百万个甚至更多。我

---

① Andrew Goldstone, "Distant Reading: More Work to Be Done", August 8, 2015, https://andrewgoldstone. com/blog/2015/08/08/distant/.

② James F. English, "Everywhere and Nowhere: The Sociology of Literature after 'the Sociology of Literature'", *New Literary History*, Vol. 41, 2010, pp. v – xxiii.

③ Franco Moretti, "Conjectures on World Literature", *New Left Review*, No. 1, 2000, https://newleftreview. org/II/1/franco-moretti-conjectures-on-world-literature.

无意于规定表征的具体模式或范围,更想强调对样本进行实验性研究这个根本旨趣,以及认为文学史样本必须是被构建而不是现实存在的这个预设。

这个预设相当宽泛,并不罕见,因此我所描述的研究传统可能缺乏清晰的界定。许多传统文学史研究会在开头构建一个非正式的样本,例如哥特小说。这些研究把样本的构建从历史推演的过程中分离开来,从这方面来讲,我认为这已经近似于远读了。[2]因为这种文学研究方法的某些版本可以追溯到19世纪,所以去寻找一个起源的时刻是毫无意义的。远读的出现,不是当某一位文学学者在决定尝试社会科学方法时灵机一动产生的,而是通过一系列的尝试,才逐渐从偶然的史学实践逐步转换为明确的试验方法。

## 二　20世纪中叶的发展

我们可以通过不同的途径来勾勒远读的长时段历史。马克思主义文学理论是重要的影响源头;雷蒙德·威廉斯也是值得单独成为一个章节的。他1960年前后的著作奠定了文学量化研究的理论基础,至今还在支撑着许多当代的研究。例如,他坚持文学文化从来都不是一个统一的对象,而是由一个不断闪现的新的形式和残留下来的旧有形式组成的"羊皮卷式"文本[3],这些旧有形式也会在接受选择的过程中发生回溯性转化。读过威廉斯的著作后,就很难会想象有文学范例的单一定义,或唯一正确的文学文献史。在《漫长的革命》(The Long Revolution)一书中,威廉斯也通过思索"长时段"(la longue durée)观念预示了当代的远读,并强调了我们对过去的无知:"没有人真正了解19世纪的小说。没有人读过,或者可能读过这个时期的所有文本,不管是印刷的书籍还是廉价的连载刊物。"①

对远读出现的完整解释也可能要占据书籍史的一个章节。书籍史学者不得不明确地定义样本,因为图书馆不能涵盖他们研究的全部内容。同时,书籍史学者们也推动文学史更加具体地定义其研究对象,比如把文本生产过程从传播和阅读实践中分离出来,但这些研究已经广为人知。[4]②由于篇幅有限,我必须跳到远读发展史的后期。书籍史的理论基础发展起来之后,马克思主义文学理论开始结合来自社会科学的实验方法,我们可以从詹尼斯·莱德威的《阅读罗曼史》(Reading the Romance,1984)中找到这种结合的完美例子。

这本书挑战了大众文学仅仅传播意识形态这一普遍的认识,成了女性主义学术的里程碑著作。莱德威认为,批评家们草率地把自己的阐释习惯强加于其他读者。例如,一个批评家挑出一本通俗小说,辨识出似乎是隐藏在情节中的性别规范,并断定此书的作用就是要强化这些规范。但这种做法能在多大程度上告诉我们读者的实际想法?读者更重视这些故事的哪些方面?这些书在读者的生活中扮演了什么角色?莱德威通过研究一类与某书店有联系的女性群体,推断读者对故事意义的掌控力比批评家预想的要大。爱情小说似乎起到了类似"独立宣言"的作用,即使叙述呈现了传统的性别角色,也可以使读者从作为妻子和母亲的责任与压力中解放出来。之后的很多关于粉丝文化的主体能动性作用研究的论点都得益于莱德威的结论。

莱德威的方法依赖于问卷调查、采访和数据,而文学研究者迟迟没有借鉴她的方法。

---

① Raymond Williams, *The Long Revolution*, New York: Penguin, 1985, p.66.
② Robert Darnton, "What is the History of Books?", *Daedalus*, Vol.111, 1982, pp.65-83.

表 1 莱德威关于"爱情小说中最重要的三个元素"的调查统计①

| 问题:爱情小说中最重要的三个元素是什么 | | | |
|---|---|---|---|
| 回答 | 选为第一重要特征的人数 | 选为第二重要特征的人数 | 选为第三重要特征的人数 | 选择该项作为重要特征前三位的总人数 |
| a. 有皆大欢喜的结局 | 22 | 4 | 6 | 32 |
| b. 有许多场景带有直白的性描述 | 0 | 0 | 0 | 0 |
| c. 有许多关于远方和跨时代的细节描述 | 0 | 1 | 2 | 3 |
| d. 男女主人公之间存在长期的冲突 | 2 | 1 | 1 | 4 |
| e. 有对恶人的惩罚 | 0 | 2 | 3 | 5 |
| f. 男女主人公之间有细水长流的爱情 | 8 | 9 | 6 | 23 |

乍看上去,莱德威的量化式方法与我们熟悉的远读实例相去甚远。她不讨论算法,使用数字的目的主要是用来计数和比较,比如询问读者最看重小说中的哪些元素。最近的远读研究已经发展到比这更为复杂的程度,但是同时也可以使用同样简单的手段。比如,莫莱蒂依靠现有书目来测量各种写作文类的寿命周期,我曾经询问过读者关于他们对 90 部爱情小说中时间逝去的印象。

诚然,当代远读研究通常基于文本证据,或者是基于过去人物的社会证据而非基于问卷调查。采用远读方法的研究者无疑关心读者的接受情况。② 可是,当你在研究"长时段"的时候,很难找到活生生的见证者去采访,所以很少有采用远读方法的研究者将接受程度描述得跟莱德威的《阅读罗曼史》一样丰富多彩,其中的差别是非常明显的。但是,我想强调的是一种核心研究实践,它足够宽泛,可以涵盖不同类型的文本证据。莱德威将她所提出的问题与为回答问题收集到的证据,以及她最后得到的结论相区别,如此而已。此外,她还将研究过程的这些方面按时间顺序组织起来。简言之,莱德威的书是作为一个实验而设计的,而且可以肯定的是,这是一个观察性实验。莱德威并非在测量干预所产生的影响,她也不以严格的假定和演绎的形式来表达她的推理。相反,她从人类学角度出发,让自己在看到有趣的细节时停下来,发表评论。毕竟,她在探索一个新的研究领域,遭遇着一些尚未正式定义的问题。但从根本上来说,《阅读罗曼史》一书实质上属于"经验主义研究",是以"检验某某假定的有效性"为目标的。③ 莱德威的叙述坦率而有趣,这本著作可能读起来并不完全像社会科学专著,但是,她所使用的修辞都是在尽量谨慎地避免"证实性偏差"(confirmation bias)[5]。这就是使用范围定义清晰的读者和小说样本,而不随意引经据典地迎合早已被定义的理论的意义所在。

莱德威博士学位的研究领域是美国研究,她目前在教授传播学。但其他社会科学的传统也还徘徊在《阅读罗曼史》的背景中。此书的问卷调查和采访也都与社会科学的方法相呼应。当莱德威审视罗

---

① Janice Radway, *Reading the Romance: Women, Patriarchy, and Popular Literature*, Chapel Hill: University of North Carolina Press, 1984, p.67.

② Anne DeWitt, "Advances in the Visualization of Data: The Network of Genre in the Victorian Periodical Press", *Victorian Periodicals Review*, Vol.48, No.2, 2015, pp.161-182; Algee-Hewitt, Mark and Mark McGurl, "Between Canon and Corpus: Six Perspectives on Twentieth-Century Novels", 2015, http://litlab.stanford.edu/LiteraryLabPamphlet8.

③ Janice Radway, *Reading the Romance: Women, Patriarchy, and Popular Literature*, pp.11, 13.

曼史小说本身时,她的方法又同时呼应了社会学和结构人类学。例如,在系统地阅读了20部爱情小说后,她发现了一套"二元对立"法则,女主角、女配角、男主角和男配角总是处于一个对称的结构中。[①] 她用正负号来表述这个结构当中的两极对立关系,让人回想起列维-施特劳斯《野性的思维》(*The Savage Mind*,1965)中的图解。她对每部小说进行系统化取样和编码,正呼应了社会学家应用于大众媒体"内容分析"的手法。

或许我们还需要特别强调一点:语言学不是莱德威研究的重点。当代的远读受到另一种知识传统的影响,致力于语言细节的量化分析。这个传统贡献很大,这一点我们必须承认。但我认为在关于远读的当代叙述中,语言学可能显得有些过于抢眼,以至于让我们看不到其他事物的存在。语言学范畴和莱德威探求的社会学范畴同等重要,我并不是要让两个科目一较高下。相反,我认为我们需要同时看到这两者的影响,以便理解构筑此项研究任务的普遍性方法。我们有关大规模文学史的知识并不是因为在语言分析中有一种特别的魔力(或者说在女性主义社会学中有一种特殊的道德权威)才得以增加。莱德威的研究之所以成功,是因为学者们已经学会用一种避免证实性偏见的方法来检验大规模文学历史学中的假设。若非如此,也就很难取得这种大幅度的进步。如果你在一个可能会引用10万部不同的小说作为证据的领域工作,证实性偏见会让所有概括都同样正确,直到你想出某种程序来限制你选择的自由。正如心理学家们所说:"拥有丰富证据的领域需要某种方式来限制'研究者的自由程度'。"[②]

## 三　莫莱蒂的贡献

尽管20世纪90年代莱德威的著作在英语文学文化研究界收获了众多赞誉和引用,她使用的方法却并没有被广泛地采用。正如詹姆斯·英格里希所指出的,一直以来,文学研究者都快速地从社会学家那里借用研究成果,但是却迟迟不借用他们的方法。[③] 我们可以从多方面为我们的迟疑找借口,但事实上,这要归结于体制的惰性:文学研究课程根本不教研究生内容分析方法或使用数字。然而,《阅读罗曼史》中所建议的方法仍然催生了一些文学研究案例,一位与远读密切相关的学者也应运而生。在《文学屠场》中,莫莱蒂发明了一个编码方案来描述侦探小说中"线索"的角色。而后,他读了大约20个故事样本,记录下线索的每个方面存在与否的情况,进而将这些故事排序成树状图(见图1)。[④]

这个方法非常接近莱德威对爱情小说的研究方法:从20部小说的样本,到系统阅读找寻具体特点的方案,再到图标中表示两极的正负号。我并不是说莫莱蒂的研究特别受到《阅读罗曼史》的影响,更有可能的情况是两位学者的方法都直接来自结构人类学和社会学。但无论此影响是来自文学批评还是社会科学,我们都可以据此构筑起一个连贯的研究传统。莫莱蒂补充了一个莱德威没有提到的进化假设,这可能是在2000年他的观点最能激起读者震惊、促进其思考的地方。但从今天的角度看,我们

---

① Janice Radway, *Reading the Romance: Women, Patriarchy, and Popular Literature*, pp. 122-132.

② Joseph P. Simmons, Leif D. Nelson and Uri Simonsohn, "False-Positive Psychology: Undisclosed Flexibility in Data Collection and Analysis Allows Presenting Anything as Significant", *Psychological Science*, Vol. 22, No. 11, 2011, pp. 1359-1366.

③ James F. English, "Everywhere and Nowhere: The Sociology of Literature after 'the Sociology of Literature'", *New Literary History*, Vol. 41, 2010, pp. v-xxiii.

④ Franco Moretti, "The Slaughterhouse of Literature", *Modern Language Quarterly*, Vol. 61, No. 1, 2000.

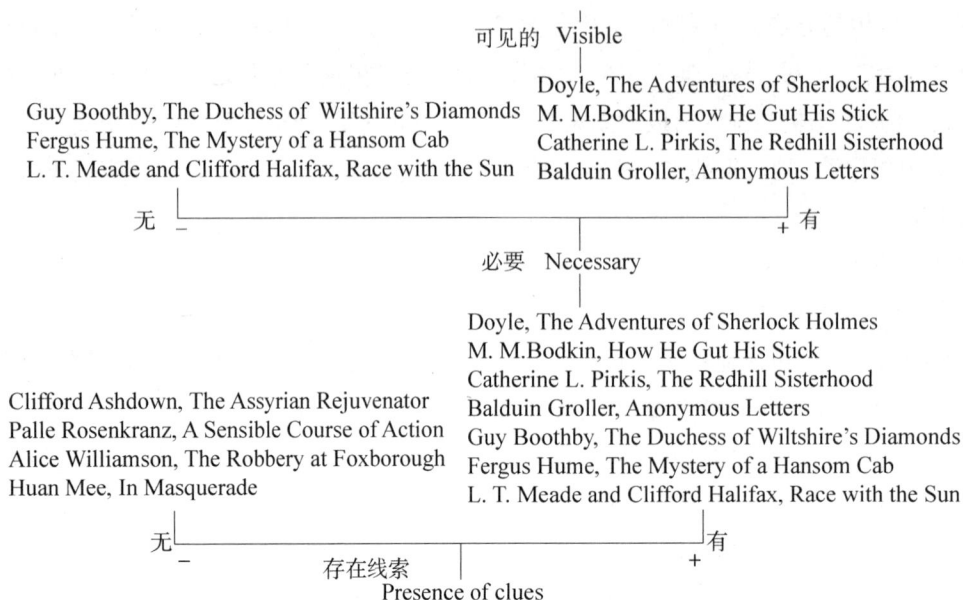

图 1  侦探小说的线索和起源

可以看到莫莱蒂的进化假说并不比莱德威对问卷调查的依赖更具有决定性。他们之间的研究关键的潜在相似性就在于将批判研究作为一个实验来开展，这也使其成为对其他学者来说可以长期践行的富有成效的研究模型。

诚然，对过去的历史进行实验性研究超出了跟普通量杯、棱镜等联系起来的有关"实验"的一般性定义。我们不能干预过去，然后考察它是否像我们假定的预测那样发生了改变。但这是对固定数据集进行"实验"的地质学家、天文学家和计算机科学家共同拥有的问题。[1] 远读是一门历史科学，它需要借鉴诸如卡罗尔·克莱兰德(Carol Cleland)定义科学的方法，不仅倡导以未来为导向的干预，更坚持让系统的测试具有"不受到既成认定误导"的假设。[2] 例如，文学史家可根据在没有得出结论之前所选择的文献样本而设定可供试验的假定，最大限度地减小由既有确认带来的误导。我们可以称这种方法为最低程度上的"科学"，但这并不是在暗示我们必须突然接受所谓化学家，甚至是心理学家的习惯。想象性的文学作品很重要，是因为读者喜欢它。如果让一丝不苟的假设测试耗尽了写作的热情和灵活性，那么文学批评将一无所获。使用数据的文学史家不得不以某种方式将缜密和简单结合起来，并减少那些错综复杂的细枝末节对我们所关注课题的致命性影响。但是，在这些修辞限制之下，远读有望企及社会科学的方法：它不仅被对历史广度的追求所定义，也被历史学科欣赏的科学方法所定义。

当然，不是每个人都同意克莱兰德的定义。对许多学者来说，"远读"这一术语依旧是由于 2000 年前后出现的学术论辩而形成的，此时围绕着文学正典问题的持久争论似乎达到了顶峰。修正文学正典的过程始于解决种族和性别在文学阅读和研究方面的失衡问题，到 20 世纪 90 年代末，这项工程系统性地扩展至试图恢复一个比正典范围更大的"伟大的未被阅读到的经典"[3]。虽然此话题的政治影响越来越分散，但它仍然保留了关于文学正典的争论的道德激情。因此，如果读过莫莱蒂早期针对大量文

---

[1]  Jeffrey D. Ullman, "Experiments as Research Validation — Have We Gone Too Far?", July 9, 2013, http://infolab. stanford. edu/~ullman/pub/experiments. pdf.

[2]  Carol E. Cleland, "Historical Science, Experimental Science, and the Scientific Method", *Geology*, Vol. 29, No. 11, 2001, p. 988.

[3]  Margaret Cohen, *The Sentimental Education of the Novel*, Princeton: Princeton University Press, 1999, p. 23.

献的实验,就会将其解释为一种规范性论证,即唯一有效的文献样本是在可能范围里数量达到最大的样本。莫莱蒂的文章并不是在系统地肯定这个立场,但是这些文章有时会让读者产生这种理解。例如,决定将这些被遗忘的书籍的档案馆描述为文学的"屠场",呼应了与恢复使命相关的道义感伤。我认为这种感伤的规范性力量不是这个课题中最持久和最具影响力的部分,但这是读者应该注意的部分,因此这也是读者经常记住的部分。

莫莱蒂坚持重建一个最大限度完整的档案,这也是学者们有关远读花大量时间争论的一个部分,许多批评家认为,恢复所有文本是不可能的。[①] 从这个毋庸置疑的前提出发,他们有时推断(更具争议性的是),全面性甚至并不是一个合适的目标。[②] 我不在此重演这番争论,在我看来这是在浪费精力,因为有很多有效的方式可以呈现过去。对文学作品生产感兴趣的学者可能会想接近完整性,而对文学作品感兴趣的读者则更喜欢关注一小部分有影响力的作品。一些社会问题取决于作者的身份,另一些则取决于读者。而对于其他有关人类历史的道德参与模式而言,具有广度的共时性问题要比历时性范围问题更重要。所有这些抽样策略都有其用途,没有理由在它们之间做最终的选择。关于文学正典争论的后遗症也许让文学学者有点急于强迫自己做出这样一个选择。在看到许多关于这个话题的不成熟的争论后,我尽量不参加任何不同样本代表性的争论,除非我看到一些证据,证明这场争论与"被讨论的历史问题"紧密相关。考虑到有价值的样本不止一个,但它们都是为特定目的而被暂定的,它们不是正典,所以在一个问题被定义之前,抽象地讨论它们的代表性是没有意义的。此外,不管你是看了一万篇晦涩的文献,还是两百篇精心编排的文稿,相同的模式还是很明显的。因此,在研究的最初阶段,在"关于什么是构成历史上相关和合理的分析样本的争论"问题上停滞不前是错误的[③],这个问题没有正确答案。如果暂缓争论而开始比较不同样本的工作,我们会将研究进行得更好。

关于莫莱蒂在远读方面的几个贡献,我一直尽量对其轻描淡写。这些贡献通常被视为具有明确意义的:他创造了术语,他强调了包括非经典著作在内的样本的全面性。然而,我确实认为 21 世纪此类性质研究项目的扩展是归功于莫莱蒂的。为了说明原因,没有比引用《文学屠场》的最后一段更好的了:"绝佳的机遇,这是一个文学研究上未被拓展的广阔天地,可以采取多样的方法以及真正意义上的集体努力,文学史上前所未有。绝好的机会,极大的挑战……这需要在方法论方面具有最大程度的勇气,因为无人知晓十年后文学研究中知识意味着什么。我们最好的机会在于知识立场的完全多样性以及它们之间完全诚恳、直言不讳的竞争。没有既定秩序,不存在虚与委蛇,不用妥协,不用对任何一个有权势的学术团体献媚,百无禁忌。"[④]莫莱蒂有两个贡献举足轻重。其一,他指出文学史并不是一个已被详细研究过了的、精心绘制的领域,而是一个"未被拓展的广阔天地",因为实际上我们对它的宏观面貌知之甚少。我的主要意思是,莫莱蒂给远读注入了新的可能性从而重塑了它。其二,我想强调的是,他的推断——即彼此冲突的规范性主张之间要互为妥协——并不像很多文学学者认为的那般紧要。

在此,我们发现采用远读方法的研究者和他的同行之间一直存在着误解。长期以来,文学研究这门学科一直围绕着规范性辩论而展开,这些辩论都旨在定义文学批评家应该研究的对象。我们从 19

① Katherine Bode, *Reading by Numbers: Calibrating the Literary Field*, London: Anthem, 2014, pp.20 - 21.
② Jeremy Rosen, "Combining Close and Distant, or the Utility of Genre Analysis: A Response to Matthew Wilkens's 'Contemporary Fiction by the Numbers'", *Post*, Vol.45, December 3, 2011, http://post45. research. yale. edu/2011/12/combining-close-and-distant-or-the-utility-of-genre-analysis-a-response-tomatthew-wilkenss-contemporary-fiction-by-the-numbers/.
③ Katherine Bode, "The Equivalence of 'Close' and 'Distant' Reading; Or, Towards a New Object for Data-Rich Literary History", *Draft*, December 2017, p.17, https://katherinebode. files. wordpress. com/2014/07/equivalence1.pdf.
④ Franco Moretti, "The Slaughterhouse of Literature", *Modern Language Quarterly*, Vol.61, No.1, 2000, p.227.

世纪的文学批评中学会了强调这类问题，它在今天依然存在于历史与形式、表面与深度、批评与欣赏相对抗的激烈争辩中。根植于这一传统的学者理所当然地希望将远读解释为一种类似的规范性立场。采用远读方法的研究者也在表达一种诸如对"细读"（close reading）的原则性反对。在此情况下，下一步的行动就自然是辩证地扬弃近与远的对立关系。观察者们往往非常乐于提供这类折中的解决方案。① 对文学批评家来说，这是一个自然而然的立场。但从远读内部来看，这似乎是在胡诌。采用远读方法的研究者并不反对细读。他们只是指出一个关于历史的地图上的空白区域——那里可能存在着关于大量样本或长时间轴的问题——以表明"没有人真正知道那里有什么"。与其将远读解释为文学学科的规范性观点，不如通过简单地询问它所识别的盲点是否含有任何有趣的内容来判定其价值。

我当然是一个有偏见的观察者。就我个人而言，当瑞安·霍伊泽尔（Ryan Heuser）和朗·勒-凯克（Long Le-Khac）发表了证据，证明 19 世纪的小说里存在一个从抽象到具体描写的持续的、大范围意义上的转变之后，我开始相信新的研究在 2012 年取得了成绩。② 随后几年里，采用远读方法的研究者探索了有关金钱、性别、种族、地域与文学传播等社会问题，以及诸如体裁、情节、情感、时间等形式上的问题。③ 在许多情况下，学者们仍无法就他们所发现的证据的意义达成共识。例如，霍伊泽尔和勒-凯克在小说中发现的从抽象到具体的转变也被理解为文学——包括诗歌、非虚构作品和小说——与非文学语言风格开始在大范围内分道扬镳。④

## 四 ▶ 远读与计算方法

到目前为止，我对数字几乎没有介绍，对计算机更是只字未提。我把远读定性为早期宏观文学史形式传统的延续，仅以一种渐进性的实验性方法而有所区分，这种方法是在得出结论之前，由样本和假设构成的。对于远读传统来说，最为重要的跨学科联系都仅仅存在于社会科学而非在计算机科学中，这种状况晚近才有所变化。

不可否认的是，在过去的 25 年里，这种文学研究中的社会学方法融合了计算科学的传统。这个融合的过程是复杂的，我在此不做详细说明，可以参考马克·奥尔森（Mark Olsen）及其在芝加哥的ARTFL（American and French Research on the Treasury of the French Language）项目，或者马修·乔克斯（Matthew Jockers）与其斯坦福文学实验室，或者约翰·昂斯沃思（John Unsworth）与其涉群岛居民的 MONK（Metadata Offer New Knowledge）项目。显然，无论哪一个项目，大规模文学史研究中已经充满了由语料库语言学、信息检索和机器学习方法而产生的观念。我不打算轻视这种融合的重要

---

① Jonathan Freedman, "After Close Reading", *The New Rambler*, April 13, 2015, http://newramblerreview. com/book-reviews/ literary-studies/after-close-reading.

② Ryan Heuser and Long Le-Khac, "A Quantitative Literary History of 2,958 Nineteenth-Century British Novels: The Semantic Cohort Method", Stanford Literary Lab, 2012, http://litlab. stanford. edu/LiteraryLabPamphlet4.

③ See Wilkens, "The Geographic Imagination of Civil War-Era American Fiction", *American Literary History*, Vol. 25, No. 4, 2013, pp. 803 - 840; Lauren Klein, "The Image of Absence: Archival Silence, Data Visualization, and James Hemings", *American Literature*, Vol. 85, No. 4, 2013, pp. 661 - 688; Ryan Cordell, "Reprinting, Circulation, and the Network Author in Antebellum Newspapers", *American Literary History*, Vol. 27, No. 3, 2015, No. 3, pp. 417 - 445; Matthew Jockers and Gabi Kirilloff, "Gender and Character Agency in the 19th Century Novel", *Cultural Analytics*, 2016, http://culturalanalytics. org/2016/12/ understanding-gender-andcharacter-agency-in-the-19th-century-novel/.

④ Ted Underwood and Jordan Sellers, "The Emergence of Literary Diction", *Journal of Digital Humanities*, Vol. 1, No. 2, 2012, http://journalofdigitalhumanities. org/1-2/the-emergence-of-literary-diction-by-tedunderwood-and-jordan-sellers/.

性，这是我职业生涯中最激动人心的一部分，我要感谢我刚才提到的每一个人。

我也不想说计算仅仅是为了达到莱德威和莫莱蒂已经充分证明的结果。数字人文的批评者常常假定计算机科学在人文学中仅应该保留其工具性，绝不应"挑战"我们的"基本标准或程序"①，这误解了计算学科在学术史上的地位。计算的价值不仅仅在于加速文学研究或扩大其规模，相反，计算机科学带来的观念正在给文学学者们带来新的课题，②并鼓励我们以一种更具有理论特色的方法来构建现存问题。③ 例如，机器学习代表了一种思考文学概念的全新方法，比如体裁，可能就是围绕着松散的家族谱系相似性而不是清晰的定义组织起来的。④

简而言之，我丝毫没有任何动机去强化学科的边界，也不是要严格坚持文学研究史内向化。然而我不得不承认，远读仍然是文学史研究的方法，而不是一种计算学的方法。当然，远读有多重系谱并根植于许多学科。但总的来说，在追溯和过去的联系时，我还是会返回去强调莫莱蒂、莱德威和威廉斯的思路。我的理由很简单：一种基于社会科学的文学研究方法本身就能够产生重大的历史后果——不管有没有用到电脑。但是相反的说法通常不成立，譬如仅靠计算方法，不进行社会层面的调查，就不足以改变文学史研究现状。

坦率地说，我们知道计算方法已经在文学研究领域上运用了 30 年，却没有对此学科造成重大的影响。《计算机与人文学》(Computers and the Humanities)杂志创刊于 1966 年，它成为一个雄心勃勃的知识界的中心，为音韵学、索引建立、数据库设计和语言教学作出了重要的贡献，但整个项目对文学史研究影响甚微。斯坦利·费希(Stanley Fish)在 20 世纪 70 年代就有相似的观察⑤；这一点，马克·奥尔森也不全然否认，他在 1993 年的《计算机与人文学》杂志上写道："用计算机作为辅助的文学研究未能对整个领域产生重大影响。"⑥根据奥尔森的观点，错误在于通过研究"单个文本或单个作者所有作品中微妙的语义或文法结构"来解释"一个文本如何实现其文本文献效果"。后来，计算机被证明是"非常不适合"回答这些新的评判性质的问题的，而专注于这些问题"往往使研究者不能积极地运用这种工具来提问该工具更适合用来回答的问题，即对海量简单语言特征的研究"。⑦ 奥尔森接着提到，更具讽刺意义的是，这种更为广泛、更简单的文本处理方式似乎正是最近文学理论和符号学发展所需要的(他引用罗兰·巴特、米歇尔·福柯和 M. A. K. 韩礼德)。如果这两个研究支流能够互相联系起来，计算分析就有可能最终在文学研究中占据中心位置。

正是这篇文章让我在 20 世纪 90 年代中期第一次关注到远读，⑧我仍然认为这是一个有先见之明的论点。奥尔森的优点之一是，他对这种错误的对立不予理会，即允许我们的研究由恰当的文学问题来塑造与允许研究被数字工具的能力来引导之间的对立。相反，他同时考虑到这个格局的两个方面并

① David Golumbia, "Death of a Discipline", *Differences*, Vol. 25, No. 1, 2014, pp. 164.

② Steven E. Jones, *The Emergence of the Digital Humanities*, New York: Routledge, 2014, pp. 31 - 32.

③ Andrew Piper, "There Will Be Numbers", *Cultural Analytics*, 2016, http://culturalanalytics. org/2016/05/there-will-be-numbers/.

④ Hoyt Long and Richard Jean So, "Literary Pattern Recognition", *Critical Inquiry*, Vol. 42, No. 2, 2016, pp. 235 - 267.

⑤ Stanley Fish, "What Is Stylistics and Why Are They Saying Such Terrible Things About It", Seymour Chatman ed., *What Is Aesthetics*, New York: Columbia University Press, 1973, pp. 109 - 152.

⑥ Mark Olsen, "Signs, Symbols, and Discourses: A New Direction for Computer-Aided Literary Studies", *Computers and the Humanities*, Vol. 27, No. 5/6, 1993/1994, pp. 309 - 314.

⑦ Mark Olsen, "Signs, Symbols, and Discourses: A New Direction for Computer-Aided Literary Studies", *Computers and the Humanities*, Vol. 27, No. 5/6, 1993/1994, pp. 309.

⑧ Ted Underwood, "Productivism and the Vogue for 'Energy' in Late Eighteenth-Century Britain", *Studies in Romanticism*, Vol. 34, No. 1, 1995, pp. 103 - 125.

强调了一个交叉区域,在此区域,新的文学问题碰巧与新的技术优势相交叠。这个交叉区域被证明是极具生产力的,而奥尔森的预言几乎也都实现了。计算机对我们理解个别文献和作者的贡献,除了作者身份识别(重要但单一)以外,仍相对较少。但现今计算方法对文学史研究很重要,因为它可运用于大型数字图书馆,在一个理论框架的指引下告诉我们如何提出在社会层面上有意义的问题。奥尔森的文章可能忽略了一些已经朝着他所建议的方向行进的学者,[①]并且我们今天所使用的架构可能比他预想的要更具社会性,更少与符号学交接。然而作为一种极具先见之明的预言,他1993年的文章还是不错的。他的文章同时解释了《计算机与人文学》中所体现的传统如何最终为文学史研究带来重大影响,以及为什么这种重要意义直到21世纪才得以基本实现。

此外,对于从事数字人文与远读的跨领域学者来说,奥尔森的评论仍然是一个有用的警告。算法诚然非常重要,它不只具有工具性,但也不足以满足研究所需。迄今为止,计算机只有在与合理的广泛的历史问题结合时,才对文学史研究产生影响。广泛的样本也不一定就是详尽的收集,可能最终就是几十本书而已。但是就这几十本书中提出问题仍需要对既存的研究问题进行全面的反思。因此,我能理解为什么学者往往想要从算法开始了,就是希望这些算法在运用到常见的作者级别问题上时会产生一些有趣的结果。但很不幸,根据我的经验来看,这是一条不通的捷径。奥尔森的警告并没有被科技的进步所取代,计算机至今还不能教会我们许多关于新批评(New Criticism)的东西(可能会有那么一天,但还远不是现在)。在被称作"数字人文"的不断扩大的团体中,坚持拒绝简单同化数字手段可能并不明智。但是,我之所以把远读和数字人文区分开,其目的之一是为了指出一个问题:使用机器计算和重构文学研究的范围是两个不同的事物,前者不会为你产生后面这个结果。

## 五 ▶ 被忽略的社会科学

奥尔森在《计算机与人文学》杂志上发表文章时,很自然地倾向于讲述一个以人文学者和计算机为中心的故事,他承认了社会科学的意义,但没有突出其方法。很多当代远读作品方面的研究也是如此。最优秀的采用远读方法的研究者在实践中都把他们的课题作为实验来对待(我们不会想要漫无目的地计量)。但是,当我们撰文发表的时候,研究的实验结果并不总是被凸显出来。一篇以社会科学的样式(方法—结果—结论)组织起来的文章可能不会受到惯于华丽辞藻的文学批评家的欢迎。假装你的文章起初是按照话语形式较为松散的观点性论文的模式撰写的,后来机缘巧合地使用了一些散点图[6]加以说明,这样可能效果更好。

我和所有人一样,对采用这种随便的态度感到内疚,可这往往又是不可避免的。我曾建议采用远读方法的研究者追求一种适合历史学科的科学的方法,但我们也是文学批评家,批评家有义务做到有趣。这意味着,有时我们不得不把方法放进附录中,或是让分析任务看起来比实际要简单一些。[②] 总的来说,我接受这种修辞上的两难境地,这是我们处于这样一个棘手的学科边界上的结果。但它也存在

---

① Janice Radway, *Reading the Romance: Women, Patriarchy, and Popular Literature*; Etienne Brunet, "L'exploitation des grands corpus: Le bestiaire de la littérature française", *Literary and Linguistic Computing*, Vol.4, No.2, 1989, pp.121 - 134.

② 即使在这里,我也是为了修辞效果在做简化。事实上许多作者已经发明出非正式的方法来强调他们研究的实验性。在斯坦福大学文学实验室工作过的学者往往特别擅长强调那些他们收集的证据不足以支持他们最初假设的时刻。如果我的观点是正确的,即反对既成的偏见是人文学实验性方法的要点,那么这种记述策略可能与已经在社会科学中发展起来的更为正式的范例(方法—结果—结论)具有同等的影响力。自由共享代码和数据是揭示实验性基础设施的另一种办法,而文学研究的学科往往会倾向于掩盖这种办法。

一个副作用,就是模糊了这个项目所需的原动力。读者明白为何宽泛的历史问题具有重要性,也明白计算机的作用,可是却难以察觉明确的试验方法:采用远读方法的研究者有动机淡化我们这部分的工作。然而,研究问题的实验性架构是这个领域的关键,詹尼斯·莱德威的量化方法依然可以完成重大的工作,而这只需要纸和笔。另一方面,如果不效仿莱德威明确假设、样本和结果,就很难进行大规模的社会研究。

不幸的是,社会科学的方法论不是数字人文课题的核心话题,也不存在于数字人文准则中的远读的形式分类中。① 安德鲁·格德斯通说得对,"远读"这个词本身就有助于社会科学层面的淡化。② 但是最近将远读作为数字人文的一个次领域的趋势,可能也会起到一些作用。"数字人文"这一术语将学术生活安排为人文学者和机器之间的对话,它没有明确强调实验性的方法,而是凸显了横在人文学和社会科学之间的界限。

这就是我写这篇文章的目的——梳理远读背后被忽略掉的社会科学的系谱。可跟踪的线索还有很多。例如,正如我承认的,机器学习对当今社会正在发挥强有力的影响。我不想贬低任何次领域,但是坚持远读的系谱应该通过理解其核心的知识动向来追溯,而不是仅仅对计算机和文本研究重叠区域的追溯。罗伯特·布萨神父为阿奎那作品所编的索引是一件有价值的事情,但是单一作者的一个索引不足以构成远读的重要起点。如果我们想把这一传统追溯到20世纪中叶,我们可能需要在不同的方向上追寻不同的思路。我们最终可能会问,雷蒙德·威廉斯在20世纪50年代后期对文学做了什么?列维-施特劳斯在同一时期对社会人类学做了什么?弗兰克·罗森布拉特(Frank Rosenblatt)对感知机[7]又做了什么?

诚然,在21世纪,这些学科趋向于汇聚和融合,这带来了令人兴奋的挑战,但也给研究生的培养带来了问题。想要采用远读方法进行研究的学者可能需要一些关于编程、社会学理论和统计学的知识,同时还要有相当深厚的文学史研究功底。目前,被称作"数字人文"的灵活的跨学科社区可能是学生整合这一切的最好家园。

但是,如果要让这两个项目在同一屋檐下共存,那就需要对它们之间的差异进行坦诚的讨论。数字人文学者不一定会像采用远读方法的研究者一样钦佩社会科学。相反,他们常常关心捍卫定量的社会科学和人性的反思之间的界限。③ 如果说数字人文是统一的,那么这种统一是来自在一种从趣味探索到监督批评的氛围中对数字技术的反思。另一方面,远读并不从根本上关注技术,它关注的是对以往文学史研究的社会科学的方法。这种矛盾引发了一场可预见的冲突,而这一冲突已经开始显露出来。在数字人文的入门课程或研讨会中,很少教学生他们需要了解的内容是为了实践远读。因此,在课程中采用远读方法的研究者将不得不倡导一套不同的、更加强调定量方法的课程。这种倡导努力已经开始了,④但在一场以"数字"这一形容词构建的对话中,它很容易被曲解为将数字人文推向一个更技

---

① Tanya Clement, "Where Is Methodology in Digital Humanities?", *Debates in the Digital Humanities 2016*, Matthew K. Gold and Lauren F. Kleineds eds., Minneapolis: University of Minnesota Press, 2016, pp.153 – 175.

② Andrew Goldstone, "Distant Reading: More Work to be Done", August 8, 2015, https://andrewgoldstone.com/blog/2015/08/08/distant/.

③ See Timothy Burke, "The Humane Digital", *Debates in the Digital Humanities 2016*, Matthew K. Gold and Lauren F. Klein eds., Minneapolis: University of Minnesota Press, 2016, pp.514 – 518.

④ See Dennis Tenen, "Blunt Instrumentalism: On Tools and Methods", *Debates in the Digital Humanities 2016*, Matthew K. Gold and Lauren F. Klein eds., Minneapolis: University of Minnesota Press, 2016, pp. 83 – 91; Andrew Goldstone, "Teaching Quantitative Methods: What Makes It Hard", *Forthcoming Debates in the Digital Humanities 2018*, Matthew K. Gold and Lauren F. Klein eds., https://andrewgoldstone.com/teaching-litdata.pdf.

术化的方向的企图。例如,采用远读方法的研究者对宽泛的历史问题的兴趣——至少可以追溯到雷蒙德·威廉斯——正被广泛地与最近的技术流行语"大数据"合并起来。这种合并可能会产生一场无益的争论,争辩双方都不能理解分歧的原因所在,因为他们误解了彼此真正的立场和信仰。

## 编者注

[1] "再现"即将纸质文本转移至电子媒介。

[2] 也就是说传统文学研究也必须先根据某种文类定义分离出一部分文本,随后再去考察这个文类被构建起来的历史缘由,这种思路其实是任何"远读"研究不可规避的人类视角。

[3] 重写羊皮书卷(palimpsest),现泛指手稿原文被新的文字覆盖后形成的重叠文本。

[4] 书籍史研究主张考察文本的物质载体及其与历史语境的互动,因此可以说是将其从传播和阅读实践中分离了出来。

[5] "证实性偏差",指人们在寻找、解读和回忆信息时有加强原有信念的倾向,这个术语源于 1960 年代进行的系列心理学实验。

[6] 散点图(scatterplots),指在变量关系分析中,数据点在直角坐标系平面上的分布图。

[7] 感知机(perceptron),指罗森布拉特在 1958 年首次制成的机器,为可以用线性函数表达的二分问题提出统一的算法;后来成为机器学习中线性分类算法的代名词。

## 延伸阅读文献

[1] Breiman, L. Statistical Modeling: The Two Cultures (with comments and a rejoinder by the author) [J]. Statistical Science, 2001,16(3):199 - 231.

[2] Boyd, D., and Crawford, K. Critical Questions for Big Data [J]. Information, Communication & Society, 2012, 15(5):1 - 18.

[3] Underwood, T. Distant Horizons: Digital Evidence and Literary Change [J]. Chicago: The University of Chicago Press, 2019.

# 从人文计算到可视化

## ——数字人文的发展脉络梳理①

**导读：**本文原载于《文艺理论与批评》2020 年第 2 期。可视化（visualization）是"国际数字人文大会"2016—2018 三年间收录论文中出现词频最高的词汇，反映着数字人文发展的成果。本文回溯了数字人文的发展历史，有助于历史而辩证地理解可视化。

本文首先点出"人文计算"是数字人文的前身——将计算机作为一种新的工具应用到人文领域，是为了运用数字媒体的计算能力对文本进行操作，如苏格兰人安德鲁·莫顿（Andrew Morton）计算《新约》中的有关词频并以此来分析风格。作者接着提出莫莱蒂的"远读"概念以对立于传统人文研究的"细读"（close reading），远读的应用使"数字人文"在处理大规模文本方面展现出了自身优势。典型的例子是哈佛大学的让-巴蒂斯特·米歇尔（Jean-Baptiste Michel）等人在五百万册图书集合上所进行的文化分析学研究。作者辩证分析了作为数字人文基石的"远读"如何弥补人类阅读手段的不足及其自身的限制。在应用上，作者提到了斯蒂芬·耶尼克（Stefan Jänicke）总结出的六类适用于远读的可视化方法，介绍了斯坦福大学书信共和国（Republic of Letters）项目研究的西班牙王国科学家的交流情况、宋元学案知识图谱、《在路上》远读可视化等例子，并将可视化类比于中国学术传统的目录学。最后，作者勾连了人文学科与数字人文的关系，并对从文字为中心到形象为中心的转换过程持以谨慎的态度。

作为一个新兴的热门研究领域，数字人文所涉及的内容是丰富而庞杂的。为了探测数字人文领域的研究热点，我们收集了数字人文领域规模最大的国际会议"国际数字人文大会"②2016—2018 三年间所收录的各种形式的会议论文约 1700 篇。我们统计了这 1700 篇论文的标题和文摘中出现的关键词的词频，排在第一位的是可视化。③ 为什么可视化在数字人文的研究中如此重要？要回答这一问题，我们首先需要了解数字人文是如何产生的。

## 一 ▸ 数字人文是如何产生的

数字人文的前身是"人文计算"（humanities computing），[1]这一命名反映了人们对此领域的最初

① 原文：王军（北京大学信息管理系）；导读、注释：金雯。
② "国际数字人文大会"是数字人文的全球组织数字人文国际联盟（The Alliance of Digital Humanities Organization）主办的年会。
③ 参见王军、张力元：《国际数字人文进展研究》，载《数字人文》2020 年第 1 期。

认识：将计算机作为一种新的工具应用到人文领域来解决问题。随着计算机技术，尤其是紧随其后的互联网技术在人类生活中的全方位渗透，信息表达和信息传播从传统的纸质媒体向网络平台全面迁移，人们逐渐认识到计算机和网络不仅仅是计算和通信的工具。在金石铭刻、简帛抄写、刻版印刷、机械印刷之后，人类迎来了又一次彻底的媒体革命——数字化、社会化、智能化的电子媒体时代来临了。

作为文字承载物，传统物理媒体是静态的、被动的，而计算机这种电子媒体则是动态的、能动的。在大量的文本被数字化之后，人们自然就不满足于仅仅在电子屏幕上显示字形符号，而是要充分运用数字媒体的计算能力对文本进行操作，哪怕它是一部文学作品。如此，便产生了"人文计算"。计算机最基本也最本质的工作原理就是"计数"（counting）。因此，人文计算早期有代表性的工作就是尝试用计数的方法来解决人文领域的问题，特别是那些原本就有争议的问题。例如，1963年苏格兰人安德鲁·莫顿计算了《圣经·新约》原始希腊文本的每个篇章的常用词及其出现频率，以此作为撰写风格的凭据，进而认为14篇保罗书信中只有4篇是圣保罗自己写的。[1] 这样的方法与传统人文学者所熟谙的文本细读、文学批评比起来，似乎过于简单幼稚，因而并不能让熟读《圣经》的牧师信服。计算方法，在"人文计算"时期，是作为人文研究的辅助工具而存在的。

几个世纪以来的人文研究都以细读经典为研究方法。以文学研究为例，在学科愈加细分的学院传统里，文学研究可以按照地域、时段细分为若干子领域，每个子领域都有自己的经典，要求学者专注于自己的专业领域，细读那些文学经典。之所以要按照经典性对作品进行筛选，一个重要的原因在于作品太多，研究者毕其一生都不能穷尽。所以，弗朗哥·莫莱蒂在2000年提出的建立在全部文学文本之上的世界文学研究，[2]显然不是人类可以胜任的工作。人们必须借助计算机对大规模的文本集合进行采样、统计、图绘、分类，进而描述文学史的总体特征，然后再进行文学评论式的解读。莫莱蒂为此提出了一个与"细读"相对的概念——"远读"——作为其方法论。虽然细读爱好者们仍觉不妥，但是，除了应用计算机来处理全体文学文本，也找不出其他的办法了。此时，计算方法在人文领域取得了不可替代的独立地位，一种新的人文研究形态应运而生，这就是"数字人文"。

典型的例子还有哈佛大学让-巴蒂斯特·米歇尔等人在谷歌数字化的五百万册图书集合上所进行的文化分析学（culturomics）研究。[3] 这一文献集合约占到人类现有图书总量的4%，其中仅2000年一年的英文出版物，一个人不吃不喝不睡也要花上80年才能读完。研究者对这一文献集合进行了多种词汇和词频统计，借此分析英语世界200年间语言现象和文化现象的演变。

总结以上讨论，我们认为数字人文产生的背景是：①计算机技术和网络技术成为泛在的信息基础设施，形成了数字化的媒体环境；②数字化文本积累到相当大的规模，也就是形成了所谓的大数据环境；③计算分析工具足够成熟，即便是人文学者也能够运用。今天，数字人文已经快速演化为一个极为宽泛的概念，只要是用到计算机的、在数字化的人文材料上进行的工作都可以冠以"数字人文"之名，涉及文学、艺术、考古、新闻传播、图书馆、博物馆等等领域，几乎无所不包。

① See A. Q. Morton, *The Authorship of the Pauline Epistles: A Scientific Solution*, Saskatoon: University of Saskatchewan, 1965.
② See Franco Moretti, "Conjectures on World Literature", *New Left Review*, 1(2000).
③ See Jean-Baptiste Michel et al., "Quantitative Analysis of Culture Using Millions of Digitized Books", *Science*, 14 Jan. 2011, pp. 176-182.

## 二 ▶ 什么是远读

远读这一概念，是数字人文建立的基石。计算机的远读与人的细读，既然都是"读"，此"读"能否代替彼"读"呢？清楚其中的差别，不仅能使我们清晰地界定计算方法在人文研究中的作用和地位，而且可以帮助我们重新确立人类阅读的价值。

计算机是为科学计算而创造出来的，它擅长的是"计数"，而非理解。虽经不断改造和升级，它的计算能力得到极大提升，但它的工作原理仍是计算。要想处理自然语言文本，计算机必须先将文本置换成便于计数的词汇集合，或者用更复杂的代数模型和概率模型来表示文本，这一过程可被称为"数据化"。数据化之后所得到的文本替代物（集合、向量、概率）虽然损失了原始文本的丰富语义，但终究是可以计算的了。理解了以上过程，我们就能明白，尽管计算机能处理海量的语料，能执行复杂的统计、分类、查询等操作，但它并没有理解文本的内容。

在大规模的文本集合上所做的远读，基本上可以归为两类：一是对文本集合整体统计特征的描述，一是对文本集合内在结构特征的揭示。例如，米歇尔等人对数百万册谷歌数字化图书做的词汇统计属于前者，莫莱蒂用图（graphs）、地图（maps）、树结构（trees）分别来展示历史小说的体裁变化、文学作品的地理特征和侦探故事的类型结构属于后者。[1] 无论是宏观统计描述还是内在结构揭示，都是超越了文本具体内容的抽象表示，所得结果都是需要解读的。正如米歇尔所说，在巨量文献集合上得到的统计分析结果，为人文材料的宏观研究提供了文本之外的证据（evidence）；但是要解读这些证据，正如分析古代生物化石一样，是有挑战性的。[2] 解读远读结果所依赖的，仍然是学者在细读文本的基础上所建立起来的对本领域的认知和理解。一句话，计算机远读的结果，还是需要人来读的，人的阅读不可替代。

需要补充说明的是，即便是单篇文档，当我们考察它的文本特征（例如计算一篇文档中所有单词的出现频率），或者分析其内部结构（例如提取一部小说中所有人物的对话网络）时，数据量也会增长到个人无法处理的程度。所以，上述针对文档集合所作的讨论在单篇文档层面也是成立的。

以上理解可以帮助我们消除一些对数字人文的误解。例如，一个普遍存在的对数字技术的期待，或者说对数字人文的评判依据是：看看数字人文能不能更好地回答传统人文学者所关心的研究问题。严格说起来，通过个人细读文本可以回答的问题，或者说人所擅长的工作，就没必要请计算机来画蛇添足。只有当数据量或者数据精度超出了个人阅读理解的能力范围时，才有理由借助计算机来对文献或者文献集合的特征予以量化描述，再提供给人去深入解读。数字人文所提供的，不仅仅是新的工具和方法，更重要的是它赋予我们提出新问题的能力——我们现在可以问，五千多年来全人类用过的最频繁的词是什么。对于计算机科学家来说，这个问题提得过于琐碎；但是对于像米歇尔这样的文化学家来说，透过这类前人想都不会想到的问题，也许可以获得观察超长历史时段文化现象的新视角。

## 三 ▶ 可视化为什么重要

回顾前文梳理的线索我们可以看到，远读是数字人文的基石，而可视化又是远读最重要的呈现手

---

[1]　See Franco Moretti, *Graphs, Maps, Trees: Abstract Models for a Literary History*, New York: Verso, 2005.
[2]　See Jean-Baptiste Michel et al., "Quantitative Analysis of Culture Using Millions of Digitized Books".

段。由此,可视化在数字人文领域的重要性便不言自明了。甚至说数字人文就等同于对人文语料的可视化,也不算太过分。

斯蒂芬·耶尼克等人收集了 2005—2015 年十年间使用人文语料可视化方法的期刊论文和会议论文共 92 篇,并总结出六类适用于远读的可视化方法:结构图、热力图、标签云、地图、时间线、网络图。[①] 结构图用来展现单篇文档或者整个语料库的层级结构;热力图用来显现文本内的隐含模式出现的频繁程度(如《圣经》中反复出现的句式);标签云展示高频词的相对比例;地图被广泛地用来呈现有地理属性的对象的地理空间分布;时间线适合呈现历史数据随时间的演化;网络图被广泛用来展现文本内或文本间信息对象的复杂关系。下面我们举几个有代表性的例子来说明远读是如何以可视化的方式实现的。

来自斯坦福大学的书信共和国(Republic of Letters)项目展现了西班牙王国 1600—1810 年间 360 个科学家相互之间以及与外界书信往来的情况。在图中选择一个节点,便可以观察该节点对应的科学家和他人的通信情况;选择一个边,便可以了解两地之间在历史上曾经发生过的交往;选择一个区域,便圈定了相应的考察范围。

图 1 是北京大学数字人文中心根据《宋元学案》所作的宋代理学衍化脉络可视化成果。图中的每一条溪流代表一个学术门派(对应一个学案),它在某个时间点的垂直高度反映了对应时段该学派在世学者的数量,纵览全图我们可以观察宋代理学各门派各学说消长流衍的总体情况。点击其中的一个溪流,就跳转到该学术门派的详细介绍页面。

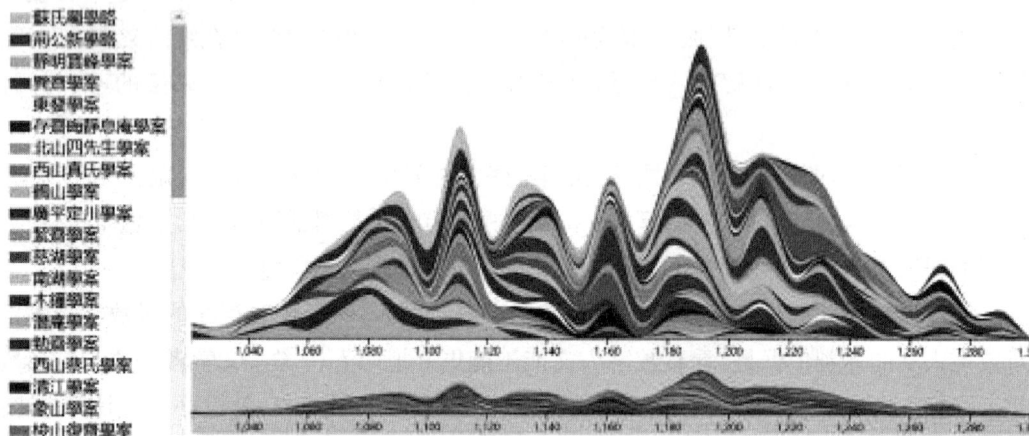

图 1  宋元学案知识图谱

图 2 很有代表性的数字人文可视化作品。斯蒂夫尼·珀萨瓦(Stefanie Posavec)将杰克·凯鲁亚克(Jack Kerouac)20 世纪 50 年代的畅销小说《在路上》量化为一棵花树。[②] 图中的中心结点是第一章,每个分支表示从第一章发展出的一个章节,由一个章节长出段落的分叉,组成一个段落的句子绘成一片叶子,叶子上的叶脉是对单词的计数,颜色反映了小说的主题(themes)。这幅图准确而又形象地展现了小说的篇章结构和主题演进。

尽管不同案例的可视化方式各不相同,但归纳来说,数字人文的可视化,为人文语料提供了一个全

① See S. Jänicke et al., *On Close and Distant Reading in Digital Humanities: A Survey and Future Challenges*, Eurographics Conference on Visualization (EuroVis), 2015.
② See Stefanie Posavec, *Writing Without Words*, http://www.stefanieposavec.com/writing-without-words.

图 2 小说《在路上》的远读可视化

局图景。这个图景在本质上是一个更多特征维度、更细知识粒度的目录和索引。在中国的学术传统中,目录学是入学之门径。清代王鸣盛在《十七史商榷》中说"目录之学,学中第一紧要事","必从此问途,方能得其门而入"。唐代目录学家毋煚在《古今书录序》中说"览录而知旨,观目而悉词,经坟之精术尽探,贤哲之锐思咸识","将使书千帙于掌眸,披万函于年祀",其重要性可想而知。在纸质文献时代,目录和索引,实际上就是纸本图书的远读系统。相应地,远读也可以看作数字文本的可视化目录。它描述了文档集合的全局特征,让研究人员对超大数据集有了整体认知。它揭示了文本内部或文本之间的多维度联系,方便研究人员从地理、时间、频度、联系、主题等角度选择他所关注的研究对象去深入细读。同时,计算机远读得到的对文本的抽象化结果,为研究者理解文本提供了文字之外的材料。可以说,远读的价值,在于帮助我们在海量的数字媒体环境下筛选我们应当去关注的学术问题和有必要去细读的文本。最终,我们还是要老老实实地坐下来细读值得去读的那一部分内容。

## 四 ▶ 总结

数字人文发生在人类信息环境从纸质媒体向数字媒体迁移之时。与前代的媒体不同,数字媒体是能计算、自传输、可交互的。数字媒体的普及不仅仅意味着信息载体的变化,而且意味着信息处理方式和呈现方式的改变,并塑造了在新媒体环境下成长起来的读者的阅读习惯和信息诉求。在此背景下审视数字人文的可视化,我们看到的是人文学者为人文学科在新媒体环境下的延续所作出的跨越学科樊篱的努力。

媒体文化学家尼尔·波兹曼(Neil Postman)在讨论媒体和隐喻的关系时说,人类的文化正处于从以文字为中心向以形象为中心转换的过程中。[①] 对可视化结果的"观看",还能称为"读"吗? 它会造成我们对文字表达的疏远吗? 抽象而又直观的可视化图像会造成受众想象力的束缚吗? 它会不会进一步把人类包裹在自我创造的形象与符号之中,而距离自然与现实越来越远了呢? 数字人文和可视化的

---

① [美]尼尔·波兹曼:《娱乐至死》,章艳译,桂林:广西师范大学出版社,2009 年,第 10 页。

发展,对人文学科本身,以及对读者会产生哪些深远影响,这些问题是我们要进一步研究和讨论的。

## 编者注

[1] "人文计算"一词最早出现于1966年,当年在纽约城市大学执教的约瑟夫·雷本(Joseph Raben)教授创立了《人文学科中的计算机器》(*Computers in the Humanities*)杂志,在创刊号中设立了"人文计算领域中的问题"这个栏目,而"数字人文"这个词的出现要晚很多,到2010年前后才成为较为常见的术语。

## 延伸阅读文献

[1] Scholes, R. and Wulfman, C. Humanities Computing and Digital Humanities [J]. South Atlantic Review, 2008, 73(4):50 – 66.

[2] Benito-Santos, A. and Sánchez, R. T. A Data-Driven Introduction to Authors, Readings, and Techniques in Visualization for the Digital Humanities [J]. IEEE Computer Graphics and Applications, 2020,40(3):45 – 57.

## 思考题

1. 我们从何种意义上可以说数字人文是一场阅读革命?

2. "远读"是一种什么样的阅读方法?它是否能深化人文研究本来就具有的实证性?为什么?

3. 可视化技术比较适合运用在什么样的人文研究中?

第二章

# 文学研究中的数字人文

# 导 言①

　　文学是什么？这可能是所有的文学读者、研究者首先会想到、提出的一个问题。但遗憾的是，对于不同时代、不同国家和地区的读者、研究者而言，常常会有不同的答案。以近代以来较为流行的"文学"观念为例，相对较为传统的看法认为文学是一种虚构的艺术，是语言的"突出"或"综合"，"新批评"派、俄国形式主义学者则将其定义为一种精妙的、富含"文本肌理"(texture)的"有意味的形式"，结构主义、后结构主义、后现代主义批评家倾向于将其视作一种意识形态的症候，或是文化政治、性别政治的展演、实践……②我们很难说这些论述当中，有哪一种是绝对正确的，毋宁说它们都以不同的思考丰富了我们对"文学"的理解。而在本书中，我们认为，文学首先是一个能够帮助我们同时扩展感性和理性的领域，其次，它既是语言、文字的艺术结晶，是论述、话语，也同时是一种言语行为(speech-act)，是行动、实践本身。

　　那么，文学研究又是什么呢？与历史研究、社会科学、自然科学研究不同的是，在我们批评、诠释文学之美（或展开文学理论探索、文学史研究）时，往往蕴含着一定程度的审美需要，因此我们的论文、著作，多呈现出较强的主体性、主观性和个性化的特点，也较为缺少"可验证性"研究。也正是这些特点，为其是否具有足够的"科学性""学术性"蒙上了一层厚厚的阴影。但毋庸置疑，它仍然应该说是一门知识或学问。③ 因在文学之美中，借助"语言微妙和复杂的结构"，而形成的"华丽的辞藻及其所捕捉的影像的声音的灵动""对生活的影射戏仿""对人间万象和寸心世情的深入剖析"，无一例外，都需要我们作出细致、耐心、深入的解读和研究。也正如威廉·燕卜逊(William Empson)所言，"未被解释的美在我心里激起一阵烦躁"，对文学的分析、研究亦可被概括为寻找、发现"被解释的美"的过程和结果。④ 当然，这也是我们通常所谓的文学批评的主要工作。在此基础上发展出来的文学理论探索、文学史研究、文学文献研究，则与此有所不同：一者以文学为理论建构的工具，一者侧重历史性质的研究，一者将文学文本视为文献资料，研究重心各有不同。也因此，在文学研究中，大致形成了文本解读（细读）、理论探索、历史考察、文献研究等不同的研究取向。

　　然而，时殊世异，随着学术语境的变化，在包括文本解读（细读）在内的目前所有的文学批评、研究工作之外，"数字人文"取向的逐渐兴起，为文学研究带来了新的可能。这一研究取向，建基于大量文学文本逐渐被数字化、数据化这一事实，希望能够在将文学文本（及副文本）转换为可计算的文本数据（甚至是"大数据"）的前提下，借助机器之力（算法、模型、代码、数据库和其他数字工具）对其作出新的分析和研究，特别是能够在长时段、跨文化的视野中揭示文学史的真正面貌，发现某些文学形式、文学现象

---

① 本章导言由王贺、金雯撰写。
② 乔纳森·卡勒：《当代学术入门：文学理论》，沈阳：辽宁教育出版社，1998年。
③ 雷·韦勒克、奥·沃伦：《文学理论》，刘象愚、邢培明、陈圣生等译，北京：生活·读书·新知三联书店，1984年。
④ 金雯：《被解释的美：英语的方法和趣味》，上海：华东师范大学出版社，2018年。

赖以发展、演变的规律。

正如"数字人文"最早在欧美学术界出现一样,"数字人文"取向的文学研究亦在其间获得较为迅速的发展。一项代表性的研究成果是,斯坦福大学意大利裔批评家弗朗哥·莫莱蒂发起的关于世界文学的数字人文研究。在《图表、地图和树:文学史的抽象模型》《远读》等专书中,莫莱蒂不仅创造性地提出了"远距离阅读"这一概念、方法,而且,通过对 1740—1850 年间英国出版的小说及其文类存活时间的量化分析,以及对 7 000 部小说的标题的计算、测量,从而对文学形式与社会之间的关系、文类与空间的关系以及文学史的书写等问题做出了新的探究。此外,爱尔兰文学学者马修·乔克斯的《大分析:数字方法与文学史》一书,也较早系统地介绍了文学研究中进行大数据分析的用途和方法,论述了使用电脑算法和统计工具来推动文学史研究的各种可能性。

目前电脑对文本数据的挖掘与分析,主要包括词频统计、关键词分布、词语显著性(keyness)统计,以及不同词汇共现关系、组合、频率等方面的量化研究。但正如我们所熟知的那样,许多文学研究者对这样的量化统计分析并不很感兴趣,也不相信统计分析能改变或增益我们对文学本身或某一文学作品、某种文学现象的认识。但即使是起初怀有一定排斥心理的人文学者,一旦真正走入这个领域、开始这方面的实验性研究之后,也常常能够发现,计算文学批评、研究,对传统的文学研究仍能提供一定的、必要的补充。

举例来说,人脑在阅读小说或诗歌的时候,不大会注意冠词、介词、代词等与文本"意义"并无直接联系的词,即使注意,也很少能够记住它们出现的方式、频率,更不用说理解它们在文学作品的语言结构中所起的作用了。简言之,人脑在进行文体分析(如文笔、风格)的时候,力量是很微弱的,但语言学学者很早就开始运用电脑来处理、分析这些封闭性词类(closed class words)在特定或大规模文学文本中的使用情况,并逐渐发展出了一个独立的分支领域——语料库语言学。当然,这也启发了文学研究者同样利用语料库技术来进行文体分析(corpus stylistics),回答一连串与文学史相关的问题,或是帮助我们提出一些新的问题。比如,同样是英语文学,美国小说和英国小说在文体上最显著的差别是什么?怎样用电脑来甄别这两个国别的小说?同理,怎样快速甄别小说和诗歌?怎样快速区别男性作家和女性作家的作品?一般来说,研究者可以进行不同的实验,比如,统计"the"一词在英美小说中出现的不同频率。斯坦福大学"文学实验室"(literary lab)的研究者就发现,美国小说中"the"一词出现频率的平均数值接近 6%,而英国则低一个百分点左右,也就是说,这个冠词可以作为区分小说文本国别的一个特征。此外,英国小说用表示肯定的词的频率,大大高于爱尔兰小说,后者更多用"可能""或许"之类的词。对比这两个例子,我们可以发现:上举第一个例子似较容易理解,因英国英语中经常会省略"the",而第二个例子则较难解释,这可能与两国的文化、历史有关,也可能是其他原因所致。但无论如何,在初步找到一类文本的形式规律之后,我们可以试着让机器按照此一特征去判别新的文本,并对其所提供的信息做出进一步的辨别、诠释。

事实上,一个特定的文本形式特征,可以与许多因素有关,或许是文学体裁、出版年代,或许是作者的个人习惯、性别、其他身份特征。许多研究者也已开始使用不同算法、模型,来测量这些不同因素与形式特征的相关性。乔克斯在《大分析》中也提到过一种叫作"最近缩小中间值"(Nearest Shrunken Centroid)的算法,试图借助这一算法,解决此问题。不过,针对文学数据分析的算法还远未成熟,这些都是新的同时也饱受争议的尝试。不同文类的具体数据需要运用具体算法来处理,没有一种能够适用于所有数据或者所有的数字人文研究的算法。另外,当然还有其他一些值得考虑的重要问题。例如,即便是莫莱蒂本人的研究,也遭受了诸如数据量有限、适用范围有限等的批评、质疑。

不过,这样的机器甄别也有一些实际用途,如对大量已经数字化但尚未进行人工处理的文本进行分类,或是运用于对某些疑似作者身份不明的文本进行鉴定,帮助我们根据其文体特征来判明真实作者身份,这与传统考证学、文献学研究的一个目标(发现、确定、判别一个文本、一种文献的真实作者身份)不谋而合。例如,2013 年,《哈利·波特》的作者 J. K. 罗琳匿名发表了长篇小说《布谷鸟的呼唤》,随后牛津大学的彼得·米利肯(Peter Millican)和杜肯大学的帕特里克·尤奥拉(Patrick Juola)通过一系列计算语言学的分析方法,对比分析了该书和罗琳以往的写作风格,推断出这部小说极有可能是罗琳的最新力作。至此,罗琳不得不承认此书为自己亲笔所作。

在欧美学术界以外,"数字人文"取向的文学研究也在亚洲、非洲、拉丁美洲等区域不断发展。例如,日本的近现代文学研究者在研究中尝试使用计算方法,利用"青空文库"等数据库和网站,展开了文体论研究、文学作品的内容分析及与文学相关的各类报道的内容分析①②;在非洲,研究非洲文学的学者不仅开发了数字文学数据库(语料库)及相关在线研究工具(如词形还原工具、Omeka 数字学术平台等),同时也已展开各种形式的专题研究,包括对"生为数字"(digital born)的文学的研究;在拉丁美洲,既涌现出了针对文学经典、新作的计算文学批评个案分析,也有关于数字文学、数字文化、数字美学与实践等的诸多激进讨论。③

而在中国,随着近年来"数字人文"研究热潮的出现,这一取向首先在历史研究、古典文学研究领域引起注意。从大规模文学文本数据库(语料库)的建立,到借助高速发展的中文分词技术、自然语言处理技术,展开古典文学经典的文本挖掘与分析,或是对明清进士家族、女性文学社群的社会网络分析,④⑤或是配合 GIS、GPS 展开的新的文学地理学研究、文学空间分析等等,都已有一定累积。⑥ 与此相较,其在近现代文学、当代文学研究领域的进展,就要相形见绌许多了。迟至 2019 年年初,有学者才提出有必要将"数字人文"与现代文学研究结合的理论主张⑦,进而走向了一系列个案、专题研究。此外,目前亦有针对网络文学进行数字人文研究的尝试。但就其总体而言,这些论述和研究实践都还只是一个开始,而且,与逐渐被"历史化""经典化"的近现代文学相比,对本身与数字技术、媒介交织在一起的当代文学的数字人文研究,也许更加必要。

本章所选的两篇论文在某种程度上也回应了我们在本章开头提出的判断。文学批评、研究的首要目标应该是寻找、发现"被解释的美",用机器进行文学文本数据挖掘、分析固然可以帮我们发现某一体裁(如 19 世纪小说)普遍的形式特征,但被人们公认的"好"文学区别于"普通"文学的最关键因素,并不一定全部就在这些特征里面。正是这些难以捕捉的因素,才构成了文学诠释的核心、焦点。好的文学为什么"好"? 凭什么得以传播、不断被我们阅读? 每个研究者对"好"的文学、"美"的认识,可能都不一样,如何判定一个文本在历史中的地位和持久力,因时、因地、因事而不免有所差异。文学之"美"首先当然来自语言、文字,但在其之上、之外,是否还有其他更加重要的因素? 它取决于什么样的审美特点,什么样的阅读习惯、文化环境和文学评价机制? 这些因素可否被量化统计、分析? 只有量化统计、分析,就够了吗?

---

① 日比嘉高:《日本近现代文学研究者用计算机想做什么? 不想做什么?》,江晖译,载《数字人文研究》2021 年第 3 期,第 89 - 92 页。
② 江晖:《潜于数字档案与数据科学之下的日本数字人文:一种国别视角的观察》,载《数字人文研究》2022 年第 1 期,第 100 - 112 页。
③ Hector F. L'Hooste, Juan C. Rodriguez, *Digital Humanities in Latin America*, Gainesville: University Press of Florida, 2020.
④ 刘石:《大数据技术与古代文学经典文本分析研究》,载《数字人文》2020 年第 1 期,第 24 - 31 页。
⑤ 刘京臣:《社会网络分析视阈中的家谱、家集与家学研究:以清溪沈氏为例》,载《山东社会科学》2022 年第 5 期,第 34 - 44 页。
⑥ 王贺:《虚实之间:"重绘中国文学地图"说予数字人文研究之启示门》,载《中国文化论丛》2022 年第 1 期,第 72 - 87 页。
⑦ 赵薇、严程、王贺:《"数字人文"与中国现代文学研究三人谈》,载《现代中文学刊》2019 年第 1 期,第 73 - 80 页。

显然,对上述问题的深入思考,也让我们走向文本数据分析,个性化的文学诠释和历史考察、文献研究的结合,亦使数字人文研究从"规模化阅读"(scaler reading)和宏观研究,迈向更为精细、精妙的分析。就此而言,学者在书斋、研究室、图书馆里进行的"小阅读"不仅永远不会过时,而且也是基于大数据、小数据、小样本分析的文学研究的重要基础。进一步来说,无论我们是选择采取"数字人文"取向、方法,还是相对较为传统的文学分析路径、技术,应该承认,它们都有各自的、有待不断重新激活和拓展的学术空间,大可不必厚此薄彼、贵远贱近,或强调彼此之间的对立、张力。我们更需要的是,以不同的研究取向、方法来不断维持人文学术的活力、个性及其与时代的复杂辩证关系。

# 数字人文与数字社交阅读[①]

**导读**：本文原载《数字人文学刊》(*Digital Scholarship in the Humanities*)2021 年第 2 期增刊，题为"Digital Humanities and Digital Social Reading"，中译文发表于《数字人文研究》2022 年第 2 期。随着数字化和社交媒介的快速发展，阅读不再是纸质媒介时代个人的封闭式的阅读体验，而发展成为一种共享和互动的阅读体验。作者提出"数字社交阅读"(Digital Social Reading, DSR)这一概念，来指称这一涉及数字技术和媒体的使用的在线或离线的共享阅读现象。这一概念的提出拓展了传统文学研究的视野，引入了跨学科的多元理论和方法，同时也提出了更多新的值得探索的问题。作者进一步指出了"数字社交阅读"的十种类型，包括"阅读导向""作为制度的文学""社会""读写能力""社区""市场""文本""资源""网络平台""理论和方法"，将各种文化和社会背景因素纳入研究范畴，并从相关学科出发对研究方向做出指引。为更好地帮助读者理解数字人文在数字社交阅读研究中发挥的重要作用，作者列举了七个研究案例。从这些案例中我们可以看到，研究者运用网络分析、情感分析、机器学习等方法对数字社交阅读的类型差异、作品与读者之间的情感互动、在线读者评论与评级的关系以及权威评论的判定、评论风格的分类和识别、沉浸体验的捕捉和描述等等新的、有趣的议题进行了探索。这些案例为如何进行数字社交阅读、数字阅读研究提供了很好的参考。

在过去的几十年里，随着不断推进的数字化和社交媒体平台的快速发展，阅读已经成为一种前所未有的社交互动体验，而互联网在其中扮演着关键的角色。像"好读网"(Goodreads)[②]、"恋爱教科书"(Lovely-Books)[③]和"沃帕德"(Wattpad)[④]这样的平台提供了一个在线环境，来自世界各地的数百万人在这里分享他们对文字的热爱。成员们讨论他们所读的和他们认为好的或坏的文学作品，互相推荐书籍，并尝试写小说。在研究界，这种现象有很多不同的标签[如"在线图书讨论""在线阅读和写作""(在线)社交阅读"等]。在本研究中，我们提出"数字社交阅读"(DSR)这一概念，它指的是在线或离线的阅读体验共享，且无论是哪项内容，都涉及一些数字技术和媒体的使用。尽管这个标签忽视了该现象的

---

① 作者：西蒙妮·雷博拉(德国比勒菲尔德大学、瑞士巴塞尔大学数字人文实验室)、彼得·布特(阿姆斯特丹惠更斯历史研究所)、费德里科·皮亚佐拉(荷兰格罗宁根大学计算语言学系，韩国西江大学媒体、艺术和科学学院)、布里吉特·加斯(瑞士巴塞尔大学数字人文实验室)、J. 贝雷尼克·赫尔曼(德国比勒费尔德大学语言学和文学研究学院、瑞士巴塞尔大学数字人文实验室)、玛丽亚·克拉森伯格(瑞士巴塞尔大学数字人文实验室)、莫尼克·M. 库佩斯(瑞士巴塞尔大学数字人文实验室)、盖哈特·劳尔(瑞士巴塞尔大学数字人文实验室)、皮罗斯卡·伦德瓦伊(瑞士巴塞尔大学数字人文实验室)、托马斯·C. 梅塞利(瑞士巴塞尔大学英语语言文学系、数字人文实验室)、帕斯夸利纳·索伦蒂诺(德国哥廷根大学德语文学系)；译者：王立锐(中国人民大学艺术学院)；导读、注释：王贺、刘婷(上海师范大学中文系、数字人文研究中心)。
② https://www.goodreads.com(译者注)。
③ https://www.lovelybooks.de(译者注)。
④ https://www.wattpad.com(译者注)。

一些关键方面(如 DSR 社群中广泛的写作活动),它仍抓住了围绕阅读体验的社会互动的决定性作用,这可以通过 DSR 实践和平台看到。越来越多的读者在线上成为"网读者"(wreaders)①,文学领域的学者也开始认识到他们在全球文学生产体系中的中心地位。②

最早探讨 DSR 的出版物是莱韦拉托(Leveratto)和莱翁钦(Leontsini)③写的,他们指出互联网如何促成围绕阅读的一系列社交活动。在一系列强调 DSR 与文学研究的相关性的文章之后④,第一项广泛的调查是由科尔多瓦·加西亚(Cordón García)等⑤完成的,该研究为了描述"社交阅读",强调读者日益增长的相关性,甚至提出其与"古腾堡括号"理论有联系。"古腾堡括号"理论认为印刷书籍只是古代的和现代(或数字)的口述之间的一个阶段。最近,莫里(Murray)⑥创造了"数字文学领域"这一术语来指称吉奈特(Genette)的副文本概念⑦[1],以确定其独特的生态位——通常是"在书籍的(数字)边缘"。在国别环境下,除了英语国家⑧,DSR 还获得了其他一些文化环境的特殊关注,如意大利语⑨、德语⑩以及西班牙语国家⑪。

2015 年蒙特西(Montesi)⑫提出了在线阅读交流对接受研究的重要性。他讨论了社交阅读网站如何展示图书对读者个人以及整个社会的影响。阅读平台和读者本身也是相关的研究对象(即他们的个人图书馆和社会关系)。2017 年雷费尔特(Rehfeldt)⑬驳斥了研究者认为在线书评是文学批评的缺陷版本的倾向⑭,并认为在展示图书对读者的影响方面,非专业书评比专业书评更好,因为用户觉得没有

---

① George P. Landow, *Hypertext 3. 0: Critical Theory and New Media in an Era of Globalization*, 3rd ed, MD: Johns Hopkins University Press, 2006, p.4.

② David S. Miall, "Reader-Response Theory", David. H. Richter ed., *A Companion to Literary Theory*, Chichester: John Wiley & Sons, 2018, pp.114 – 125.

③ Jean-Marc Leveratto and Mary Leontsini, *Internet et la sociabilité littéraire*. Bibliothèque publique d'information, Centre Pompidou, 2008.

④ Margrit Schreier, "Is It Possible to Give a 6 out of 5 Stars?' Book Selection and Recommendation in the Internet Age". *Primerjalna knjizevnost*, Vol.33, No.2,2010, pp.307 – 319; Peter Boot, "Towards a Genre Analysis of Online Book Discussion: Socializing Participation and Publication in the Dutch Booksphere". *AoIR Selected Papers of Internet Research*, Vol.12, 2011, pp.1 – 16; Lisa Nakamura, "'Words with Friends': Socially Networked Reading on Goodreads", *PMLA*, Vol.128, No.1,2013, pp.238 – 243.

⑤ José A.C. García, Julio A. Arévalo et al., *Social Reading Platforms, Applications, Clouds and Tags*, Oxford: Elsevier, 2013.

⑥ Simone Murray, *The Digital Literary Sphere: Reading Writing and Selling Books in the Internet Era*, Baltimore: Johns Hopkins University Press, 2018.

⑦ Gérard Genette, "Les fonctions de la preface originale", Paris: Editions Du Seuil, 1987.

⑧ Ed Finn, "Becoming Yourself: The Afterlife of Reception", *Pamphlets of the Stanford Literary Lab*, 2013, pp.1 – 25; Tully Barnett, "Platforms for Social Reading: The Material Book's Return", *Scholarly and Research Communication*, Vol.6, No.4, 2015, pp.0401211; Bronwen Thomas, Literature and Social Media, London/New York: Routledge, 2020.

⑨ Chiara Faggiolani and Maurizio Vivarelli, *Le reti della lettura: tracce, modelli, pratiche del social reading*, Milano: Editrice Bibliografic, 2016.

⑩ Andrea Bartl and Marcus Behmer, *Die Rezension: Aktuelle Tendenzen der Literaturkritik*, Würzburg: Königshausen & Neumann, 2017.

⑪ Francisco Cruces, *¿Cómo leemos en la sociedad digital? Lectores, booktubers y prosumidores*, Madrid: Fundación Telefónica, 2017; Centro National de Innovación e Investigación Educativa, *Lectoescritura Digital*, Madrid: Ministerio De Educación Y Formación Profesional, 2019; José Antonio Cordón García, *Lectura, sociedad y redes: colaboración, visibilidad y recomendación en el ecosistema del Libro*, Madrid: Marcial Pons, 2019.

⑫ Marcial Montesi, "La lectura en las redes sociales: posibilidades de análisis para el investigador", *Revista Ibero-Americana de ciencia da informacao*, Vol.8, No.1,2015, pp.67 – 81.

⑬ Martin Rehfeldt, "Leserrezensionen als Rezeptionsdokumente. Zum Nutzen nicht-professioneller Literaturkritiken für die Literaturwissenschaft", Andrea Bartl, Markus Behmer eds., *Die Rezension. Aktuelle Tendenzen der Literaturkritik*, Würzburg: Königshausen & Neumann, 2017, pp.275 – 289.

⑭ David Hugendick, "Jeder spielt Reich-Ranicki", *Zeit Online*, Vol.17,2008, 28 September, 2020, https://www.zeit.de/2008/17/KALaienliteraturkritik.

必要保持客观。

　　在本文的其余部分,我们将通过七个当下的案例研究来讨论 DSR 研究的现状。在第一部分,我们通过确定十个主要类别来对 DSR 研究进行分类;对于每个类别,讨论正在研究它(或可能发现研究它很有用)的学科或领域。第二部分介绍了七个研究案例,我们的研究团队对此进行了相应的分类。总之,这些案例研究突出展示了数字人文学科可以而且应该在 DSR 研究中发挥的重要作用。

## 一 ▸ DSR 研究的分类

　　针对 DSR 已经有了几种分类方法。第一类是斯坦(Stein)[1]提出的,他在书中按照二分法划分了四个可以用来分类 DSR 的范畴:在线 vs 离线;同步 vs 异步;正式 vs 非正式;短暂 vs 持久。恩斯特(Ernst)[2]从文学批评的角度提出了一个更实用的分类方法,他专注于网络文学批评,区分出纸质媒体的线上版本、在线个人批评(如博客)和基于社交媒体的批评三类,并将之继续分为多个类别。库兹纳(Kutzner)等人[3]的分类法更加精细,考虑了 15 个维度,从文化人工制品(纸质书、电子书、有声书等),到离题交流的有或无,作者/书评人的满意类型,以及许多其他方面。这些分类法可以解释近年来出现的大多数实践和平台。然而,这些研究的主要局限之一是,它们使用的是一种纯粹的描述性方法,忽略了社交性阅读的一些重要维度:首先是 DSR 对更广泛的文化和社会背景的影响;其次是研究这些方面所涉及的学科。为了弥补这一局限,我们提出了一个分类标准,将 DSR 研究分为 10 个不同的类别,这些类别反映了 DSR 最相关的方面。

　　对于每个类别,我们确定与之相关的学科或领域(见图 1)。每个类别之下的研究,要么是关于 DSR 本身,要么是将 DSR 作为一个透镜来研究更广泛的阅读实践。有些类别比其他的更容易进行这种概括:我们对这种概括性的估计是用一个离图形中心更远的位置来表示的。由于我们主要关注的是文学研究,从而忽略从信息技术的角度使用或调查 DSR[4],也忽略版权和隐私等法律问题[5]。我们也承认,史学观点经常隐含在不同的类别中。然而,由于 DSR 是一种新的、影响力不断扩大的现象,我们还没有将史学本身视为一个类别。由于篇幅的限制,我们的评论必然是有限的,但我们也在文献管理器(Zotero)中编辑了更广泛的公开参考书目。[6]

　　"阅读导向"研究指的是对阅读的过程、体验和影响的研究。重点可能是阅读媒介(纸张、电子书)的影响;该类研究可能基于书评和点评来研究阅读过程,或是通过书籍(的类型)、时期或作者来区分这些过程。然而,在以阅读为导向的研究中,重点是阅读行为本身,而不是读者之间的互动、更广泛的社会影响或数字阅读平台。面向阅读的 DSR 研究的真正力量在于前所未有地获取读者的体验。例如,

① Bob Stein, "A Taxonomy of Social Reading: A Proposal". March 11, 2013, 28 September, 2020, http://futureofthebook.org/social-reading.

② Thomas Ernst, "'User Generated Content' und der Leser-Autor als 'Prosumer': Potenziale und Probleme der Literaturkritik in Sozialen Medien", Heinich Kaulen, Christina Gansel eds., *Literaturkritik Heute*, Göttingen: V & R Unipress, 2015, pp. 93 – 112.

③ Kristin Kutzner et al., "Characterising Social Reading Platforms—A Taxonomy-Based Approach to Structure the Field", Proceedings of the 14th International Conference on Wirtschaftsinformatik, 2019.

④ Muh-Chyun Tang et al., "Evaluating Books Finding Tools on Social Media: A Case Study of ANobii", *Information Processing & Management*, Vol. 50, No. 1, 2014, pp. 54 – 68.

⑤ Frank Shipman and Catherine Marshall, "Are User-contributed Reviews Community Property? Exploring the Beliefs and Practices of Reviewers", Proceedings of the 5th Annual ACM Web Science Conference, 2013, pp. 386 – 395.

⑥ Federico Pianzola et al., "Digital Social Reading Public Bibliography", *Zenodo*, 2019, doi: 10.5281/zenodo.3525468.

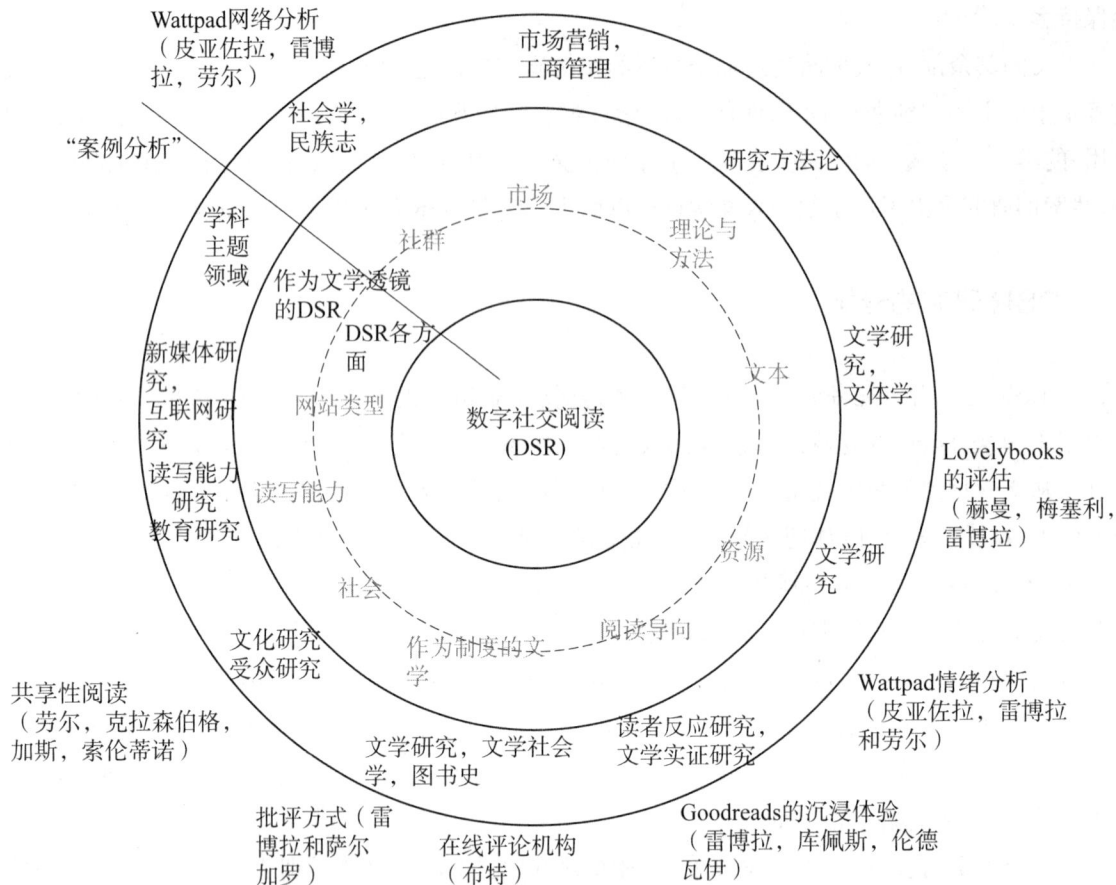

图1　DSR 各方面(灰字部分)与相关学科(突出了 DSR 研究的跨学科性质)

德里斯科尔(Driscoll)和塞多(Sedo)[1]手动编写体验语言代码,并应用自动情感分析[2]在"好读网"评论中调查阅读体验。这是多元方法研究的一个很好的例子,在阅读导向的 DSR 研究中起到非常重要的作用。手动编码带出了各种评论中不同的情绪记录,而情感分析法则在更大规模的分析中使用。作者们得出的结论是,在"好读网"这样的平台上,以前难以研究的亲密阅读体验在某种程度上变得可能。虽然这样的陈述并不承认过去的读者反应研究的成就(例如,通过研究信件和日记),但强调了 DSR 中阅读经验证词的广泛可用性不可避免地为研究打开了新的视角。类似的分析也应用于读者在文本中所重视的内容[2],阅读的隐喻[3],或者读者在处理《我们需要谈谈凯文》(We Need to Talk about Kevin)[4]等有争议的书籍时所采取的伦理立场。当论及 DSR 研究的这一类别时,我们预计进展尤其会出现在实证文学研究、认知诗学、一般阅读研究等领域。

在"作为制度的文学"类别下,我们对研究进行分组,将在线图书讨论视为文学批评或把关的一种

[1]　Beth Driscoll and DeNel Rehberg Sedo, "Faraway, So Close: Seeing the Intimacy in Goodreads Reviews", *Qualitative Inquiry*, Vol. 25, No. 3, 2019, pp. 248 - 259.

[2]　Megan Milota, "From 'Compelling and Mystical' to 'Makes You Want to Commit Suicide': Quantifying the Spectrum of Online Reader Responses", *Scientific Study of Literature*, Vol. 4, No. 2, 2014, pp. 178 - 195.

[3]　Louise Nuttall and Chloe Harrison, "Wolfing Down the Twilight Series: Metaphors for Reading in Online Reviews", *Contemporary Media Stylistics*, 2020, p. 35.

[4]　Louise Nuttall, "Online Readers between the Camps: a Text World Theory Analysis of Ethical Positioning in We Need to Talk About Kevin", *Language and Literature*, Vol. 26, No. 2, 2017, pp. 153 - 171.

形式,研究其在文学领域中的作用及与其他参与者的关系。在这些研究中,文学价值上的潜在差异往往起到一定作用。例如,阿灵顿(Allington)[①]比较了对德赛(Desai)的《损失的继承》(*Inheritance of Loss*)的两种评论,手动编码了评估的几个方面和评论中的一些政治变量,然后对结果进行分析。他发现,除其他因素外,用户评论比专业评论负面得多,这可能是因为这本书针对的是文学读者,而不是大众读者。沃博德(Verboord)[②]没有比较评论,而是直接询问读者是否信任他所说的"专家"或"网络"批评者。他发现,那些对书籍有着"杂食性"品味的人("融合了……'高雅'与'中庸'或'流行'品味的人")对专业评论家缺乏信心。斯坦[③]将"外行"文学批评视为"文学系统中的交流实践",并指出其有智力要求较低的倾向,因此可能喜欢水平较低的文学。与此同时,约翰逊(Johnson)[④]则将美国的图书博客视为她所谓的"新的看门人",并积极赞赏图书博客对流行书籍的更多关注。这类研究的一部分具有更广泛的视角,包括对历史、社会和经济的反思,大多交叉于图书史领域。[⑤] 默里(Murray)[⑥]还建议,图书史学家若希望能够解释当前阅读习惯的变化,就需要彻底改造他们的学科。

聚焦于"社会"的研究着眼于 DSR 可能体现或争论的更大的社会问题,例如(不)平等、参与、民主、女权主义和包容性。它还包括将读者视为可能是被动、抗拒或宁愿要求一个积极角色的受众的研究,例如在将评论者视为"产消者"[3][⑦]或"生产者"[⑧]的讨论中。多里奇(Dörrich)[⑨]通过采访"恋爱教科书"的用户,调查了图书领域的读者"反抗",指出企业控制和消费者参与之间总是存在紧张关系,例如一些用户对数据所有权和隐私权的担忧。[⑩] 斯坦纳(Steiner)[⑪]也对互联网的民主化潜力表示怀疑,提出这可能是"最糟糕的欺诈行为,因为它使人们相信他们有能力影响公共领域,而实际上网络只是另一个资本获利的方式"。在同人小说研究的环境中,研究人员普遍对用户在网络写作中的积极作用持更肯定的态度。普格(Pugh)把其关于同人小说的书命名为《民主体裁》(*The Democratic Genre*)[⑫],其中提到读者成为共同创作者,消费者变得不那么被动。同人小说研究者也强调了许多同人小说作品中的女权主义特征,如莱奥(Leow)。[⑬] 然而,总的来说,公平地说,在其他领域(如新闻生产),web2.0[4]比阅读和写作对社会的影响更大。

① Daniel Allington, "'Power to the Reader' or 'Degradation of Literary Taste'? Professional Critics and Amazon Customers as Reviewers of The Inheritance of Loss", *Language and Literature*, Vol.25, No.3, 2016, pp.254-278.

② Marc Verboord, "The Legitimacy of Book Critics in the Age of the Internet and Omnivorousness: Expert Critics, Internet Critics and Peer Critics in Flanders and the Netherlands", *European Sociological Review*, Vol.26, No.6, 2010, pp.623-637.

③ Stephan Stein, "Laienliteraturkritik-Charakteristika und Funktionen von Laienrezensionen im Literaturbetrieb", *Literaturkritik heute*, 2015, pp.59-76.

④ Rebecca E. Johnson, "The New Gatekeepers: How Blogs Subverted Mainstream Book Reviews", Richmond: Virginia Commonwealth University, 2016.

⑤ Simone Murray, *The Digital Literary Sphere: Reading, Writing, and Selling Books in the Internet Era*, Baltimore: Johns Hopkins University Press, 2018.

⑥ Simone Murray, "Reading Online: Updating the State of the Discipline", *Book History*, Vol.21, 2018, pp.370-396.

⑦ Alvin Toffler, *The Third Wave*, 1980, New York: Morrow, 2010.

⑧ Axel Bruns, *Blogs, Wikipedia, Second life, and Beyond: From Production to Produsage*, NewYork: Peter Lang, 2008.

⑨ Matthea Dörrich, "Book Consumption in Convergence Culture: An Exploratory Audience Study of Media Repertoires of Book Consumption in the Tension between Participation and Corporate Control", Stockholm: Stockholm University, 2014.

⑩ Anne-Mette Bech Albrechtslund, "Amazon Kindle and Goodreads: Implications for Literary Consumption in the Digital Age", *Consumption Markets & Culture*, 2019, pp.1-16.

⑪ Ann Steiner, "Private Criticism in the Public Space: Personal Writing on Literature in Readers' Reviews on Amazon", *Participations*, Vol.5, No.2, 2008, p.94.

⑫ Sheenagh Pugh, *The Democratic Genre: Fan Fiction in a Literary Context*, Bridgend: Seren, 2005.

⑬ Annabeth Leow, "Subverting the Canon in Feminist Fan Fiction", *Transformative Works and Cultures*, Vol.7, 2011.

追随对"读写能力"的研究,我们的视角从文学转向教育。读写导向的研究认为 DSR 主要是作为阅读、写作、文学和个人发展的教育工具,包括在图书馆和教室环境中使用 DSR。[1] 事实上,一些最早的研究来自对数字图书馆的探讨。例如,卡普兰(Kaplan)、齐西克(Chisik)[2]使用参与式设计过程创建了一个数字图书的原型,在其中,年轻的读者可以通过注释文本进行互动。他们通过"保持我们在快乐阅读概念中所感知的价值"[3]的愿望来激发自己的研究。后来,让读者讨论书籍的尝试转移到网上,进入专门创建的图书俱乐部[4]或既有的平台,如好读网。[5] 例如,米勒(Miller)的论文[6]调查了关于青少年文学的博客是否会影响青少年读写能力发展的问题。从阅读反应到创造性写作——科罗布科娃(Korobkova)的论文[7]研究了"沃帕德"内置的识字发展的功能支持。她得出的最重要的结论之一是,在这些网站上,用户因此"获得了自我效能感[5]和对读写能力的积极态度"[8],而亲和力、真实性和影响力是他们参与这些网站的动力。科罗布科娃还指出,并非所有用户都是平等的,他们需要"不同的参与和成功的路径"。[9] 塔代奥(Taddeo)[10]也提出了这一点。

"社区"类的研究着眼于 DSR 平台上用户之间的互动与特定的平台文化,可以使用民族志方法、网络分析[6]工具或其他方法。例如,塞多[11]使用参与式观察方法研究了一个由专业人士(教师、出版商)组成的讨论青少年书籍的在线小组。与面对面的书友会一样,讨论受到成员基于其文化资本所认可的权威的影响。在这些在线亲和空间中,读者与其说是独立的代理人,不如说是学习策略的成员,这些策略使他们成为社区的一部分。卢科舍克(Lukoschek)[12]也强调了社区的重要性。志趣相投的读者之间的交流需要常常跨越个体社区之间的界限:拥有图书博客的同一群人也会在脸书(Facebook)、推特(Twitter)、"恋爱教科书"和其他地方相遇。在一项关于"好读网"的里程碑式研究中,塞尔沃(Thelwall)和库沙(Kousha)[13]调查了社交和书籍相关功能在网站上的相对重要性。他们的结论是,"好读网似乎是一个基于书籍的社

[1] Carl S. Blyth, "Exploring the Affordances of Digital Social Reading for L2 Literacy: The Case of EComma", *Digital Literacies in Foreign and Second Language Education*, Vol. 12, 2014, pp. 201 – 226; Jeremiah H. Kalir et al., "'When I Saw My Peers Annotating': Student Perceptions of Social Annotation for Learning in Multiple Courses", *Information and Learning Sciences*, Vol. 121, No. 3/4, 2020.

[2] Nancy Kaplan and Yoram Chisik, "In the Company of Readers: The Digital Library Book as 'Practiced Place'", Proceedings of the 5th ACM/IEEE-CS joint conference on Digital libraries, 2005, pp. 235 – 243.

[3] Ibid.

[4] Catherine Auyeung, Sheila Dalton and Sandra Gornall, "Bookbuzz Online 24/7: Virtual Reading Clubs and What We've Learned About Them", *Partnership: The Canadian Journal of Library and Information Practice and Research*, Vol. 2, No. 2, 2007.

[5] Penny Thompson, "Extending the Reading Experience with Web2.0 Book Groups", *Language Arts Journal of Michigan*, Vol. 25, No. 2, 2010, p. 9; Margaret K. Merga, "Are Avid Adolescent Readers Social Networking About Books", *New Review of Children's Literature and Librarianship*, Vol. 21, No. 1, 2015, pp. 1 – 16.

[6] Donna L. Miller, *Talking with Our Fingertips: An Analysis for Habits of Mind in Blogs about Young Adult Books*, Phoenix: Arizona State University, 2011.

[7] Ksenia A. Korobkova, "Writing Media: Mobile Story-Sharing Apps as New Learning Ecologies", Irvine: UC Irvine, 2017.

[8] Ibid.:102.

[9] Ibid.:152.

[10] Gabriella Taddeo, "Meanings of Digital Participation into the Narrative Online Communities", *Italian Journal of Sociology of Education*, Vol. 11, No. 2, 2019.

[11] DeNel Rehberg Sedo, "I Used to Read Anything that Caught My Eye, But...: Cultural Authority and Intermediaries in a Virtual Young Adult Book Club", *Reading Communities from Salons to Cyberspace*, London: Palgrave Macmillan, 2011, pp. 101 – 122.

[12] K. Lukoschek, "'Ich liebe den Austausch mit Euch'. Austausch über und anhand von Literatur in Social Reading-Communities und auf Bücherblogs", *Die Rezension: Aktuelle Tendenzen der Literaturkritik*, Würzburg: Königshausen & Neumann, 2017, pp. 225 – 252.

[13] Mike Thelwall and Kayvan Kousha, "Goodreads: A Social Network Site for Book Readers", *Journal of the Association for Information Science and Technology*, Vol. 68, No. 4, 2017, pp. 972 – 983.

交网站(SNS),而非主要是一个图书网站或一般的 SNS"[1]。以书籍为主的讨论网站也可以被视为"边界对象",使社区和结构的建立成为可能[2],在这个过程中,审核员通常扮演着关键角色。[3]

"市场"维度,指的是探讨 DSR 平台、文本和参与者商业目的相关性的研究。这是萨顿(Sutton)和保罗费尔伯恩(Paulfeuerborn)[4]工作的重点,他们通过在线调查评估了图书博客对(德国)市场的影响,得出了一个可能对出版商和博客都有利的购买决策模型。更为关键的是穆迪(Moody)[5]的方法,他强调了市场需求如何支持破坏和欺凌等行为,这些行为通常被只关注参与的正面价值的研究所忽视。西蒙尼(Simone)[6]证实了这一背景的复杂性,他研究了读者对亚马逊的评价以及图书预告片和"博客之旅"[7]等实践如何极大地改变了营销战略。如果不理解用来过滤和聚合读者评价的算法,或者不理解这些评价繁荣发展的数字环境,传统的方法框架可能不足以研究它们。这种含蓄的对数字人文方法的需求只有部分实现了,例如法吉奥拉尼(Faggiolani)[8]等人的研究,他们采用网络分析在 DSR 平台 aNobii 上可视化意大利出版商之间的关系。这个类别的 DSR 研究还有很多工作要做。市场研究和数字人文方法的结合可能会带来对市场内部机制的新认识。

面向"文本"的 DSR 研究是数字人文可以发挥关键作用的另一个类别,特别是通过计算语言学和文体学。这类研究尤其感兴趣的是 DSR 平台的文本特征,如风格和措辞。不可避免地,它与"作为制度的文学"类别有着密切的联系,因为对独特风格的识别通常源于与模式的对抗。哈拉达(Harada)和山下智久(Yamashita)[9]正是这样做的,他们将线上书评与报纸书评进行了比较。这里的重点不是对传统批评可能产生的影响,而是对 DSR 本身的识别。在德国,纽豪斯(Neuhaus)[10]指出了一些可识别的因素,如写作质量较低、专业语言的缺乏和"我"的频繁使用。计算方法也同时被使用,梅林(Mehling)等人[11]确定了"情感""悬念"和"享受"在书籍评价中的主导地位。在英语环境下,哈吉巴约娃(Hajibayova)[12]使用 LIWC 软件[7][13]

---

① Mike Thelwall and Kayvan Kousha, "Goodreads: A Social Network Site for Book Readers", p. 981.

② Adam Worrall, "'Connections Above and Beyond': Information, Translation, and Community Boundaries in LibraryThing and Goodread", *Journal of the Association for Information Science and Technology*, Vol. 70, No. 7, 2019, pp. 742 – 753.

③ Bronwen Thomas and Julia Round, "Moderating Readers and Reading Online", *Language and Literature*, Vol. 25, No. 3, 2016, pp. 239 – 253.

④ Kim Maya Sutton and Ina Paulfeuerborn, "The Influence of Book Blogs on The Buying Decisions of German Readers", *Logos*, Vol. 28, No. 1, 2017, pp. 45 – 52.

⑤ Stephanie Moody, "Bullies and Blackouts: Ecamining the Participatory Culture of Online Book Reviewing", *Convergence: The International Journal of Research into New Media Technologies*, Vol. 25, No. 5 – 6, 2019, pp. 1063 – 1076.

⑥ Simone Murray, "'Selling' Literature: The Cultivation of Book Buzz in the Digital Literary Sphere", *Logos*, Vol. 27, No. 1, 2016, pp. 11 – 21.

⑦ "博客之旅"类似于传统的图书宣发,作者、出版商可以通过与多个博客合作进行多种形式的图书签售。此外,读者通过博客分享书评、发布信息以及采访喜欢的作家等也是常见环节——译者注。

⑧ Chiara Faggiolani, Lorenzo Verna and Maurizio Vivarelli, "La rete degli editori Modelli di text-mining e network analysis a partire dai dati di aNobii", *DigitCultScientific Journal on Digital Cultures*, Vol. 3, No. 2, 2018, pp. 1 – 18.

⑨ Takashi Harada and Sawako Yamashita, "The Analysis of Differences Between Online Book Reviews and Those in Newspapers", *Joho Chishiki Gakkaishi*, Vol. 20, No. 2, 2010, pp. 65 – 72.

⑩ Stefan Neuhaus, Vom Anfang Und Ende Der Literaturkritik, "Das Literarische Feld zwischen Autonomie und Kommerz", Die rezension ed, *aktuelletendenzen der literaturkritikkonnex*, Würzburg: königshausen & neumann, 2017, pp. 33 – 59.

⑪ Gabriele Mehling, et al., *Leserrezensionen auf Amazon. de: Eine teilautomatisierte inhaltsanalytische Studie*, Bamberg: University of Bamberg Press, 2018.

⑫ Lala Hajibayova, "Investigation of Goodreads' Reviews: Kakutanied, Deceived or Simply Honest?", *Journal of Documentation*, Vol. 75, No. 3, 2019, pp. 612 – 626.

⑬ Yla Tausczik and James Pennebaker, "The Psychological Meaning of Words: LIWC and Computerized Text Analysis Methods", *Journal of Language and Social Psychology*, Vol. 29, No. 1, 2010, pp. 24 – 54.

和手动注释设计了好读网评论语言的模型。

"资源"类的研究关注的是 DSR 活动对他们所评论的文本中的什么内容最感兴趣。通常,这类研究使用评论作为一种途径来强调对一部作品或流派可能的接受或解读,关注的是接收的作品,而不是接收者。一个明显的例子是古特贾(Gutjahr)[①]的工作——专注于基督教书籍系列"落后"(*Left Behind*)。通过对亚马逊评论和读者采访的分析,古特贾调查了该系列成功的原因,并指出它是如何质疑文学小说和严肃文本之间的区别的。然而,这一类别最具代表性的案例之一是对简·奥斯汀小说的研究。虽然"沃帕德"等 DSR 平台的统计数据证实,《傲慢与偏见》是当代青少年中阅读次数最多(评论最多)的经典作品[②],但像米尔莫哈马迪(Mirmohamadi)[③]的研究调查了英国作家的"数字来世"(digital afterlives)[④],关注阅读/评论活动和对同人小说的创造性重新解读。作品名也可以是成功的小说,如《戈莫拉》(*Gomorra*)在意大利[⑤];更普遍的是被无视,如马克·吐温的《圣女贞德的个人回忆》(*Personal Recollections of Joan of Arc*)[⑥]。在所有的案例中,研究的主要目标都是展示 DSR 如何对文学批评作出建设性的贡献。

在"网站类型"类别下可以收集到大量的研究。我们用这个词指称对一个或多个平台的工作逻辑和功能进行描述的研究,通常只关注一个方面(例如评论),而不需要对其他方面得出结论。第一个例子是中村(Nakamura)[⑦]的研究,他简要介绍了当时还未开发的"好读网"平台。类似地,对 Library Thing[⑧]等平台和"bookstagram"(Instagram 平台上的书评)[⑨]等现象的讨论激发了研究界对 DSR 实践的兴趣。这些研究的重要性是不可否认的,特别是当它们提供了充分的宏观概述时。[⑩]

总结我们的分类,可被归为理论和方法两大类的这些研究,都同时关注 DSR 研究的方法论需求和 DSR 对图书史和阅读史等领域的理论影响。在率先强调这一现象可能相关性的人中,马里兰(Maryl)[⑪]分析了波兰平台"藏书网"(biblioNETka)上的读者反应,主要目标是了解它们是否以及如何对阅读研究产生作用。他的结论主要是肯定的,但他也意识到分析这些材料所带来的风险和局限性

---

① Paul Gutjahr, "No Longer Left Behind: Amazon. com, Reader-Response, and the Changing Fortunes of the Christian Novel in America", pp. 209 – 236.

② Simone Rebora and Federico Pianzola, "A New Research Programme for Reading Research: Analysing Comments in the Margins on Wattpad", *Digitcult-Scientific Journal on Digital Cultures*, Vol. 3, No. 2, 2018, pp. 19 – 36.

③ Kylie Mirmohamadi, *The Digital Afterlives of Jane Austen: Janeites at the Keyboard*, Basingstoke: Palgrave Macmillan, 2014.

④ "来世"是一个隐喻。在数字语境中,数字文化记录通常被描述为物质文本的"来生",有时甚至是整个物质文化。在这种情况下,数字化和数字化(再)生产的过程被视为一种保存、延伸或逃离物质和物质存在的方式——译者注。

⑤ Maurizio Bvivarelli and Chiara Faggiolani, "Le retidellalettura: Tracce, modelli, pratiche del social reading", *Le Reti Della Lettura*, 2016, pp. 261 – 303.

⑥ Susan Harris, "Whohoo!!! Joan of Arc!!!!!", *American Literary Realism*, Vol. 51, No. 2, 2019, pp. 136 - 153.

⑦ Lisa Nakamura, "'Words With Friends': Socially Networked Reading on Goodreads", *PMLA*, Vol. 128, No. 1, 2013, pp. 238 - 243.

⑧ J. Pinder, "Online Literary Communities: A Case Study of LibraryThing", *From Codex to Hypertext: Reading at the Turn of the Twenty-First Century*, 2012, pp. 68 - 87.

⑨ Maarit Jaakkola, "From Re-viewers to Me-viewers: The ♯Bookstagram Review Sphere on Instagram and the Uses of the Perceived Platform and Genre Affordances", *Interactions: Studies in Communication & Culture*, Vol. 10, No. 1 - 2, 2013, pp. 91 - 110.

⑩ José-Antonio Cordón-García, Julio Alonso-Arévalo, Raquel Gómez-Díaz et al., *Social Reading: Platforms, Applications, Clouds and Tags*, Oxford: Chandos, 2013; F. Crucesv, ¿*Cómoleemosen la sociedad digital? Lectores, booktubers y prosumidores*, Madrid: Fundación Telefónica, 2017.

⑪ Maciej Maryl, *Virtual Communities-Real Readers: New Data in Empirical Studies of Literature*, Cambridge: Cambridge Scholars Publishing, 2008.

（即经常是嘈杂的、无结构的和不可靠的）。布莱德尔(Bridle)[①]引用了本雅明的概念，提出了对书籍"灵韵"的重新概念化（从纸张的物理性质转移到文本本身）；科斯塔(Costa)[②]试图重新定义阅读现象学，其中评论和二次创作活动成为阅读本身的重要组成部分。虽然观点通常是积极的和令人振奋的，但罗贝里(Rowberry)[③]对理论和数据驱动的 DSR 研究的未来做了相关批判性说明，采用软件批评(software criticism)[④]来强调现代电子书技术无法为阅读研究提供相关数据。

## 二 案例分析

正如在综述中所提到的，多元方法是 DSR 研究的主要特点之一。方法的丰富性可以支撑其发展，但如果没有明确的学科框架或中心研究领域，也可能阻碍其发展的连贯性。我们认为数字人文至少可以以两种方式提供纽带。首先，它可以为整个研究领域的结构和相互联系提供工具，像为人文学科中的其他学科一样。[⑤] 例如，图 2 显示了数字书目和网络技术之间的简单组合如何为我们的分类提供有效的可视化，突出显示类别之间的联系。其次，更重要的是，它的研究兴趣和方法在认识论上与 DSR 研究的目标是一致的，本节介绍的七个案例研究将证明这一点。

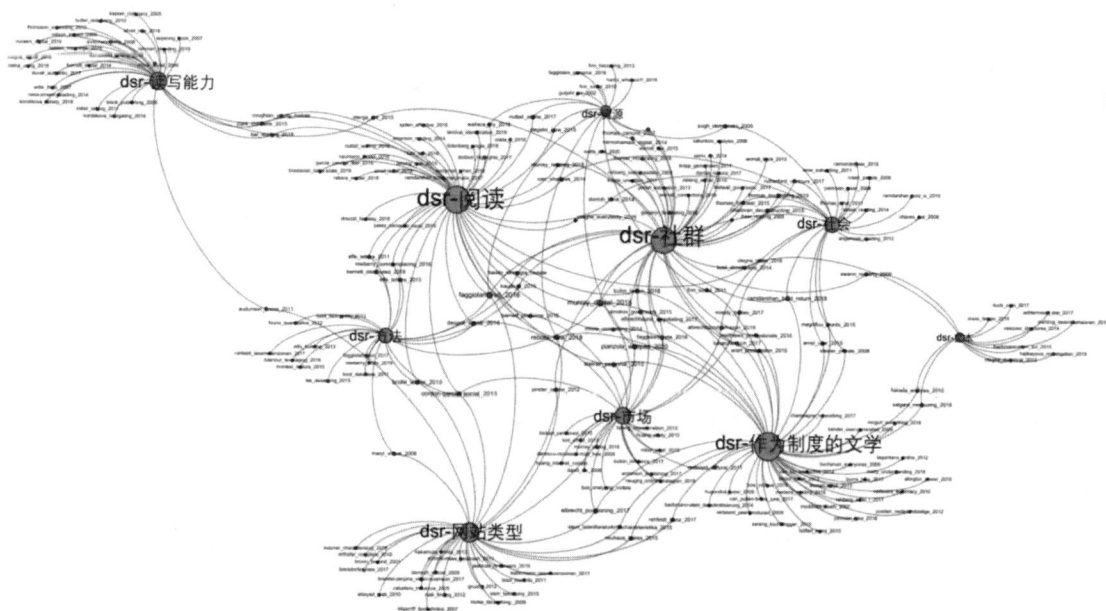

图 2　基于 DSR 的 Zotero 文献库网络（中心点代表文本和类别之间的联系）

资料来源：https://www.zotero.org/groups/2399395/digital_social_reading_public_bibliography

---

① James Bridle, "Walter Benjamin's Aura: Open Bookmarks and the Future Ebook", 2010［2017 - 11 - 02］, http://booktwo.org/notebook/openbookmarks.

② Paolo Costa, *IIFuturo Della Lettura. L'esprienza Del Testo Nell'era Postmediale*, Milano: Egea, 2016.

③ Simon Peter Rowberry, "The Limits of Big Data for Analyzing Reading", *Participations*, Vol.16, No.1, 2019, pp. 237 - 257.

④ 指通过技术层面的批评来纠正软件中的不足，在此处意思是改善软件技术在支持 DSR 研究方面的不足之处——译者注。

⑤ Karin van Es, Maranke Wieringa, and Mirto Tobias Schäfer, "Tool Criticism: From Digital Methods to Digital Methodology", Proceedings of the 2nd international conference on web studies, Ed, New York: Association for Computing Machinery, 2018, pp. 24 - 27. doi:10.1145/3240431.3240436; Francesca Frontini, Simone Rebora, Jan Rybicki et al., "Pre-Conference Workshop 'DLS Tool Criticism. An Anatomy of Use Cases'", Digital Humanities Conference 2019, Ed, Utrecht, the Netherlands 9 - 12 July, 2019. doi:10.34894/rrln43.

接下来的部分将讨论由我们团队进行的研究,与数字人文可以为 DSR 研究提供的多元方法路径相关。不可避免地,这里不会涵盖所有相关方面,例如作为重要维度之一的历史视角——使用复古数字化(retro-digitized)材料,从连续性和断裂性的角度考察历时性发展(参见 Chang 等人 2020 年讨论的体裁与书评之间的关系①)。每个案例研究将按照以下三步骤结构呈现:第一,提出需要在 DSR 研究中回答的研究问题;第二,引入可以应用于它的 DH 方法;第三,讨论取得的成果或遇到的问题。总的来说,这七个案例研究将说明 DH 方法和 DSR 研究之间的整合是多么富有成效。此外,它们还将为此类研究的实践提供一系列见解。

## (一)"沃帕德"平台网络分析(皮亚佐拉、雷博拉、劳尔)

第一个案例研究关于"沃帕德",一个最流行的阅读和评论小说的平台。它提供了 30 多种语言的数以百万计的故事,涵盖了不同的体裁,包括文学经典、同人小说和原创小说。用户主要通过智能手机访问,平均年龄在 12 岁至 25 岁。之前的研究主要集中在作者的身份、活动②和"沃帕德"可能的教育应用③等方面。利用数字化的方法,即网络分析,我们能够聚焦读者,分析 30 万用户对 12 本英语小说的评论。通过这种方式,我们重构了与经典和青少年小说阅读相关的社会互动网络④,目的是观察青少年在"沃帕德"上阅读不同类型的读物时其社交是否存在差异。大量可用的数据——以链接到个别段落/章节/书籍以及其他读者回复的形式,及可视化的交互网络帮助我们选择了想要更密切观察的用户和评论。将对评论的远读和细读结合起来,我们发现,当文本(经典)的语言和文化的复杂性增加时,读者往往会有更多的互动,帮助彼此理解写作风格和历史背景。然而,随着青少年小说的出现,读者之间的互动变得更强、更持久,甚至延伸到不同的小说中。因此,"沃帕德"可以同时被视为同伴学习者的社区和社交联系工具,旨在促进阅读的教育项目可以充分利用这些方面。总的来说,用户对青少年小说的评论要比经典小说活跃得多,这证实了"沃帕德"是一个主要用来阅读青少年原创故事的平台。⑤

## (二)"沃帕德"平台情绪分析(皮亚佐拉、雷博拉、劳尔)

在对"沃帕德"评论实践所做的第二项研究中,我们探讨了段落空白处的评论如何使我们能够调查读者对故事的反应进程,从而将审美、认知和情感反应的语言化与特定文本段落联系起来。⑥ 这一项目

---

① Kent Chang et al., "Book Reviews and the Consolidation of Genre", ADHO2020, Ed, Ottawa. doi: http://dx.doi.org/10.17613/ 02q2-1v27.

② Melanie R. Bold, "The Return of the Social Author: Negotiating Authority and Influence on Wattpad", *Convergence*, Vol. 24, No. 2, 2018, pp. 117 – 136.

③ Ksenia A. Koribkova and Matthew Rafaflow, "Navigating Digital Publics for Playful Production: A Cross-Case Analysis of Two Internet-Driven Online Communities", *Digital Culture & Education*, 2016, 8(2):77 – 89; Gabriella Taddeo, "Meanings of Digital Participation into the Narrative Online Communities", *Italian Journal of Sociology of Education*, Vol. 11, No. 2, 2019, pp. 331 – 350.

④ Federico Pianzola et al., "Wattpad As a Resource for Literary Studies. Quantitative and Qualitative Examples of The Importance of Digital Social Reading and Readers' Comments in the Margins", *PloS One*, Vol. 15, No. 1, 2020, e0226708, https://doi.org/10. 1371/journal.pone.0226708.

⑤ Dawn Contreras et al., "The 'Wattyfever': Constructs Of Wattpad Readers on Wattpad's Role in Their Lives", *Communication Research*, Vol. 2, No. 1, 2015, pp. 308 – 327.

⑥ Simone Rebora and Federico Pianzola, "A New Research Programme for Reading Research: Analysing Comments in the Margins on Wattpad", *Digitcult-Scientific Journal on Digital Cultures*, Vol. 3, No. 2, 2018, pp. 19 – 36.

的主要目标是测试故事中所表达的情感与读者感知到的情感之间是否存在匹配关系。探索文本和评论之间关系的方法是通过情感分析来创造故事的情感弧线。[1] 除了小说文本，我们还将这种技术应用于评论数据集，创建了读者在故事进展过程中反应的情绪效价图（见图3）。通过比较两个情节，可以发现故事情绪对评论情绪有显著的积极影响，这意味着故事中的积极情绪会引发读者的积极话语。此外，查看两个情绪值的极端峰值或分歧最大的区间，可以识别触发更强烈情绪的文本部分，或与故事事件形成对比的反应。这种技术允许半自动地选择对文本的哪些部分进行细读，并进一步探索是什么引起了读者的特定反应。例如，我们发现青少年读者喜欢诙谐的人物、情感和价值观的冲突以及他们熟悉的文化背景。总体而言，这种数据和计算分析可以为文本特征与读者对故事的情感反应之间的联系提供大规模的经验证据，从而为文学理论、认知文体学和阅读研究提供新的资源。

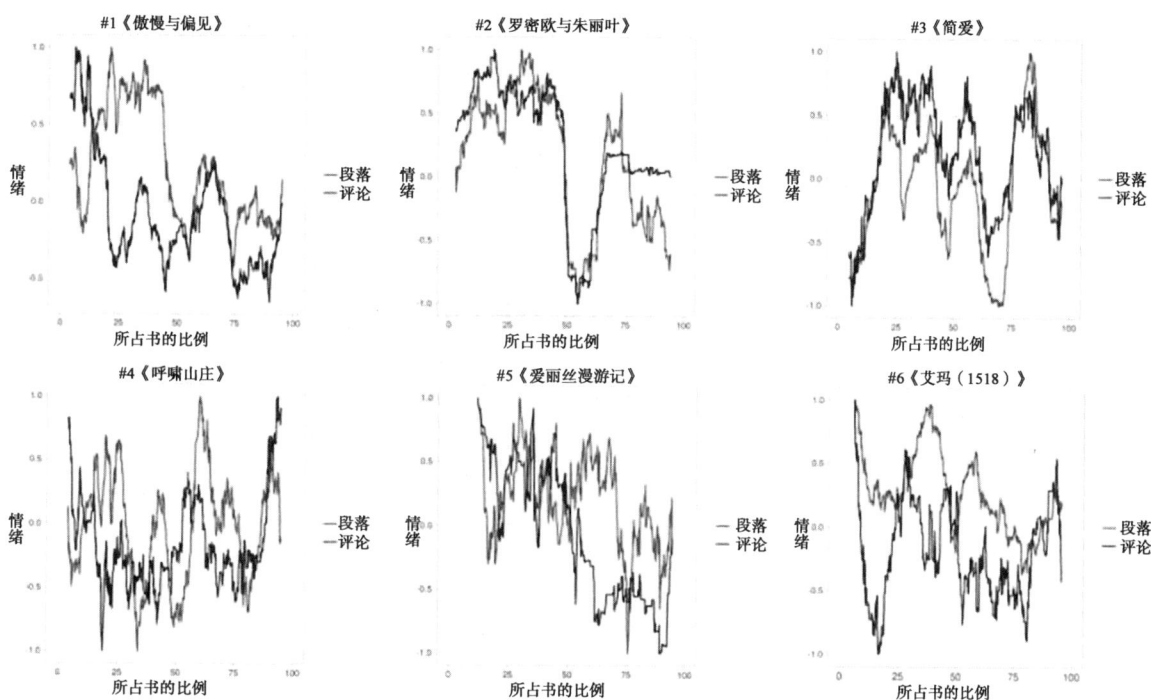

图3　六部经典小说的故事及评论情感弧线

### （三）共享阅读（劳尔、克拉森伯格、加斯、索伦蒂诺）

在后续研究中，我们通过问卷调查的方式探索了年轻人在"沃帕德"、"我们自己的档案"（Archive of Our Own）、同人小说网（Fanfiktion. de）等网络文学平台上的阅读和写作行为。这个项目的起始点是假设阅读不会因为数字化而减少，相反，人们对待文学作品的方式正在发生变化，并且出现了新的数字实践。[2] 这尤其适用于阅读和写作的社交方面，因为在线文学平台与其他社交媒体一样，促进了用户之间的积极参与和互动交流。因此，这个仍在进行的项目的重点在于界定在线阅读和写作的实践，以及它的

---

[1] Andrew Reagan, Lewis Mitchell, Dilan Kiley et al., "The Emotional Arcs of Stories are Dominated by Six Basic Shapes", *EPJ Data Science*, Vol. 5, No. 1, 2016, pp. 1 – 12. doi: 10. 1140/epjds/s13688-016-0093-1; Matthew Jockers, "Introduction to the Syuzhet Package. The Comprehensive Rarchive Network", 2017, p.41. Accessed 29 May 2018.

[2] Gerhard Lauer, *Lesen im Digitalen Zeitalter*, Darmstadt: Wbgacademic, 2020.

（社会）功能。遵循多元方法的原则，项目采取描述性和可量化的方法。

在第一步中，以匿名的德国用户的内容为例，我们描述了"沃帕德"和同人小说网这两个文学平台的内容、形式特征及其使用方法。该描述对这些平台的实践进行了总体概览，从而可识别出其功能特征。基于社会心理学的框架①，可推导出所调查的文学平台的主要、第三和次要功能的位置。结果表明，尽管交互性对于这两个平台都至关重要，但在作为粉丝、读者和/或作者的自我展示功能的重要性上，它们尤为不同。这个功能与"沃帕德"的"网读者"②及这个媒体机制中成功文本的预定义发布渠道尤其相关。③

在第二步中，进行了探索性、定性的研究，以找出年轻人使用网络文学平台的原因。我们选取了瑞士德语区 12 岁至 17 岁的年轻人，对他们进行问题导向的、有指导性的采访。研究人员通过图书馆、教师、社交媒体和在文学平台上发帖寻找参与者。出于数据保护的原因，这些年轻人必须经过家长/监护人同意才能接受采访。这可能是大部分采访被受访者取消的原因。显然，年轻人认为这些平台类似私人物品，或者是他们的青年文化的一部分，隔绝于成人世界。然而，就研究方法而言，这些障碍已经让我们得以洞察网络文学平台的社会角色。

第三步，本案例包括一项更大规模的定量调查，以便更好地了解这些用户的人口统计数据，他们的做法、动机和社交互动。数据是通过以德语和英语进行的在线调查收集的，重点关注年轻用户（13 岁及以上；样本数量：315）。参与者是通过在各种社交媒体网站（Reddit、Instagram、Facebook、Twitter）上发帖招募来的。其基本原理是，媒体和艺术接触通常是自我寻求的，自我激励的文学平台用户也更有可能访问专门针对此类用户的团体、网站和论坛。④ 本调查的目的是测试 DSR 平台初始描述的有效性，并更好地理解用户在这些平台上的实践、用户之间的交流行为、用户在文学平台上阅读和写作时体验到的潜在社会—认知利益，以及使用它们的潜在动机。初步的研究结果表明，文学平台不仅是青少年的专属，也是年龄更大的用户经常访问的平台，不同的年龄组在实践和动机方面只有细微的差异；相较之下，个人在文学平台上阅读或写作的个人偏好似乎是后者的决定因素。

## （四）对"恋爱教科书"平台的评价（赫尔曼、梅塞利、雷博拉）

"沃帕德"为用户提供了编辑正在阅读的文学文本的外文本（epitext）[8]选项。而"恋爱教科书"和好读网则是社交阅读平台的例子，它们邀请用户在一个单独的平台上评论和评价文学作品。我们的另一项研究评估了"恋爱教科书"，认为它是最多产的德语在线平台（目前有 35 万多名注册会员）⑤，可展示出集合的、规模庞大的文学评价。虽然已有研究表明，韵律文学评价可以追溯到 18 世纪⑥，而且文学

---

① Jan Kietzmann et al. "Social Media? Get Serious! Understanding the Functional Building Blocks of Social Media", *Business Horizons*, Vol. 54, No. 3, 2011, pp. 241 – 251; Michael Glüer, *Digitaler Medienkonsum, Entwicklungspsychologie des Jugendalters*, Ed, Berlin, Heidelberg: Springer, 2018, pp. 197 – 222.

② George Landow, *Hypertext 3. 0: Critical Theory and New Media in an Era of Globalization*. 3rd ed, MD: Johns Hopkins University Press, 2006.

③ Maria Kraxenberger and Gerhard Lauer, *Die PlattformalsBühne: ZurInszenierung von wreaders*, Wolfenbütteler Arbeitskreis für Bibliotheks-, Buch-und Mediengeschichte, Ed, Wiesbaden: Harrassowitz, 2020.

④ Keyvan Sarkhosh and Winfried Menninghaus, "Enjoying Trash Films: Underlying Features, Viewing Stances, and Experiential Response Dimensions", *Poetics*, Vol. 57, 2016, pp. 40 – 54.

⑤ "Lovely Books. Das Unternehmen-Daten und Fakten". https://s3-eu-west-1. amazonaws. com/media. lovelybooks. de/LovelyBooks-Daten_und_Fakten. pdf0. Accessed 28 September 2020.

⑥ Carlos Spoerhase, *Das MaB der Potsdamer Garde. Die ästhetische Vorgeschichte des Rankings in der Europäischen Literatur-und Kunstkritik des 18. Jahrhunderts*, Jahrbuch der deutschen Schillergesellschaft, München, Boston: De Gruyter, 2014, pp. 90 – 126.

评价的潜在价值已经与评论家的语言实践联系在一起[①],但这项研究是将这两个维度结合在一起,首次针对原创评论这类评价与用户在"星级评级"中的序数评价之间复杂关系而对大型评论平台进行评价。

为了回答序数量表评分如何映射到非专业评论者的评价交流实践这一问题,需要一个语料库——在"恋爱教科书"平台上有超过5.4万名用户发表了130万篇书评。为了描述原创评论措辞与星级评级的序数尺度之间的整体统计关联,我们对评论进行了情感分析,给出了每个评分类别(一至五星)的平均情感值。我们发现变量评级和情绪[②]显著相关[$X2(4)=227\,469$,$p<0.001$;Cramer's $V=0.08$]。虽然低情绪和低评分(以及高情绪和高评分)之间存在可预测的整体关联,但我们对每个评分类别的详细分析表明,情绪和用户的定量评分以非直观的方式相关联。图4中的皮尔逊残差显示,积极情绪只在最高的评级类别五颗星中被过度表达(蓝色方框表示),而在 s1~s3 中被明显低估(灰色),同时过度使用消极情绪(黑色)。

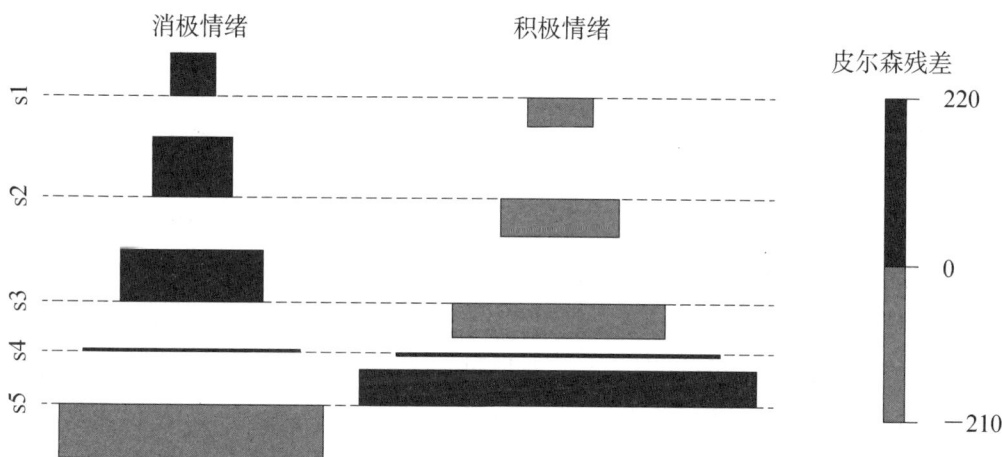

注:颜色代码对应于残差的符号(观察到的频率和预期频率之间的差异),黑色代表过度表示,灰色代表表示不足;s1~s5 分别对应一星至五星。

图4 LOBO语料库中星级评级的情感极性关联图

我们解释这一发现,是为了对网络评论的典型正面偏见提出质疑。[③] 虽然四星级的评价在直觉上看起来是"积极的",或者三星是"中性的",但平台成员的声音告诉我们一个不同的故事:除了全五星这一评价,他们都在过度使用负面情绪。我们对特征的事后分析(基于对每个评级类别的单词标记的对数似然"关键性"分析,使用R语言polmineR版本0.7.11)表明,给了全五星评级的评论相对更喜欢强化表达[包括感叹号标记和词语强化词,例如 utter(ly)和 marvelous(ly)],更有可能做出一般性陈述[every, full(y)],并且更经常使用第一人称复数主语(we);此外,还更多地展示了效果导向的潜在价值[美丽(beautiful(ly))、迷人(captivating)],更多地提到身体部位(心脏、手),暗示着与这些数字工件(digital artefacts)之间有着与纸质书同样的形象的、物质性的关系(通过过度使用 set/put 等动词来支持)。

① Renate von Heydebrand and Simone Winko, *Einführung in die Wertung von Literatur: Systematik-Geschichte-Legitimation*, Pader-born, Zürich [Etc.]: Schöningh, 1996.
② Robert Remus et al., "SentiWS-A Publicly Available German-Language Resource for Sentiment Analysis", *Proceedings of the Seventh International Conference on Language Resources and Evaluation* (LREC'10), Ed, 2010.
③ Nan Hu et al., "Why Do Online Product Reviews Have a J-Shaped Distribution? Overcoming Biases in Online Word-of-Mouth Communication", *Communications of the ACM*, Vol.52, No.10, 2009, pp.144-147.

相比之下,给了四星评级的评论表现出了更不同的立场,表达了程度("稍微""有些""很少")、保留和限制("然而""可是"),并引用星级评级系统("扣除""4")。此外,非五星评级的评论更多地指向批评和深思熟虑("弱点""批评点"),虽然友好,但显得更加疏远。

我们的分析对 DSR 环境中的评估实践提出了更细致入微的观点,受益于数字人文方法的组合,如情感分析和关键度分析,可以对在线评论的措辞和"度量"评估之间的关系进行首次知情推断。需要进一步的研究来充实这些观察,并将它们与文学批评中的估值理论以及 DSR 的社区相关、自我相关维度联系起来。

### (五) 在线评论的权威来源(布特)

我们在之前的案例中提到,随着"沃帕德""恋爱教科书"等在线网站的出现,人们认为文学领域的传统权威已经变得不那么重要。[①] 本案例的研究问题是哪些人或机构被在线评论者认为是权威的。这个问题将制度分析的方法引入了文学研究,要看看哪些机构是读者信任的。我们的兴趣是当前的大众读者,所以将 DSR 作为透镜来研究更广泛的阅读实践。

运用的方法是计算对可能权威的引用,例如传统评论家、报纸、奖项、电视节目、图书交易方(出版商、书商、图书馆)、作者、教师、网站和私交。在试点调查中,评论是从荷兰网络博客(Dutch weblogs)、Crimezone、watleesjij. nu 等大众评论网站,一份在线杂志(*8weekly*)及荷兰 NRC 商报[②]下载的。调查的内容有:评论提到了哪类权威,他们的角色是什么,以及评论者对其是否赞同。我们使用搜索词和正则表达式[9]集合对所下载的评论进行搜索。剔除了不相关的评论后,标注了 1 500 条相关的评论。

由于许多诸如代表性方面的限制,结果仍是有局限的。主要发现总结在图 5。四类最常被提及的权威是作者、公司和机构、线上评论家和奖项。这里有几个原因值得注意:第一,在读者看来,作者当然

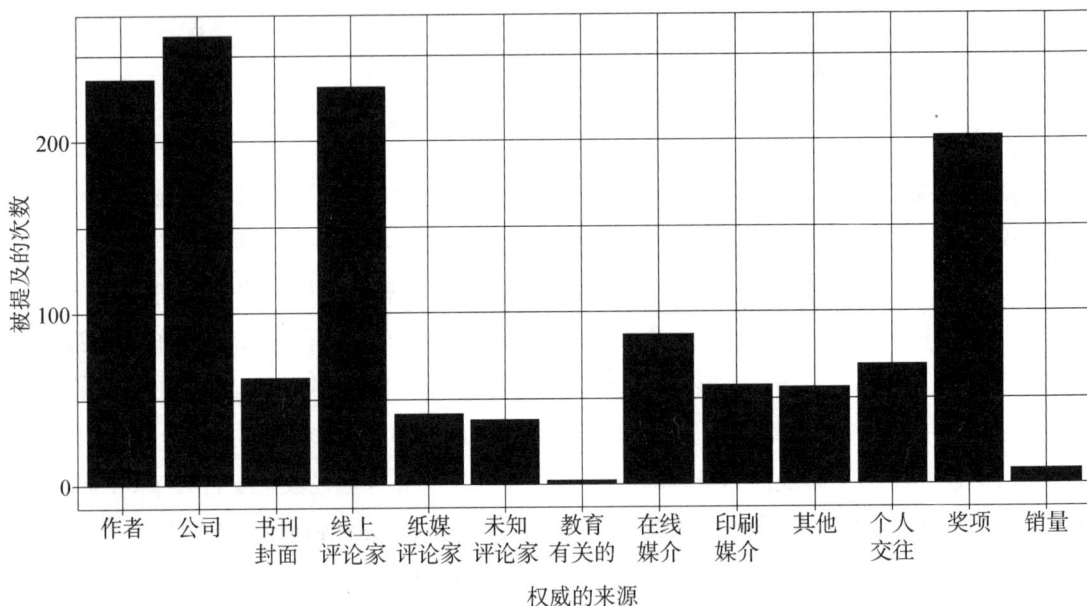

图 5　所收集的网上评论提及的主体

---

① Róná Mcdonald, *The Death of the Critic*, New York: Continuum International Publishing Group, 2007.

② Peter Boot, "The Desirability of a Corpus of Online Book Responses", Proceedings of the Workshop on Computational Linguistics for Literature, Ed, Association for Computational Linguistics (ACL), 2013, pp.32 - 40.

没有"死去";第二,商业机构经常被提及,这并不是人们经常期望的民主化影响;第三,网络评论家大体上是同行评论家,确实发挥了重要作用;第四,对奖项的重视可能是传统评论家的"雪耻",因为他们往往是这些奖项的评审团成员。最后,这个领域的文化是否正在从垂直的、等级的取向转变为更水平的、更以同伴为导向的取向这一问题很重要。这个问题值得做根本性的调查,在线书籍讨论为这个问题提供了重要的见解。它只能结合不同类别的评论人的批评风格来探讨,这是我们下一个案例研究的主题。

## (六) 批评风格[雷博拉、马西莫·萨尔加罗(Massimo Salgaro)]

在本案例研究中,我们使用意大利书评语料库[①]来了解专业评论家、记者和热情的读者在撰写评论时有何不同,以及可以凭借哪些特征来识别他们。

该语料库分为三个子集:发表在 DSR 平台(来源:aNobii)上的评论、发表在纸质杂志(*II Sole 24 Ore*)上的评论,以及发表在科学期刊(*Between, Osservatorio critico della germanistica, OBLIO*)上的评论。子语料库的大小均约为 650 000 个词符。考虑到文本长度的高方差(平均数=259 词,标准差=363 词),三个子语料库中的评论被拆分和/或连接,生成一系列长度相同的人工文本块。在这个设置中,我们进行了一系列机器学习实验,总共结合了九个特征。前三个是使用余弦(Cosine Delta)距离和 2 000 高频词[②]进行文体分析的结果(按类别划分)。剩下的六个是基于简单的单词数,用作资源:

- 广泛的文学批评词汇;[③]
- 选择与"心理意象"和"情感审美"反应相关的术语,提取自经验美学工具;[④]
- LIWC 意大利语词典中关于"社交""情感"和"身体"三个维度的词汇。[⑤]

首先,我们测试了机器学习方法在将评论分配到三个类别时的效率。尽管特征数量有限,但结果是有意义的,概览见表 2。其次,我们评估了分类中特征的相关性(对 250 字长的块使用逻辑回归)。图 10 显示了文体距离(由每个类别的最红单元格表示)如何成为最有效的特征。有趣的结果还包括"批评词汇"对于科学期刊的无效,以及"心理意象"对于 DSR 和纸质杂志的有效。这些结果表明,书评的专业性是内容而不是形式的问题这一观点可能是错误的,因为文体特征(至少那些经文体测量的特征)被证明对于分类更有效。

这些结论需要通过"细读"和与文学批评理论进行更彻底的对抗来验证。不过,本案例研究的结果证实了基于语料库的机器学习方法与 DSR 文本研究及其与更制度化的批评形式之比较的相关性。

---

① Massimo Salgaro and Simone Rebora, "Measuring The 'Critical Distance'. A Corpus-Based Analysis of Italian Book Reviews", AIUCD2018, Ed, 2018, pp. 161 – 163. doi: 10. 6092/unibo/amsacta/5997; Massimo Salgaro and Simone Rebora, "Towards a Computational Stylistics of Book Reviews", AIUCD 2019-Book of Abstracts, Ed, Udine: AIUCD, 2019, pp.110 – 116.

② Stefan Evert et al., "Understanding and Explaining Delta Measures for Authorship Attribution", *Digital Scholarship in the Humanities*, Vol.32(suppl_2), 2017, pp. ii4 – ii16.

③ Rudolf Beck et al., *Basislexikon Anglistische Literaturwissenschaft*, Paderborn: Fink, 2007.

④ Christine Knoop et al., "Mapping the Aesthetic Space of Literature 'From Below'", *Poetics*, Vol.56, 2016, pp. 35 – 49. doi:10. 1016/j.poetic. 2016.02.001.

⑤ A. Agosti and A. Rellini, *The Italian LIWC Dictionary*, Austin, tx: LIWC. net, 2007.

表2 在语料库中对书评进行分类的准确率值

| | SVM | 逻辑回归 |
|---|---|---|
| 250 词长块 | 0.94 | 0.938 |
| 500 词长块 | 0.96 | 0.964 |
| 1000 词长块 | 0.976 | 0.978 |

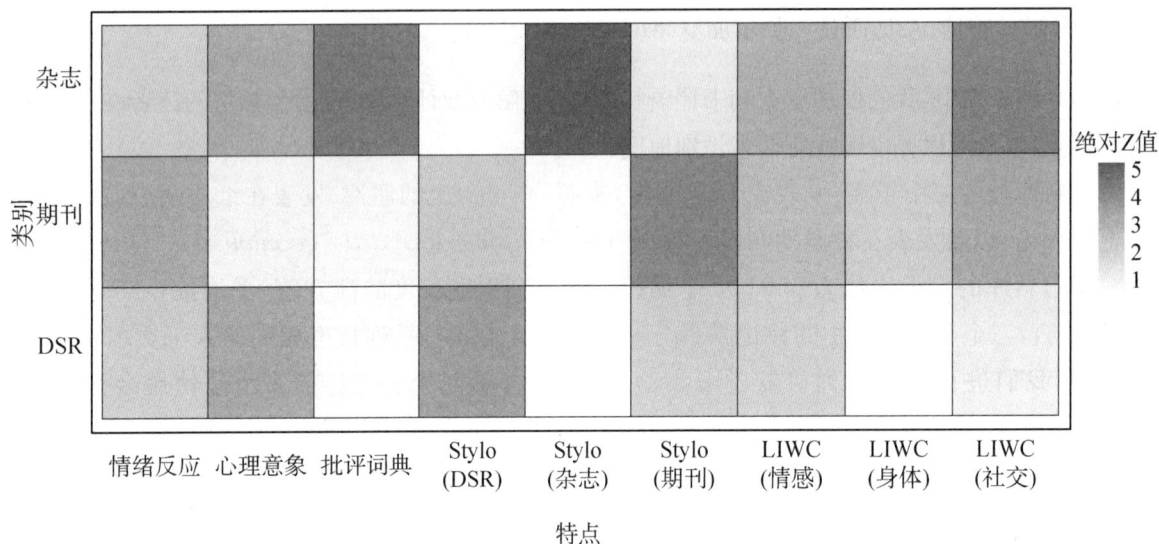

图 10 各特征(绝对 z 值)对书评分类的重要性(使用 250 词长块逻辑回归)

### (七)"好读网"上的沉浸体验(库佩斯、雷博拉、伦德瓦伊)

在最后一个案例研究中,实证文学研究开发的一种工具——用于捕捉故事世界的沉浸体验(the experience of story world absorption)——被用作调查"好读网"评论的标注工具。[①] 沉浸于故事世界是一种多层面的体验,它包含深刻的注意力,导致对自我、环境和时间轨迹意识的丧失;对角色的情感投入;对角色和故事世界之形象的生动心理意象;以及读者从现实世界到故事世界的指示性转换体验。[②] 由于沉浸体验很难在实验室中模拟,而故事世界沉浸量表(The Story World Absorption Scale, SWAS)等仪器可以根据实验者选择的故事回顾性地评估阅读体验,因此我们聚焦于开拓沉浸体验的研究途径,用一种"野生"的、数据驱动的方式,如将 SWAS 中的陈述与"好读网"上的自发评论进行比较。

除了受益于实证文学研究中的工具验证(如,当研究者试图在实验环境中捕捉这些体验时,读者是否使用类似的语言来描述他们吸引人的阅读体验),这种类型的数据驱动研究还允许我们探索的一个途径,即是对"沉浸"进行大规模的体裁比较研究,因为它是在阅读过程中自然发生的。为了研究体裁差异问题,我们采用了手工标注作为比较工具。

---

[①] Simone Rebora et al., "Reader Experience Labeling Automatized: Text Similarity Classification of User-Generated Book Reviews", Proceedings of the European Association for Digital Humanities Conference (EADH), Ed, 2018.

[②] Moniek Kuijpers et al., "Exploring absorbing reading experiences: Developing and validating a self-report scale to measure story world absorption", *Scientific Study of Literature*, Vol. 4, No. 1, 2014, pp. 22.

这项工作提出了共享解释(比如研究人员和读者之间)的问题,特别关涉在非结构化自然语言输入中识别和判断所参考的沉浸体验之文本跨度的可能程度。五名标注者接受了培训,使用在构成 SWAS 的 18 段描述基础上扩展的沉浸标记集(145 个标签),对来自"好读网"的预选读者评论语料库进行标注。每位标注者自由地建立相关文本段的边界,并被允许为同一文本段分配多个标记。赋值标记的主要标准是标记集中的语句和文本段之间的语义或概念相似度。标注工作分为 10 轮,每轮 60~200 条评论(每周约 30 条);每轮之后,标记集及基线都会更加明确。过程结束时,总共标注了 1 025 条评论,标注一致性有了显著提高(在第 9 轮中平均 Krippendorff alpha=0.73)。[①] 带标注的评论也被用来训练机器学习分类器,结果很乐观,表明任务有可能实现自动化。[②]

汇总第 2~9 轮的标注,我们能够将 204 篇奇幻小说、324 篇言情小说及 170 篇恐怖小说的评论归类。对每种类型的标注的初步分析(见图 6)表明,评论言情小说的人最常使用"情感投入"维度,而评论恐怖小说的人则主要使用"注意力"维度。这也是在"好读网"上最常被用来描述沉浸阅读体验的两个维度。恐怖类在"心理意象"维度上也略占主导地位,而在"转换"维度上三者没有显著差异(p 值始终大于 0.05)。这些发现表明,将自然语言处理方法与实证文学研究方法相结合,可以拓展对沉浸等特定主题的研究。

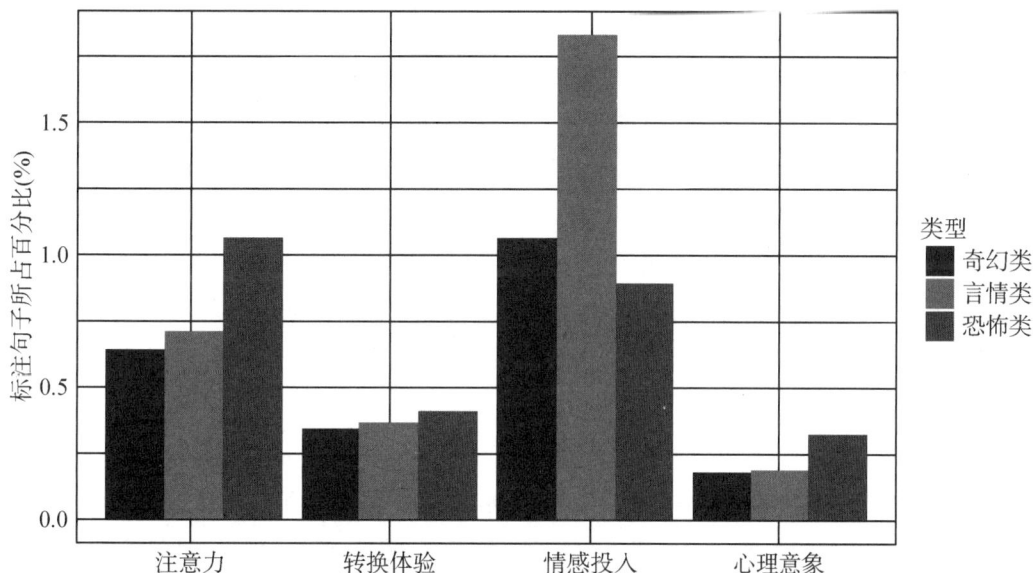

图 6　奇幻类、言情类和恐怖类图书评论中被标注句子所占百分比

---

① Simone Rebora, Moniek Kuijpers and Piroska Lendvai, "Mining Goodreads: A Digital Humanities Project for the Study of Reading Absorption", Sharing the Experience: Workflows for the Digital Humanities, Ed, Proceedings of the Dariah-CH Workshop 2019, Neuchaˆtel: DARIAH-Campus. doi: 10. 5281/zenodo. 3897251; Simone Rebora, Piroska Lendvai and Moniek Kuijpers, "Annotating Reader Absorption. DH2020 book of abstracts", Ottawa, ON: ADHO: 2020[2020-09-28]. https://dh2020.adho. org/wp-content/uploads/2020/07/358_AnnotatingReaderAbsorption. html.

② Piroska Lendvai, Simone Rebora and Moniek Kuijpers, "Identification of Reading Absorption in User-Generated Book Reviews", Preliminary Proceedings of the 15th Conference on Natural Language Processing (KONVENS2019), Ed, Erlangen, Germany: German Society for Computational Linguistics & Language Technology, pp. 271-272; Piroska Lendvai, Sándor Darányi et al., "Detection of Reading Absorption in User-Generated Book Reviews: Resources Creation and Evaluation", LREC 2020-12th Conference on Language Resources and Evaluation, Ed, Marseille. France: European Language Resources Association, 2020, pp. 4835-4841.

## 三 ▶ 结论

在本文中,我们对 DSR 研究进行了分类,并讨论了七个案例研究。这些案例表明数字人文在该现象研究中的关键作用:虽然无法确定一种独特的、广泛适用的方法,但确实是带来多元研究法的数字人文使我们的案例研究得以推进。众所周知,数字人文是一个很难定义的主题(subject)——如果它是一个主题,而不是一类实践(practice)、领域(field)或学科(discipline)。<sup>①</sup> 然而,许多定义的共同点是,将数字人文研究界定为对传统人文对象进行的数字支持研究与对数字文化或数字工件研究的结合。<sup>②</sup> 对 DSR 的研究符合这一定义的两个方面。例如,数据收集和构建数据库是几乎所有案例研究的基础,标记语言的高级知识、API 等网络技术以及网络爬虫等计算技术是项目可行性的基础。然而,专业知识不应局限于技术方面,因为像文体测量、情感分析和语义标注这样的方法需要讨论文体学、<sup>③</sup>情感理论<sup>④</sup>、概念建模<sup>⑤</sup>等理论框架。此外,正如我们的分类所示,还可以与社会学、新媒体研究、教育研究等许多学科或领域建立联系。只有在定义了这些框架之后,网络分析和机器学习等先进的方法才能引入。

DSR 研究的可及性可以成为改变阅读研究规则的一个因素。DSR 的数字化、在线化、文本化和海量特性使研究人员能够以 20 年前无法想象的规模获取阅读的证据。从我们的案例研究中可以明显看出,这种规模将要求我们使用在数字人文中与"远读"相关联的所有技术;事实上,就材料而言,我们面临着促使莫莱蒂<sup>⑥</sup>在世界文学研究背景下创造这个短语的同样的难以穷尽状况。因此,我们将重点转向阅读研究中的社交方面,可以看作对远读概念与文学社会学之间严格联系的确认,正如安德伍德<sup>⑦</sup>已经强调的那样。我们才刚刚开始了解这对 DSR 的文学研究潜力意味着什么。增加这种理解的唯一方法是通过分析和探索,通过理论化和测试,意识到研究主题和当前方法的所有局限性。我们希望通过指出数字人文可以为其找到新刺激、新挑战和进一步成长之新机会的研究领域,以我们的工作为这一切奠定基础。

### 📖 编者注

[1]"副文本"是指出现在文本的边缘,使正文本(主体文本)内容获得延伸甚至强化,使其以图书的样式出现,促进图书的接受和消费的资料和数据,如封面、标题、注释、访谈、通信等等。吉奈特另译"热奈特"。

[2]"情感分析"(Sentiment Analysis)是指用情感词典、传统机器学习、深度学习等方法对文本的观

---

① Melissa Terras, Julianne Nyhan and Edward Vanhoutte, *Defining Digital Humanities: A Reader*, Farnham: Ashgate Publishing, Ltd., 2013.

② Ibid., pp. 289 – 297.

③ J. Berenike Herrmann, Karina van Dalen-Oskam, and Christof Schöch, "Revisiting Style, A Key Concept in Literary Studies", *Journal of Literary Theory*, Vol. 9, No. 1, 2012, pp. 25 – 52.

④ Patrick Calm Hogan. "Affect Studies and Literature Criticism", *Oxford Research Encyclopedia of Literature*, October, 2016. 1093/acre-fore/9780190201098.013.105.19.

⑤ Julia Flanders, Fotis Jannidis et al., *The Shape of Data in the Digital Humanities: Modeling Texts and Text-Based Resources*, New York: Routledge, 2018.

⑥ Franco Moretti, *Graphs, Maps, Trees: Abstract Models for a Literary History*, New York: Verso, 2005.

⑦ Ted Underwood, "A Genealogy of Distant Reading", *DHQ*, Vol. 11, No. 2, 2017.

点、情绪的挖掘和分析,对文本的情感倾向做出分类判断。

[3] "产消者"(Prosumer)是指参与生产活动的消费者,由阿尔文·托夫勒(Alvin Toffler)在《第三次浪潮》(*The Third Wave*)一书中提出。

[4] 简而言之,web 1.0(1991—2004)是"只读"的信息展示平台,web 2.0(2004 年至今)是"互动"的内容生产网络,web 3.0 是在前者基础上,进一步创建"去中心化"的分布式网络。

[5] "自我效能感(Self-efficacy)"由心理学家阿尔伯特·班杜拉(Albert Bandura)于 1977 年首次提出,指"人们对自身能否利用所拥有的技能去完成某项工作行为的自信程度",这里指青少年获得对读写能力的自信。

[6] "网络分析"(Network Analysis)亦即"社会网络分析",是社会学研究的重要方法,其所谓的"网络"由节点(node)和边(edge)构成,节点代表实体,边代表关系,最小的网络是由两个节点和一条边组成的二元组。

[7] "语言探索与字词计数"软件(Linguistic Inquiry and Word Count, LIWC)是一种可以对文本内容的词语类别(尤其是心理学类词语)进行量化分析的软件,属于自然语言处理(Nature Language Processing, NLP)技术之一。

[8] 吉奈特按照空间、位置的不同,将副文本分为内文本(paritext)和外文本(epitext)。前者包括标题、前言、注释、插图等,后者则是指有关文本形成历史的公开或私人的信息,包括作者通信、访谈、日记等。

[9] 计算机科学术语,亦称规则表达式,通常使用单个字符串来描述。一系列匹配某个句法规则的字符串被用于检索、替换那些符合某个模式(规则)的文本,其中包括普通字符(如 a 到 z 之间的字母)和特殊字符(元字符)。

## 延伸阅读文献

[1] Murray, S. The Digital Literary Sphere: Reading, Writing, and Selling Books in the Internet Era [M]. Baltimore: Johns Hopkins University Press, 2018.

[2] Kuijpers, M. M. et al. Exploring absorbing reading experiences: Developing and validating a self-report scale to measure story world absorption [J]. Scientific Study of Literature, 2014, 4(1):89 – 122.

[3] Rowberry, S. The limits of big data for analyzing reading [J]. Participations, 2019, 16(1):237 – 257.

# 文学模式识别:文本细读与机器学习之间的现代主义[①②]

**导读:**本文原载《批评探索》(*Critical Inquiry*)2016 年第 42 卷第 2 期,题为"Literary Pattern Recognition: Modernism between Close Reading and Machine Learning",中译文发表于《山东社会科学》2016 年第 11 期。针对利用主题建模、网络分析等方法发现文本宏观模式以及其所受到的诸多批判,作者提出了一种可以整合常见的人文主义方法和电脑计算方法的新的文学文本阅读形式。这一数字与人文的"联姻"不再将人文主义和电脑计算作为截然对立的方法,而是以多元和开放的姿态对数字时代下的文学研究做出新的探索和尝试。为帮助读者理解不同方法之间的差异,作者运用文本细读、历史主义批评和机器学习三种方法(作者使用的术语是"模型")切入英语俳句,指出这三种方法各自蕴含不同的文本本体观,因而可以回答不同的问题。通过作者的论述,我们不仅可以了解传统人文方法和电脑计算方法分别能做什么和不能做什么,还可以对机器学习的运作方式有基本了解,这有助于为人文学者打开数字技术和算法的"黑箱",更好地与其他领域的学者展开合作。此外,作者对机器学习的错误分类结果的阐释让我们意识到,虽然机器分类的准确性基于特征选择和统计概率而不完全准确,但数字方法不仅可以用客观数据验证我们原先的直觉发现,还可以从大量数据中发现我们原本通过细读难以发现的东西,因此,通过结合传统人文主义的方法和电脑计算的方法,我们可以在更广阔的社会文化背景下对同一问题有更加多元和全面的认识。

本文的标题即宣告了它的核心目标:提出一种可以整合常见的人文主义手法和电脑计算手法的文学文本阅读形式。近年来,运用计算机来阐释文学引发了激烈的争论。一方面,弗朗哥·莫莱蒂、马修·乔克斯、马修·威尔肯斯(Matthew Wilkens)和安德鲁·派博等学者支持运用主题建模、网络分析等精密机器技术来揭示从海量数字化文学资料库中挑选出的语言与形式的宏观模式。[③] 另一方面,亚历山大·加洛韦(Alexander Galloway)、大卫·科伦比亚(David Golumbia)、塔拉·麦克弗森(Tara Mc

① Hoyt Long, and Richard Jean So, "Literary Pattern Recognition: Modernism between Close Reading and Machine Learning", *Critical Inquiry*, 42:2(2016), pp.235 - 267.

② 作者:霍伊特·朗(美国芝加哥大学东亚语言与文化系)、苏真(美国芝加哥大学英文系);译者:林懿(南京大学英语系);导读、注释:王贺、刘婷(上海师范大学中文系、数字人文研究中心)。

③ Franco Moretti, *Distant Reading*, London: Verso, 2013; Matthew L. Jockers, *Macroanalysis: Digital Methods and Literary History*, Urbana: University of Illinois Press, 2013; Matthew Wilkens, "The Geographic Imagination of Civil War-Era American Fiction", in *American Literary History 25* (Winter 2013), pp.803 - 840; Andrew Piper and Mark Algee-Hewitt, "The Werther Effect I: Goethe, Objecthoods, and the Handling of Knowledge", in Matt Erlin and Lynn Tatlock (eds.), *Distant Readings: Topologies of German Culture in the Long Nineteenth Century*, Rochester: Camden House, 2014, pp.155 - 184.

Pherson)、艾伦·刘(Alan Liu)等新媒体研究领域的学者则批评机器技术，认为此类技术将文学文本的复杂性化约成纯粹的"数据"，或它们与批评理论的目标无法匹配。[①] 这里我们要通过创建一个不将一种阅读模型与另一种模型对立，而是把人文主义方法和电脑计算方法整合进一种我们称之为文学模式识别的文学分析方式，来超越这一僵局。

　　这一整合的动机是双重的。首先，当下多数人文主义学者已经参与了某些形式的电脑计算批评。正如泰德·安德伍德指出的，任何计算机辅助的信息搜索，不管是通过谷歌还是更正式的诸如JSTOR这样的学术数据库，都是一种由机器学习算法所支持的"数据挖掘"。[②] 每次我们在谷歌图书或其他数字化资料库中输入一个搜索词条，我们都在与这些算法互动。安德伍德补充道，人文主义研究者们倾向于忽略这种互动而不进行理论研究，他们认为搜索引擎仅仅是帮助我们通达真正阐释工作的工具，同时还往往坚称这些工具背后的科学是非人性的、僵硬的、机械的。甚至在我们批评这些工具与我们作为人性读者所参与的细致分析和批判性思考相比的"黑箱"性质时，我们还是在自己的研究中把这些工具黑箱化。[③] 运用更复杂数据挖掘工具的文学研究学者更是加倍地受到指责，理由是他们通过冰冷而不知变通的机器逻辑扭曲了文学文本。然而，随着我们与文本（以及信息）的互动越来越多地受到数字格式和大数据库的影响，这一立场变得愈发站不住脚。我们无法在继续忽视机器算法如何"阅读"文学信息的同时，又盲目地依赖它们来强化我们自身的阅读与阐释实践。

　　与此同时，主张批评家们必须学习这些计算程序如何操作并不表示这些程序是毫无问题的人力阅读模式的替代品——也不意味着对机器技术正当性的评判可以由更复杂的计算模型和更大容量的数据库来满足，尽管斯坦福文学实验室的莫莱蒂、马克·阿尔吉-休伊特(Mark Algee-Hewitt)与瑞安·霍伊泽尔已在这些方面作了杰出的工作。[④] 我们必须严肃对待刘的观点，即计算机辅助阅读得益于STS（科学与技术研究）视角所提供的反思性批判，它使我们得以在一个更为广阔的"权力、经济及其他支配协议"[⑤]的框架下思考我们的工具。我们也需要听取科伦比亚的建议，即计算机批评必须更深入地思考在当下数字人文中正不加批判地激发研究工作的技术"权威"精神。[⑥] 如果说眼下机器算法正充斥于我们的研究和写作中——并且还在日益泛滥——它带来的挑战和任何其他新的阐释工具一样，在于我们既要掌控它们，又能批判性地运用它们。

　　以上正是我们这里通过一个对文学现代主义，特别是英语俳句的案例分析所试图达到的目标。从什么定义了现代英语俳句这一基本问题开始，我们同时运用常见批评模型（文本细读与历史主义批评）和计算机手段（机器学习）来给出三种相异的答案。也就是说，我们将通过三种文本分析模型来考察一个实质为文体辨认的问题。这种做法意在表明每一种模型都暗含了其自身的文本本体观，且每种模型都揭示了与它的本体观相连的对文学模式和文体学影响的理解。不过，我们并非要偏重某一模型而贬低另一

---

① 有关加洛韦、科伦比亚与麦克弗森的近期批评，参见期刊 *Differences* 关于"在数字人文的阴影下"主题的特别话题。他们的论文包括：Alexander Galloway, "The Cybernetic Hypothesis", *Differences* 25, No.1(2014), pp.107－31; David Golumbia, "Death of a Discipline", *Differences* 25, No.1(2014), pp.156－176; 与Tara McPherson, "Designing for Difference", *Differences* 25, No.1, 2014, pp.177－88. 同时参见 Alan Liu, "Where is Cultural Criticism in the Digital Humanities?" in *Debates in the Digital Humanities*, Matthew K. Gold (ed.), Minneapolis: Minnesota University Press, 2012, pp.490－509.

② Ted Underwood, "Theorizing Research Practices We Forgot to Theorize Twenty Years Ago", in *Representations* 127 (Summer 2014), p.65.

③ "黑箱"是理工类程序中的常见概念，指某程序的机制无法被人完全掌控或观测，只能知道输入和输出的结果。——译者注

④ 参见这一团队在斯坦福文学实验室印发的一系列出色的手册(*Pamphlets*)，网址见<litlab.stanford.edu/?page-id＝255>.

⑤ Liu, "Where Is Cultural Criticism in the Digital Humanities?" p.501.

⑥ Golumbia, "Death of a Discipline," p.172.

模型,而是要主张通过这类人力阅读与机器阅读的交互作用,凸显出一种关于俳句这种文学事物的新的批评视角。通过将这些文学分析模型理解为按其自身视域具有理据,而在更广阔的模式识别阐释学中可相互对照,一种关于俳句——以及广义的关于现代主义文本——的新的本体观出现在人们视野中。

　　本文由四部分组成。第一部分通过文本细读来详述俳句的特点;第二部分将俳句作为社会历史事物来阅读;第三部分则通过机器学习的框架来阐释俳句。在以上各部分中,我们将分析每一种批评手法提供的特有而自发的关于俳句的观念,并且揭示这些观念如何架构起相应手法辨别俳句——作为一种特殊且可重复的文体或文学模式——的能力。在最后一部分中,我们使各批评手法直接对话,以表明尽管它们遵循的对俳句的本体论认识各不相同,不同的识别文学模式(pattern)的方式却可以补充各自的不足。综合起来考察,这些批评手法提供了作为社会与文化氛围的英语俳句的更全面的图景——它是更广阔的流行于 20 世纪初的东方主义风格的一部分。① 由此,本文最终通过展示我们如何能够把美国现代主义时期的东方主义历史重新理解为不同本体论范畴所表达的一套相互重叠的文本模式,为现代主义时期的东方主义研究作出贡献。

## 一 ▶ 作为现代主义文本的英语俳句

　　首先,什么决定了一首诗是否是英语俳句? 一种判定诗歌属于某种创作体裁的方法是将它当作一个单独的文本来研究,并仔细分析它的内容与形式特点。这种方法就是我们认为的典型的文本细读。假设我们面对埃兹拉·庞德的《四月》这首诗,我们将怎样决定它是否是英语俳句?

> 三个幽灵向我走来
> 撕裂我
> 引我走向橄榄树枝
> 赤裸躺卧之地;
> 光亮雾霭下的苍白尸体。②

　　由于这首诗不具备日本俳句"五七五"的传统音节模式,我们可以首先总结出,就最严格的形式定义而言,这首诗不是俳句。然而一些纵然天真却是直觉性的观察却能够支持该诗借用了日本俳句的其他文体特点这一看法。首先,这是首短诗,特别短。其次,这首诗不关注叙事而突出了一系列生动的意象——诗里没有故事,也没有"人物"——并且这些意象取自自然。在这些方面,《四月》与浅表观点中的俳句特点相吻合。更深刻、更投入的读法则可以把该文本视为某种哲学声明来考察。在开头两行中,我们发现说话的自我或诗中的"我"实际上被文本撕裂且迅速被一个具体意象所取代:橄榄树枝。主体性——该文本暗示道——栖居于外部事物而非人的身体或心灵中。是"树枝"赤裸躺卧在地,它替换了之前被撕裂的身体或意识。最后一行则通过与其他意象的重叠而强调了这一意象,树枝被转移为"光亮雾霭"下的"苍白尸体"。主体性回归了(与"树枝"的纯粹物性不同,"苍白尸体"这一意象暗示了情绪与感情),但此时是经由一个以并置方式运作的生动意象的中介。一半是取自自然的物质("雾

---

① 结语部分将阐明我们运用这一术语的准确意义。
② Ezra Pound, "April," in *Personae: Collected Shorter Poems of Ezra Pound*, London: Faber and Faber Limited, 1952, p.101.

霭"),另一半则蕴含情绪("苍白尸体"),诗句成功地将主体与客体融合起来。

基于这样的阅读,我们可以认为《四月》代表了一例英语俳句,因为它满足了我们赋予其他这一类型的诗歌的某些标准。我们又是怎样获得这些标准的呢?部分靠直觉。作为文学作品的读者,我们继承了关于用英文写成的俳句是何模样的普遍直感:它应该是短的,包含自然意象,并在表达上是含蓄的。更严密地说,我们用以判断一首诗是否是英语俳句的标准源自其他文学研究者的论著。例如,厄尔·迈纳(Earl Miner)提出英语俳句通常具有以下特征:对精简与准确的倚重、对常常将具体却不相称的意象并置的视觉语言的运用,以及由这些意象的运用产生的具有暗示性而非刻意或外显的意义。① 我们可以将这些特征视为英语俳句普遍遵循的一套规则。

运用这些标准,我们还可以开始通过判断诗歌甲或诗歌乙是否具备与《四月》相似的美学特征来辨别出这一时期的其他英语俳句。试思考威廉·卡洛斯·威廉斯的《婚姻》:

> 如此不同,这男人
> 和这女人:
> 田里流动的
> 一条小溪。②

直觉再一次暗示了这是一首受到俳句启发的诗。这首诗简短、基于意象,并以取自自然的事物结尾。更为重要的是,它也满足了迈纳提出的基本标准。从内容与排印两个方面看,它都聚焦于呈现而非再现,并且将男人、女人与自然景物相重叠,明显地使用了并置法。然而,将它与《四月》对比时又出现一些区别。诗中确实有并置(或叠加)发生,但这一技巧却没有那般牢固地基于意象。诗歌虽然也有从主体性到客体性的转换和二者最终的相互融合,却不似前诗那般专注于将这一现象凝结为视觉观感。学术界也肯定了以上粗略的比较。查尔斯·阿尔提艾瑞(Charles Altieri)写道:"总体而言,威廉斯拒绝庞德那种关于形式的抽象话语,并强调对地点与寻常话语的敏感性就已足够使事实更加生动。"③如此一来,要把两首诗都辨识为俳句,我们必须进行妥协,承认二者虽都体现了俳句的风格影响,但个体诗人的性情和身处环境各自不同。事实上,这正是当我们试图分析某一文体跨作家和跨语境的丰产性和流变过程时,文本细读常常使我们处于的分析立场:探查不同艺术家如何不同程度地加入了这一文体。正如此处所演示的,这些分析步骤的实施预设了英语俳句具有某种理想模式,将某首诗与它进行比对即可根据其近似或偏离的程度来评估该诗的"俳句性"。

这些分析步骤在现代主义诗歌研究中无疑是很常见的。阿尔提艾瑞、玛乔瑞·帕洛夫(Marjorie Perloff)、海伦·文德勒(Helen Vendler)等重要学者在描述某文体与某一特定诗人或诗人圈的关联时,常常运用与形式有关的语言。例如,阿尔提艾瑞认为意象主义诗人追求一种关于"感知"的"与众不同的形式"④,而文德勒则肯定了一种华莱士·史蒂文斯形式的存在,它运作起来就像"一种代数式的陈

---

① 参见 Earl Miner, *The Japanese Tradition in British and American Literature*, Princeton: Princeton University Press, 1958, p.125;下文简称 *JT*.
② William Carlos William, "Marriage," in *The Collected Poems of William Carlos William*, A. Walton Litz and Christopher MacGowan (eds.), 2 vols., New York: New Directions, 1986 – 1988, 1:56.
③ Charles Aliteri, *The Art of Twentieth-Century American Poetry: Modernism and After*, Malden: Blackwell Publishing, 2006, p.41.
④ Ibid., p.23.

述,每个读者都能用自己的价值来取代其中的 x 或 y"①。这类批评思路试图辨明现代主义诗人是如何将语言的整个范畴改造成某种文体或写作形式——帕洛夫称之为诗歌的"模式",在她的理解中它与语义和印刷版式均有关。②

然而,在其他案例中,现代主义学者们运用对比性的文本细读来达成相反的目标。他们倾向于关注各文本"活生生的独一性"而非它们共享的对某一"形式"或"模式"的继承。③ 在这些例子中,学者们会关注一首诗通过它被写就以及它通过语言获得形式的过程所获得的意义的深浅。意义产生于物质性的语言和文本自身的显现。不但诗歌表达的力量来自它自身的语言,而且诗歌阅读也关乎将诗歌本身视为一起正在发展的事件。这些观点被处于庞德、威廉斯与史蒂文斯等作家的经典阐释领域中的权威学者们着重肯定。例如,彼得·尼科尔(Peter Nicoll)认为每个现代主义文本都揭示了"某一语言的纹理内的一个崭新和'别样的现实'",并"创建了它自己的世界"④。在这些描述中,一首诗就是一个表达之独一性的例子;它只属于其被创造出来的那种语言。潜藏在此处的是这样一种信仰,即每一个文本,它作为在读者眼前展开的一个语言世界,只能是且只将其自身呈现为某一独特类别的诗歌。

如果放在一起考察,这两种文本细读的阐释倾向留给我们一种多少有些油滑的现代主义文本本体观。一方面,文本被视为不同程度地隶属于更普遍的文学风格形式,如"史蒂文斯形式"。另一方面,文本又作为一个"活生生的独一性"而存在,或是作为一个自我建构的现实,其美学价值取决于它对一切成规的背离。在现代主义诗歌研究中,第二种观点往往获得胜利。对个体文本进行精深细读并说明它们的独特性质在这些研究中成为主流,而将诗歌根据普遍化的风格形式或模式来分类则较少受到关注。这自然与相关领域盛行的某些批评倾向有关,不过,我们也可以将之部分归因于文本细读这一方法自身的限制。根据一个共享的风格模式来不断筛选诗歌的计划在数十篇诗歌的层面似乎还可行,但到数百篇的层面该怎么办呢? 如果人们偏向于认为每个阅读行动本质都是主观的,且文本的风格也取决于仅对那一特定例子适用的一干因素,那么将文本细读当作一种模式辨认的方式就变得十分难以操作了。详述某文本的独特方面或描述它如何偏离了预设的规范模型会比试图界定该模型更有回报。如果某一形式在每次阅读新文本时都需要进行更改或调整,要设想它有任何可确证的一致性就变得更困难了,因此放弃形式或仅仅将之假定为一个模糊的概念会更容易些。

我们本来或可接受这种不稳定的文学模式概念,然而英语俳句却给我们呈现了一个特殊的例子。作为文本细读的对象,英语俳句往往在学术批评中同时横跨两个方面。也就是说,它被一些人理解为遵循一个明显可辨的模式,又被另一些人解读为一个极度开放且模糊的美学形式。例如,杰弗里·约翰逊(Jeffrey Johnson)坚持认为存在一个明确的"俳句形式",并同迈纳一样勾勒出一套规则来描述这一形式的特征。这些规则包括"以名词为主宰的诗句"和"无评论的意象"等例,而一首英语俳句中总会呈现这些规则的某些组合。⑤ 但另一些学者却认为这些规则达成的是一个宽松得多的对形式与风格的限定,甚至只是一个模糊的美学倾向。例如,当文德勒提出"史蒂文斯形式"时,她所想的是这些诗歌共有的一种普遍特质或感觉,而不是一个形式准则清单。⑥ 英语俳句既像"五七五"格律一般易于辨认,又

---

① Helen Vendler, *Wallace Stevens: Words Chosen out of Desire*, Knoxville: The University of Tennessee Press, 1984, p.8.

② 参见 Marjorie Perloff, *The Dance of the Interllect: Studies in the Poetry of the Pound Tradition*, Evanston, III., 1996.

③ Peter Nicholls, "The Poetics of Modernism," *The Cambridge Companion to Modernist Poetry*, Alex Davis and Lee M. Jenkins (eds.), New York: Cambridge University Press, 2007, p.61.

④ Ibid. p.6, p.61.

⑤ Jeffrey Johnson, *Haiku Poetics in Twentieth Century Avant-Garde Poetry*, Lanham: Lexington Books, 2011, p.69, p.68.

⑥ Vendler, *Wallace Stevens*, p.57.

变幻不定得只是一种共有的感觉。

　　这种双面特征在劳拉·赖丁(Laura Riding)和罗伯特·格雷夫斯(Robert Graves)的经典专著《现代主义诗歌考察》(*A Survey of Modernist Poetry*, 1927)中被很好地体现出来。两位作者在为创造性活动的自足性辩护时,用俳句作为反面例子来表达这种自足性。在他们看来,俳句在现代主义诗歌中到处泛滥寄生,已成为一种模仿性的、更像社会建制而非个体行动的诗歌范例。身为杰出的文本细读读者,两位作者用几例代表性诗歌就诊断出问题所在(见图1),并进而"绘制一幅文学图示"来追索英语俳句的起源和出问题之处:[①]

　　　　是谁发明了前两首诗的文体,奥尔丁顿先生(Mr. Aldington)还是威廉斯先生? 抑或 H. D. 或弗林特(F. S. Flint)? ……在后两首诗中谁为其形式负责? 是谁首先想到模仿日本俳句的形式? 或者应该说是谁首先想到模仿法国人对俳句形式的模仿? 是奥尔丁顿先生向史蒂文斯先生或庞德先生建议了短一些的诗歌,或是庞德先生向奥尔丁顿先生建议了长些的诗歌等等,或者是庞德先生、史蒂文斯先生和奥尔丁顿先生、威廉斯先生两队伙伴决定作为一个学派团队共同工作;又或者是威廉斯先生、史蒂文斯先生和奥尔丁顿先生、庞德先生两相结合,鉴于从国别上这样配对更合适?[②]

山毛榉树叶是银色的
因为缺少树的血液

你在我唇上的吻
变得像这秋天的山毛榉树叶。
○─○─○─○─○─○─○
一棵空心老柳树
轻摇他稀疏的鲜艳触须
吟唱道:

爱是一株年轻绿柳
在空荡的树林边缘闪闪发光
○─○─○─○─○─○─○
冰冷如苍白潮湿的铃兰花瓣
清晨她躺在我身旁。
○─○─○─○─○─○─○
在二十座雪山之中
唯一活动的东西
是黑鸟的眼睛

图1　以上赖丁和格雷夫斯引用的四首诗表现了俳句的寄生特性。
这几首诗也是引文中所指的诗。

---

① Laura Riding and Robert Graves, *A Survey of Modernist Poetry*, London: Heinemann, 1927, pp.216-218.
② Ibid., p.217.

　　然而,在尝试将俳句形式的兴起和传播独立出来的问题上,赖丁和格雷夫斯就走到这儿。剩下的只能留待猜测。他们面对的僵局正是一个偏向于将诗歌视为自我实现的活生生的独一体的研究手法所面临的僵局。他们将俳句视为典型性的文学模式,认为俳句激起了一种共有的感觉,它又形成了一种更广泛的、被过度复制的风格。但是谁首先开始的? 谁是传播它的罪魁祸首? 这些诗歌是如何相像的? 坚决忠于一种阅读模型和一种对诗文的看法,赖丁和格雷夫斯只能戏拟出一串文学批评问题,既不相信也不愿意找到令人信服的答案。对他们来说,英语俳句既是一种传统文学模式的典型,同时又是一种他们乐于仅仅通过指认就分辨出来的东西。

## 二 ▸ 作为社会历史事件的英语俳句

　　一种在更大数量的诗歌之中发现文体模式的办法是选择一种不同的英语俳句文本本体观。这里我们可以求助于新现代主义研究(New Modernist Studies)。它以新历史主义[1]为指导,为现代主义学者拓展了研究手法与材料。丽贝卡·沃克维奇(Rebecca Walkowitz)与道格拉斯·毛(Douglas Mao)提出,现代主义研究的对象一度只狭隘地聚焦于一小众经典的、精英的、大半为英语的文本,但现在正朝着新的"时间、空间和深度方向"发展。① 这意味着现代主义的时间范畴向前向后都有扩展;其空间范畴涵括了表面上与英美地理中心相距遥远的地方;其文化范畴也伸向了小圈子精英创作之外的各种文本和体制环境。伴随这些扩展而来的是对现代主义文本看法的变化:它是体制与媒体环境的产物,并同样根植于历史话语体系。② 这些看法改变了我们阅读文本的方式,并将文本视为更广阔的美学与社会学模式的一部分。

　　根据这种看法,英语俳句开始看起来不那么像一个自足独立的诗歌艺术品,而更像美国作家们借鉴外国诗歌体裁的集体尝试。这里,俳句成了流行体裁和历史事件——一个陷在特定社会物质流通模式中的美学关注对象。很大一部分在现代主义和东方主义名义下的研究(如克里斯托弗·布什、罗伯特·科恩、埃里克·海奥、史蒂文·姚③、钱兆明等学者的研究)已经提供了一个以浓厚历史主义为支撑的框架,意在将亚洲美学文本在英语中的出现理解为20世纪早中期西方艺术家对东亚文化广泛痴迷的一部分。④ 这种痴迷已经超出了纯粹的美学兴趣;受更大政治力量影响的异域情调和帝国主义等话题激起了西方世界对中国和日本艺术的兴趣。科恩就这一课题提出了精辟的总结:"我们面临的问题可被称为'囚禁于西方的中国诗歌',以及翻译实践自身被某些具有优先权的事物征用与引导的程度,

① Douglas Mao and Rebecca L. Walkowitz, "The New Modernist Studies," *PMLA* 123 (May 2008), p.737.
② 参见 Lawrence Rainey, *Institutions of Modernism: Literary Elites and Public Culture*, New Haven: Yale University Press, 1999, 以及 Andrew Goldstone, *Fictions of Autonomy: Modernism from Wilde to de Man*, New York: Oxford University Press, 2013. 关于体制环境,还可参见 Mark Wollaeger, *Modernism, Media, and Propaganda: British Narrative from 1900 to 1945*, Princeton: Princeton University Press, 2008 和 Mark Goble, *Beautiful Circuits: Modernism and the Mediated Life*, New York: Columbia University Press, 2010 中关于现代主义与现代媒体形式的关系。
③ 上述学者英文名分别为 Christopher Bush、Robert Kern、Eric Hayot、Steven Yao。——译者注
④ 参见 Christopher Bush, "Modernism, Orientalism, and East Asia," in *A Handbook of Modernism Studies*, ed. Jean-Michel Rabaté, Malden: John Wiley & Sons Ltd., 2013, pp.193-208; Robert Kern, *Orientalism, Modernism, and the American Poem*, New York: Cambridge University Press, 1996; Eric Hayot, *Chinese Dreams: Pound, Brecht, Tel Quel*, Ann Arbor: University of Michigan Press, 2004; Steven G. Yao, *Translation and the Languages of Modernism: Gender, Politics, Language*, New York: Palgrave Macmillan, 2002; and Zhaoming Qian, *Orientalism and Modernism: The Legacy of China in Pound and Williams*, Durham: Duke University Press, 1995.

这些事物试图扰乱并改变中国诗歌接触西方读者的本来过程。"①

在新的现代主义框架内,关注焦点由之转向决定俳句如何接触到英语读者的历史要素,以及这些要素对俳句接受的影响。整个过程可分为三个阶段来描述。第一阶段称为发现阶段,开始于 20 世纪初并主要由收集行动或样本采集行动所决定。这时的目标是为了在东方文学的陈列柜里再添珍品。当时,随着日本在地理政治舞台上的出场增多,东方文学的陈列品也在扩大。威廉·乔治·阿斯顿(William George Aston)和巴兹尔·霍尔·张伯伦(Basil Hall Chamberlain)两位日本研究学者在 20 世纪初搜集了部分最早的俳句学术翻译。② 他们还提出了一些关于俳句音节结构和文学谱系的最早的形式描述。然而,在努力把俳句介绍给英语读者时,两位学者倾向于以典型东方主义[2]话语的方式来对待俳句——把它作为异域的新奇事物和国家民族特点的标志。如此一来,这许多"极小的情感迸发"③和"微观创作"④——他们这样称呼俳句——就被归统于类型学的描述,以便理解这一文类何以如此奇怪和特别。例如,阿斯顿就认为他们珍藏的是"微小却珍贵的真实情感与美丽幻想之珠",它"最突出的品质就是暗示性"。⑤

这批珍奇搜寻者虽急于搜集归档这一异国文学品种,最终却对培养本土特点没什么兴趣。不过他们对俳句翻译的选择——以及这些译作日后的流行——可以说为一套美学考虑要素和"精选词汇"提供了示例,这些都在下一阶段的俳句接受中继续表达出来。⑥ 我们称这下一阶段为试验阶段,此时诗人们变得更愿意激活运用起上一代人积累下来的范例。这是现代主义学者们最为关注的阶段,他们往往将其发源追溯到 1913 年前后一个文学家们组成的小圈子。不过谁和谁说话、在什么时候这样的细节则较为模糊不清。实际上,把这一阶段界定为一个高度活跃于早期接受者和"本土"信息提供者中的"议论"阶段或许最为合适。参与其中的主要是英美两国的与意象主义运动有关的诗人,他们在俳句中发现了各种美学创新的可能性。正如其中一位诗人弗林特于 1915 年提到的,意象主义运动的起源可追溯到一批伦敦艺术家,他们对英语诗歌不满,并"在不同时刻提倡用纯粹的自由体诗(vers libre)来替换它,用日本的短歌(tanka)和俳谐(haikai);我们都写了数十首日本俳谐以资娱乐"。⑦ 某些人视为娱乐的东西对另一些人则是严肃的事,俳句在先锋杂志与意象主义文选中激起了一阵改编为英语语言的热潮。这些现象自然产生了一套关于什么使俳句如此与众不同的新依据。

庞德与伦敦团体意趣相投,他于 1912 年开始尝试这一文体,并在 1914 年的论文《旋涡主义》中达到顶峰。他在该文中强调了日本诗歌的简洁、意象和叠加("一个想法在另一想法之上"),认为这些特

---

① Kern, *Orientalism, Modernism, and the American Poem*, p.175.

② 当时更常用"hokku"和"haikai"两词来指称这一文体。两个词虽然与"haiku"同义,但严格说来它们仍有区别。"Hokku"指具有五七五音节的开放序列,在历史上它是长得多的系列相连诗歌。"Haikai"则专指这种相连诗歌的特定传统,它可以追溯到 17 世纪早期。"Haiku"则是诗人正冈子规在 19 世纪 90 年代新造的词,用以将这些诗歌分离出来作为各自独立的诗歌单元。

③ W. G. Aston, *A History of Japanese Literature*, New York: William Heinemann, 1899, p.294.

④ Basil Hall Chamberlain, "Bashō and the Japanese Poetical Epigram," *Transactions of the Asiatic Society of Japan* 30, No.2,1902, p.243.

⑤ Aston, *A History of Japanese Literature*, p.294.

⑥ 例如,有些人运用俳句译作的语言(尤其是像庙钟、小花、盘旋的昆虫等短语)来描述俳句带给读者的理想效果;参见同上,以及 Chamberlain, "Bashō and the Japanese Poetical Epigram," p.309. 与之类似,保罗-路易·库苏 1906 年在一篇有影响的文章中写道,一首俳句的意义"像屏风背后的竖琴之声或穿过雾霭而来的梨花香气那样"向我们飘来。(Paul-Louis Couchoud, "The Lyric Epigrams of Japan", *Japanese Impressions: With a Note on Confucius*, Frances Rumsey (trans.), London: John Lane, 1921, p.38.

⑦ F. S. Flint, "The History of Imagism," in *The Egoist* 2 (May 1915), p.71.诗人把短歌和俳谐与自由体诗联系在一起,体现出他并不知晓这些形式的音节结构在创作实践中有多么严苛。这也暗示了模糊二者区别的广泛倾向,我们会在下个部分中考察这一论点。

征是造出他的名诗《在地铁站》(1913)那样的"形似俳句的句子"的根本。同年庞德协助结集了第一部意象主义文选,其中奥尔丁顿、艾米·洛威尔(Amy Lowell)和之后的弗莱彻(Fletcher)都尝试了受发句(hokku)启发的诗歌。① 值得注意的是,洛威尔和弗莱彻欣赏俳句的原因与第一阶段批评家指出的某些俳句特征相吻合,即它的简洁性、暗示性,以及情感与自然世界的明确连接。② 事实上,暗示性已成为批评话语中的支柱,以至于到了1913年,日本诗人野口米次郎(他也是所有这些议论的关键贡献者)宣称:"没有哪一个词像暗示性那样被西方批评者们这样泛滥地使用,它造成的损害大于启迪。"③然而野口在把"内在广阔而外在模糊"的俳句语言比作"沾满夏日露水的蛛丝,像空气中的隐形幽灵一般在树枝间摇摆,保持着完美平衡"④时,同样渲染了这一批评话语中的东方主义意味。

虽然表面上对俳句的新颖之处已有共识,但学者们也展示了庞德、威廉斯、野口以及其他诗人在俳句的运用上如何各具不同。不过正如上文指出的,这些学者同样坚持认为俳句有一套吸引诗人们的共同特征:"[俳句的]短小与简练:它的直接性,它的呈现模式,它的暗示,以及它对并置的具体细节的运用。"⑤正是这些前后衔接的观点推动俳句进入了第三个接受的阶段:模仿的狂潮随之兴起,超出了原先意象主义诗人及其友人的小圈子。这一最为平民化的阶段可由改编诗作的数量上升、俳句在诗歌领域的更广泛分布和当时的批评评论所印证。实际上,这后一点暗示了俳句到1920年已达到了一个饱和点。此时俳句无处不在。在某些人看来,这一现象值得庆祝,因为它显示了东西方艺术"出人意料的紧密修好",以及日本诗歌和美国诗歌前所未有的根本性融合。⑥

随着英语俳句的到来而出现的大批改编诗作,对我们来说比意象主义者的诗歌要更陌生。据迈纳的说法,这些诗作给读者呈现了一个"由混杂的形式、无意义的技巧模仿和异域风情组成的杂乱丛林"(*JT*, p. 184)。不过,不论在个体诗歌层面扩散得多广,在将俳句当作批评话语的研究对象方面则一直保持着令人吃惊的连贯性。日本批评家武友寅夫声称"发句的诗学优点……完全取决于暗示性的力量",并认为美国的俳句诗人"倾向于使用最少的词,偏好运用意象与象征而非解释来展示事物的本来面目"。⑦ 罗亚尔·斯诺(Royall Snow)在为《新共和》撰文时则更进一步声称俳句让"西方人的心灵"如此着迷的原因,在于"它能够在有限空间内创造出来的效果"。他指出"亚洲诗歌"两个最主要且有影响力的特征是"集中,还有和它的客观性神秘相连的暗示性特征";斯诺只需援引意象主义者们自己的宣告,即可认定这些特征与俳句具有如此根本的他异性和如此明确的东方感的原因是何等紧密相关。⑧ 正是这类关

---

① 一位批评家甚至声称"日本发句诗歌无疑就是组成首部意象主义文选的参照模本,尤其是其中庞德先生的贡献"。(George Lane, "Some Imagist Poets," in *The Little Review* 2, May, 1915, p. 27)

② 洛威尔力图在她的改编诗歌中"保持发句的简洁与暗示,并将它维持在自然的空间中"(引自 *JT*, p. 165)。弗莱彻欣赏俳句对"源自自然事物的普世情感"的运用,以及它"用最少的词语"来表达这种情感(引自 *JT*, p. 177)。

③ Yone Noguchi, "What Is a Hokku Poem?", *Rhythm* 2, Jan. 1913, p. 355.

④ Noguchi, *The Spirit of Japanese Poetry*, London: John Murray, 1914, pp. 42 - 43、p. 51.关于野口对庞德等早期接受者的影响,参见 Edward Marx, "A Slightly Open Door: Yone Noguchi and the Invention of English Haiku," *Genre* 39 (Fall 2006), pp. 107 - 26.

⑤ Johnson, *Haiku Poetics in Twentieth Century Avant-Garde Poetry*, p. 45.

⑥ Royall Snow, "Marriage with the East," *The New Republic*, 29 (June 1921), p. 138.另参阅 Torao Taketomo, "American Imitations of Japanese Poetry," *The Nation*, 17 Jan. 1920, p. 70.

⑦ Taketomo, "American Imitations of Japanese Poetry," p. 71.

⑧ Royall Snow, "Marriage with the East," p. 138.斯诺援引了庞德1914年的一篇文章,其中写到,"我们在接下来的世纪里躲不开……东方思想的强烈敏锐感和凝练的东方文学形式给我们的既定标准造成的越来越大的改变。"艾米·洛威尔也被提及,特别是她这句"暗示是我们从东方学到的重要的东西之一"(p. 138)。

于俳句美学影响的概括性说法决定了俳句接受第三阶段的批评话语。① 然而,伴随这些说法而来的是一个客体化模式,它像前期阶段一样,忽略俳句的具体细节而去关注一套与明显东方主义话语相结合的模糊的美学理想。这一模式在一篇关于野口诗歌的评论文章中被最为简明地体现出来,该文评论道:"这首诗以发句形式写成,三行诗里包含十七个音节。但形式并不构成发句。一些最优秀的发句并不以该形式写成。那种决定发句本质的、精细而梦幻般的情感足以启示宇宙的无限,它藏在哪儿呢?"②

在把俳句文本视为社会历史事物来研究时,我们发现一般体认的俳句本质特点——简短、暗示性和自然意象——不断被众多评论者积极肯定。现在,我们可以把这些特点视为观察判断的历史积累的一部分。不过我们也可以将其视为一套更广阔的、如今被简单称为东方主义的政治文化形态的一部分。如果说有关俳句的话语和创作尝试在其第三阶段在美国社会中逐渐形成了一个广为流行的模式,那么应该说这一模式是源自美国在众多领域对东亚进行异域化处理这一更大的模式中。最后,此处的简史还揭示出一些对俳句的流行与繁盛十分关键的重要的社会偶然性。弗林特需与庞德交流,庞德又需与野口交流才使得他对俳句产生兴趣,接着庞德又使其他人也产生了兴趣。与货币类似,俳句在诗人、编辑和读者组成的社会物质网络中流通,而其中的许多人对俳句价值何在的问题抱着同一套优先考虑因素和同样的认识。这些力量——既有美国东方主义又有艺术网络——结合起来,将俳句文本的现实标记为一个社会历史事件,它反映并激活了艺术家群体中更广阔的文化话语与社会行为模式。

不过,我们在试图辨明这些模式时又留下了一些新的问题。尤其是:这些模式与它们表面上帮助生成的"混杂形式的丛林"有什么样的关系? 如果将俳句文本视为更广阔的社会活动的一部分,那么在文本自身的层面又发生了什么? 这些俳句文本经过从外国译作到先锋实验作品到亲民流行形式的转变,它们是否体现出相似性? 这里历史文化的研究方法就没有多少用处了,因为它只能说明我们之所以能提出这些问题的背景。而文本细读,就其独重个体文本的"活生生的独一性"而言,也无法满足需求。我们希望找到一种比文化历史批评更精细,但又开阔到能考虑一个比文本细读所提供的文本模式定义更宽松的阅读模型——一个不把文本当作个体美学效应的纽带或者社会话语的产物,而是将其视为上百个例子共同分享的一套种属特征。我们需要一个新的关于英语俳句的本体观,以帮助我们将俳句视为大于某种意象类型和含蓄语言的编排,又小于松散连系在东方主义概念中的杂乱模仿性形式的东西。简洁与暗示性或许是比严格的形式模仿更微妙,同时又比印象主义的美学直觉更具体的文本模式带来的效果。

## 三　作为统计模式的英语俳句

自 20 世纪 90 年代初,机器学习以及它在文本自动分类中的应用成为发现大量文本中的模式的一个流行方法。机器学习是指一套完整的统计算法,它们把每个文本视为一个特定的可量化特征的混合体,并认为这些特征跨文本分布的方式有助于识别文本之间的差异。这些统计算法试图"学习"这些特征,以便就某文本可能所属的类别或组群进行分类或预测。举例说明,这样的算法可以根据它们学到

---

① 杰伊·哈贝尔和约翰·比蒂将俳句视为"亚洲诗歌对当代诗歌产生的巨大且还在日益增大的影响"的一部分,"[这一影响]带来了更大的简洁性和润色度"(Jay Hubbell and John O. Beaty, *An Introduction to Poetry*, New York: Macmillan, 1922, p.360)。

② Jun Fujita, "A Japanese Cosmopolite", review of *Seen and Unseen: Or, Monologues of a Homeless Snail and Selected Poems of Yone Noguchi* by Noguchi, Poetryv 20, June 1922, p.164.

的与每个类型的信息相关联的特征,来帮助决定一封电子邮件是否有可能是垃圾邮件。<sup>①</sup> 在文学研究中,使用机器学习来完成类似的对文学或其他美学文本的信息筛选已有十年的历史。学者们试图用这种方法在戏剧叙事结构、政治隐喻、剧场对话以及小说体裁中识别诸如词汇的、语义的或其他文本差异上的模式。<sup>②</sup> 近来,机器学习已经在高度复杂的分类任务,如小说体裁检测和人物类型识别中发挥了不可或缺的作用。<sup>③</sup> 我们将该方法应用到英语俳句中有两个目的。首先,我们要尝试根据机器学习特有的认识论来识别俳句;也就是说,将俳句视为一种统计模式,它在一定程度上不同于其他诗歌文本中发现的模式。其次,我们要弄清这种模式识别的模型怎样能与文本细读和文化历史的模型相协调。

机器学习作为一种方法由四项关键任务构成,每项任务都促使俳句以迥异于其他阅读方式的文本对象而存在。这些任务是分类(categorization)、表示(representation)、学习(learning)和归类(classification)。"分类"指按照文本所归属的系列类别或纲目来给它们分配标签。"表示"指分离出文本的各具体特征,并采取机器学习算法可以解释的方式来量化这些特征。紧随其后的是"学习",此处机器需要把关联着每个文本的各种特征提取出来,并评估它们使该文本属于它被分配的类别的区分程度。最后一步是"归类"的任务,即运用学习阶段获得的信息,仅依靠某一文本的特征(也就是说,标签是未知的)来预测它的类别。接下来,我们将循序经历这些任务,并突出每一个阶段中的阐释决策以及这些决策是如何最终塑造了过程中出现的俳句文本本体观。

"分类"是根据不同的类别来为文本设定标签的看似简单的行为。这些类别在最常见的情况下都是二元制的(如垃圾邮件和非垃圾邮件),但也可以是多元的。<sup>④</sup> 更重要的是,类别"不能被确凿无疑地决定",它们取决于"专家的主观判断",是专家在阅读一批文献后根据他/她所感兴趣的特质而进行的分类。<sup>⑤</sup> 这就叫机器学习的"监督学习方法"<sup>[3]⑥</sup>。这一步虽然听起来简单,但它从根本上决定了分析的结果,并且要求一套内在不同的文本需要在表面上被归档到有限数量的类别中去。对我们来说,这意味着要找到一大批符合20世纪初对英语俳句的期待的诗歌,以及一大批不符合期待的诗歌。在分别标记它们为"俳句"和"非俳句"后,我们就可以将两类文本进行对照划分。不过,这并不是要强化我们

① 这种筛选是机器学习自20世纪90年代初崛起后最常见的用途之一。它比旧的文本分类方法更为有效和高效,因为旧的分类方法要依靠人类专家以人力来设定与他们分析的任何文本都密切联系的分类规则。随着机器学习的发展,专家们可以放手让机器来推导出规则,他们则把关注点集中在识别类别本身。法布瑞尔·塞巴斯蒂阿尼(Fabrizio Sebastiani)在《文本自动分类中的机器学习》一文里全面介绍了信息系统领域内机器学习的历史。见"Machine Learning in Automated Text Categorization," *ACM Computing Surveys* Vol. 34, March 2002, pp. 1-47.

② 参见 Stephen Ramsay, "In Praise of Pattern", *TEXT Technology*, Vol. 14, No. 2, 2005, pp. 177-190; Bradley Pasanek and D. Sculley, "Meaning and Mining: The Impact of Implicit Assumptions in Data Mining for the Humanities", *Literary and Linguistic Computing*, Vol. 23, Dec. 2008, pp. 409-424; Shlomo Argamon et al., "Gender, Race, and Nationality in Black Drama, 1950-2006: Mining Differences in Language Use in Authors and Their Characters," in *Digital Humanities Quarterly*, Vol. 3, No. 2, 2009; Matthew Jockers, *Macroanalysis: Digital Methods and Literary History*, Champaign: University of Illinois Press, 2013, Chap. 6.

③ Ted Underwood et al., "Mapping Mutable Genres in Structurally Complex Volumes",该文是2013年"IEEE大数据国际会议"发言论文(未发表),Santa Clara, Calif., 6-9 Oct. 2013; David Bamman, Underwood & Noah Smith, "A Bayesian Mixed Effects Model of Literary Character",该文是第52届计算机语言学学年会提交论文,Baltimore, 22-27 June 2014, <acl2014.org/acl2014/P14-1/pdf/P14-1035.pdf>.

④ 对多类型文本分类的解释与示范,参见 Jockers, *Macroanalysis*, Chap. 6.

⑤ Sebastiani, "Machine Learning in Automated Text Categorization," p. 3.

⑥ 与之相对,"无监督方法"允许机器首先根据某些特定的特点决定文件可以如何聚集;这些聚类是否能与有意义的类型相对应则留待使用者决定。对此较有帮助的解释见 Jockers, *Macroanalysis*, pp. 70-71.

最初所做的区分,而是要检验它的界限,并确定什么样的文本模式才是每一组文本所特有的。也就是说,我们想要知道机器能否识别出俳句和非俳句文本,如果可以识别,它又是用什么样的统计证据来得出结论的。

为了建立我们的两个语料库,我们首先使用原始档案和次级资源来寻找符合以下基本条件的俳句诗歌:它们必须是来自发现阶段的重要学术文献中的译作;或者在标题中指认自身为俳句;又或者是由诗人或评论家明确认定受到日本短诗形式的影响。这样就产生了一个包含 400 个文本的语料库。我们又将其分为两个类别,即翻译作品和改编作品。翻译作品代表了最初被英美读者所接受的、更紧密地遵循"五七五"格律这样严格形式限制的经典俳句。改编作品则代表了一组更为多样化的诗歌,它们虽偏离了这一形式惯例,但至少诗人和批评家们认为它们在内容或审美意向的层面仍遵从俳句。其中包括了对日本短歌的明确改编作品——短歌是一个由 31 个音节组成的形式,批评家经常把它与俳句放在一起,作为日本短诗这一更普遍的类型的一部分(见图 2)。① 图示中 20 世纪头十年末期和 20 年代早期出现的高峰段包括了洛威尔、弗莱彻、野口等人受俳句启发而创作的大批诗歌,以及一批与意象派无关的大小诗人的翻译和改编作品。

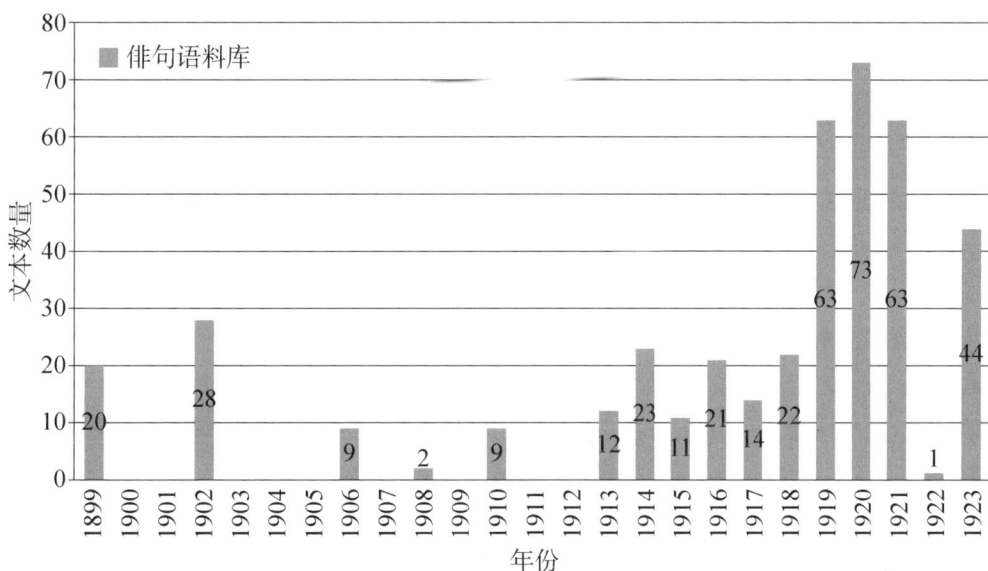

图 2　所选俳句文本随时间的分布图

为了搜集一个非俳句语料库,我们需要找到一大批不属于英语俳句运动,却又有可能从中发现该运动痕迹的诗歌。因此,我们在俳句接受第二阶段和第三阶段的诗集和其他重要杂志中收集了 1 900 多首短诗;这些杂志包括诸如《诗歌杂志》《小评论》和《他者们》之类的小杂志,诸如《哈泼斯杂志》《Scribner 出版社杂志》和《国家》这样的综合刊物,包括《危机报》和《机遇报》在内的哈莱姆文艺复兴的关键期刊,以及像俄亥俄州的《中部地区》和加利福尼亚的《抒情西部》这样的地区杂志(见图 3)。② 这

---

① 在日本,俳句和短歌天然与截然不同的审美取向、艺术谱系以及风格和社会标记相连。传统上俳句专门描述自然世界或给出哲学与社会方面的评论;短歌则与情绪和感情表达相关。不过这些精细的区别通常被美国的诗人和评论家忽视,结果二者往往被混在一起,都作为一个单一的日本诗歌传统的一部分。

② 这些诗歌是从哈蒂信托基金数字图书馆(Hathi Trust Digital Library)和现代期刊项目中收集来的。由于这些资料集仅限于公共领域的作品,我们只能收集在时间限制上早于 1923 发表的诗歌。对于哈莱姆文艺复兴的期刊,我们根据原版的内容手动输入诗歌。

里的"短"是指长度低于 300 个单词的任何文字,略高于我们语料库中俳句的平均长度。我们要尝试对照着这些属于其他文本类别的诗歌来分析两组俳句之间的界限。

| Magazine Corpora (杂志语料库) | Dates(日期) | Number of Short Poems(短诗数量) |
|---|---|---|
| *Poetry Magazine* (Early) | 1912-1917 | 222 |
| *Poetry Magazine* (Late) | 1918-1922 | 317 |
| *Masses* | 1911-1917 | 113 |
| *Little Review* | 1914-1922 | 119 |
| *Others* | 1915-1919 | 138 |
| *Smart Set* | 1915-1922 | 92 |
| *Midland* | 1915-1922 | 58 |
| *Contemporary Verse* | 1916-1922 | 256 |
| *Lyric West* | 1921-1922 | 106 |
| Harlem Renaissance Magazines (*Crisis, Opportunity*) | 1911-1929 | 268 |
| Generalist Magazines (*Bookman, Century Magazine, Harper's Magazine, The Nation, New Republic,* and *Scribner's Magazine*) | 1915-1922 | 230 |

图 3　从当代杂志汇编的短诗语料库列表

注:这些短诗来自大约 11 000 首在给定的日期中从表中出处发表的诗。

接下来,我们必须确定这些文本的"表示"(representation),以便它们可以被归类算法读取和解释。在这一步骤中,文本的本体观真正变为机器自身所有。由于归类依赖于文本的统一索引,所以这些文本必须被看作某(几)种较小单元(单词、短语、话语片段)的集合体。文本一旦被选中,便被分解成这些单元的简单列表,以显示单元的存在与否或相对频率(即某一单元在文本中是否出现或出现的次数)。每个单元都被看作其所在文本的一个"特征"(feature)——一种辨识特点——而该文本则成为这些特点的向量(vector)。但是机器"表示"往往不考虑这些个体单元的结合规律,这也佐证了贾斯丁·格里默尔(Justin Grimmer)和布兰登·斯图尔特(Brandon Stewart)的观察:"自动化的内容分析方法使用有见地的,但却是错误的……文本模型,来帮助研究者从他们的数据中做推论。"[①]"错误"是因为它们没有抓住文本如何通过语言而产生的复杂过程,但"有见地"是因为这些"不正确"的模型可以在大量丰富的数据库之间探测出文本单元的模式。机器学习中一个最常见,也最简单的表示法就是"词包"(bag-of-words)模型,它将文本视为包含于其内的单词的集合。我们就从这一模型入手。图 4 显示了单独一首俳句被转化成词包表示时的样子。当然,这一"表示"还可以进一步细化,这取决于我们决定由什么来构成一个有意义的区分特征。结果表明并不是每一个词对检测我们所感兴趣的语义模式都是有用的。由此,我们删除了譬如语法功能词(或停顿词),因为这些词不适用于区分内容层面上的模式。我

---

① Justin Grimmer and Brandon Stewart, "Text as Data: The Promise and Pitfalls of Automatic Content Analysis Methods for Political Texts", *Political Analysis* 21 (Summer 2013), p.270.

们也没有记录诗歌中单词的出现频率,因为这对于小词汇量的语料库来说效果不大。[①] 此外,我们把所有的名词按屈折变化进行合并,像"群山"和"山"这样的词被看作同一个单元,又排除了在受分析文本中只出现一次的单词。[②] 最后,除词汇层面的特征外,我们还可以把更复杂的形式特征囊括进表示中,简单记录这些特征在文本中存在还是不存在。考虑到在俳句早期接受中音节数对认知俳句的重要性,我们把音节数这个特征也包括了进去。[③] 得出的结果是出现在图4底部的文字:一个被标记的特征向量[4],现在它就是所有文本的模板。现在,我们作出的关于如何"表示"这两类诗的选择使我们能够去测试这样一个假设,即俳句可以通过共有的措辞和音节数模式来区别于非俳句。

Poem as Raw Text

So cold I cannot sleep; and as          *Author Unknown; A 1902 translation*
I cannot sleep, I'm colder still.        *by Basil Hall Chamberlain*

Poem as a tokenized "bag-of-words"

['so', 'cold', 'i', 'can', 'not', 'sleep', 'and', 'as', 'i', 'can', 'not', 'sleep', 'i'm', 'colder', 'still']

Poem as "bag-of-words" without stopwords (i.e., function words)

['so', 'cold', 'sleep', 'colder', 'still']

Poem as labeled feature set (note that word-order is irrelevant)

[{'cold': True, 'colder': True, 'less_than_20_syl': True, 'sleep': True, 'still': True, 'so': True}, 'haiku']

图4 单一俳句文本的机器解读的"表示"。注意在最后的"表示"中,每个特征被分配到"True"这一参数值(value),表示它在原文本中的存在。"haiku"(俳句)则是分配给该特征向量的标签。

要做到这一点,接下来我们就要选定一个归类算法(也叫学习方法),它会根据向量的各特征对辨别向量标签(俳句或非俳句)的影响大小来对它们进行衡量。有许多种这样的算法可以执行该任务,但是每个算法对于"影响"的理解各不相同,也往往不可通约。一些算法将特征看作高维直角坐标空间的坐标,并尝试画出一条线来将某一类别的独特特征最好地与另一类别的特征划分开来。另一些算法则采取符号化的、非数字化的方法,将某一特征的出现或缺席看作一套逻辑关联结果(即这个特征的出现

---

① 在一个二元制词包方法中,单词由它的存在或缺席来表示;关于它的优点,参见 Pasanek and Sculley, "Meaning and Mining," p.413;以及 Bei Yu, "An Evaluation of Text Classification Methods for Literary Study," *Literary and Linguistic Computing*, Vol. 23 (Sept. 2008), pp.329-330。两个研究都探讨了何时应该包括功能词的问题。功能词可能有助于识别作者风格。另见 Jockers, *Macroanalysis*, p.64。我们也没有考虑字母大写,并且去除了所有标点符号,仅保留俳句文本中经常出现的感叹号和长破折号。

② 后一种任务通常被称为特征选择(feature selection),它有助于减少由大量的低频特征产生的统计噪音。我们还可以略去在两种文本类别中都多次出现的词,这样也可以减少其他方向上的特征。

③ 诗歌的音节数取自用户输入并参照卡耐基梅隆大学(CMU)美式英语发音词典。随后,我们查看了翻译和改编两种俳句语料库音节数的分布,并使用该结果来创建截点。这样在翻译作品中我们使用18个音节作为阈值,每个文本被表示为或多于或少于这个数量。

是由先于它出现的其他特征所造成的）。还有其他算法认为有一个概率的过程来驱动这些特征的出现，并试图确定某特征与某一特定类别相关联的可能性。[①]

朴素贝叶斯分类器(the Naïve Bayes classifier)[5]是最后一组算法广泛使用的基准方法，也是我们要使用的方法。在给定一个俳句和非俳句向量的随机样本后，分类器就对其中的一个部分(训练集)进行训练，并学习两个类别间特征的分布情况。随后，它会给每个特征分配一个概率评分，以显示该特征分别属于两种类别的概率大小(见图5)。一旦训练完成，分类器就利用计算出的概率评分对样本中的其余向量(测试集)进行分析，试图根据它所看到的特征对每一个向量所属的类别进行预测。亦即，它得出每个特征属于俳句或非俳句的概率大小后，将这些概率分别按这两个类别相加，并根据哪一参数值更高来预测向量的类别。[②] 根据朴素贝叶斯算法，一个"文本"是否是俳句只需看它分析出的特征有多大可能属于某一类文本而不是另一类。这些特征对于每个类别越是特有的，就越容易作出判断。虽然有文学学者指出贝叶斯分类器不适用于在美学文本间作出某些区分，但它却擅长识别那些独特的、频率较低的特征(和单词)，这些特征(和单词)又标记了类别间的差异。[③] 这些长处使贝叶斯分类器在我们探索某些初始问题的时候特别有用，如翻译和改编的俳句作品与这个期间的其他短诗有何不同、能否在其他这些诗歌中也检测到体现在措词和音节数上的"俳句性"模式等。

| Word(词) | Label(标签) | Probability(概率) |
| --- | --- | --- |
| sky = True | not-ha : haiku = | 5.7 : 1.0 |
| shall = True | not-ha : haiku = | 5.0 : 1.0 |
| sea = True | not-ha : haiku = | 5.0 : 1.0 |
| man = True | not-ha : haiku = | 4.3 : 1.0 |
| last = True | not-ha : haiku = | 3.7 : 1.0 |
| snow = True | haiku : not-ha = | 3.7 : 1.0 |
| earth = True | not-ha : haiku = | 3.7 : 1.0 |
| blue = True | not-ha : haiku = | 3.7 : 1.0 |
| pass = True | not-ha : haiku = | 3.7 : 1.0 |
| voice = True | haiku : not-ha = | 3.7 : 1.0 |
| white = True | not-ha : haiku = | 3.0 : 1.0 |
| house = True | haiku : not-ha = | 3.0 : 1.0 |
| child = True | not-ha : haiku = | 3.0 : 1.0 |
| give = True | not-ha : haiku = | 3.0 : 1.0 |
| lo = True | haiku : not-ha = | 3.0 : 1.0 |
| sun = True | not-ha : haiku = | 3.0 : 1.0 |
| life = True | not-ha : haiku = | 2.3 : 1.0 |
| full = True | haiku : not-ha = | 2.3 : 1.0 |
| things = True | haiku : not-ha = | 2.3 : 1.0 |
| morning = True | haiku : not-ha = | 2.3 : 1.0 |

图5 从单个归类测试中产生的概率列表样本。在这个例子中，单词"天空"
(sky)与非俳句(not-ha)相连的概率是与俳句(haiku)相连的5.7倍。相
反，单词"雪"(snow)与俳句相连的概率是与非俳句相连的3.7倍。

① 该观点见 Pasanek and Sculley, "Meaning and Mining," p.412.第一组方法包括支持向量机(SVM)和逻辑回归等基于线性的模型；第二组方法包括朴素贝叶斯算法和隐马尔科夫模型；最后一组方法包括决策树分类器。对上述所有方法的详细描述，参见 Sebastiani, "Machine Learning in Automated Text Categorization".

② 对该分类器更全面的介绍，参见 Grimmer and Stewart, "Text as Data", p.11.它的"朴素"特征与其核心统计学假设有关，即在一个特定类别的文本中，各单词都是相互独立地生成的。这显然是错误的，因为在一组类似的文本中，单词的使用通常高度相关。但是，在某些种类的文本归类中，这种简单的方法仍被证明是非常有效的。

③ 参见 Yu, "An Evaluation of Text Classification Methods for Literary Study", p.336.在利用机器学习分析文学文本时，朴素贝叶斯算法经常被拿来与支持向量机(SVM)相对比。参见 Argamon et al., "Gender, Race, and Nationality in Black Drama, 1950 - 2006"; Pasanek and Sculley, "Meaning and Mining"; Yu, "An Evaluation of Text Classification Methods for Literary Study".支持向量机往往分离出较高频次的单词隔离，将其作为有影响力的特征。

带着这些问题,我们把俳句的翻译和改编作品分别与来自每一种(或一套)期刊的短诗进行对比归类。同时我们还包括进一个控制案例,以便验证朴素贝叶斯算法能识别出我们已知的文本差异。该控制组由长度为 300 个单词的片段组成。这些片段取自卡尔·桑德堡(Carl Sandburg)的诗,他早期的自由体诗歌描绘了芝加哥和周边城镇粗粝的街景以及居住在那里的人,包括工人阶级的劳动者、腐败的政治家、贫穷的移民和妓女。与来自诗歌刊物里的短诗不同,我们事先已经知道桑德堡的这些诗歌表现出的措辞和音节数模式完全不同于俳句。[①] 我们从两类文本中抽出相同大小的样品并分为训练集和测试集,并为每个归类测试(俳句译作与《诗歌杂志》作品对比、俳句译作与桑德堡作品对比等等)进行了 100 次测试。这一过程被称为交叉验证[6],是为确保得出的结果不偏向某一小个文本子集的特征。[②] 最后,我们从这些测试中计算出平均准确度得分,该分数显示了机器按文本标签将文本正确归类的次数比例(见图 6)。

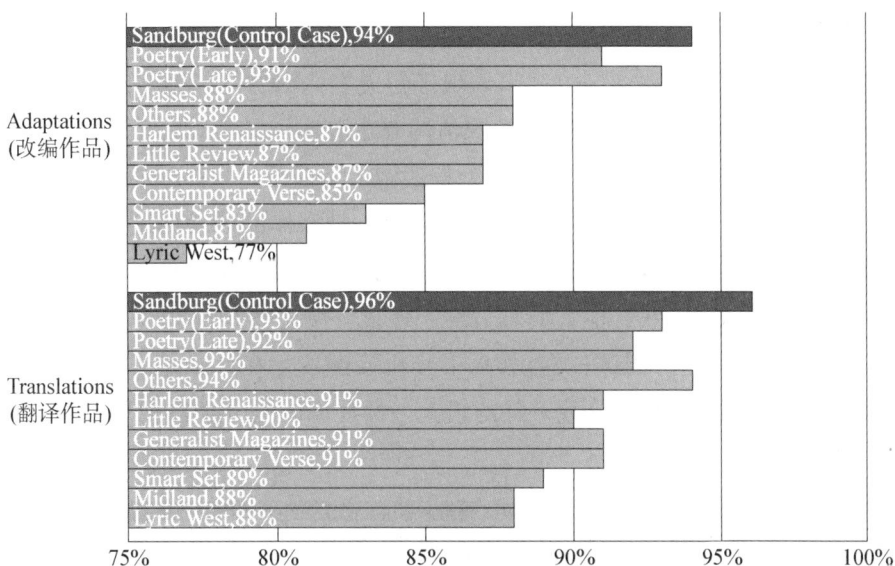

图 6　一百次归类测试后得出的平均准确度分数。图表上半部分是对俳句改编作品与各
短诗语料库对比的归类得分,下半部分是对俳句翻译作品的归类得分。

这些准确度分数表明,朴素贝叶斯算法能够特别精确地从各种短诗语料库中区分出俳句来。平均而言,它猜对俳句翻译作品的概率是 91%,猜对俳句改编作品的概率是 86%。与预期相同,桑德堡的诗歌在这两种情况下都是最容易区分的。[③] 翻译作品的得分稍高,这证明了它们作为一个依赖于更受限的词汇量的类别,具有自身的特殊性。相比之下,改编作品的准确度得分稍低则暗示了其特征所具有的多样性。由于这些分数可以反映出不同的潜在结果,所以有必要看看发生分类错误的地方。对于一些期刊,尤其是《诗歌》和哈莱姆文艺复兴的杂志,分类器不能准确识别非俳句文本,出现了更多把它们误判为俳句的情况。也就是说,它在更多的这些短诗中发现了与俳句相关联的特征。对于其他的期

_____

① 所有诗歌片段均取自 Carl Sandburg, *Chicago Poems*, New York: Henry Holt and Company, 1916. 我们只选取那些明确表现城市主题或描写城市居民的诗歌。
② 具体说来,我们执行了四重交叉验证,使用四分之三的组合样本作为训练数据,其余四分之一作为测试数据。
③ 所有这些准确度得分基于对每组归类做的随机测试,具有高度统计学意义。得分范围在 54% 到 64% 之间,而这种测试的理想分数是 50%,这意味着该机器正确猜测的能力与抛硬币决定相差无几。

刊,尤其是图中那些频谱低下的,分类器识别俳句的能力不敏感,把更多的俳句误判为非俳句。这可能意味着俳句的特征具有更小的内部统一性,或某些常见于两个类别的特征,如"春天"(spring)、"寒冷"(cold)这些通用词,使分类器偏向了某一类别。[①] 因此,举例说明,如果"春天"出现在非俳句文本中的次数要多得多(这增加了它与这个类别的可能联系),当被发现在俳句中的时候,它对分类器决策的影响就可能要高过其他的词。

这类归类错误揭示出朴素贝叶斯预测文本类别时所做的假设。特别是文本的类别是由在每个类别中按特定比例使用的特征所组成的,这个比例决定了某一特征与该文本的类别相关联的可能性大小。在分析两种具有非常独特特征的类别,且这些特征在每个类别中的分布差异鲜明时,这个假设是有用的。但是,如果类别之间重叠得越多,或类别表现出的内部差异越大,该假设就可能导致问题。就是说,如果要断言两个类别间的绝对类别差异,可能会有问题。但如果是要像我们这样寻找重叠点与融合点,那么这些问题实际上是长处。事实上,我们希望看到更多类似的问题。若把音节数和仅仅出现最频繁的单词算入考虑范围,这样得出的文本差异模型就太过死板,遮蔽了有些诗人不考虑音节数,或某些低频词与"春天"和"冷"这些词结合起来表现俳句美学(或更广泛的东方主义美学)的情况。要揭示这些潜在的重叠的情况,我们需要一个更为灵活的方式来表示文本。

因此,我们在不使用音节数作为特征的前提下重新做了一遍测试,这一次还包括了除功能词外的所有单词(见图7)。我们发现机器的准确度得分大幅下降,翻译作品的准确度平均为73%,改编作品为65%。控制案例的得分虽然相比之下仍是高的,不过就连它也有明显下跌,降至82%。一些期刊比其他期刊的独特性稍高,例如《诗歌》《他者们》以及《小评论》,但总体来说对文本可兼性更高的表示显示出极多的重叠。但是,与早先的测试一样,如果不分析错误发生在什么地方,准确度得分会带来误导。分析结果发现,对许多期刊来说,分数下降的很大一部分原因是分类器把更多的短诗误归类为俳

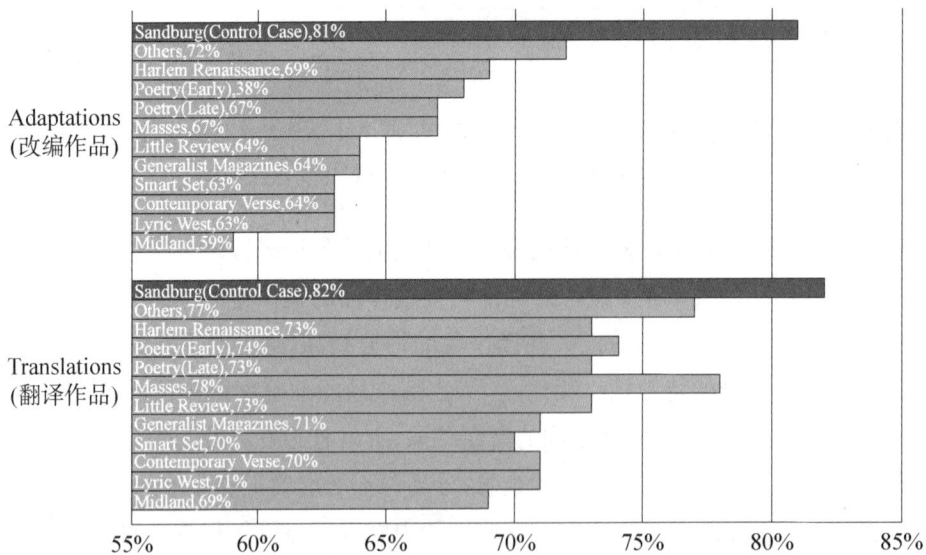

图7　使用定义更宽松的特征组进行100次归类测试得出的平均准确率

---

① 在机器学习中,"查准率"(precision)衡量的是分类器的准确度,并显示分类器正确分辨给定文本所属类别的频度。高查准率意味着在某个文本类别中发现了高度独特的特征。"查全率"(recall)衡量的是分类器的全面性或敏感性,并显示分类器猜对某一特定类型的文本的数量。低查全率意味着该类别的文本更经常地省略能辨识其所属类型的特征。

句了。[1] 通过扩展朴素贝叶斯用以辨识文本模式的特征集,我们得到了更多的归类错误,也因此得到了更多有关俳句和非俳句语料库重叠之处的证据。如果说以更为宽松的方式表示语料库间的区别会让机器产生混乱,它也为观察机器概率逻辑下的文本模式创造了更多的机会。

## 四　东方主义氛围

听起来或许有些矛盾:通过迷惑机器,我们可以更好地评估它是如何作出决定的。其中的含义在我们分析迷惑机器所导致的某些结果时,会变得更加清晰。首先,简要回顾一下机器学习告诉我们的关于英语俳句的知识会有所帮助。对朴素贝叶斯分类器而言,俳句文本只是一些特征的组合,这些特征通常在某类文本中比在其他文本中出现得更多。如果一首诗包含了更多与分派为俳句的诗歌相关联的特征,如包含"雪"或"寒冷"等词,它就更可能被辨认为俳句,反之亦然。在我们的初步测试中,朴素贝叶斯很擅长以强化我们自己标记俳句或非俳句的方式来进行辨认。测试确认了俳句在措词和韵律上与同时期的其他短诗不同。机器学习告诉我们的本质上就是,在把英语俳句中出现的特征视为一个整体时,这些特征就组成了一个统计模式,它与流行于其他短诗中的统计模式区别开来,这一区别具有重要的意义。

不过,能否作出这样清晰的区别,最终取决于我们指示朴素贝叶斯考察什么样的具体特征。朴素贝叶斯之所以表现出色,是因为我们只选择最有可能把俳句从其他文本中区分出来的特征放入我们对文本的表示中。根据机器学习的传统目标,这是一个完全合理的手段。在人们试图从私人电邮账户中过滤垃圾邮件这样的例子中,更高的准确率是受期待的。如果一个机器学习算法老是把朋友的信息误判为垃圾邮件,数据科学家就会把这种情况看作是个错误,并且寻找方法来改进他/她的模型,以提高该算法的准确率。但是对于我们来说,错误却引发了一个阐释性的问题:是什么让朋友的邮件这么像垃圾邮件? 如果我们不是去纠正错误,而是思考该错误如何挑战了植入程序中的初始类型区别呢? 或者更好的选择是,如果我们尝试去制造类似的错误来模糊这种区别呢? 这就是我们扩大朴素贝叶斯用以从非俳句中辨识出俳句的特征集的目的。正是通过放松对英语俳句这一统计模式的限定,我们扩大了该算法发现具有俳句风格的诗歌的能力。

如此一来,被文学机器学习视为归类错误的地方,我们却将其视为阐释的契机。在这最后一部分中,我们就以两种办法进行阐释。首先,每首被错误归类的俳句(标签为非俳句、却被分辨为可能是俳句的文本)对我们来说都是一个了解机器如何阅读文本模式的窗口。它促使我们思考机器在该诗中发现了什么更能表示俳句而不是非俳句的特征,该特征是否又在多例错误中出现。通过重视俳句作为统计模式的观念,这些被误判的文本证明了俳句在现代主义内的影响分布得多么广泛,也证明了俳句在构成更广泛的美国东方主义氛围中的重要角色。不过,它们能作为证据的原因并不仅仅基于机器的本体观,而是因为这些误判的俳句为考察机器识别出的模式如何跟文本细读和文化历史识别出的模式相协调提供了二次机会。这些误判不仅使我们得以解释机器如何理解模式,还提示我们分析如何把机器的理解与人类阅读模式中所固有的理解进行对比。其结果就是一种新的文学模式识别方法,它因为包

---

[1] 某些期刊出现了相反的情况,即准确率下降是由于更多的俳句被误判为非俳句了。虽然对这些错误的分析不在本文范畴内,但是我们需要注意到,这些结果告诉我们一些关于这些期刊短诗的创作的重要信息完全基于这些诗的发表出处,我们暂且把它们视为不同于俳句的一个统一类别,尽管事实上这些诗以各自独特的方式具有内在多样性。

含阐释的多种本体视野间的汇聚点而格外充实。

在我们进行的几百个归类测试中,有585首短诗(来自总计大约1900首诗)被误判为俳句,其中一些测试的归类错误比别的测试要多得多。[①] 在这个组群中,一首诗被误判的平均次数为6次。如果仅考虑达到或超过这一阈值的诗歌,我们就会有202首额外的俳句添加到我们的语料库中(见图8)。这是一批相当可观的新材料,可以用于重新想象英语俳句的历史;但遗留的问题是这些新材料如何(或是否)应包含进俳句的历史中。我们可以简单地接受机器的判断,但一个更能产生批评成果的方法,则是去调查机器识别的模式与人类识别的模式在何处相交或不相交。

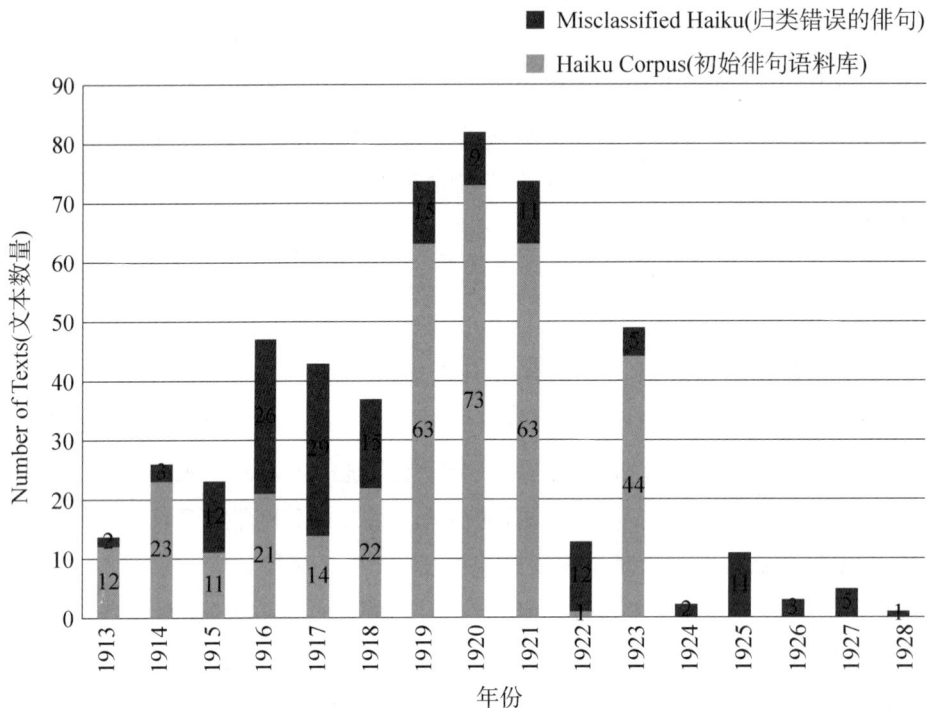

图8 归类错误的俳句分布与初始俳句语料库分布的对照图

注:大部分诗歌发表于1916年至1918年,1922年之后的诗来自哈莱姆文艺复兴期刊。

这些误判的文本分为三组。第一组我们称之为候补俳句。其中不但包括庞德和理查德·奥尔丁顿等著名俳句承袭者的诗歌,还包括了通常不与意象派相联系的人物,如路易丝·布莱恩特(Louise Bryant)、伊丽莎白·科茨沃斯(Elizabeth Coatsworth)和哈莱姆文艺复兴诗人刘易斯·亚力山大(Lewis Alexander)等人的作品。这些诗之所以是候补俳句,是因为从文本细读和文化史的角度来看,它们和被纳入俳句语料库的诗歌之间具有相似性。这些诗虽是被机器发现的,但若用更传统的方式,它们也会很容易地被认定为英语俳句。一个代表性的例子是奥尔丁顿的《隽语》,该诗发表于1916年的《小评论》:

雨铃在池塘上摔破
芦苇有白色的雨滴下

---

① 相比之下,当我们采用更精确的俳句模型时,仅出现45首分类错误的诗歌。

　　她颤抖着喃呢曲身；
　　风摇荡着紫藤掉落。


　　水鸟有红色的喙
　　在百合的叶子下畏缩；
　　一只灰色蜜蜂，震惊于狂风暴雨，
　　紧紧附着我的衣袖。①


　　这首诗既充满恰当的自然意象，又得益于一个动静并置的重叠技巧，客观的凝视与淡淡的诗意内省相结合。它的作者和发表出处也符合对俳句影响最为普遍之处的预期。机器在"滴水""叶子""依附"等词汇的索引下发现的模式，与文本细读的读者或文化历史学家辨认的俳句风格相一致。可以肯定，机器是用不同的方式来辨认风格，但它暗示了仅靠措辞和简短性就可以同样好地指示出人类读者所阐明的、更加严格但也更加模糊的风格定义。有时候，似乎一种难以言喻的对俳句性质的感觉着实可以化约为词语选择的统计模式。在一些情况下，暗示性这个被众多评论家吟诵的隐晦概念，只不过是选对正确词汇的事。

　　第二组识判的俳句文本则不那么符合文本细读读者或文化史家的批评直觉。我们把这些文本称为机器俳句。其中的一个极端例子是乔治·布里格斯（George Briggs）的《伊芙林》（"Evelyn"）（1917）：


　　当她把头转向一边；
　　她下巴和喉咙的连线
　　延伸到颈肩之下
　　雅致如孔雀脖子起伏；
　　又如玫瑰花瓣的柔嫩。
　　而她的嗓音
　　听来如汉子，
　　把锅炉的铁锈清除。②


　　这首诗发表在《聪明人》（The Smart Set）上，与当时人们对仿俳句诗的预期背道而驰。它不仅出现在不符合期待的地方——一个以小说和讽刺笑话闻名的纽约文学杂志，其材料本身也有所欠缺；没有自然意象，也没有任何指向更大的存在洞见的暗示性语言。结尾幽默的并置手法把诗人和读者从他们空灵的幻梦中摇醒，这在日本俳句传统里绝不陌生，而人们也能够在英语中找到戏仿的讽刺作品。机器只根据措辞就发现了戏仿作品，这肯定是巧合，不过它也促使我们去进一步研究措辞是如何可能与更复杂的文体特征相关联的。来自这份期刊的另一首误判诗歌，题为《自然诗》（"Poem of Nature"），1916 年发表，就肯定了这种冲动："一只松鼠顺墙而跑。仅此而已。"③我们承认，朴素贝叶斯算法在俳

---

① Richard Aldington, "Epigram," *The Little Review*, Vol. 3, March 1916, p. 29.
② George Briggs, "Evelyn," *The Smart Set*, Vol. 52, August 1917, p. 28.
③ Sarsfield Young, "Poem of Nature," *The Smart Set*, Vol. 50, December 1916, p. 104.

句风格的识别上比文本细读或文化历史所允许的要慷慨得多。在《伊芙林》中,"玫瑰"这类频繁出现在俳句语料库中的词引导它把该诗也归类为俳句,而"锅炉"这类远为少见的词却被忽略了。[1] 一个仅基于措辞和简洁度的模型,似乎是把网撒得太大了。如果我们决定把这首诗都叫作俳句,我们不就打开大门允许任何一首短诗被判断为俳句了吗? 然而,我们仍然不得不承认,机器的模式识别方法是具有内在逻辑的——它捕捉到的一些关于英语俳句的东西,可能在个别文本的层面上觉得不协调,但在数百文本的层面却能体现出来。《伊芙林》被误判 19 次,这迫使我们重新考虑我们自身对俳句的阐释偏见。

最后一组误判文本给文本细读和文化历史方法施加了更大的压力,同时也指出了一个更普遍的东方主义氛围。这些诗介于候补俳句和机器俳句之间。这里我们发现朴素贝叶斯也是一个风格上的敏锐"读者",能揭示出不同语言模式相交叉的含糊地带。我们来考察《山间刺柏》("A Sierra Juniper",1921),这首诗由安娜·波特(Anna Porter)所作,刊于洛杉矶的《抒情西部》期刊:

> 我从花岗岩里夺取生命;
> 抗击风暴,我强炼肢体与根茎,
> 蹲伏,我抓握住危崖的边缘,
> 一如我英勇搏斗几千年。[2]

作为潜在的俳句,这首颂扬一株嶙峋山木的诗兼具两方面特征。它给出了一个高度集中的自然事物意象,但又让人觉得受了韵律编排和重复动词(夺取、抗击、蹲伏)的拖累;它融合了诗性主体和客体,但拟人的感觉又太过外显。把它称为一首严格受俳句影响的诗是走得太远了,但我们又完全可以说它加入了更大范围的对东亚文化的热衷,而英语俳句则是其中不可分割的一部分。正是在这儿,机器学习宽松的本体观被证明极富价值,尽管它关于诗歌文本的概念相对贫乏。机器学习不仅将我们寻找文本模式的能力拓展到较低知名度以及边缘诗人的作品,还涵盖了原本在我们视野之外的文化历史语境。《抒情西部》,一份立足于加利福尼亚、远离小杂志文化和意象主义的传统中心(纽约和芝加哥)的期刊,过去从未成为那个故事的一部分。但机器学习却表明它可以。这份期刊中的其他诗歌,如乔治·罗尔斯(George Rowles)受俳句启发的短文或斯诺·兰利(Snow Langley)对庄周梦蝶的影射——这些同样作为误判俳句而被发现的诗歌——看来也参与了那个时代更普遍的东方主义争鸣。[3]

《山间刺柏》这首诗是一个令人信服的例子,它说明,一个多元化的文学模式识别模型有助于重绘文学影响的边界。仅从文本细读的角度,这首诗并未严格满足迈纳等学者给出的某些标准,也没有证据支持它受到俳句风格的影响。作为文化历史学家,我们很难将这首诗定位在现代主义学者所划定的已知传播范围之中,特别是由于波特并不知名。文本细读和历史研究限定了一套文学以及社会模式,

---

[1] 这是被施罗姆·阿加门和马克·奥尔森称为"最小公分母"的问题。分类算法往往会倚重所有特征里的一小部分,这样既没有足够突出,也没有在思辨上公正地对待文学作品的复杂性。(见 Shlomo Argamon and Mark Olsen, "Words, Patterns and Documents: Experiments in Machine Learning and Text Analysis," in *Digital Humanities Quarterly* 3, No.2, 2009 <www. digitalhumanities. org/dhq/vol/3/2/000041/000041.html>)

[2] Anna Porter, "A Sierra Juniper", *Lyric West*, Vol.1, No.4, 1921, p.18.

[3] 罗尔斯有好几首诗被错误归类,其中包括《致武士》《日落》和《艺伎与古筝》,均发表于 1922 年。对庄子的指涉出自兰利的《四月幻觉》,同样发表于 1922 年。在调查了所有误判诗歌后,我们发现大约 20%属于候补俳句,40%属于机器俳句,剩下的 40%属于居中的俳句。

其中文本却被轻易排除出来。另一方面,机器学习则表明在统计模式的层面存在着与俳句的某些关联——一个微妙却始终存在的关于单词和单词配置的模式。这里"影响"是作为一种统计上的可能性,其中词汇和其他文体特征被认为是各自独特地分布在不同文本类型之间。这些潜在的影响痕迹正是机器最擅长检测的,而个体读者却无法在一个大的规模中对其进行识别。

在一些情况下,这些痕迹汇成一首符合对俳句文体的既定期望(基于自然意象、暗示性、简洁)的诗。在另一些情况下得出来的诗与俳句文体的关系却似乎是完全任意的,或顶多是通过定义得更宽松的东方主义话语和俳句才勉强相关。但需要记住的是,即使机器关于影响上的看法与文本细读或文化历史告诉我们的有时不一致,在这些情况中,后两种的方法也是从一开始就给机器的判断提供了信息。毕竟,它们是我们一开始用来选定俳句语料库的依据。机器揭示了存在于这些俳句和误判文本之间明确的现实关系,虽然这一关系与我们作为文学批评者往往侧重的那类关系在本体论上完全不同。在个别诗歌的层面这一关系看似偶然,但在散落于数十家期刊的上百首诗歌的层面,却出现了一个共享着俳句文体特定要素的文本集合。俳句译作和改编作中的文本模式似乎渗透进一系列更广泛的诗作之中,汇成了一个既与俳句文体相关,同时又属于某些更广泛的事物的东方主义氛围。我们可以把这一氛围想象为一种流传中的文本模式,由于与其他模式不同,它可能与某些类型而非另一些类型的美学更加亲近。这样一来,机器就有助于把俳句的接受历史延长到其最直接和明显的影响节点之外,使我们得以在一个更广泛的诗学话语中考察它的影响和地位。

最后这部分仅指出我们可以如何开始追索这一东方主义氛围的形成和发展,但我们要强调的是,这需要一个在人力解释与机器解释之间交替或连接二者的阅读方法,其中的每一方在批评家从文本中提取意义的努力中都向另一方提供反馈。这样一来,文学模式识别就把文本细读、文化历史和机器学习汇集在一起,使它们相互补充。我们对这些方法的记录体现了每种方法不可避免的局限性,但也表明每种方法都具有一种模式发现的方式。模式这一概念是在各种方法间进行调节的控制条件,更重要的是,它还使各种关于文本(以及文本关系)的本体观相对化。我们坚持认为,这种结合导致的碰撞可以产生关于英语俳句以及广泛意义上的现代主义的新历史。

必须承认,我们的方法得益于这样一个事实,即俳句以及现代主义诗歌本身的某些看法总是已经有一些模式似的和计算式的东西。这正是19世纪后期日本文学评论家正冈子规试图给出的结论。他写道:"从排列的理论来看,俳句明显具有数值上的阈限……它被局限于仅20到30个音节。"[①]达达主义者特里斯唐·查拉(Tristan Tzara)也间接提出了这一观点,他说诗人从新闻文章中精心地裁剪出单词,"把它们都放在一个袋子里",轻轻摇晃,然后将剪下的文字一张张地抽出来,这样就写成了诗。[②]还有马里内蒂(Marinetti),他认为"语言作为一个系统,根本上是机械的,并能够被分割成可再组合的元素"[③]。由此看来,提出人力与机器阅读的融合是一次挑战,但不是对文学文本及我们作为文学评论家所做工作的异化或是倒退。这里是要使文学对象返回到曾经属于它自身,且目前也越发属于它自身的本体观——我们如今通过数据和计算语言塑造这一本体观,而前几代人则通过频率、公式和模仿的语

---

① 转引自 Janine Beichman, *Masaoka Shiki: His Life and Works*, Boston: Cheng & Tsui Company, 2002, p.35. 正冈子规这里借自 "'一名精通数学的当代学者'"来支持俳句即将走向尽头的论点。

② Tristan Tzara, "To Make a Dadaist Poem"(1920); *Seven Dada Manifestos*, in "Seven Dada Manifestos" and "Lampisteries", Barbara Wright (trans.), London: Calder, 1977, p.39.

③ Johanna Drucker, *The Visible Word: Experimental Typography and Modern Art: 1909—1923*, Chicago: University of Chicago Press, 1994, p.114.

言来塑造。我们一直知道有一些关系模式在文学体裁的创造和传播之中运作,但直到现在我们仍受限于自己的识别能力。机器学习能够帮助我们发现这些模式。

## 编者注

[1] "新历史主义"乃是以"文本的历史性和历史的文本性"作为批评实践的主要立足点,其认为文本并非一个超历史的审美客体,而是特定时代的历史、文化等语境的产物。

[2] 爱德华·萨义德(Edward Said)等学者将西方语境中呈现出的东方,并非东方的历史实存和现实状况的真实再现,更多的是西方人的一种文化构想和话语实践这一现象,称作"东方主义"。

[3] "监督学习"是机器学习中的一种训练/学习方式,也被称为"有老师的学习",即通过已知的训练样本得到最优模型;与之相对的是"无监督学习",即没有训练过程,直接根据一定的模型,对数据进行挖掘、分析。"监督学习"的核心是数据的分类和回归,"无监督学习"的核心是数据集的变换与聚类。

[4] "特征向量"是用于表示文本特征的一种向量表示法,用于在机器学习和自然语言处理等领域中进行文本分类、情感分析等任务。

[5] "朴素贝叶斯分类器"是一种基于贝叶斯定理和特征独立性假设的分类方法。它的主要思想是根据已知的先验概率和特征之间的条件概率推断未知样本属于哪一类,在文本分类等领域被广泛应用。

[6] "交叉验证"(Cross Validation,CV)就是将样本分为训练集(tranning set)和测试集(test set),其中,训练集用来估计模型参数,测试集用来评价模型精度。

## 延伸阅读文献

[1] Moretti, F. Distant Reading [M]. New York: Verso, 2013.

[2] Liu, A. Where Is Cultural Criticism in the Digital Humanities? [EB/OL]. https://liu.english.ucsb.edu/where-is-cultural-criticism-in-the-digital-humanities.

[3] Jockers, M. Macroanalysis: Digital Methods and Literary History. Champaign: University of Illinois Press, 2013.

## 思考题

1. 数字人文取向的文学研究,与既有的其他研究取向、方法的文学研究,有何区别和联系?

2. 请以你所在的具体领域为例,阅读数字人文与这一领域的研究结合产生的成果,并从总体上分析其贡献与不足。

3. 有观点认为,在一定程度上,文学研究的性质,决定了这一领域数字人文的发展状况,你是否同意这种观点? 请谈谈你的理解。

# 第三章

# 历史研究中的数字人文

# 导  言<sup>①</sup>

历史研究是非常古老的学问,同时也是极为开放的领域。人类发明了文字,就有了历史记录。在人类社会生活的方方面面已经高度数字化的今天,我们依然对历史充满需求。历史研究之所以能够保持如此鲜活的生命力,就在于历史学者的学术活动本身就与人类社会的发展同向而行。

"何为历史?"这是一个关乎历史本体论的问题;"如何进行历史研究?"则涉及历史的方法论。很多学者都为之贡献过思考。梁启超在 1933 年出版的《中国历史研究法》中,对何为历史下了比较全面的定义:"记述人类社会赓续活动之体相,校其总成绩,求得其因果关系,以为现代一般人活动之资鉴者也。"<sup>②</sup>简言之,历史是在对过去有选择的记录、有选择的研究、发布研究成果的过程中实现的对于历史知识生产的循环。从这个维度上看,数字人文的理念与方法可以在历史知识生产的各个环节中发挥作用。

第一,数字人文助力史料的数字化基础设施建设。对于历史学家而言,史料是展开研究工作的重要前提。无论史学是不是阿克顿所谓"搜集历史资料的艺术",史料在历史研究中的基础地位是毋庸置疑的。梁启超有云:"史料为史之组织细胞,史料不具或不确,则无复史之可言。"<sup>③</sup>傅斯年更是简洁明了地提出"史学即史料学"。随着技术的进步,史料的范畴得到了极大延展。在 20 世纪 60 年代,时任哈佛大学教授的著名历史学家斯图尔特·休斯(Stuart Hughes)就意识到科学技术变革会带来史料在数量级上的膨胀,而他乐见其成。<sup>④</sup>进入 21 世纪后,数字化史料井喷的趋势越来越明显。数字人文的发展直接改善了史料的数字化状况。在数字人文发展之初,各种类型的历史文献数据库的增多,是我们得到的最直观印象。其中既有各种商业数据库公司开发的通用数据库,也有高校、图书馆等职能部门建制的专题数据库,其中最知名的无疑是哈佛大学领衔的"中国历代人物传记资料库"<sup>⑤</sup>。

在数据库的支援下,历史研究的工作状态也发生了翻天覆地的变化。实际上,历史学家的研究过程已经离不开对数据库的访问,足不出户对原始档案进行阅读、检索,已经成为必备的技能。当然,要对不断涌现的数字化史料进行梳理、归档,避免重复建设,需要从整个历史学科的维度进行顶层设计,逐步推进史料的数字化进程,从而有序、高效地完成文献史料的基础设施建构。

在这样的背景下,互联网史学近来便成为一个新兴的研究领域。万维网诞生于 20 世纪 90 年代,经过 30 多年的发展,已经生产了海量的超文本信息。同样,手机接入互联网之后,社交软件、信息平台等成为"用户生产内容"的阵地,也极大丰富了数字化内容。2019 年,国家图书馆宣布将 2000 亿条微博

① 本章导言由王涛(南京大学历史学院、数字史学研究中心)撰写。
② 梁启超:《中国历史研究法》,上海:上海古籍出版社,2019 年,第 6 页。
③ 同上,第 59 页。
④ 休斯:《历史学是什么?》,北京:北京师范大学出版社,2018 年,第 32 页。
⑤ 徐力恒:《唐代人物资料的数据化:中国历代人物传记资料库(CBDB)近年工作管窥》,载《唐宋历史评论》2017 年。

收档,成为一个标志性事件。微博是数字化时代"用户生产内容"的典型代表,2 000亿条微博涵盖了21世纪初期中国社会、政治、文化、思想史的方方面面,将来会成为历史研究的重要史料来源。

第二,数字工具助力传统考据。兰克史学作为客观主义史学的代表,定义了历史学家的任务——弄清历史事实,并通过文字书写如实地将历史再现出来。显然,要实现这个"高贵的梦"并非易事,所以借助任何有利于接近历史真相的手段,都是一种有益的尝试。数字人文在很多维度上能够为实现这样的目标贡献力量。

首先是在语言方面。对语言的掌握是历史学家休斯提出的进入历史学研究领域的三种方法之一。合格的历史学家在语言学习和识读上需要花费大量精力,而对于好的历史研究而言,古老的文字以及手抄本都是不可或缺的一手文献来源,其学术价值不言而喻。在机器学习的协助下,包括古典希腊语在内的古文字识别已经取得了许多进步;而最初由因斯布鲁克大学发起的 Transkribus 项目,在人工智能算法的支持下将手写体的转录推进到了更加准确、效率更高的程度;在国内,陕西师范大学主导开发了识别西夏文的平台。此外,麻省理工学院的研究人员设计了新技术,能够在不打开折叠信纸的情况下,对信件文本进行阅读。这些数字人文工具不仅拓展了史料边界,还提高了历史文献的易用性,使之更容易被历史学者研读,促进了研究效率的提升。

其次是在文献考据方面,在传统考据方法上有一定功力的学者,在数字检索的协助下,能够更加准确定位信息,实现 E-考据的功效。语言学家王力先生曾经说过,"言有易,言无难",谓之在研究中提出一个否定性的结论,往往很难找出令人信服的证据。然而,如果有更加全面的史料数据库,言说"无"也会变得更加容易——我们只需要去检索一下相关的数据库即可。按照柯林武德的说法,好的历史研究需要学者具备在自己的心灵中"重演"过去的能力[①];饶是如此,数字人文工具为历史的重新演绎提供了可能性。不论是大海捞针般地梳理史料,还是寻找史料之间的关联,数字人文工具都能为之提供高效、准确的算法,让史料考据如虎添翼。

更重要的是,将数字工具引入历史研究领域后,在方法论的探索路径上,基于王国维"二重证据法"的维度会继续被深化,为历史研究提供多维度的考证,为"多重证据法"的实施提供技术层面的支撑。[②] 美国历史学家协会前主席麦克尼尔在2020年初的一次讲演中提到,对历史研究而言,(传统)文献为王的时代已经度过了巅峰期,新时代为历史研究提供了更加多元化的史料分析方法,[③]"多重证据法"正是应有之义。

第三,数字方法拓宽了历史议题的可能性的边界。在数字工具的助力下,更多类型的史料被纳入考察的范畴,包括不被看好、不能被利用的材料(比如互联网信息);更多研究方法也被使用,于是曾经没有想到要提的问题、不敢提出的问题(因为用传统的历史学研究手段没有可能被解答),现在有了被解决的可能性。在众多数字人文方法论的百宝箱中,比较常见的工具包括主题模型、网络分析以及历史地理信息系统(HGIS)。

经常性研读文献史料是历史研究过程中的一部分。如果要处理的文献数量极其庞大,主题模型会是一种有效协助研究者理解文献的工具。主题模型通过特定公式计算词语出现的频率,并将相互关联的词语作为结果输出。这种模型是一种无监督学习的算法,具有刚性的客观性,即事先不需要研究者

---

① 柯林武德:《历史的观念》,何兆武、张文杰译,北京:商务印书馆,1997年,第388-415页。
② 夏翠娟:《构建数智时代社会记忆的多重证据参照体系》,载《中国图书馆学报》2022年第5期。
③ McNeill, "Peak Document and the Future of History", *American Historical Review*, Vol.125, No.1, 2020.

对历史文献内容有任何了解,也不需要人工注、设置关键词等主观处理,而完全由电脑程序自动完成归纳文献主题的任务。主题模型试图用数学框架来解释文档内容,这种做法看似同人文学科的习惯不兼容。但是,主题模型输出的结果是一组有意义的词群,而非纯粹的统计数据,人文学者能够对这些词语进行定性分析,证实或者证伪一些猜测。① 例如,通过对二战以来德国议会辩论速记文本的主题建模,研究者发现了德国党派政治中关于"煤炭"的不同立场,从而让我们更清晰地了解在能源问题上的观点与时代背景的关联。②

网络分析最初虽然是隶属于社会学领域的方法,但并不妨碍将之施用于历史问题的研究,因为历史现象同样不是孤立的,而是相互联系的——正如意大利历史学家克罗齐早就指出的那样,历史不是别的,而是"联系"③。顺着这个思路,我们便会意识到,在历史研究中引入网络分析有着充分的必要。比如,历史人物之间所形成的关系纽带是信息和资源传递的渠道,网络关系结构也决定着他们的行动机会及其结果。④ 比如在方兴未艾的全球史领域,数字人文是绝好的协力,是"跨国史研究不言自明的助手"。⑤ 德国知名全球史专家康拉德曾经提到,全球史最常见的研究是对"关系、互动和交互的追问"。⑥ 但是,亚马逊原始部落的日常习惯如何演变为西方世界的高雅生活方式,中间缺失了哪些环节,传统的历史研究无法回答。我们可以借助数字史学的技术,来补全中间缺失的环节,并用更直观的方式来书写全球史的地形图。

在这样的学术背景下,卢森堡大学相关学者牵头成立了历史网络分析社区,这是一个以学术信息分享为主题的机构。该社区有自己的门户网站,会不定期发布关于社会网络分析的研究动态、专题讲座、学术会议等信息,它还梳理了以"社会网络分析"为方法论的研究成果。该组织创办了一个开放获取的学术杂志《历史网络分析杂志》(*Journal of Historical Network Research*),其网址为 https://historicalnetworkresearch.org/。

历史地理信息系统偏重在历史议题的研究中讨论空间元素的属性以及影响。通过对历史文献记录中的地理信息进行处理、分析,加深对空间维度的研究,HGIS 改变了传统历史研究中强调时间维度的惯性,这正是它自身价值的展现。正如学者大卫·博登哈默(David Bodenhamer)曾经提到的那样,空间是历史事件展开的场景,影响到社会政治的形成,通过对空间的分析,研究者能够挖掘其背后蕴藏的社会价值观和文化准则。⑦ 学者通过 3D 建模工具,对 18 世纪劳动救济所的空间设置进行了研究,描绘了当时社会语境中对贫困的态度,以及通过空间来加以强化的社会阶层不平等、阶级与性别之间的差异——空间分析具有了对权力关系进行解构的功能。⑧

最后,数字人文开启了历史书写的多维可能。历史研究成果的传统发布方式是论文或者专著。这

---

① David Blei, "Topic Modeling and Digital Humanities", *Journal of Digital Humanities*, Vol. 2, No. 1, 2012.

② Finn Müller-Hansen et al., "Who cares about coal? Analyzing 70 years of German parliamentary debates on coal with dynamic topic modeling", *Energy Research & Social Science*, Vol. 72, 2021.

③ 克罗齐:《历史学的理论和实际》,北京:商务印书馆,2017 年,第 5 页。

④ 林聚任:《社会网络分析:理论、方法与应用》,北京:北京师范大学出版社,2009 年,前言第 3 页。

⑤ Lara Putnam, "The Transnational and the Text-Searchable: Digitized Sources and the Shadows They Cast", *The American Historical Review*, Vol. 121, No. 2, 2016.

⑥ S. 康拉德著,陈浩译:《全球史导论》,北京:商务印书馆 2018 年,第 5 页。

⑦ David Bodenhamer, "Beyond GIS: Geospatial Technologies and the Future of History," in Alexander von Lünen eds., *History and GIS: Epistemologies, Considerations and Reflections*, Springer, 2013, p. 2.

⑧ Susannah Ottaway, "Reconsidering Poor Law Institutions by Virtually Reconstructing and Re-Viewing an Eighteenth-Century Workhouse", *The Historical Journal*, Vol. 64, No. 3, 2021.

样的载体会限制研究成果的传播，也会规训内容的表达。自 2006 年出版《数字史学》(*Digital History: A Guide to Gathering, Preserving, and Presenting the Past on the Web*)以来，美国历史学家罗伊·罗森茨威格(Roy Rosenzweig)就在推动用非线性的方式进行历史书写。2022 年布朗大学的沙赫扎德·巴士尔(Shahzad Bashir)在线出版了一本深入研究伊斯兰问题的专著。作者坦言，数字出版的形式提供了一个用途更广泛的工具来帮助研究者深化概念并在此基础上发展创新的学术思考，历史学家要主动掌握网络书写的规则，而不能将传统方式浪漫化。[①]

历史发布方式的多元化，对于历史学具有非凡的价值。历史在古典意义上便存在着与公众交流的意图。梁启超曾经提到："历史为死人古人而作耶？为生人今人或后人而作耶？据吾侪所见，此盖不成问题，得直答曰为生人作也。"[②]为生人而作，就与一切历史都是当代史的理念有异曲同工之妙。所以，历史议题绝非学者书斋中的屠龙之术——这会将历史学引向越来越缺乏读者的窘境，历史研究需要进入公共领域，制造公共性的话题，引发讨论。数字人文带来历史书写的多元呈现，让历史学的公共性有了更大的施展空间。实际上，大量涌现的新形态史料带来了信息交流和传播方式的改变，媒介技术和信息技术的发展一定会推动历史书写方式的转变，也会让公共史学在项目实施过程中出现更多历史生产和呈现的方式。

总之，在上述几个方面的综合影响下，历史知识生产的环境、方法、传播都发生了重要改变，让历史研究焕发出新的活力。实际上，富有探索精神的历史学家向来就注重对历史研究的延展。正如 20 世纪初的美国历史学家詹姆斯·鲁滨孙(James Robinson)鼓吹"新史学"的概念，强调历史研究要综合借鉴包括自然科学在内的成果来分析历史问题一样，作为 21 世纪的史学工作者，我们也可以尝试让数字人文作为"历史的新同盟"贯穿于整个研究过程之中，呈现出历史阐释的更多可能。

当然，历史学并非单纯地生产历史知识，它还承担着一个目前无法被取代的核心功能：价值判断。在梁启超对历史的定义中，所谓价值判断即"为现代一般人活动之资鉴者"，而裴宜理则把价值判断描述为将历史与对当下的理解结合在一起，并对未来提供启迪。在书写者努力追求历史科学性的同时，这种需求亦为历史研究增添了些许主观色彩——既是历史令人快乐的地方，也是历史研究不可或缺的内涵。[③]

在笔者撰写本文的时候，ChatGPT 横空出世，其展现出来的"智能化"程度让历史写作将被人工智能取代的言论甚嚣尘上。实际上，以 ChatGPT 为代表的工具只是一个问答机器，在人类用户"提示"下生成的"小作文"远未达到学术研究的水平，更何况其"能力的边界"还要完全仰仗人类既有的研究状态。所以我们既不能将以 ChatGPT 为代表的人工智能视为洪水猛兽，也不能将其贬低得一文不值，而要以"同情之理解"的态度，主动利用它们，为真正充满人性的历史研究贡献力量。

---

① Shahzad Bashir, "Composing History for the Web: digital reformulation of narrative, evidence and context", *History and Theory*, Vol. 61, No. 4, 2022.

② 梁启超：《中国历史研究法》，上海：上海古籍出版社，2019 年，第 47 页。

③ 裴宜理、陈红民：《什么是最好的历史学》，杭州：浙江大学出版社，2015 年，序言。

# 数字人文与中国研究的网络基础设施建设[①]

**导读**：本文是哈佛大学中国史教授包弼德 2018 年在"第九届上海国际图书馆论坛（SILF2018）"上的主旨报告，讨论"网络基础设施"的内涵，以及它作为连接中国研究领域众多独立的数据库的桥梁，对于数字人文的发展来说，有着至关重要的意义。本文不仅简要介绍了数字人文的定义，还对当前比较重要的数字人文方法，以及代表性的数字人文项目进行了解读。在包弼德看来，数字人文不仅是工具，还是在知识进步的过程中引起范式和理论变革的方法和技术体系。他以中国历代人物传记资料库（CBDB）为例，解释了"关系数据库"与常用的文本数据库的本质区别，并以众多的案例来说明地理信息系统（GIS）、社会网络分析，以及文本分析工具和平台是如何帮助知识的进步，并引起范式的变革和新理论的诞生。最后，包弼德提出了联合各研究型图书馆，构建"全球智慧数据平台"的愿景。通过对文本的阅读，我们不仅能够对数字人文的基本内涵有一个总体上的把握，也将领悟到数字人文超越工具价值的意义，因为它能够提供新的发现历史研究问题意识的视角。特别重要的是，我们也会理解为什么数字人文对"数据基础设施"有迫切的需求，因为它是数字人文赖以生存的前提。实际上，本文发表于《图书馆杂志》2018 年第 11 期。截至 2024 年，包弼德所呼吁的"全球智慧数据平台"仍在建设的初期阶段，让我们意识到"基础设施"的建设任重道远。

上海图书馆是一个我曾作为用户来过的图书馆，它是一个在中国的图书馆资源开放和获取上贡献过众多标准规范的图书馆。当我们谈到"包容"时，上海图书馆的确是一个在这方面起着引领作用的图书馆，其领导者们为此作出了卓越的贡献。

## 一 "网络基础设施"的定义和意义

所以，今天我非常荣幸地站在这里。我想从"网络基础设施"的定义开始，我将用这样的方式定义它：它是连接两个方面的系统，一是计算、存储、交流的基础技术，二是软件、服务、平台和各种工具。现在，基础技术和软件平台需要独立于特定的项目和学科，但同时又必须可应用于特定的语言、项目和学科。"网络基础设施"需要那些理解技术并认同分享理念的人。这就是为什么与图书馆员谈这个话题非常重要的原因之一。因为与其他人相比，他们有着较强的分享标准和规范的意愿，我们也希望他们能在分享技术上起到引领作用。

我们为什么需要一个中国研究的"网络基础设施"？今年 3 月，我们在上海开了一个会，全世界的

---

① 作者：包弼德（哈佛大学）；翻译、整理：夏翠娟（上海图书馆）；审校：王宏甦（哈佛大学）；导读、注释：王涛。

主要中文图书馆,包括上海图书馆、北京大学图书馆、国家图书馆、浙江大学图书馆和中国港台地区的中文图书馆,还有日本、欧洲、加拿大、美国的中文图书馆,相聚在一起,讨论如何构建"网络基础设施"。

为什么? 因为我们看到了资源的蓬勃增长,这是"数字人文"发展带来的结果。有太多的不同数据库,相互独立,没有连接。我们看到图书馆员和学者重复相同的工作,数字化同样的资源,一遍又一遍,造成巨大的浪费。我们看到了一个不断扩张的数字化生态系统。但是,我们需要决定什么时候要自建,什么时候需要购买。

## 二 ▸ "数字人文"与知识进步的三种方式

什么是"数字人文"? 现在让我们先讨论一下"数字人文",最后再回到"网络基础设施"。我认为一是信息的发现、分析和可视化的技术,二是数字出版物(新的出版物不仅仅是印刷版本的复制品,而且能提供新的分析途径和多媒体展示方式),第三点,也是最具挑战性的一点,是数字人文研究和整个数字生态系统。

我们许多人把数字人文仅仅当成工具,但实际上,数字人文还有一个重要的领域需要我们去研究和了解,那就是数字化数据的膨胀、用户以及数字化数据生产者之间的协作。这不是我们可以扔给计算机科学家和社会学家的。让我们看看网站的增长量,5 年前到现在,网络数据的增长量比全世界所有图书馆的馆藏加起来的还要多得多。我们必须寻找一种方法来研究这些数据。

现在,让我们来谈谈知识的进步。自 19 世纪始,我们一般认为专业化就是知识的进步,这被证明是对的。知识的进步依赖于专业化,它开创了新的学科,可以集中精力只关注自己的领域而不关注其他学科,已经被证明是一种高效的知识进化方式。

知识进步的第二种方式是理论和范式的转型。学者、科学家们以某种特定的模式工作。在某种时候,这种模式开始发生变化,新的研究课题诞生,但这种变化不是每年都发生,是呈波浪状发生的。这在每个领域内都适用,包括文献学、历史学和信息技术科学。

知识进步的第三种方式是建立在工具发展的基础上的。这就是数字人文可以扮演某种角色的地方,也是许多学者之所以看轻数字人文的地方。因为他们把工具看成纯粹的工具。但实际上,工具可以作为知识进步的仪器,就好比是显微镜和望远镜,可以帮助我们看到小到人眼看不清的和远到人眼望不到的东西。

## 三 ▸ "数字人文"所带来的智力和理论层面的五个飞跃

我的论点是,数字人文是人文研究的工具,为人文研究提供数据科学的研究方法。我想说的是这是一系列智力和理论层面的飞跃。现在我认为是图书馆员而不是用户已经创造了这样的飞跃。这也是我们需要让学生和研究人员接受教育和培训的领域。

第一个飞跃是从数据库到关系数据库,我将解释为什么这一点很重要;第二个是从地图到地理信息系统和空间分析的飞跃;第三个是社会网络分析;第四个是用于文本分析的工具和平台。最后一个是基于 API 的网络基础设施。我将按照顺序逐个进行解释。

### (一) 从数据库到关系数据库

首先是从数据库到关系数据库。现在有许许多多不同类型的数据库,就像我们今年3月在上海举办的网络基础设施研讨会上看到的那样,每个人都有数据库。不仅有图书馆馆员自建的,还有图书馆付钱购买的商业公司生产的数据库产品,学术期刊也是这样的数据库。它们都是一些文本数据库,这是我们对数据库的通常认识。关于文本数据库的一个重点是它们可以被检索,这一点对学术研究非常有益。文本数据库的检索功能,尤其是那些可以让我们看到很多很多原始资料的数据库的检索功能非常实用。以中文研究为例,如果图书馆能付钱购买的话,几乎每位学者都会使用爱如生数据库。中国台湾地区某科研机构的汉籍电子文献数据库则是另一个例子。

今天,我们也有一些图像数据库。有些数据库只有图片而没有文本,最著名的例子是敦煌的图像档案库。现在我们可以更进一步,我们有一些从文本和图像里抽取信息的数据库,如明清人物权威档,在该数据库中,包括大量从文本里抽取出来的信息,以及通过超链接来连接不同来源的文本(不是通过代码表创建的关联关系)。我认为这样的数据库构筑了我们的未来。

我现在要说的是关系数据库(Relational Databases)(译者注:包教授这里提到的"关系数据库"不仅仅指技术层面上的"关系型数据库",而是指存储了大量数据间标准化的关联关系的数据库)。关系数据库更复杂,它们利用复杂的算法从文本中提取信息,经常需要写很复杂的正则表达式来读取数字化文本和数据点(Data Points)。它们使用大量的代码表、数据表,所以能支持多种多样的查询。我假设这里的每个人都或多或少地了解关系数据库,我不打算精确地解释它是怎么工作的,我只想说一点,那就是当关系数据库被很好地设计,存储着大量的信息,并被良好定义,就会支持以前无法实现的查询,让我们发现以前无法发现的知识。

中国历代人物传记资料库(CBDB)是我领导的与北京大学中古史研究中心,以及"中研院"史语所合作的一个项目,在中国也有很多其他合作伙伴,包括上海图书馆和北京大学图书馆。CBDB现在收录了42万余人,主要的时间覆盖范围是从6世纪到20世纪早期,在接下来的几年,有望再增加一百万到两百万数据。

CBDB支持各种各样的查询,包括单个人物查询、入仕途径、官职查询,还可以查询社会关系网络,查询两个人之间的社会关系,甚至查询不同地区间人物的关系。这样的数据库为研究者提供了一种新的方式,基于大量数据来思考人类的过去和历史。因此理解像CBDB这样的数据库如何帮助用户看到大规模的数据是很重要的。它不是一个人物词典,虽然人们经常像词典一样使用它。

当我们使用一个词典的时候,如果发现了一个错误、一个不准确的定义,如一个循环定义,我们会认为这个词典很糟糕。但是CBDB却不同。如果用户得到1 000个反映了一定趋势的例子,在这1 000个例子里面有30个错误,这些错误对研究者认知整个趋势的影响不大,对吗?这只是3%的错误率,这并不是什么大问题。真正重要的是学会如何对待大量的数据。

虽然我们已经花费了大量的时间和金钱来努力确保数据的正确性,但是我们也确实知道我们所使用的历史记录中有着大量的脏数据。所以我要说这是一件非常艰难的工作。你们看到这里有一个宣传册,介绍了CBDB和中文在线合作的一个项目,这个项目将帮助CBDB在中国得到更广泛的应用。明天下午(10月19日),我们将与上海图书馆签订一个合作协议,感谢陈超馆长和刘炜副馆长,帮助我们把CBDB发布成了关联数据。

请记住CBDB将继续发展增长,请阅读这份宣传册并尝试理解,大量的数据意味着人们将通过人物传记来透视中国的历史。中国最伟大的历史著作始于2100年以前的历史学家司马迁的《史记》。很有意思的是,当司马迁开始延续他父亲的工作来撰写他所认知的那个世界的历史时,他本来想追溯到汉代历史的原始结构,但是最终,我认为他一定以失望告终。因为汉代历史并没有呈现出一个完美的结构。

这时,司马迁就把一半的《史记》转向了人物传记。因为传记向我们呈现了不同的人,有着不同人各自的观点和视角,它也告诉我们,历史是凌乱的,充满了冲突和异见、联盟和解体。但是从那时起,几乎所有的伟大中国历史著作都是半部人物传记。在中国研究中,传记的重要性不应该被低估。

这里我想向大家介绍宣传册中所展示的中文在线的网站上有各种各样CBDB的可视化功能。我想说的另一件事是,大学不善于大众化推广,也不善于推销和赚钱,不过善于申请基金来花钱。当然对于研究来说这是好事。另一方面,如果我们真的想向公众推广,必须让学术产品谋求商业化的道路。当我们在今年3月份的上海会议上提到这个问题时,一个参会者说:"商业化就是大众化。"我认为,尤其是在中国,这是正确的。所以我真的感到非常欣喜,可以和中文在线、上海图书馆、北京大学以及许多其他机构合作。我们希望他们的加入,能让CBDB成为中国研究的主要关系数据库。

CBDB给我们多种多样的信息,大量的数据统计分析结果告诉我们,中国过去的平均死亡年龄是61岁到63岁之间,这让我们在学校里学到的过去的平均死亡年龄是35岁变得没有意义。图1展示了男性的预期寿命。在我们的数据库里,有10%的女性,女性的预期寿命跟男性很不一样,参见图2。我们看到了两个峰值,育龄女性的死亡率达到了一个顶点,这在过去的中国是很合理的现象。CBD为中国人口的研究提供了完整的数据来源,尤其是精英人口。

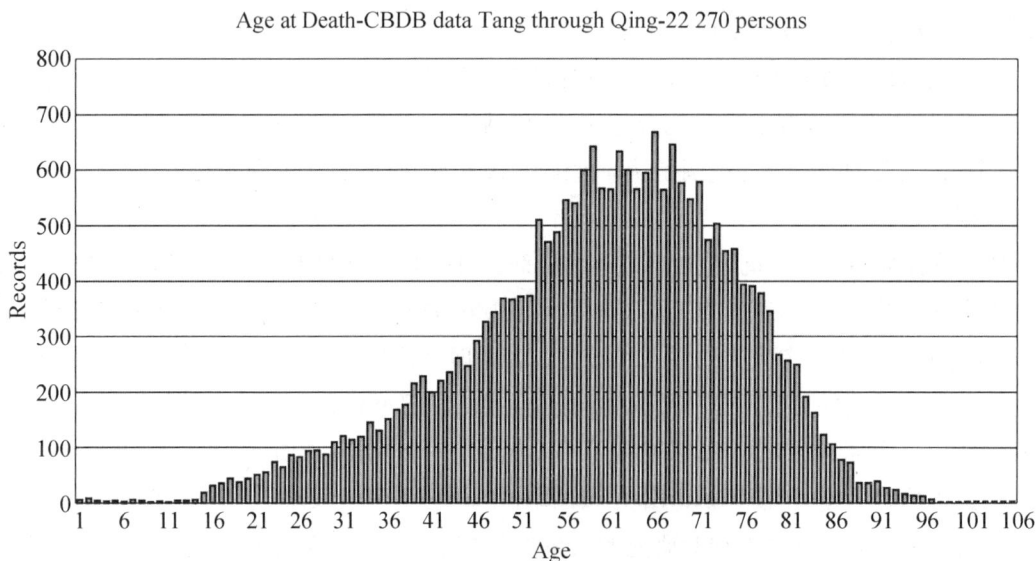

图1　CBDB中从唐代到清代22 270个男性的死亡年龄

## (二) 从地图到地理信息系统(GIS)

接下来我想说一下从地图到地理信息系统(GIS)的转变。大家知道,许多人都认为GIS是关于地图的地理信息系统。地图存在了很长的时间,我认为早期的中国地图可以追溯到公元前500年到600年甚至更早。今天,大部分历史地图已经被扫描并可访问,例如中国台湾某研究机构著名的"地图数位

Age at Death of the 3 072 Women in CBDB with Death Ages

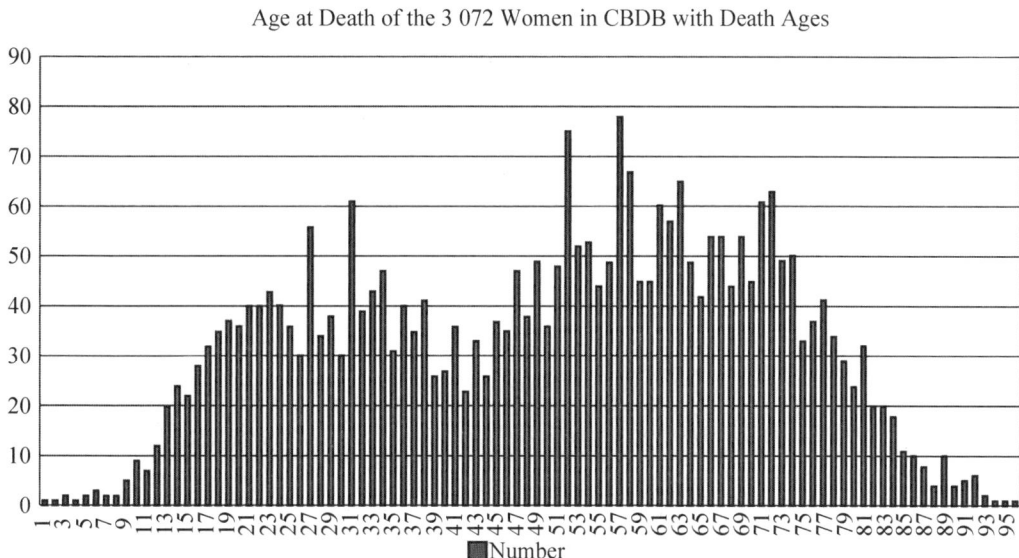

图 2　CBDB 中 3 072 个女性的死亡年龄

典藏整合查询系统"。

我们有在线的老地图，包括国外的地图。但是地图的问题在于它们承载了大量不同类型的信息，却只能在一个图层上呈现：河流、村镇、山峦、道路、边界等全部印刷在一起，GIS 和空间分析的任务是将其分成不同的层，分别呈现。复旦大学的中国历史地理信息系统（CHGIS）就是这样一个支持空间分析的系统，它同时也是一个 GIS 数据集。该数据集包括从公元前 221 年到 1911 年的地名数据（现在也有了 20 世纪和 21 世纪的数据），从秦始皇到辛亥革命，这很重要，因为中国历史记录更强调地点而不是时间。如果你看一个传记，它将告诉你一个人来自什么地点，而他生活的时间信息则常常是模糊的。所以在中国历史著作里，在汉代最伟大的历史著作《两汉书》中，我们可以知道历史是在哪里发生的。问题在于，我们是否想进行空间分析。那些地点在哪里？中国历史地理信息系统（CHGIS）可以回答这些问题。通过历史地理信息系统的分层地图能看到历史信息的空间关系。例如，可以看出一个县的所在地，与周围河流湖泊之间是什么关系。我们可以基于矢量叠加源的数字高程模型，看到一个县的辖区是如何与当地的地理景观产生联系的。进一步，我们可以从 CBDB 中提取信息并映射到地图上去，例如生成明代（1368—1644）的进士地理分布图。进士是从中国古代的高等科举考试产生的，自 10 世纪开始，大量的官员来自进士群体。在这个例子中，如果我们仔细研究明代进士的地理位置，就会发现明代政治体系的空间特点。他们主要来自江南地区、中国的东南部以及江西，远远超过其他地区。

我们放眼整个中国的历史，都可以看到这种自然地理特征对整个国家发展的影响。现在浙江大学正在基于哈佛的世界地图平台建设学术地图发布平台[1]，他们取得了卓越的进展。因为哈佛的这个平台是开放访问的，我们将代码给了他们。世界地图平台允许我们加入不同的信息，并向公众开放。它是免费的，任何人都可以共享。实际上，如果你想做一些类似的研究工作，你可以从 Github 中克隆代码，自己建立一个本地系统，现在有超过 150 万的用户在使用它。

**（三）社会网络关系分析**

第三个重要的工具层面的飞跃是"社会网络关系分析"。当我们研究大规模传记信息时，这种方法尤为重要。我将用一个社会网络关系图作为例子来说明。这是蒙古统治时期的浙江南部的吴州府，或称金华。图 3 里有 900 个来自 CBDB 的人,如果要问他们的社会关系是什么,那么有了这样一张社会关系图,我们就可以回答这样一些问题:这 900 个人由哪些人组成,有哪些小团体,谁是最重要的人。像这样一张有大量节点的图看起来没什么用,但是能给人很深刻的印象,可以从中获得很多信息。进一步,我们可以简化这张不容易分析的社会网络关系图,比如我想让它只呈现与 4 个人有关系的人。从简化图(参见图 4)中,我们可以看到社会网络关系的最基本结构。

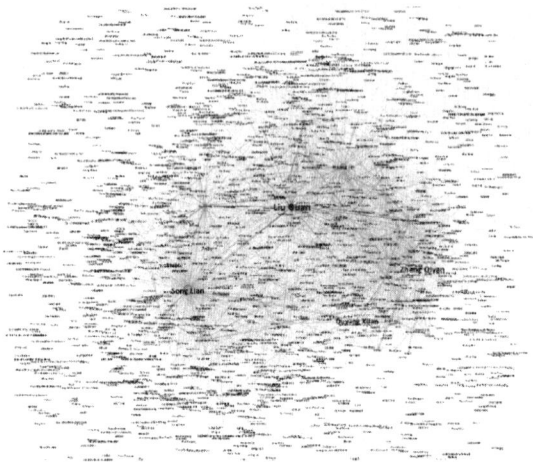

图 3　CBDB 中元代 900 个人物的社会网络关系图　　　　图 4　CBDB 中元代 900 个人物的社会网络关系简化图

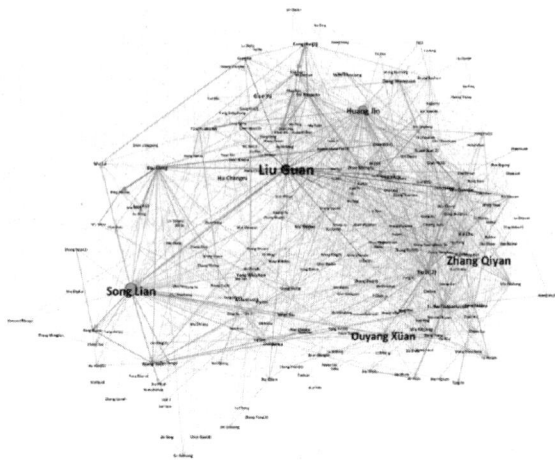

实际上,这就是概念飞跃产生的地方。我们要理解,一个地理信息系统其实是一个数据库,一个社会关系图实际上是一系列可计算的关系的展示和呈现。这些可计算的关系非常重要,它告诉我们,在某一段时间内,谁的社会关系最多,谁参与的不同群体最多,谁有最高的关注度,或者谁关注别人最多。社会网络关系分析是基于数学计算的,它可以引导我们的学生以及图书馆馆员分析数学统计的结果,让他们不至于被误导,这也是我们教授数字人文的一项工作。

### (四) 文本分析的工具和平台

接下来,我要说的是文本分析的工具和平台。我的学生魏希德和其他人一起开发了一个文本标注工具,叫码库思(Markus,参见图 5),是免费开放的[2]。你可以上传一些中文文本,选择时间范围,它将根据 CBDB 的代码表自动地标记文本中的内容(人名、地名、时间等),内容被标记后,可以导出下载。码库思是由 CBDB 和 CHGIS 的 API 支持的,这种使用 API 来整合不同在线数据的方式非常棒。

这里要介绍的一个著名的中文文本平台是 ctext.org,它提供非常重要的文本分析工具,比如有一个工具可以帮助用户在不同的文本中找到相似的段落,深红色表示相似度较高,浅红色表示相似度较小。ctext 上有成千上万的文本,你可以在这个平台上用你的文本与其他的文本进行对比分析,不需要自己开发代码,也不需要任何 IT 技能。这里有一个例子,一段出自《庄子》的文本和一段出自《吕氏春秋》的文本,我们可以看到在哪里有不同(参见图 6)。ctext 甚至允许你在传统中文文本中查询插图。

### (五) 用 API 构建"网络基础设施"

最后,我要谈一谈利用 API[3]构建"网络基础设施"。在使用电子资源的时候,我们可能会问如下

图 5 Markus 的标注界面

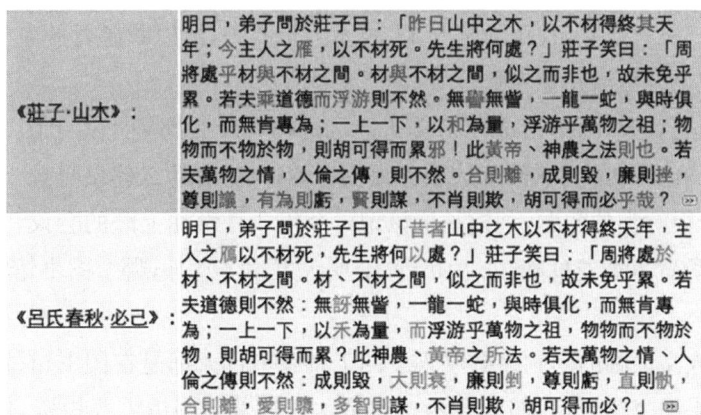

图 6 ctext 的相似段落可视化

的问题：我们想了解数字文本的什么？如果我们能看到电子化的资料，那么这些资料能不能检索、下载？当我们不能看也不能查某些资料的时候，无论它是免费的还是商业的，我们可能都会想知道谁拥有它，并寻找办法来访问它。我们能够用两个简单的 CSV 格式的文件来共享数据，一个是数据目录列表，一个是关于这个列表的元数据。

我们已经有了这样的一个平台，就是 textref. org。它集中了不同的文本库，并告诉你什么文本可获得，是否可以检索、浏览、下载。我们也为人物传记做了相同的工作，在网站 biogref. org 上，我们集中了 DDBC、CBDB、DNB，用一个非常简单的 schema 来描述它们，这是图书馆馆员非常熟悉的方法。

## 四 ▸ 联合建立"全球智慧数据平台"的愿景

但是最重要的进展是全球智慧数据平台。下周在北京，我将组织一个学术委员会，包括上海图书馆、浙江大学图书馆、国家图书馆、北京大学图书馆，还有日本、欧洲和美国的图书馆，一起讨论开发一个通用的平台，作为中国研究的网络基础设施。它将建立在超星发现平台上。除了拥有大家都熟知的功能外，我们还将建设第三方数据的提交和分享功能、中国数字人文研究维基平台（通过开源的维基接口自动更新内容），以及其他分析工具，为第三方数据、第三方工具、第三方图书馆定制免费公开的访问元数据和分享数据的规范和方案。此平台将支持用户浏览历史的记录和展示、用户自定义搜索域、第三方专业数据库的开放接口和配套方案、用户手动收集的数据库和 3D 数据过滤。我们的目标是为用户提供一键式的跨数据库学术资料检索服务，支持用户通过一次点击就能浏览、访问。该平台还将收集和分析用户交互数据，深入分析和展示用户的学术动态。

网络基础设施的重要性在于，它将使独立的数据库、工具和平台连接起来成为可能。这就是我们的目标，这需要大家的共同参与。

到这里，我的报告已近尾声，非常感谢你们！

## 五 ▸ 讨论与交流

吴建中（主持人）：包教授，您的演讲真是给了我一个惊喜。您和我们讨论了网络基础设施与数字人文，地理信息系统与社会网络分析，以及文本分析工具和平台是如何帮助知识的进步，并引起范式的变革和新理论的诞生。所有这些，我认为都与 IT 技术人员有关，所以我感觉我老了。我有许多问题想要请教您，但还是先把机会留给其他人吧。

刘炜：我有一个问题，您对图书馆这样的文化记忆机构有什么期望？关于图书馆如何与中文在线这样的商业机构或 ctext 这样的互联网开放服务提供者竞争，您有什么建议吗？

包弼德：这是一个很有趣的问题，刘馆长应该记得今年 3 月份在上海的会议，当时我们问了这样一个问题：如果 ctext 的负责人德龙（Donald Sturgeon）明天发生了意外，哪个图书馆将负责 ctext 的运营？当时没有人愿意。

所以这就是数字人文面临的问题。数字人文的工具和平台大都是在图书馆外发展起来，图书馆会想要接管它们吗？如果图书馆想，我们就会给。但是这意味着图书馆需要投资，包括技术投资和财政预算。所以，陈馆长，你不得不给 IT 部门更多的钱。所以我认为这真是一个巨大的挑战。

还有另一个挑战，我们已经在图书馆外开发了许多依赖于软件产品的平台和工具。图书馆拒绝支持这些平台和工具的一个原因在于，他们不想因为软件的更新换代而不断进行开发和维护。我可以理解这一点，但这不是一个解决问题的办法。如果图书馆想成为一个集成信息管理系统，而不只是一个仓库，就需要认真地考虑如何对待用户生成的内容，以及第三方创造的学术数据内容和数据库。

### 📖 编者注

[1] 网址为 http://amap.zju.edu.cn。

〔2〕网址为 https://dh.chinese-empires.eu/markus。

〔3〕API 是应用程序接口"Application Programming Interface"的缩写,它能够在不暴露软件内部代码的情况下,让不同的软件之间进行交互和调用。API 可以使得软件开发人员能够更加方便、快捷地使用某个软件或系统的功能,而无需了解其底层实现方法。

## 延伸阅读文献

〔1〕皮耶特·弗朗索瓦等. 全球史的宏观显微镜:Seshat 全球史数据库的方法论梳理〔G〕. 闵超,译//刘新成,刘文明. 全球史评论. 北京:中国社会科学文献出版社,2020.

〔2〕林如诗,陈越骅,叶杭庆. 微型数字人文合作实践:以奥古斯丁学术研究史梳理为例〔J〕. 图书馆论坛,2023(10):152－161.

〔3〕Benardou, A. Cultural Heritage Infrastructures in Digital Humanities〔M〕. London: Routledge, 2018.

# 数字人文框架下《德意志人物志》的群像描绘与类型分析[①]

**导读:**数字人文的方法和理念嵌入历史问题研究中,往往能够对不被关注的史料,或者用传统方法无法分析的史料进行解读。《德意志人物志》是德语世界关于历史人物信息的一部重要工具书,但是在传统上,历史学家只能将其作为查询历史人物的工具书来使用,对这套大型工具书内容本身的研究并不多见。本文运用数字工具对人物志进行数据挖掘,发现了德意志历史人物群体的隐含问题,甚至有悖于常识的结果,由此揭示出德意志主流历史学家对"德意志人"的想象构建。对大量德意志人物的诞生地与逝世地的社会网络分析,构成了历史人物的"死亡地图",清晰显示了德意志重要历史名城由南部向北部扩散的过程。本文可以为读者展示数字人文的方法如何与历史的问题意识结合起来,以问题导向展开研究,而不是为了炫酷的数字人文方法。当然,正如作者在文章中提到的那样,我们需要明白,在数字人文的框架下挖掘《德意志人物志》的隐含信息,需要研究者既尊重数字方法的客观性,又要有结合历史语境的想象力。

《德意志人物志》(*Allgemeine Deutsche Biographie*,以下简称 ADB)是德语世界关于历史人物信息的一部重要工具书。它在巴伐利亚科学院的历史委员会(Historische Kommission bei der Bayerischen Akademie der Wissenschaften)主持下,历经三十多年编撰完成(1875—1912),共计 56 卷,收录人物信息约 26 500 人。ADB 的编撰目的是协助学术研究,历史学家往往关注的是其实用层面的价值,而对这套大型读物内容本身的研究并不多见。笔者在作了必要的学术梳理后,发现有关学者对《德意志人物志》的整体性研究极为薄弱,至多是对 ADB 编撰过程的梳理,或者对特定卷册的内容简介。[②] 造成这一局面的原因有二:一是学者们的研究习惯性关注 ADB 作为资料的实用性,而忽略了从

---

① 作者:王涛;导读、注释:王涛。

② F. A. Stafleu, "Review. Allgemeine Deutsche Biographie," *Taxon*, Vol. 35, No. 2(1986), p. 440. 在《德意志人物志》编写过程中,也不断有评论文章报告编者的思考、最新的进展和分卷的内容,比如 E. D., "Allgemeine Deutsche Biographie", *Historische Zeitschrift*, Bd. 36, H. 2(1876), S. 502 - 508.《历史杂志》在 1886、1893、1901 年报道了完成卷册(1901 年已经完成了 45 卷)的概括。从 1904 年开始,考夫曼(G. Kaufmann)连续在《历史杂志》上介绍最新进展,参见 G. Kaufmann, "Allgemeine Deutsche Biographie. Bd. 46 u. 47", *Historische Zeitschrift*, Bd. 92, H. 1(1904), S. 89 - 95; G. Kaufmann, "Allgemeine Deutsche Biographie. Bd. 48: Nachträge bis 1900", *Historische Zeitschrift*, Bd. 95, H. 1(1905), S. 71 - 76; G. Kaufmann, "Allgemeine Deutsche Biographie. 50. Band. Nachträge bis 1899", *Historische Zeitschrift*, Bd. 96, H. 3(1906), S. 460 - 461; G. Kaufmann, "Allgemeine Deutsche Biographie. 51. Bd. Nachträge bis 1899", *Historische Zeitschrift*, Bd. 99, H. 1(1907), S. 125 - 126; G. Kaufmann, "Allgemeine Deutsche Biographie. 55. Bd.: Nachträge bis 1899", *Historische Zeitschrift*, Bd. 108, H. 2(1912), S. 337 - 339; G. Kaufmann, "Allgemeine Deutsche Biographie, 56. Bd. Generalregister", *Historische Zeitschrift*, Bd. 115, H. 3 (1916), S. 582 - 583.

整体上把握这部大型工具书所蕴含的信息；二是即便有学者意识到 ADB 作为群体传记研究的价值，但在"数字人文"方法和思路得到认可之前，还找不到合适的角度切入庞杂的数据。本文试图作一次尝试，用新的思路与方法对《德意志人物志》进行挖掘，希望让德国史研究同行留意，以揭示人物辞典的另类价值。[①]

## 一　工具书概貌

实际上，《德意志人物志》是能够充分折射德意志史学传统的经典项目。这部大型工具书的执行机构"历史委员会"，在德意志著名历史学家利奥波德·冯·兰克（Leopold von Ranke）的推动下于 1858 年成立，其宗旨是促进德意志历史科学的发展。委员会成立之初，兰克就计划编撰一部助力于德国历史人物研究的工具书，但并没有被即刻执行。约十年后，时任历史委员会主席的兰克旧事重提，并且委任里利恩克龙负责具体操办，不久又有威格勒加入，正式启动了这个庞大的计划。最初预计全套丛书有 20 卷，并于 1875 年出版了第 1 卷。ADB 致力于为历史研究提供高标准的基础资料，不仅在文献保存方面成为标杆，也是德意志史学传统在实践层面的具体呈现。[②] 其实，在第 1 卷的前言，编撰者就坦言，虽然收录的人物囊括古今，但是对仍然在世的人物一律不收录。尽管这些人物可能作出了非常重要的贡献，但编撰者顾忌的是，他们无法找到能够不偏不倚地对这群人物进行历史定位的编写者[③]，许多参与编写人物志的作者甚至是这些人物的门生或者至交，这样就很难用中立的态度书写，更谈不上兑现兰克史学观念中"如实直书"的主张了。从这个意义上说，ADB 是以兰克为代表的德意志历史学家践行客观史学理想的具体案例。

虽然 ADB 在编撰之初确实定位于工具书，但如果学界仅仅以对待工具书的态度看待《德意志人物志》，就低估了"人物志"的学术价值。在更加开放的思路下，我们可以从许多方面解读 ADB 的意义。比如，人物入选标准、人物传记的书写与历史研究的关系等[④]，都是值得思考的问题。在最初的设计中，ADB 的编委会曾经试图推进一项囊括 4 万人的庞大计划。在实际的工作中，编撰者意识到这个容量不太现实，随即就涉及如何取舍的问题。历史人物的筛选标准往往又同如何界定"德意志人"紧密相关。在人物志的编撰过程中，关于德意志的认知确实存在扩大化倾向，既没有"局限在德意志的地理范畴"，也没有拘泥于德意志的民族性。收录的德意志人物，在时间跨度上往前可以追溯到公元 1 世纪的罗马时代，历史委员会的编委们用独特的方式展现了他们对德意志早期历史的认知。从地理范畴看，有出生在奥地利、瑞士、波兰、捷克等地区的历史人物，这些区域曾经隶属于"德意志"文化区；也不乏来自荷兰、意大利、比利时等国家的人物，他们由于家族背景、诞生地、发挥主要影响等因素与"德意志"有千丝万缕的联系而被 ADB 收录（见图 1）。换句话说，入选 ADB 的考量完全基于是否与"德意志"存在"紧密

---

[①] 关于"数字史学"在国内学术界的进展与问题的梳理，可以参见王涛：《数字史学：现状、问题与展望》，《江海学刊》2017 年第 2 期，第 172 - 176 页。

[②] Lothar Gall, Hrsg., "… *für deutsche Geschichts- und Quellenforschung*". *150 Jahre Historische Kommission bei der Bayerischen Akademie der Wissenschaften*, München: Oldenbourg Wissenschaftsverlag, 2008, S. 22.

[③] 这里使用的是电子版，见 Rochus von Liliencron, Franz Xaver von Wegele, "Vorrede", in: *Allgemeine Deutsche Biographie*, herausgegeben von der Historischen Kommission bei der Bayerischen Akademie der Wissenschaften, Band 1(1875), S. Ⅴ-ⅩⅦ, URL: https://de.wikisource.org/wiki/ADB:Vorrede_ (Band_1).［访问时间：2018 年 5 月 28 日］

[④] 关于历史传记与历史研究的关系，参见孟钟捷：《魏玛德国"历史传记之争"及其史学启示》，载《历史研究》2017 年第 3 期，第 162 - 179 页。

的精神关联下的共同的生活经历"①,毫无疑问,这样的标准建构了一个外延极其宽泛的"大德意志"想象。

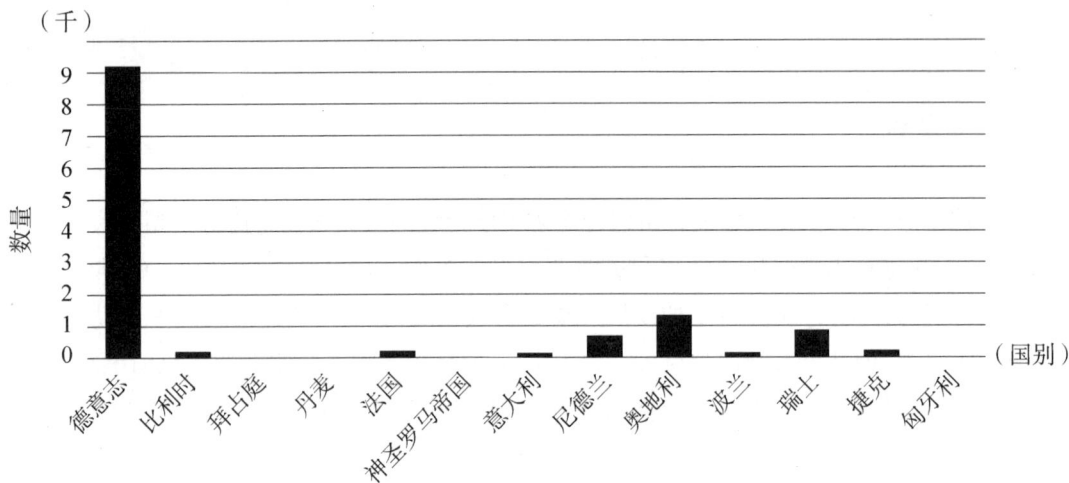

图 1　ADB 收录历史人物的来源②

ADB 开始编撰的时候,恰好是德意志帝国统一不久,在这样的历史背景下由政府来启动如此声势浩大的文科工程,难免让人怀疑与彰显德意志的民族主义不无关联。兰克从一开始就将这项工作定位于记录"著名的德意志人",从文化的角度激发"民族"自豪感是他没有言说的潜台词,但 ADB 的后续工作一直朝着编撰一部"国民传记"的目标迈进。实际上,早在"记忆之场"(Lieux de Mémoire)的概念出现在德意志思想语境之前③,ADB 就已经开始了塑造"民族纪念碑"(nationales Denkmal)的种种努力,"通过历史人物来呈现德意志在历史、学术、艺术、经贸等领域的发展"④。

ADB 除了能够折射出史学观念的变迁之外,我们还可以用"群体传记研究"(Prosopography)的思路对历史人物进行解读。在西方史学传统中,向来就存在把具有相似出身、经历、思想、职业等的群体并置在一起进行书写的习惯,如《圣经》的使徒列传、普鲁塔克的希腊罗马名人传、中世纪的圣徒传等。⑤ 在学术的意义上,"群体传记"的概念在 1743 年就出现了,20 世纪 70 年代劳伦斯·斯通(Lawrence Stone)对这个概念的内涵给出了简洁的定义,他这样写道:"群体传记通过对历史上一群行动者经历的集体研究,探索这一群体具有共性的背景特征。"⑥简而言之,"群体传记"关注某个社会群体的共性特征,研究者对相关群体提出一组相同的问题,通常需要收集被研究对象的姓名、生卒日期、地

---

① Rochus von Liliencron, Franz Xaver von Wegele, *Vorrede*, S. VI.

② 本文涉及的图表与地图,除非特别说明,全部由笔者根据 ADB 的数据制作而成。

③ "记忆之场"的概念由法国历史学家皮埃尔·诺拉(Pierre Nora)提出,意指通过对记忆场所的研究,探寻残存的民族记忆,以期找回法兰西群体、民族和国家的认同感和归属感,中译本见皮埃尔·诺拉主编:《记忆之场》,黄艳红译,南京:南京大学出版社,2015 年。关于德语学界"历史记忆"研究也有阿斯曼(Aleida Assmann)、尼佩尔代(Thomas Nipperdey)等人的推动。2001 年,舒尔茨(Hagen Schulze)等学者开始编撰德意志历史语境下的"纪念地"(Erinnerungsorte),参见 Étienne François, Hagen Schulze, Hrsg., *Deutsche Erinnerungsorte*, München: Beck, 2001.

④ Hans Günter Hockerts, "Vom nationalen Denkmal zum biographischen Portal", in: *Akademie Aktuell*, 2008, Heft 2, S. 19.

⑤ 国内已经有学者对英格兰乡绅群体进行了研究,参见陈日华:《近代早期英格兰的"乡绅修志"现象》,《世界历史》2017 年第 4 期,第 46 – 59 页。关于"群体传记"的介绍,见该文第 50 页。

⑥ Lawrence Stone, "Prosopography", *Daedalus*, Vol. 100, No. 1(1971), p. 46.

点、婚姻与家庭、社会出身、职业、教育背景、宗教信仰等信息。[①] 通过对各类信息的并列组合,研究者试图发现变量之间的内在关联,由此找出思想史、建制史或历史演进的潜在模式。"群体传记"作为一种研究方法,对于厘清社会结构、社会变迁等问题,往往具有很强的说服力。随着电脑技术的进步,群体传记研究的方法更加容易落实,不论是构建人物数据库[②],还是把地理信息系统(GIS)运用到历史人物的研究中[③],都能够看到数字人文技术与群体传记方法的相互配合。

不过,在对《德意志人物志》运用群体传记的方法进行数据挖掘之前,有必要进行一些预先的限定。首先是 ADB 的代表性问题。虽然 ADB 收录的人物在绝对数量上并不少,时间跨度也涵盖各个时期,但显然不是"全体德意志人";虽然也收录了所谓"非凡的小人物",比如激进的鞋匠[④],但往往也是由于他们参与政治活动、进行文学创作或者其宗教思想等事迹载入史册,而非单纯的"鞋匠"身份。因此,"沉默的大多数"在 ADB 里毫无踪迹可循。从统计学的角度看,《人物志》是样本量非常小的数据集,如果我们试图用"以小见大"的方式来描述宏观层面的德意志历史,或许违背了统计学的科学性。然而,史学研究的规范模式在于,任何结论都要有史料的支撑。所以,如果我们并不奢望用 ADB 的样本量来建构"全体德意志"的宏大叙述,这种定量的挖掘就并非毫无价值。而且非常遗憾的事实在于,任何历史问题的探寻,都不可能穷尽所有史料、搜集到尽善尽美的文献,专业历史学家都应该懂得如何在残缺的材料中按图索骥。

从另一个角度说,ADB 的体量确实比不过《中国历代人物传记资料库》(CBDB)[⑤],但它成为人物群体显然不是偶然的。如前所述,两万多名德意志人物被搜罗进来,是经过了编撰者裁剪的结果,这个极其主观的梳理,构建的当然是德意志主流历史学家关于德意志人物的想象。在长达 30 多年的编辑工作中,先后有近 1850 名学者贡献了自己的智慧[⑥],让这样一个历史人物"共同体"的面向极其复杂与多元,但它究竟有哪些属性,存在哪些未知的隐秘信息,其实并没有出现在历史研究者的问题意识中。我们试图通过技术手段把类似的追问暴露出来,或许能够为其他研究者提供思考的灵感。

## 二 ▶ 群像的描绘

ADB 收录的每个历史人物都是一个鲜活的个体,但是他们聚合在一起,就成了一个整体。我们试图以"只见森林,不见树木"的鸟瞰视角,从整体上为 ADB 的历史人物作群像素描,来描摹他们的共性特征,勾勒"德意志人"的剪影。

① 刘兵:《关于科学史研究中的集体传记方法》,载《自然辩证法通讯》1996 年第 3 期,第 49 页。
② Donald Jackman, "German Prosopography of the Central Middle Ages and the Advent of Data Analysis", *History and Computing*, Vol.12, No.1, 2000, pp.23-29.
③ Peter K. Bol, "GIS, Prosopography and History", *Annals of GIS*, Vol.18, No.1(2012), pp.3-15.
④ 霍布斯鲍姆在研究"激进的鞋匠"时,提到德意志同样存在积极参与政治斗争的鞋匠群体,参见艾瑞克·霍布斯鲍姆:《非凡的小人物》,王翔译,北京:新华出版社,2001 年,第 28-73 页。ADB 至少为 8 名鞋匠作了传记,其中比较有代表性的人物就是反抗普鲁士占领布雷斯劳的杜博林(Johann Christian Döblin),参见 Colmar Grünhagen, "Döblin, Johann Christian", in: *Allgemeine Deutsche Biographie*, Band 5(1877), S. 274; URL: https://www.deutsche-biographie.de/pnd135697964.html[访问时间 2018 年 5 月 28 日]
⑤ 截至 2018 年,CBDB 已经收录了超过 41 万个历史人物的传记资料,参见徐力恒:《中国历史人物大数据》,载《中国计算机学会通讯》2018 年第 4 期,第 19-24 页。
⑥ F. A. Stafleu, "Review. Allgemeine Deutsche Biographie", p.440.

## (一)人口学的统计

基于常识,我们能够理解 ADB 收录历史人物的时段分布并不均匀,这需要我们在进行量化分析时做一些取舍。从图 2 可以看到,虽然 ADB 涉及的人物最早可上溯到公元 1 世纪,但是 14 世纪之前历史人物的数量过于稀疏,并不具备统计的价值,将不会成为我们研究的重点。

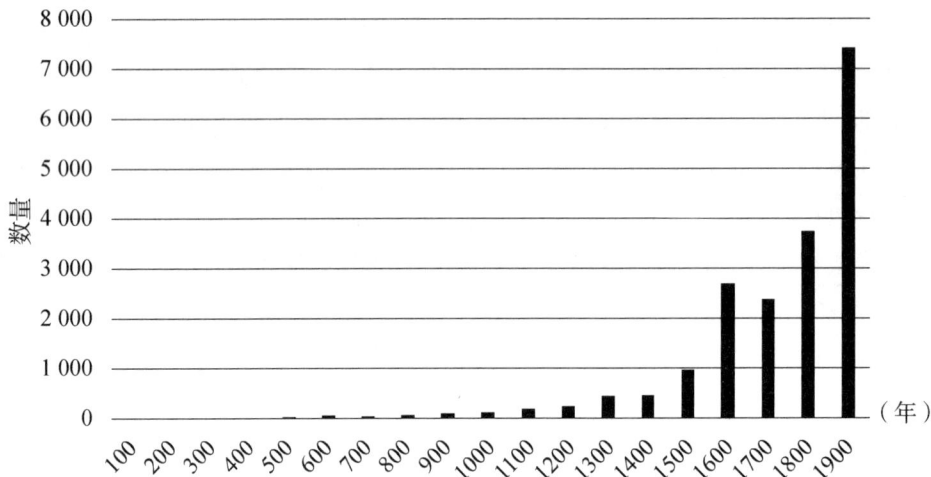

图 2  ADB 收录历史人物的年代分布

如果我们试图透过 ADB 了解德意志社会的普遍状况,或许会不尽如意。毫无疑问,人物志的编者有自己的一套主观标准来筛选收录的对象。如果要兑现兰克所谓"著名德意志人"的要求,ADB 显然就无法涵盖平头百姓。所以,基于这种特异性样本的量化分析,只能让我们看到德意志语境中社会中上层的状态。这是我们时刻需要注意的前提。另外,参与 ADB 编撰的都是职业历史学家,他们经过科班的学术训练,当然懂得 ADB 需要提供准确的信息才具有价值。对于收录的历史人物,编者都经过了多方的考证,力图信息的完整和准确,但仍然无法排除有些数据存在缺漏,比如生卒年份等人口信息。我们在使用的过程中,将尽量剔除那些明显模糊的、有歧义的信息。

群体传记特别在意人物寿命的趋势。整个 ADB 收录的历史人物将近 26 000 名,生卒年份信息准确的词条达到了 2 万人,平均寿命的数值为 63.29 岁。这个数字或许远远超出我们对历史真实的想象。不同学者根据多种信息来源,对欧洲历史上人口状况有过宏观层面的描绘。总体上看,欧洲人的平均寿命一直在低水平上缓慢增长,古典时代的平均寿命只有 18 岁,中世纪达到了 20 岁,18 世纪提升到了 30 岁,直到一战结束的 20 世纪初,欧洲人的平均寿命也只有 55 岁。[①] 如果我们将空间范畴缩小到德意志,时间截断在 19 世纪,ADB 当中历史人物的平均寿命仍然比总体德意志人的平均数高出不少。按照有些学者的估算,德意志帝国建立后普通德意志人的寿命为 35.6 岁[②];根据另一些学者的数据,如图 3 所示,19 世纪的普通德意志人均寿也只有 39.46 岁,而 ADB 的数值高达 62.94 岁(见图 4)。实际上,2015 年的一项对 30 万历史名人的研究明确表明,在长达几千年的历史进程中,普通人的平均

---

[①] Thomas L. Baier, *Lebenserwartung im Mittelalter*, in http://www.dorfling.de/index.php/home/dorflinger-blog/beitraege-von-dorflinger/67-lebenserwartung-im-mittelalter[访问时间 2018 年 5 月 28 日]

[②] Reinhard Rürup, *Deutschland im 19. Jahrhundert, 1815-1871*, Göttingen: Vandenhoeck & Ruprecht, 1992, S. 28.

寿命明显低于历史名人,后者在工业革命之前就开始有比较显著的预期寿命提升,比普通人群的寿命提升开始得更早。[1]

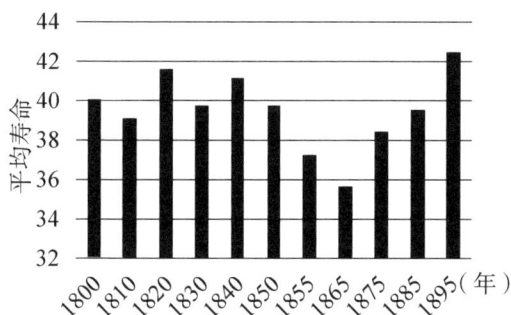

图 3 德意志人的平均寿命[2]

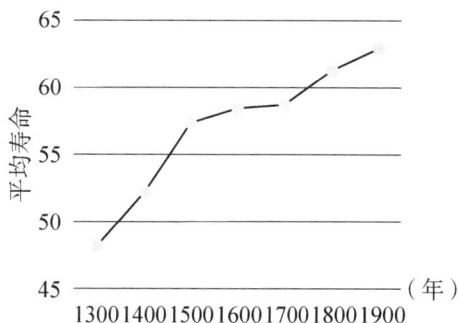

图 4 ADB 的平均寿命

当然,具体到个别历史人物,总是存在超出平均值的个案。长寿者中,有 1 位百岁老人[3],90 岁以上的高寿者接近两百人(他们主要分布在 18、19 世纪);活了 83 岁的歌德,活了 74 岁的弗里德里希大王,用现在的观点看,都算得上高寿之人。同样也存在英年早逝的历史人物,其中包括莫扎特[4];更有许多还未成年就已夭折的王室成员,比如不伦瑞克公国的王子海因里希,由于意外伤害,不满 20 岁就去世了[5]。

我们似乎可以想象出造成这种差异的原因。全体德意志人的平均寿命被占总人口绝大多数的普通人拉低,他们是沉默的大多数,过着平凡的生活,没有什么丰功伟绩值得被纳入 ADB。这个群体要从事艰苦的体力劳动,但只能生活在"简陋的泥棚或木棚中,用茅草作屋顶。他们的食物只有黑麦面包、麦麸粥、豌豆、扁豆;饮料只有水或者乳清;身穿毛毡蔽体御寒……"[6]。毫无疑问,这样的生活条件根本无法保证良好的生命预期。社会阶层的不平等导致健康水准的不平等,已经是现代社会学通过大量数据得出的结论。[7] 虽然这样的研究主要基于工业革命之后的数据,但是我们有理由相信,同样的原理可以解释前工业化时代贫富差距引发的健康差距。在前现代的德意志社会,抢掠、战争、天灾等都可能引发农业歉收,由此带来的营养不良是底层民众的常态,考古学家发掘中世纪墓穴中的尸骨显示,佝偻病

---

① David de la Croix, "The longevity of famous people from Hammurabi to Einstein", *Journal of Economic Growth*, Vol. 20, No. 3 (2015), pp. 263 – 303.

② 数据来源:Arthur E. Imhof, Hrsg., *Lebenserwartungen in Deutschland, Norwegen und Schweden im 19. und 20. Jahrhundert*, Berlin: Akademie-Verlag, 1994, S. 411.

③ 完全依据 ADB 的数据的话,百岁老人有四位。但是,许多信息存在谬误,比如 ADB 收录了一位名叫阿让托(Argentau)的军官,享年 105 岁,参见 Wilhelm Edler von Janko, "Argentau, Eugen Graf von", in *Allgemeine Deutsche Biographie*, Band 1(1875), S. 524; URL: https://www.deutsche-biographie.de/gnd138541205.html[访问时间:2018 年 5 月 28 日]。实际上,ADB 弄错了阿让托的出生年份,不是 1714 年,而是 1743 年。所以,比较没有争议的寿星是享年 100 岁的法学家、政治家戈尔曼(Heinrich Dietrich von Grolman),参见 Teichmann, "Grolman, Heinrich Dieterich von", in *Allgemeine Deutsche Biographie*, Band 9(1879), S. 713; URL: https://www.deutsche-biographie.de/pnd11686298X.html[访问时间:2018 年 5 月 28 日]。

④ 参见 Ludwig Meinardus, "Mozart, Wolfgang Amadeus", in *Allgemeine Deutsche Biographie*, Band 22(1885), S. 422 – 436; URL: https://www.deutsche-biographie.de/gnd118584596.html[访问时间:2018 年 5 月 28 日]。

⑤ Ludwig Ferdinand Spehr, "Albrecht Heinrich", in: *Allgemeine Deutsche Biographie*, Band 1(1875), S. 265; URL: https://www.deutsche-biographie.de/gnd104183764.html[访问时间 2018 年 5 月 28 日].

⑥ Johannes Janssen, *History of the German people at the close of the Middle Ages*, Vol. IV, London: Paul, 1900, pp. 358 – 59.

⑦ Patrick Bernau, "Soziale Ungleichheit: Arme Menschen sterben früher", in: *Frankfurter Allgemeine*, 4.3.2016, URL: http://www.faz.net/aktuell/wirtschaft/arm-und-reich/soziale-ungleichheit-arme-menschen-sterben-frueher-14105632.html[访问时间:2018 年 5 月 28 日].

在民众当中相当普遍,而它是与缺乏饮食紧密相关的疾病。[1] 总而言之,整个社会食物短缺,贫穷之人受到的冲击更甚,良好的生活习惯无从谈起,更容易出现心血循环系统方面的严重疾病。[2] 如果说这些因素是决定生命质量与寿命长短的重要因素的话,那么 ADB 当中历史人物的物质条件、生活方式等要比同时代的普通人领先是不争的事实,由此造就了寿命的不同也就是水到渠成的结果。

贫富差距引发的健康差距的问题一直没有得到很好解决,从 18 世纪 70 年代开始,德意志出现了一股"民众启蒙"的浪潮,其核心宗旨是企图改善乡村民众的生活方式,达到提升民众生存质量的目的。民众启蒙思想家开出的药方包括在农业生产方面进行技术革新,以此提高粮食产量来消灭贫困,以及向乡民推广公共卫生知识与健康的生活习惯。为此,德意志的印刷业迎来了"民众读物"的出版热。据统计,到 1800 年左右,与医学知识、卫生习惯相关的读物达到了 1 000 种,可见启蒙思想家的热情。[3] 这个历史现象从一个侧面反映启蒙精英(大多数人在 ADB 中占有一席之地)有他们所认同的、健康的生活方式,这也是他们的人均寿命远远高于普通民众的重要原因。

社会上层人物与普通百姓之间的差异不仅仅体现在寿命的绝对数值上。我们从历时性的维度,可以看到两个群体在宏观层面的巨大差异。图 4 表明 ADB 群体在平均寿命上是一个缓慢增长的态势,这个画面似乎与我们熟悉的历史背景不太贴切。我们能够理解的德意志人口的演进过程具有明显的断裂与延续的阶段,如图 5 所示,在神圣罗马帝国的历史上存在两次明显的人口锐减,适逢黑死病的肆虐以及三十年战争的侵袭:德意志地区至少 20% 的人口减少与黑死病直接相关,而由三十年战争引发的人口锐减达到了 20%～45%,有些地区如符腾堡甚至损失了四分之三的人口。[4] 令人感到困惑的是,给德意志带来严重打击的三十年战争,对 ADB 人物的影响几乎可以忽略不计;令人闻风丧胆的黑死病在 ADB 当中似乎没有呈现;至于其他一些烈性的传染病,比如天花,也选择性地隔离于社会上层。根据我们的统计,在整个 ADB 的 2 万多人中,死亡原因与天花直接相关的只有不到 11 人。[5] 有大量医生由于在对抗天花传播、改善疫苗接种等过程中发挥了巨大作用而被收录进 ADB,比如维尔德,年轻时本有志于法学研究,后来感染天花,痊愈后弃文从医,开设医院,治病救人,并建立了自己的印刷厂,推广当时最先进的天花治疗方法。[6]

ADB 的人物极少从事直接的劳动生产,却分享了大多数的蛋糕,让他们具备了开展良好生活方式的条件,生命质量与寿命预期均有品质保障,成为社会进步实质的获益者。ADB 呈现出来的人物寿命数据直白地暴露出历史最残酷的一面:民众往往是战争、瘟疫等天灾人祸中首当其冲的牺牲品,普通民众被历史的车轮无情碾压,连一份文字记录都未曾留下来,最终成就了 ADB 的量化分析中的数据模型。

---

[1] Ernst Schubert, *Essen und Trinken im Mittelalter*, Darmstadt: Wissenschaftliche Buchgesellschaft, 2016, S. 13.

[2] Robert-Koch-Institut, Hrsg., *Armut und Gesundheit*, GBE kompakt 5/2010.

[3] Heidrun Alzheimer-Haller, *Handbuch zur narrative Volksaufklärung. Moralische Geschichte 1780 – 1848*, Berlin: Walter de Gruyter, 2004, S. 57.

[4] 参见 Geoffrey Parker, "Crisis and catastrophe: The global crisis of the seventeenth century reconsidered", *American Historical Review*, Vol. 113, No. 4(2008), p. 1058. 三十年战争带来的损失存在地区差异,参见 John Theibault, "The Demography of the Thirty Years War Re-revisited: Günther Franz and his Critics", *German History*, Vol. 15, No. 1(1997), pp. 8, 16, 20.

[5] 当然,据史料记载,也有不少上流社会的成员罹患天花等恶性传染病,甚至会导致整个家族的灭亡,比如萨克森-阿滕堡(Sachsen-Altenburg)的公爵威廉三世(Friedrich Wilhelm III),年仅 15 岁就死于天花。但总体而言,上层人物抵抗疾病的能力要强得多,参见 August Beck, "Friedrich Wilhelm III", in *Allgemeine Deutsche Biographie*, Band 7(1878), S. 794; URL: https://www.deutsche-biographie.de/gnd118953346.html[访问时间:2018 年 5 月 28 日].

[6] Ludwig Stieda, "Wilde, Peter Ernst", in *Allgemeine Deutsche Biographie*, Band 42(1897), S. 496 – 498; URL: https://www.deutsche-biographie.de/gnd102668981.html[访问时间:2018 年 5 月 28 日].

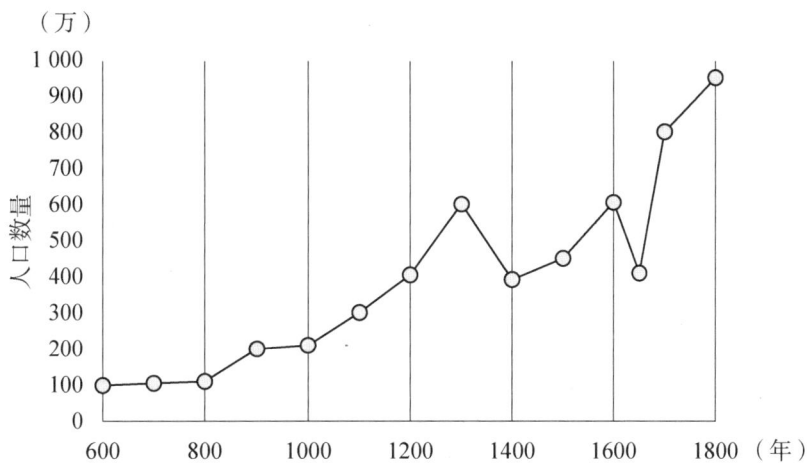

图 5　欧洲人口发展趋势①

　　职业是否也是影响预期寿命的因素呢？这个角度非常有意思，但统计起来存在难度。首先，许多历史人物的职业身份是多重的，比如莱布尼茨，他作为哲学家、数学家、外交官等身份在历史上都留下了印记。好在这些职业尽管在专业技能上存在诸多差异，但都可以归到"专业人员"的大类属性下。对于其他具有"跨界"身份的 ADB 人物，我们归纳出世俗贵族、宗教人士、专业人员以及手工业者等四个类型，以最大可能地涵盖不同的身份。在把平均寿命与职业类型进行关联之后，我们得到了如下的数据。

　　图 6 揭示的信息非常有趣，有一些符合我们的常识判断，比如手工业的从业者比专业人员的平均寿命要低，但也有一些现象让我们感到意外：德意志的世俗贵族是平均寿命最短的群体。毫无疑问，世俗贵族是德意志历史上享尽各种特权的一类人，但政治特权并没有能够直接兑换为良好的生命预期。反观宗教人士，虽然他们舍弃了尘世的一些权利，却收获了较高的生命质量，或许也是一个不错的取舍。相比较而言，专业人员和手工业者凭借一技傍身，过着小富即安的稳定生活。

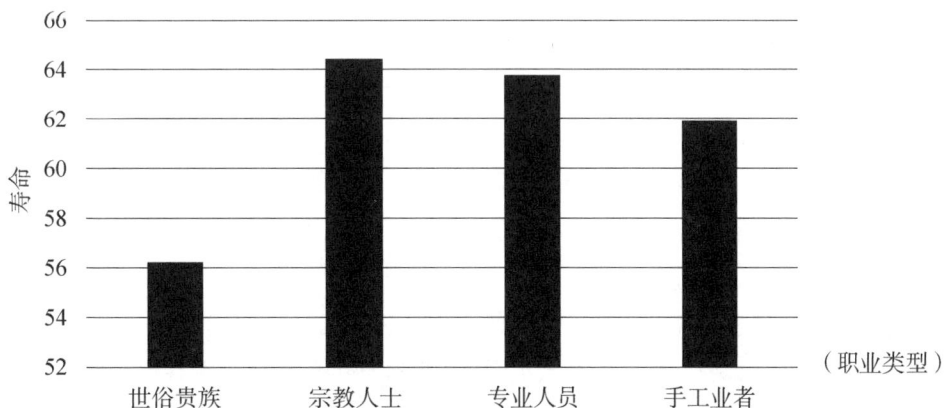

图 6　职业与平均寿命

　　当然，世俗贵族与宗教人士在寿命上的差距令人费解。因为在神圣罗马帝国，乃至整个欧洲文化中，贵族与神职人员的边界其实非常模糊。神职人员，特别是主教、修道院长等享有一定宗教权力的教

---

① 数据来源：Hagen Schulze, *Germany: A new history*, Cambridge: Harvard University Press, 1998, p.38.

会诸侯,往往是贵族出身,更有亲王主教这种兼顾了世俗统治权与教会控制权的身份。在贵族家庭的政治实践中,长子继承贵族的头衔,次子就不得不去教会。宗教改革时期的威廉(Wilhelm)家族就是如此,威廉五世是尤里希-克莱维-贝格联合公国的第二代继承人,他的长子卡尔最初继承了公爵爵位,甚至被当时的罗马教宗寄予厚望,意图对抗新教的势力。可惜卡尔英年早逝,已经在明斯特担任主教的弟弟约翰,放弃了在教会进一步晋升的机会,回到家族里继承公爵头衔。[1] 所以,像约翰这样具有跨界身份的人,如何将其进行归类,一定会影响两类群体的状况。我们用他们最终的身份作为归类的依据。

如何去解释贵族群体的短寿现象非常具有挑战性。有一个显而易见的原因,这是由传记编撰者刻意选择的结果。贵族与其说是职业,不如说是一种身份,一出生就能获得;但是像科学家、手工业者等职业,需要经历足够长的专业训练,一定要在成年之后获得业务头衔;即便是宗教人士,也往往要等到成年后才有机会。所以,未成年而夭亡的历史人物基本上都是贵族出身,他们被收录到 ADB,拉低了这个群体的平均寿命。例如,乔治·威廉继承了皮雅斯特(Piasten)王朝的血脉,役年只有 15 岁,去世时同时兼任着利格尼茨和布里格的公爵。[2] 威廉之所以能够被人物志收录,完全是由于他的公爵身份,因为这个年纪在平常人家还看不出将来要成为学者还是修士。简言之,ADB 当中贵族群体的平均寿命最短,或许并不是因为贵族更加短寿,而是因为他们的数据更加准确。而其他类属的群体,没有那些拉低平均值的人物,因此造成人均寿命更长。当然,单纯只有这个因素不可能导致平均寿命的差距高达 6 年。如果把那些未成年就夭折的人物排除(18 岁成年),平均寿命仍然是贵族群体最低。我们还需要找寻其他的解释。

从基因、遗传的角度解释得通吗?毕竟欧洲贵族家族间的通婚非常频繁,一些隐性的遗传疾病在经过几代人的发酵后,会以强大的方式显现出来。比如,源自维多利亚女王的血友病基因曾经困扰许多欧洲皇室。[3] 然而,正如上文提到的那样,贵族与神职人员在很大比例上来自同一个阶层,具有相似的身体素质,人均寿命应该差别不大。所以,从生理学角度进行解释,并不能说明问题。

因此,生活方式反而成为影响生命周期的重要原因。在很多情况下,世俗贵族与宗教人士来自同一个社会阶层,但两种身份带来的生活方式的差异却是显而易见的。世俗贵族常常找各种理由举行庆典活动,每逢庆典必定有盛宴,音乐和杂要[4],酒肉穿肠过的纵欲早就透支了健康,还要面对各种钩心斗角的政治博弈,宫廷社会并不是一个理想的生活场景。教会框架下的宗教人士并非伏尔泰笔下只会"吟唱、吃喝、消化"[5]的慵懒之士,修道院的生活规律而单纯,食物只为果腹,而不是为享口腹之欲,还有各种宗教的清规戒律所要求的禁食;"祈祷与劳动"的传统让修士的日常充盈着祷告、读《圣经》、手工劳作等属灵的维度,令人无暇顾及俗物的羁绊。总而言之,入世与出世的状态,带来的是两种不同的生活意境,也意味着两种不同的生命预期。

这个假设也可以找到科学研究的依据。大量的心理学、医学、社会学的研究从不同角度证明,社会关系对人的寿命会带来直接影响。良好的社会关系、适度的人际交往会让人有比较健康的生活质量和

---

① 参见 Felix Stieve, "Johann Wilhelm", in *Allgemeine Deutsche Biographie*, Band 14(1881), S. 228 - 230; URL: https://www.deutsche-biographie.de/gnd129674850.html[访问时间 2018 年 5 月 28 日]。

② Carl Krebs, "Georg Wilhelm", in *Allgemeine Deutsche Biographie*, Band 8(1878), S. 696 - 698; URL: https://www.deutsche-biographie.de/gnd115395792.html[访问时间 2018 年 5 月 28 日].

③ Evgeny Rogaev, Anastasia Grigorenko et al., "Genotype Analysis Identifies the Cause of the Royal Disease", *Science*, Vol. 326, No. 5954(2009), p.817.

④ 汉斯-维尔纳·格茨:《欧洲中世纪生活》,王亚平译,北京:东方出版社,2002 年,第 211 - 225 页。

⑤ John Merriman, *A History of Modern Europe: From the Renaissance to the Present*, New York: W. W. Norton, 2010, p.319.

比较长的生命预期,而紧张、矛盾、焦虑的社会关系则给人的生命周期带来负面的影响。① 钩心斗角的人际关系除了带来心理上的负资产外,也会给肉体带来实质性的伤害:死于政治暗杀的比例在贵族群体中显然高于其他类型。比如荷兰伯爵弗洛里斯五世(Floris V,1254—1296)在 42 岁时被谋杀,壮年而逝,其子约翰一世(Johann I,1283—1299)也未能摆脱政治暗杀的宿命,年仅 15 岁就死于政治斗争②,荷兰伯爵的血脉甚至就此断绝。另有西方学者对欧洲国王寿命的长时段研究表明,皇族有非常高的暴力死亡率,22%的国王死于非命。③ 由此可见,贵族身份其实是一个高风险的职业。一个更加显著地影响贵族群体寿命的因素是战争。贵族的身份被赋予了更多的责任,当政治斗争不得不用战争来解决的时候,贵族就化身为战士,成为保家卫国的天然承担者。由贵族身份而引申出来的义务,一直到一战还有延续。这场被称为"大战"的战争,消耗了欧洲贵族大批生力军。我们或许可以认为,在很多情况下,世俗贵族出逃进入修道院,恰恰是为了逃避血雨腥风的政治斗争,或者本身就是政治斗争的失意者而已④;但这种生活场景的转换,无心插柳柳成荫地让这些人士从紧张的人际关系过渡到相对静默的生活方式,从此改变了他们的生命质量。

## (二) 诞生—逝世地的网络模型

ADB 当中历史人物的另外一组基本信息就是他们的出生地与逝世地。在数字人文研究领域,最为人津津乐道的研究方法是社会网络分析(Social Network Analysis, SNA)。⑤ 但是,"社会网络"不应该被狭隘地理解为仅仅是人与人之间的交往,任何能够发生关联的事物,比如瘟疫的流行、观念的传播、商品的流通、信息的传递等,都能够组成网络结构,值得我们关注。基于 ADB 的信息,不同历史人物从出生地到逝世地的走向,组成了一张最简单的网络,而且具有方向性⑥;借助可视化工具,我们能够将其中隐秘的信息暴露出来,勾勒出历史人物迁移的图景,从而推演出德意志中心城市的生成。需要强调的是,ADB 中涉及的地名由于时间跨度大,还存在古今地名不统一等因素,并无法实现所有地名一一还原经纬度。本文的研究只考察可以找到经纬度信息的地名,虽然会损失很多数据,实属无奈之举,但这也能让计算结果更加精准。我们的统计显示,诞生地与逝世地都出现了相对集中的情况,即某些地点诞生了更多历史人物,或者某些地点吸引了更多人在这里逝去。出生地涉及的地名有近 1 900个,远远多于死亡地名,后者不到 900 个,据此我们已经能够想象出一幅画面:ADB 的历史人物从"大德意志"区域内分散的地点,逐步向几个中心城市汇聚。我们把这些因素作为加权项体现在可视化图例中,制作成德意志历史人物的"出生地图"和"死亡地图",获得了更多有趣的发现。

---

① Julianne Holt-Lunstad, Timothy B. Smith, "Social Relationships and Mortality Risk: A Meta-Analytic Review", *PLos Med*, Vol. 7, No.7(2010), pp.1-20; Yang Claire Yang, Courtney Boen, "Social relationships and physiological determinants of longevity across the human life span", *PNAS*, Vol.113, No.3(2016), pp.578-83.

② P. L. Müller, "Florens V", in: *Allgemeine Deutsche Biographie*, Band 7(1878), S. 126-129; URL: https://www.deutsche-biographie.de/gnd119360675.html[访问时间:2018 年 5 月 28 日].

③ Manuel Eisner, "Killing Kings: Patterns of Regicide in Europe, AD 600-1800", *British Journal of Criminology*, Vol.51, No.3 (2011), pp.556-577.

④ 比如曾经当过查理大帝宠臣的艾因哈德(Einhard,770—840)在查理帝国解体后,不堪忍受宫廷里的各种阴谋,主动退隐于塞利根施塔特(Seligenstadt)修道院,直到 840 年去世,参见 Wilhelm Wattenbach, "Einhard", in *Allgemeine Deutsche Biographie*, Band 5 (1877), S. 759-760; URL: https://www.deutsche-biographie.de/gnd118529560.html[访问时间 2018 年 5 月 28 日]

⑤ 林聚任:《社会网络分析:理论、方法与应用》,北京:北京师范大学出版社,2009 年。

⑥ 我们的研究主要基于 ADB 的信息,对德意志历史人物的流动做了一个微观的案例分析。本文与希赫(Maximilian Schich)于 2014年发表在《科学》杂志上的一篇文章有相似之处,希赫团队进行的是更加宏观的研究,时间跨度大,区域范围广,参见 Maximilian Schich, "A network framework of cultural history", *Science*, Vol.345, No.6196(2014), pp.558-562.我们的研究相互印证。

"出生地图"和"死亡地图"呈现的最直观信息是中心城市的凸显:莱比锡、德累斯顿、慕尼黑、柏林等城市诞生了更多 ADB 的人物,也是死亡人数最多的地方。显然,从现代政治疆域看,维也纳、布拉格、巴塞尔、苏黎世、萨尔茨堡、柯尼斯堡等城市超出了联邦德国的范畴,但是它们出现在"出生地图"和"死亡地图"的排行榜,充分说明"德意志"范畴在历史上的纵深。ADB 的编委无疑试图强调这些地点在历史上与德意志存在千丝万缕的联系,"出生地图"和"死亡地图"也让我们更加直观地认识到,"大德意志"与"小德意志"的竞争具有错综复杂的历史事实。值得强调的是,尽管有相对集中的中心城市的存在,但从整个德意志的范畴看,城市的分布与发展相对均衡。

巧合的是,通过从"出生地图"到"死亡地图"的流向分析,我们发现这个轨迹与德意志主要城市高度吻合。ADB 的人物中有很大一部分人出生在乡村、名不见经传的小城或边陲地带,但他们最终选择在大城市建功立业。这个结果证明了城市发展史上普遍存在的现象:人才的流动往往遵循从低到高的模式,逆向的流动极其罕有。大城市吸引了各路人才在此地安家落户;聚集起来的人气反过来又推动了大城市的不断发展。一波又一波新鲜移民的进入让这样的大城市在历史的沉淀中越来越重要。

除了宏观意义上德意志中心城市的生成之外,我们还可以观察到一些细节信息。在把时间轴信息加入之后,我们发现:城市的吸引力在随时代发生改变。对比 15 世纪与 18 世纪德意志的"死亡地图",我们可以清晰地看到由南部向北部扩散的过程。这个趋势刚好对应着普鲁士的崛起,以及柏林逐步登上历史舞台。

另外一个值得关注的因素是距离,即计算出生地与逝世地在地理空间上的长度,我们可以通过这个数据来分析历史人物流动性的时代变迁。当然,这个数据存在天然的缺陷,我们不能用它来推算历史人物所有轨迹,因为许多历史人物在有生之年游历了不少地方,比如伊拉斯谟,出生在鹿特丹,卒于巴塞尔,年轻时他在巴黎求学,后来游历剑桥、弗莱堡等地[1],地点转换的总长度,远远高于从生到死的单向度流动距离。同时,基于地理信息系统的经纬度坐标精度的不同,会影响距离的测算,结果的误差在若干千米之内都是常见的情形。不过,从出生到死亡的平均距离确实反映了人口流动性的增强,从13 世纪开始,平均值从 140 千米逐步增长到了 19 世纪的 230 千米。同时,整个 ADB 人物的生死距离的平均值为 210 千米,也高于普通民众的生活半径。据学者们对中世纪社会史的研究,普通民众可能终其一生都在自己隶属的庄园、城镇,生活半径极其有限,唯一长距离的旅行可能只有朝圣。[2] 兴盛于18 世纪的"大旅行"(grand tour)则是只有贵族才有财力与闲暇支撑的游历,意大利等胜地对歌德这样的 ADB 历史名人也充满吸引力。[3] 当然进入 19 世纪后,随着火车和轮船等公共交通工具的普及,普通民众的活动空间也得以扩大,而这是技术发展带来的社会进步副产品,为各个阶层的人群带来了一种形式上的"平等、自由与文明"。[4]

另外,我们可以利用 RAG 数据库[5],分析"大学生"这个有代表性的群体,深度描绘他们的"流动

---

[1] 关于伊拉斯谟在弗莱堡的经历,可以参见王涛:《"心怀二意"的伊拉斯谟?》,载《历史研究》2009 年第 6 期,第 114-126 页。

[2] Mary Fulbrook, *A Concise History of Germany*, Cambridge: Cambridge University Press, 2004, p.14.

[3] 关于"大旅行"的简介,参见彼得·赖尔、艾伦·威尔逊:《启蒙运动百科全书》,刘北成、王皖强编译,上海:上海人民出版社,2004 年,第 65-66 页。歌德的意大利之旅,中文节译可参考歌德:《意大利游记》,周正安、吴晔译,长沙:湖南文艺出版社,2006 年。

[4] 沃尔夫冈·希弗尔布施:《铁道之旅:19 世纪空间与时间的工业化》,金毅译,上海:上海人民出版社,2018 年,第 117-120 页。

[5] 我们在这个部分的分析中使用了另外一个主题人物数据库,即 Repertorium Academicum Germanicum,简称 RAG,是由瑞士伯尔尼大学(Universität Bern)以及德国的吉森大学(Justus-Liebig-Universität in Giessen)共同开发的数据库项目,收录了 1250—1550 年间在神圣罗马帝国境内大学注册、学习过的历史人物,是研究欧洲中世纪大学史的重要资料。根据最新的统计,该数据库已经收录了近 5 万人的信息,参见 http://www.rag-online.org/。

性"。RAG 的项目组发现了一个有趣的现象:1472—1550 年间,神圣罗马帝国境内大学生的流动存在明显的由北向南的趋势[1],这个进程同德意志城市的"死亡地图"刚好相反。在大学生的流动过程中,英戈尔施塔特(Ingolstadt)成为重要的结点,背后的因素或许有政治的相似度,许多人更加认同哈布斯堡王朝的统治。当然,这个时间区间与宗教改革重合,也是让英戈尔施塔特大学变得吸引人的重要原因。该大学恰好成立于 1472 年,是巴伐利亚地区得到罗马教宗特许开设的第一所大学,这奠定了大学的天主教立场。所以,宗教改革时期,与马丁·路德发生过激烈交锋的天主教对手艾克(Johannes Eck)在此任教(直到 1543 年去世)[2],让英戈尔施塔特成为反宗教改革的中心,也让信仰保守的天主教徒倾向于在此学习。

## 三　类型分析:职业变迁的时代特征

在对德意志人物群像做了素描之后,我们有必要对具体的人群做深度分析。职业身份是一个很好的切入点。正如前文提到的那样,ADB 当中涉及历史人物的职业名目繁多,许多人还具有跨界的情况。为了方便分析,我们想到了一个办法,对于具有多重职业身份的历史人物,就以 10 年为界,把所有从事过的职业都统计进来,以勾画一幅完整的职业图景,如图 7 所示。

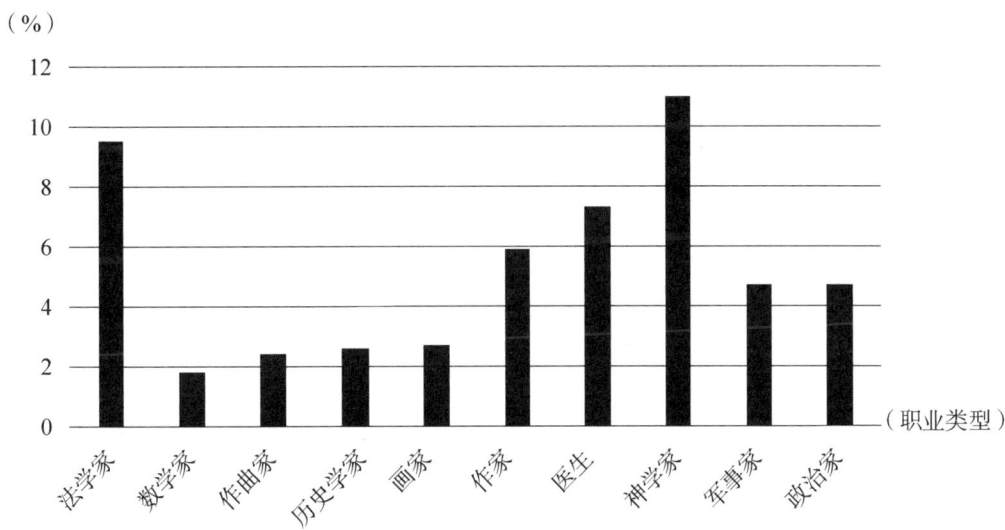

图 7　ADB 收录职业类别

我们很快就发现了一个有悖常识的现象。许多涉及德意志的现代通俗读物,往往把德意志描绘成哲学家的国度。这种错觉或许源自大众媒体的宣传,一些期刊推出的文化议题会刻意强调德国古典哲学的价值,在各种评选德意志历史上的最具影响力的人物排名时,马克思、康德等哲学家通常作为名列前茅的人物进入大众视野。另外,德意志从 18 世纪以来确实为人类的精神世界贡献了大量哲学家,西方文化的精神内核至今还要拜莱布尼茨等哲学家的思想体系所赐。然而,透过对 ADB 的观察,德意志

①　Christian Hesse, "Universitätsranking und Gelehrtenmobilität im Mittelalter", *Akademie Aktuell*, 2008, Heft 2, S. 15 - 18.

②　Adolf Brecher, "Eck, Johannes", *Allgemeine Deutsche Biographie*, Band 5(1877), S. 596 - 602; URL: https://www.deutsche-biographie.de/gnd11852870X.html[访问时间:2018 年 5 月 28 日].

盛产"哲学家"的表述似乎是一种神话,虽然从学术渊源上讲,"哲学家"同"神学家"有着千丝万缕的联系,但是 ADB 的编撰者给历史人物贴上不同的标签,必定有他们的坚实理由。我们基于这样的数据,发现了这样的事实,在排名前十的职业中,"神学家""法学家"才是真正代表德意志人水准的职业(如果把作曲家、作家、画家等都贴上"艺术家"的标签,人数最多的职业其实是"艺术家")。我们对于"神学家"脱颖而出并不感到意外,卡尔·施特伊德林(Karl Stäudlin)早在 1804 年就提到了德意志文化的一些关键特征:"德意志在总体上是非常宗教化的民族,他们对宗教问题的思考比其他民族更加深刻……没有哪个民族像德意志那样在宗教问题上投入了如此多的精力、体验和耐心。"①与此同时,除了医生、数学家算得上具有理科背景的群体,大部分德意志人都是文科背景出身,这个现象也证实了许多学者的猜测,德意志的立国是一群文人首先在纸面上构建起来的。②

就职业的整体状况而言,ADB 给我们提供了 10 世纪以来的丰富数据,如何从它们当中挖掘出有效的信息?美国学者罗伯特·默顿(Robert Merton)用量化的分析方法研究 17 世纪英格兰的职业状况,为我们带来了启示。默顿试图找到 17 世纪英国科学异军突起的原因,他通过职业转换的宏观研究发现,17 世纪英国科学的加速发展与当时英格兰社会精英的职业兴趣转移存在关联。③ 在德意志人物志的语境中,世俗职业的变化是否也能反映时代变迁的特征?为了分析方便,我们重点关注四类职业,它们分别是艺术类、人文类、宗教类以及科学类。

先看 16 世纪以前的职业状况(见图 8):首先,宗教类职业一直居于强势地位,对德意志人的吸引力远远高于科学类工作,而且科学类工作在很晚才开始出现。

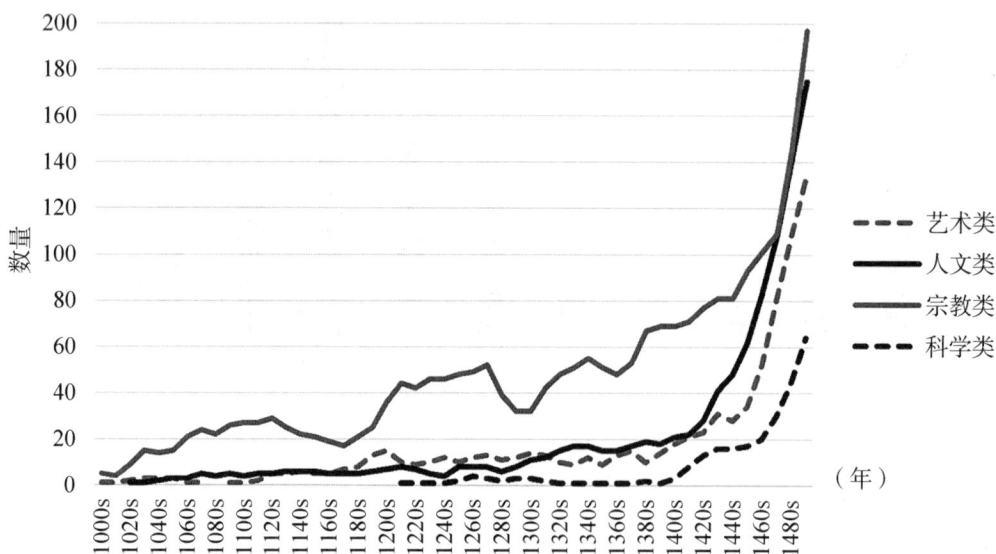

图 8　16 世纪之前的职业趋势

其次,人文类工作增速明显,特别是在 14 世纪人文主义革命兴起以后,其增长速度远远高于宗教类工作,大有赶超的意味。

16 世纪至 18 世纪近 300 年的趋势(见图 9)也具有鲜明的时代特色,有几个时间节点尤其值得关

---

① Karl Stäudlin, *Kirchliche Geographie und Statistik*, Band 2, Tübingen: Cotta'schen Buchhandlung, 1804, S. 324-5.
② 乔治·古奇:《十九世纪历史学与历史学家》(上),耿淡如译,北京:商务印书馆,2011 年,第 249 页。
③ 罗伯特·默顿:《十七世纪英格兰的科学、技术与社会》,范岱年、吴忠、蒋效东译,北京:商务印书馆,2009 年,第 36-70 页。

注。宗教改革之前,宗教类行业对人的吸引力一如既往地强烈,大部分人选择了与宗教相关的职业;但是在宗教改革时期,艺术类的工作开始发展起来。

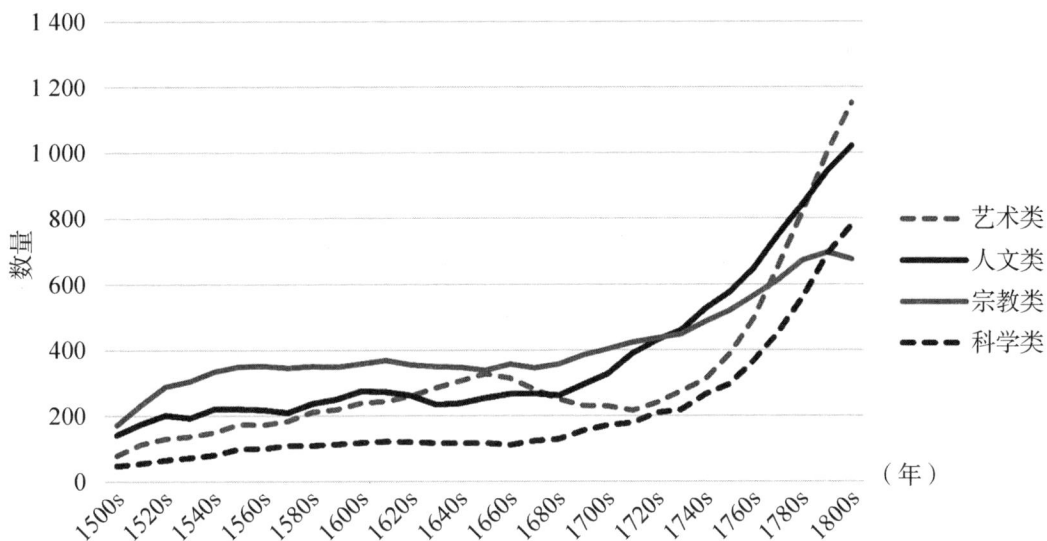

图 9　300 年的职业发展趋势

启蒙时代是一个全新的时期,人文类工作变得时髦起来,很快就超过了宗教的吸引力。科学类职业在三个世纪的时间长河里,一直不温不火地缓慢增长,终于在 18 世纪末首次超过宗教类工作,这可以被认为是启蒙运动的一项重要成果。但同默顿关于英格兰的研究进行横向的比较,ADB 的职业变化曲线显示了德意志社会独特的风格,这或许是两种文化的差异在职业吸引力上的呈现。

对一些小众的职业群体而言,比如出版业、商业、手工艺等行业的人,他们与时代的变迁存在更加紧密的联系。在图 10 中我们看到了 15 世纪古腾堡的印刷术发明之后,出版类工作从无到有迅速发展的过程。据统计,到 1500 年,德意志的印刷出版社就超过了 1 000 家①,吸引了大量从业者。但在三十年战争期间,它也跟其他的行业一样受到了极其严重的打击。同样是在启蒙运动时期,出版类工作再度兴旺发达,出现了所谓的“媒体革命”,真正迎来了“图书工业”的春天。② 另外,我们也注意到商业类工作在 18 世纪后的迅速增长,它同“民众启蒙”的理念有暗合之处。启蒙思想家认为,国家的福祉跟民众的经济状况紧密相关,所以政府的首要工作是帮助民众实现财富增殖,商业活动由此得到空前重视③,图 10 的趋势彰显了独特的时代面貌。

最后,我们还可以将历史人物的职业身份与“死亡地图”结合起来,发现城市的多重属性。我们选取了几个具有代表性的德意志城市,看看它们是否呈现出对不同职业的吸引力。预设的前提是,不同的职业能够展现城市的不同维度,通过计算在某个城市死亡的不同职业的人数,我们就能够实现对城

---

① Georges Renard, *Life and Work in Modern Europe*, New York: Routledge, 1996, p. 12.

② 在德意志地区,从 18 世纪中期开始,每年出版的新书逐年递增,到 1800 年,每年有 3 560 本新书出版。可以说,图书工业的从业人员极大地推动了“启蒙”理念的传播,甚至带来了被学者称为“阅读革命”的现象:拉丁语的书籍由 18 世纪 40 年代的将近五分之一降至 19 世纪初的区区 3.9%,神学类的书籍由超过半数下降到不足 13%,参见 James von Horn Melton, *The Rise of the Public in Enlightenment Europe*, Cambridge: Cambridge University Press, 2004, pp. 86–92.

③ Holger Böning, “Entgrenzte Aufklärung: die Entwicklung der Volksaufklärung von der Ökonomischen Reform zur Emanzipathonsbewegung,” in: Holger Böning, Hrsg., *Volksaufklärung. Eine praktische Reformbewegung des 18. und 19. Jahrhunderts*, Bremen: Lumiere, 2007, S. 13–50.

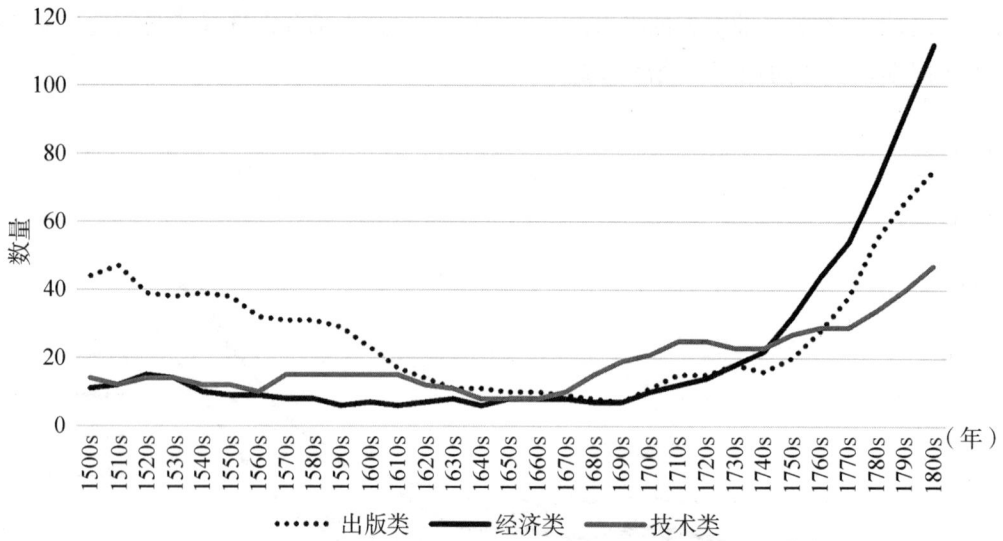

图 10   其他行业的趋势

市属性的描述。我们将统计的结果制作成图 11 的示例,获得了几项重要的发现。

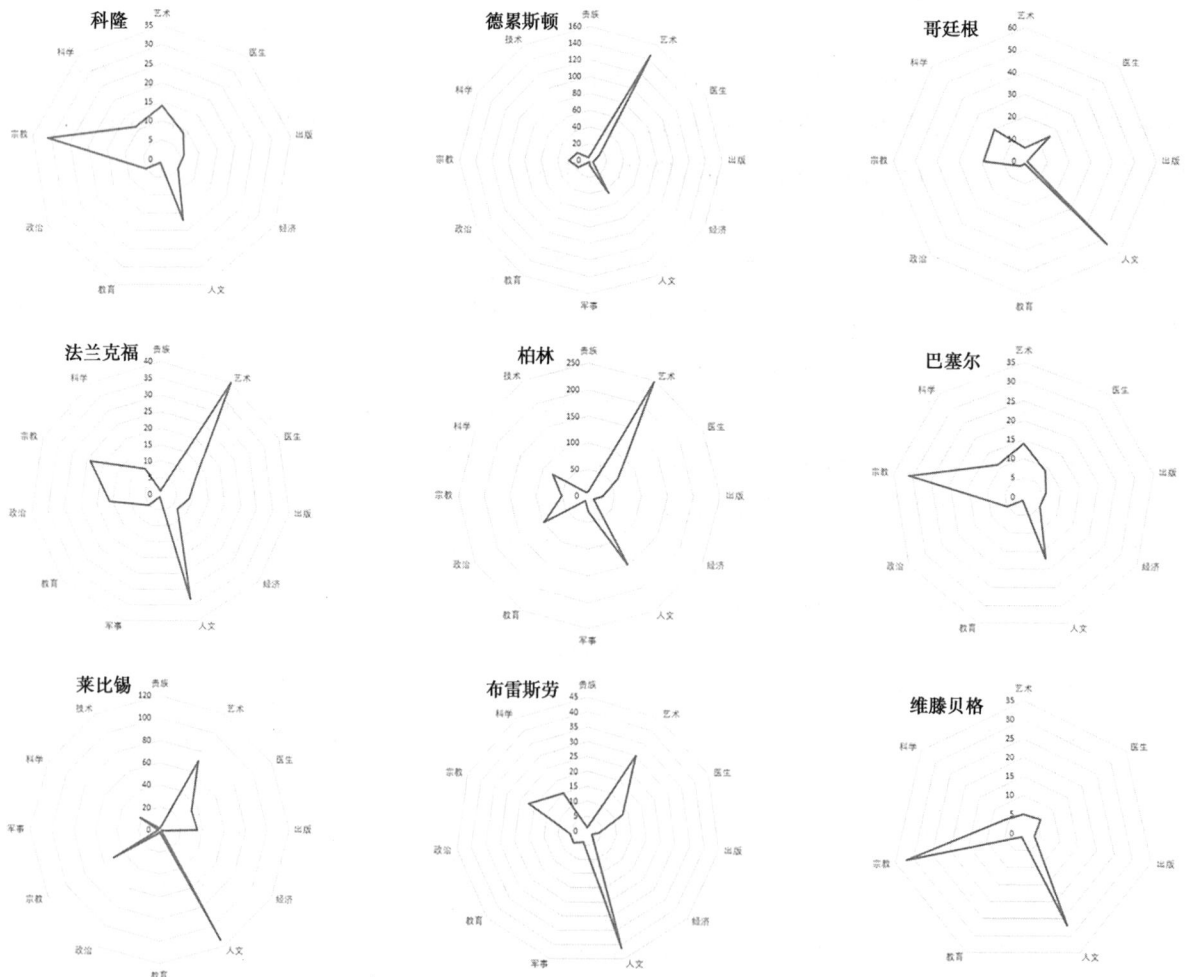

图 11   以职业为导向的城市属性

我们选择的这几个城市分布在德意志的不同区位,既有德意志的核心区域,也有"大德意志"范畴的巴塞尔以及布雷斯劳(Breslau),既有大都会如柏林,也有小城镇如维滕贝格(Wittenberg)。总体而言,德意志的城市发展比较均衡,对许多职业都有吸引力,展现了它们的开放度。然而,通过更加仔细的解读,我们找到了有趣的隐含信息:艺术家更倾向于选择大城市,比如柏林、法兰克福,而像德累斯顿这样的艺术之都,从历史的维度看也并非浪得虚名。哥廷根则汇聚了各路学者,成就了它作为"大学城"的意义,以及它在德意志大学史上的重要地位。[1]而科隆主教座堂在科隆的地位,也影响到了这个城市的职业趣味;当然,作为神圣罗马帝国历史上重要的三大教会封建选候之一,城市的宗教和政治维度得到了强化。柏林以及法兰克福贡献了不少政治人物,与它们在政治史方面发挥的作用不无关联。莱比锡则在德意志的启蒙运动中扮演着重要角色,这里有大量的思想家以及出版商。[2]

## 四 ▶ 结语

人物始终是推动历史演进的主角,传记资料将成为我们理解历史发展脉络的重要线索,所以 ADB 具有特别的示范作用,学界也越来越重视人物资料的整理工作。ADB 的工程在 1912 年完结后,德国学界于 1953 年启动了 ADB 的升级补充版《新德意志人物志》(Neue Deutsche Biographie, NDB)。随后,在历史学领域还出现了试图囊括更广泛人物的传记资料汇编,包括运用数据库的方法将与人物相关的资料透过"关系型"数据库思维整合起来的努力,并用互联网的开放思维实现相关资料的免费共享。在得到德国科学基金会(Deutsche Forschungsgemeinschaft, DFG)的支持后,德国学界开展了更加庞大的"德意志人物"(Deutsche Biographie, DB)计划,不仅扩大了"德意志人"的外延(截至 2015 年,DB 总计收录了 50 万历史人物的信息)[3],还在技术形态上对人物传记的呈现方式进行换代,日益成为德语世界重要的"历史人物信息系统"[4]。毫无疑问,人物数据库越庞大,数量越丰富,能够说明的问题越详细。

不过,无论人物数据扩大到何种规模,其容量总是"残缺的"。它们在统计学上永远只能是"全体德意志人"的一个子集,对这个子集进行研究的价值难免会受到是否具有"代表性"的质疑。推而广之,这种质疑会连带地指向"数字人文"方法的有效性。从逻辑上看,数字人文的方法在实施过程中,只要数据是真实的,算法是合理的,哪怕得到的结果有极其严苛的前提,甚至以传统学者的眼光来看略显拙劣,也应当受到研究者的重视。与此同时,两万多历史人物的资料,或许并没有"大数据"的体量,但其中隐藏的信息也不是用传统方法就能够轻易发现的。从某种程度上说,对于以 ADB 为代表的历史文献而言,我们并不缺乏信息,而是缺乏发现有效信息的手段。所以,数字人文的一个重要价值在于,能够为研究者激活一种新的历史眼光,正如鲁滨孙鼓吹"新史学"的概念,强调历史研究要综合借鉴包括

① Thomas Biskup, "The University of Göttingen and the Personal Union, 1737 – 1837", in Brendan Simms, ed., *The Hanoverian Dimension in British History, 1714 –1837*, Cambridge: Cambridge University Press, 2007, pp.128 – 160.

② Hazel Rosenstrauch, "Leipzig als Centralplatz des deutschen Buchhandels", in Wolfgang Martens, Hrsg., *Leipzig, Aufklärung und Bürgerlichkeit*, Heidelberg: Schneider, 1990, S. 103 – 124.

③ Matthias Reinert, Maximilian Schrott, "From Biographies to Data Curation: the Making of www. deutsche-biographie. de", in: BD2015. *Biographical Data in a Digital World. Proceedings of the First Conference on Biographical Data in a Digital World 2015*, Amsterdam, The Netherlands, April 9, 2015, *CEUR Workshop Proceedings*, Vol.1399, pp.13 – 19.

④ Hans Günter Hockerts, "Zertifiziertes biographisches Wissen im Netz. Die Deutsche Biographie auf dem Weg zum zentralen historisch-biographischen Informationssystem für den deutschsprachigen Raum", *Akademie Aktuell*, 2012, Heft 4, S. 34.

自然科学在内的成果来分析历史问题一样,作为21世纪的史学工作者,我们也可以尝试让数字人文作为"历史的新同盟"[①]贯穿于整个研究之中,给历史阐释带来更多可能性的呈现。

需要强调的是,数字人文的方法被运用到历史研究层面时,并没有谋求对历史问题作出"一揽子"的解决方案。与所有其他方法一样,它只能有限地解决某些问题。但是,数字人文能够带给我们新的历史眼光,对历史研究无疑是有益的尝试。当然,在具体的研究实践中,真正具有挑战性的任务在于,如何将基于量化的结果转化为符合历史认知的解释,而不是生硬的相关性分析[②],否则就有沦为数字游戏的危险。这需要研究者既尊重数字方法的客观性,又要有结合历史语境的想象力。

附识:方法与数据

本研究展开之所需数据,来自《德意志人物志》这套工具书。笔者用Python编写代码,对文本化的数据进行了结构转换,将涉及的人物姓名、职业、生卒年、出生地等信息作为字段,用Excel制作成电子表格,形成了一个小型数据库。本文所有涉及的统计研究都基于这张Excel表格。

在方法上,本文采用最基本的统计方法,涉及的算法有平均值、统计频率等,都可在Excel中使用相应的函数实现。从数据分析的角度看,这是最低限度的一种"数据挖掘"。

"诞生—逝世地的网络模型"使用了"社会网络分析"的概念,用Excel做统计,最终用QGIS软件制图。

### 延伸阅读文献

[1] 梁晨,董浩,李中清. 量化数据库与历史研究[J]. 历史研究,2015(2):113-128、191-192.
[2] 黄紫荆,邱玉倩,沈彤等. 数字人文视角下的〈拉贝日记〉情感识别与分析[J]. 图书馆论坛,2023(3):54-63.
[3] Guldi, J. Parliament's Debates about Infrastructure: An Exercise in Using Dynamic Topic Models to Synthesize Historical Change [J]. Technology and Culture, 2019,60(1).

[①] 鲁滨孙:《新史学》,何炳松译,上海:上海古籍出版社,2012年,第44-58页。
[②] 正如哈佛大学定量社会研究中心主任加里·金(Gary King)教授在某次演讲中提到的那样,在大数据时代,重要的是对数据进行合理分析,而不是大数据本身。参见 http://www.sipa.sjtu.edu.cn/info/1103/4391.htm[访问时间2018年5月28日]。如果研究者不能用恰当的方式分析数据,就会得出"人均鸡肉消费量"与"原油进口量"具有正相关的荒谬结论。

# 空间因素与抗战时期上海盗抢犯罪[①][②]
## ——基于 GIS 系统的法租界案例研究(1938—1942)

**导读**:本文原载于《史林》2013 年第 3 期,目的在于讨论空间因素与上海城市犯罪间可能存在的某种关联。本文以上海档案馆藏法租界警务处档案为基础,借助 GIS 软件的展示与分析功能,对抗战时期发生在法租界内的盗抢犯罪进行讨论。研究表明,该时段发生在法租界内的盗抢案件总体分布均衡,但在租界东北部等地区出现集中趋势。借助 GIS 软件的分析功能,爱多利亚路、公馆马路及霞飞路的部分地段被确定为犯罪热点地区。通过分析这些地区的空间环境,商业功能、地近干道和里弄结构被认为是可能诱发盗抢犯罪集中的主要因素。

自 18 世纪中后期以来,欧洲学者就诱发犯罪的原因不断展开讨论,如切萨雷·贝卡里亚(Cesare Beccaria)和杰里米·边沁(Jeremy Bentham)讨论了自由理性与犯罪的关系;切萨雷·龙勃罗梭(Cesare Lombroso)基于体质人类学的观点,就体质变异与犯罪进行了研究。埃米尔·涂尔干(Émile Durkheim)从社会失范的视角解释了犯罪是如何产生的。[③] 随着社会学与犯罪学的引进,基于本土化立场,中国学者也对本国的犯罪问题提出自己的见解,如严景耀教授通过对犯罪与社会变迁关系的研究,指出大家庭制度的解体、新经济制度代替旧的制度、政府改朝换代、内战和天灾是民国时期犯罪问题的主要诱因。[④]

检讨上述观点,可以发现学者们多将犯罪行为归咎于犯罪人的心理、生理原因、经济政治制度的不合理及过于剧烈的社会变动。二战结束后,欧美各国经历了经济的快速成长,政局较之战前也更为稳定。但令人意外的是,犯罪数量不仅没有下降,反而出现上升势头,[⑤]这不仅严重削弱了前述理论的说服力,也迫使犯罪学家转入其他层面,重新发掘可能诱发犯罪的因素。由此,犯罪现场的时空结构、交通状况及建筑类型开始进入研究者的视野,并形成一系列如"日常行为理论""破窗理论""可防卫空间论"等新的犯罪学和预防犯罪学理论,进而衍生出如"地理犯罪学""环境犯罪学"等新的犯罪学分支。[⑥]

---

① 作者:蒋杰(上海师范大学历史系、数字人文研究中心);导读、注释:王涛。

② 本文所研究的案件,在犯罪学上常被称作财产犯罪或侵财犯罪,主要包括盗窃、抢劫、诈骗和侵占等。由于资料限制,本文只选取其中的窃盗、抢夺、扒窃和持械抢劫等四类案件作为研究对象,这种分类是基于法租界警务档案的分类原则。本研究所使用的 GIS 软件为 Quantum GIS 1. 8 Lisboa 版,底图来自里昂高师东亚学院 Virtual Shanghai 网站。案件定位由杜兰特小姐(Isabelle Durant)帮助完成,数据分析由笔者完成。

③ 关于西方犯罪学的发展,可看 Treadwell, *Criminology*, London: SAGE, 2006, pp.13 - 74。国内研究可参考吴宗宪:《西方犯罪学》,法律出版社 1999 年版,第 41 - 69 页、第 107 - 115 页、第 129 - 157 页。

④ 严景耀:《中国的犯罪问题与社会变迁的关系》,北京:北京大学出版社,1986 年,第 202 - 203 页。

⑤ Lawrence E. Cohen and Marcus Felson, "Social Change and Crime Rate Trends: A Routine Activity Approach", *American Sociological Review*, Vol. 44 (August 1, 1979), p.588.

⑥ 将空间因素与犯罪问题相结合的研究模式最早可追溯到 19 世纪早期。法国学者 André Michel Guerry 和比利时学者 Adolphe Quetelet 分别利用法国犯罪统计资料,对不同省份的犯罪数量和类型进行研究,并借助地图将省份间的差异展现出来。此后,美国芝加哥大学社会学系开始将地图和犯罪数据相结合进行大量研究,发展出一系列城市社会学和犯罪学理论。20 世纪 60 年(转下页)

得益于近年来档案资料的不断公开和数码技术的进步,对于历史上的犯罪问题展开深入探讨的条件也已具备。本文拟将上海档案馆馆藏法租界警务档案与地理信息系统(GIS)技术相结合,对空间因素与抗战时期法租界的盗抢犯罪之间的关系展开讨论。这一研究不仅有助于更深刻地理解战时上海的社会生活,也有助于澄清空间结构与上海城市生活之间的关联。

本文的核心议题集中于盗抢犯罪与城市空间的关系。具体言之,借助 GIS 软件的展示与分析功能,我们将对警务档案中的犯罪信息进行处理,以展现不同类型犯罪在空间分布上的特点、犯罪活动在不同区域内的数量差异,定位犯罪热点,并寻求导致犯罪活动聚集的原因,以及这些原因在犯罪活动中可能扮演的角色。[1]

## 一 ▸ 案件分布

要了解租界内盗抢案件的分布情况,一个重要的手段是观察各捕房收到的报案数量,由此大体可知六大警区的治安状况以及租界整体的安全形势。

由图 1 可见,在发生于 1938 年至 1942 年间的 704 起盗抢案件中,小东门捕房收到报案 14 起,麦兰捕房 127 起,霞飞捕房计 154 起,中央捕房 188 起,福煦捕房 118 起,贝当捕房 57 起。在报案记录中,窃

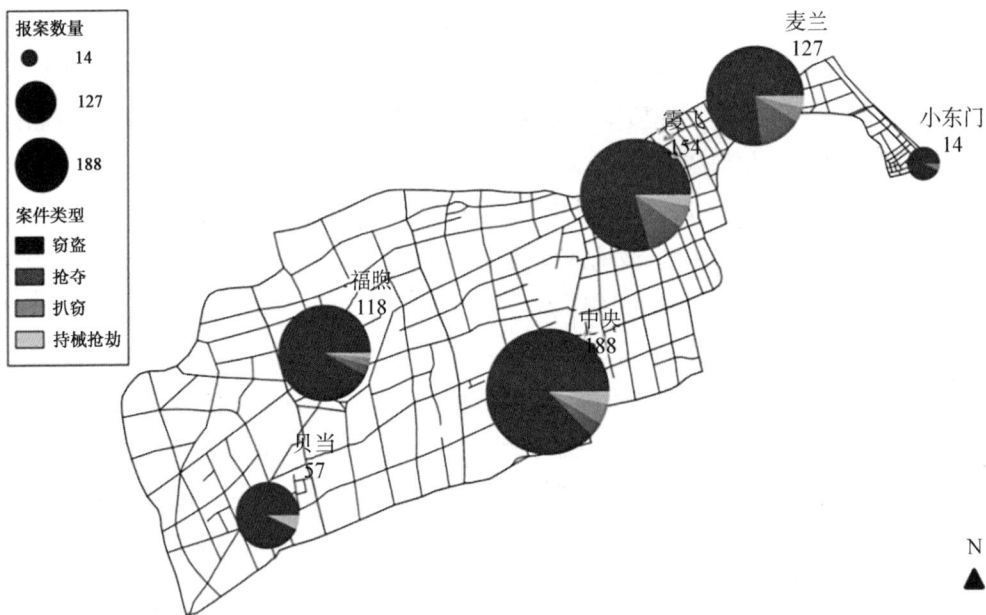

图 1　捕房收到报案统计示意图

---

(接上页)代至 70 年代以后,随着欧美各国城市犯罪问题日益严重,原有犯罪学理论的局限越发明显,犯罪学家开始更多关注空间、环境因素对于犯罪的影响,并将研究的重点由犯罪产生的原因,转向如何通过改变空间结构预防和控制犯罪。关于环境犯罪学的发展源流可参看 Wortley and Mazerolle, *Environmental Criminology and Crime Analysis*, Cullompton:Willan Publishing, 2008, pp.4 - 14.; Eamonn Carrabine, *Criminology: A Sociological Introduction*, Second Edition, New York: Routledge, 2009, pp.138 - 150.

[1] 本研究所需数据全部来自上海档案馆馆藏法租界警务档案。由于记录谬误、档案损毁及归类错误、卷宗信息不全等原因,在数据采集过程中,只能筛选出可供分析的案例 704 件。它们分别来自 30 个案件卷宗,始于 1938 年终于 1942 年。本研究的局限表现在:1.数据代表性。从 1937 年到 1942 年,法租界警务处每年收到的报案数量都超过 8 000 件,其中盗抢案件所占比例约为 80% 左右。但由于被用于空间复原和分析的案例只有 704 个,这在很大程度上降低了研究的代表意义,减弱了说服力;2.案件信息缺失。GIS 空间分析的质量决定于研究对象能否精确定位。在本研究所采用的 704 个个案中,有一部分案件缺乏门牌号码,以至于案件无法定位到最精确的位置,这损害了研究的分析质量。

盗案件的数量最多。其他案件的数量随捕房变化而变化。如在麦兰捕房,抢夺案件多于扒窃和持械抢劫;在贝当捕房,除窃盗案件外,持械抢劫案件的数量最多。

## (一) 窃盗案件[①]

本文所收集的窃盗案共计 583 起。此类案件的数量不仅在抗战时期为上海所有盗抢案件之最,在战前也高居各类犯罪之首。从全国范围内看,窃盗案件的数量也居于各类犯罪之首。[②] 此类案件的涉案物品涵盖广阔,小到现金、首饰、衣服鞋帽,大到马达、打字机、建筑材料等。案发原因除犯罪人借助工具撬开锁具,或翻越墙壁、窗户侵入受害人家中外,大多数案件与受害人警惕意识不强有很大关系,如出门不关闭门窗,随意将财物放置于无人看管处。

借助图 2 可以发现,此类案件的区域分布比较平均,不仅各个警区均有发生,而且在数量上,各警区间的差异不大。除去东西两边的小东门和贝当警区,地处中部的四个警区在数量上差异并不明显,分别为麦兰捕房 94 起、霞飞捕房 119 起、中央捕房 163 起、福煦捕房 103 起。这说明此类犯罪在租界内部比较普遍,并不因街区的不同而有所差异。

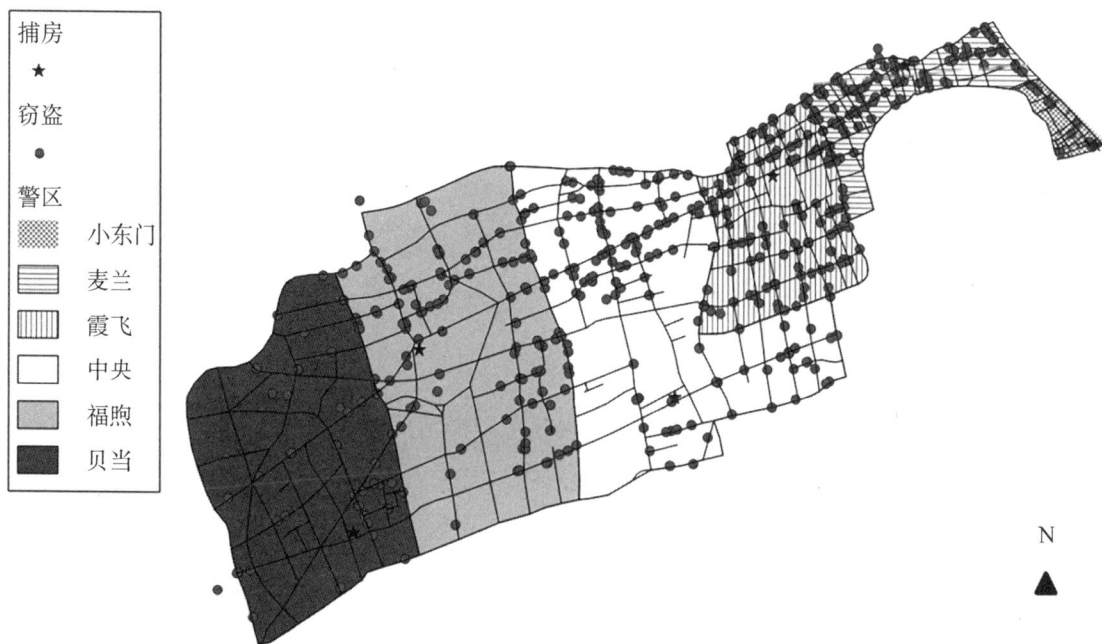

图 2　窃盗案件分布示意图

## (二) 扒窃案件[③]

扒窃案件多发于公共交通工具,如有轨电车、公共汽车之上。由于受害人常常在下车后才发现被

---

① 上海法租界警务档案,(文献形成时间 1938—1942),卷宗号:U38 - 2 - 2921;U38 - 2 - 2922;U38 - 2 - 2927;U38 - 2 - 2933;U38 - 2 - 3030;U38 - 2 - 3031;U38 - 2 - 3048;U38 - 2 - 3052;U38 - 2 - 3054;U38 - 2 - 3055;U38 - 2 - 3058;U38 - 2 - 3059;U38 - 2 - 3076;U38 - 2 - 3079;U38 - 2 - 3095;U38 - 2 - 3113;U38 - 2 - 3117;U38 - 2 - 3125;U38 - 2 - 3138;U38 - 2 - 3147;U38 - 2 - 3230;U38 - 2 - 3231;U38 - 2 - 3248;U38 - 2 - 3251;U38 - 2 - 3563;U38 - 2 - 3570;U38 - 2 - 3571,上海市档案馆馆藏。
② 严景耀:《中国的犯罪问题与社会变迁的关系》,第 20 页。
③ 上海法租界警务档案,(文献形成时间 1938—1942),卷宗号:U38 - 2 - 2922;U38 - 2 - 2959;U38 - 2 - 2960;U38 - 2 - 2962;U38 - 2 - 3079;U38 - 2 - 3125;U38 - 2 - 3259,上海市档案馆馆藏。

盗,所以无法向警方提供足够的案件信息,因而,尽管在警务档案中保存了数量庞大的报案记录,但由于无法定位,所以大多数无法应用于 GIS 分析。本文整理出 30 件信息较为完整、研究价值较高的个案。如 1939 年 1 月 28 日,三名越南籍法国水兵在乘车由大世界至法国公园的途中,被窃走证件和现金 44 元;1939 年 6 月 24 日,某汽车学徒乘车经过辣斐德路时被窃去证件;1939 年 7 月 11 日,公共租界工部局某职员在乘车由圣母院路到福煦路的过程中,被窃取现金和证件等。通过 GIS 地图(图 3),可知此类案件主要集中在几条主干道路,东西向如爱多利亚路、福煦路、霞飞路和辣斐德路;南北向以敏体尼路、吕班路和金神父路为主。这几条道路正是法商电车公司几条主要线路的必经之路。[①]

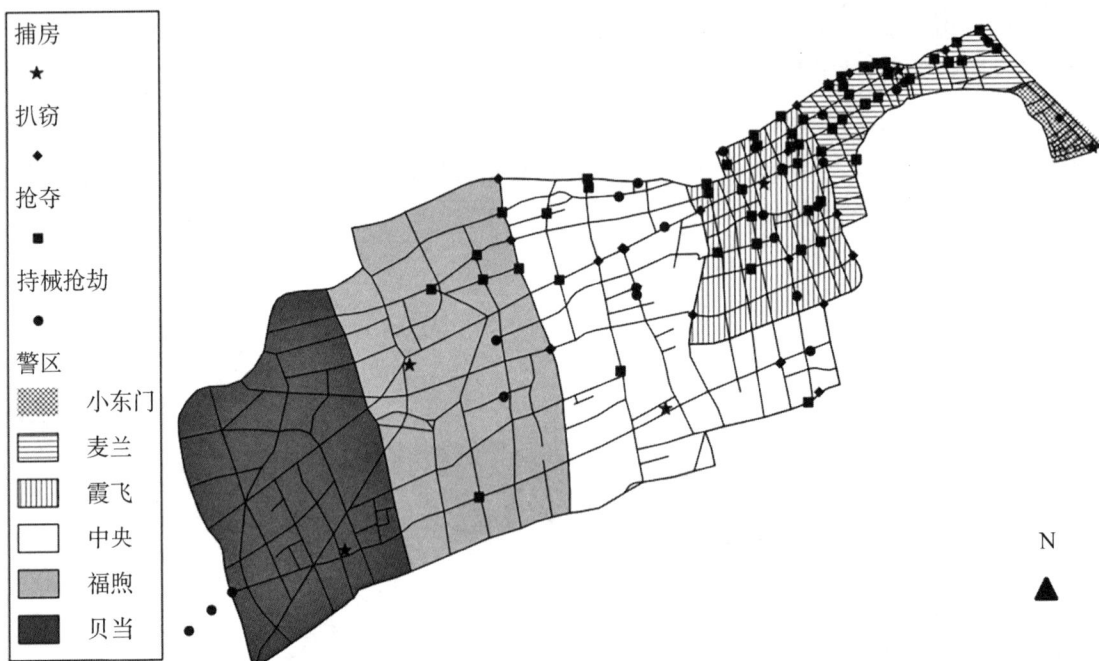

图 3 扒窃、抢夺、持械抢劫案件分布示意图

## (三) 抢夺案件[②]

抢夺又被称作"硬扒",对象主要为乘坐有轨电车或黄包车男性乘客的帽子,所以这种犯罪在上海方言中又被称作"捉乌龟""抛顶宫"。单身女性的提包、首饰及手表等价值较高的物品,也是此类作案的主要对象。[③] 抢夺是上海地区发生频率较高的侵财犯罪活动。在实际生活中,它的数量并不比窃盗案件少,但在档案中并不多见。这主要由于财物损失较小,被害人考虑到报案程序烦琐,所以往往没有报警。市民陈文奎供职于法租界公董局,在多次遭到抢夺侵害后,才无奈地写信给警务处,表达自己的不满。他的遭遇向我们透露了这类犯罪的一些基本信息。

---

① 林震:《增订上海指南》卷四,北京:商务印书馆,1930 年,第 45 - 55 页。
② 上海法租界警务档案,(文献形成时间 1938—1942),卷宗号:U38 - 2 - 2921;U38 - 2 - 2922;U38 - 2 - 2927;U38 - 2 - 2933;U38 - 2 - 3052;U38 - 2 - 3054;U38 - 2 - 3079;U38 - 2 - 3095;U38 - 2 - 3125;U38 - 2 - 3147;U38 - 2 - 3231;U38 - 2 - 3243;U38 - 2 - 3245;U38 - 2 - 3248;U38 - 2 - 3251;U38 - 2 - 3138;U38 - 2 - 3139,上海市档案馆馆藏。
③ 郭佑、青禾:《窃贼的历史》,北京:中国文史出版社,2005 年,第 124 - 127 页。

尊敬的警务处长先生：

我十分荣幸地向您汇报，在茹勒路聚集着大量匪徒，他们一到晚间或出入于弄堂口，或伫立于电线杆旁，等待（作案）的机会。

由于昨晚下雨，1939 年 1 月 16 日 18 时，我雇了一辆黄包车，该车的顶棚后部有一个小洞。一个劫匪把手伸进小洞抢走了我的帽子，然后便消失不见了。

这已经是我被抢的第二顶帽子了，如果我们再让这种情况继续下去，对于行人来说，这条街真是太危险了。

处长先生，我请求您对此事件进行认真的调查，并按照比例在每条街道派遣一到两名警员，以维持公共安全。[1]

从图 3 来看，抢夺案件主要集中于麦兰、霞飞两个警区。具体到每个案件的案发地点，可以发现图中案件绝大多数都发生在东西向爱多利亚路、公馆马路、霞飞路东段，南北向麦高包禄路、贝勒路的十字路口。这是因为十字路口是两条或多条道路的交汇处，犯罪人在实施抢夺后，可以迅速逃离案发地点，跑入弄堂或其他街道，摆脱受害者或巡捕的追捕。而且上述地点在空间上距租界交界处较近，易于犯罪人在实施犯罪后逃入公共租界。

### （四）持械抢劫[2]

在民国时期，持械抢劫被视为一项严重的犯罪行为。从法租界的犯罪历史来看，它的数量有限。在战前十年中，每年平均发生 238.6 起。抗战时期数量有所下降，但并未消亡。图 3 收录了从 1937 年至 1942 年间发生的 28 起案件。

在区域分布上，这 28 起案件分布在除小东门以外的五大警区。这与扒窃、抢夺案件主要集中在麦兰、霞飞和中央警区有很大不同。持械抢劫并不针对特定的社会群体，所以无论劳工阶层还是官员、企业家都有可能遭到侵害。在空间上我们应该把这种案件分成两类来看待：发生在东部商业区的案件和西部高档住宅区的案件。麦兰、霞飞及中央三个警区内的持械抢劫案件发生较多，与区内商业发达，商铺、书寓、茶楼、烟馆麇集于此有很大关联。同时，这三个街区也是华人和低收入群体的主要聚居地。抗战爆发后来自上海周边的难民大多集中在这一地区的石库门内。这些区域内的居民防卫能力有限，常常成为持械抢劫案件的受害者。然而，由于此类犯罪风险较高，程序复杂，而且往往需要多人配合完成，所以犯罪者常常希望获得高收益。因而，高档住宅聚集，多外侨、官员居住的福煦和贝当两区，也成为此类案件的多发地点。

## 二　犯罪热点

犯罪热点（hot spots）是指犯罪活动高度集中的地理单元，在这些区域内存在某些容易诱发犯罪的因素，如环境、人口结构或经济类型等因素。根据舍曼的定义，犯罪热点是"一些小的区域，在这些区域

---

① 《陈文奎致警务处长的信》(Zeng Veng Koué, Changhai, le 17 Janvier 1939)，1939 年 1 月 17 日，卷宗号：U38 - 2 - 3259，上海市档案馆馆藏。

② 上海法租界警务档案，（文献形成时间 1938—1942），卷宗号：U38 - 2 - 3113；U38 - 2 - 3147；U38 - 2 - 3248；U38 - 2 - 3243；U38 - 2 - 3245；U38 - 2 - 3561；U38 - 2 - 3559，上海市档案馆馆藏。

内犯罪案件发生的频率相当高,至少在一年的时间内,可以对它进行预测"[1]。为了确定租界内盗抢犯罪的多发地点,本文以 704 个案件为基础,根据不同的观察点,绘制法租界盗抢犯罪热点分布图。

在"法租界犯罪热点图"中我们首先以道路为观察单位,30 米为宽度,对 1938 年至 1942 年间发生的犯罪案件进行"环域分析"(buffer)[1],发现在以下路段,盗抢案件的发生较为频繁(见表 1 和图 4)。

表 1　法租界犯罪案件多发地段[2]

|  | 道路 | 门牌(起) | 门牌(止) | 方向 |
|---|---|---|---|---|
| 1 | 爱多利亚路 | 425 | 515 | 东西向 |
| 2 | 福煦路 | 801 | 907 | 东西向 |
| 3 | 公馆马路 | 339 | 449 | 东西向 |
| 4 | 蒲石路 | 325 | 407 | 东西向 |
| 5 | 霞飞路东段 | 247 | 295 | 东西向 |
| 6 | 霞飞路中段 | 681 | 871 | 东西向 |
| 7 | 白尔路 | 73 | 189 | 东西向 |
| 8 | 奥利和路 | 33 | 87 | 东西向 |
| 9 | 台斯德朗路 | 201 | 247 | 东西向 |
| 10 | 朱葆三路 | 1 | 29 | 南北向 |
| 11 | 郑家木桥街 | 61 | 149 | 南北向 |
| 12 | 八里桥路 | 101 | 147 | 南北向 |
| 13 | 敏体尼路 | 181 | 199 | 南北向 |
| 14 | 维尔蒙路 | 151 | 191 | 南北向 |
| 15 | 平济利路 | 35 | 199 | 南北向 |
| 16 | 贝勒路 | 351 | 375 | 南北向 |
| 17 | 蓝维蔼路 | 253 | 273 | 南北向 |
| 18 | 圣母院路 | 145 | 243 | 南北向 |
| 19 | 金神父路 | 1 | 43 | 南北向 |

其次,以道路节点(转弯处、十字路口)为圆心,100 米为半径进行分析,可以发现 4 个案件发生最多的地点:宁兴街——磨坊街十字路口(15 起)、华格臬路——敏体尼路十字路口(13 起)、霞飞路——格洛克路十字路口(13 起)、福煦路——吕宋路(14 起)。然而,以上地点是否就是盗抢犯罪的热点区域?我们可以通过建立热图的方式来进行确认。

利用 GIS 软件观察犯罪热点的另一种方式是建立"热图"(heat map)。这是一种通过计算单位区

---

① John Eck and David Weisburd, *Crime and Place*, New York: Willow Tree Press, 1995, p.36.
② 门牌号码以《上海市行号路图录》为参照,见张震西监制,顾怀宾、鲍士英编辑《上海市行号路图录》,福利营业股份有限公司 1947 年版。法国里昂高师东亚学院"视觉上海"网站(Virtual Shanghai)已将该书数字化,可在线查看。

| | |
|---|---|
| a. | n. |
| 朱葆三路 | 八仙桥街 |
| b. | o. |
| 公馆马路 | 金神父路 |
| c. | p. |
| 维尔蒙路 | 圣母院路 |
| d. | q. |
| 白尔路 | 郑家木桥街 |
| e. | r. |
| 蓝维蔼路 | 台斯德朗路 |
| f. | |
| 贝勒路 | |
| g. | |
| 霞飞路 | |
| h. | |
| 福煦路 | |
| i. | |
| 蒲石路 | |
| j. | |
| 平济利路 | |
| k. | |
| 爱多利亚路 | |
| l. | |
| 敏体尼路 | |
| m. | |
| 奥利和路 | |

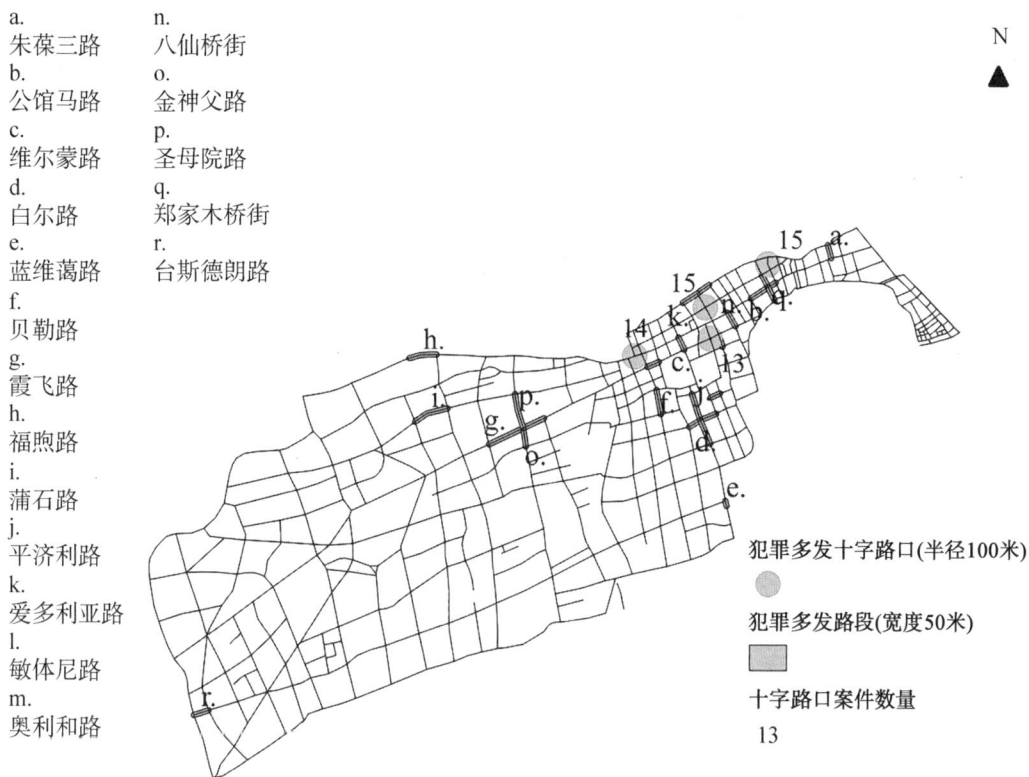

图4 法租界犯罪案件多发地段示意图

域内对象的数量,并通过色彩差异来表示数量差异的方法。在本文中,我们以犯罪现场为原点,以100米为半径,寻找单位面积内案件发生最多的地点,可以得到以下"法租界犯罪热图"(图5):

图5的圆点代表犯罪案件发生的地点,周围的颜色代表半径100米范围内犯罪案件的数量。颜色由深到浅的变化代表案件数量的变化。图中的颜色最深的区域代表案件数量超过10起,为犯罪热点地区。将两图进行对比,发现热点地区基本吻合。所以,基本可以确认以上地点即是法租界内财产案件的多发区域。

利用GIS软件还可以借助计算密度的方法来呈现犯罪热点。除点和线以外,指定面积的区域也可作为观察的视角。我们把法租界以公顷(10 000平方米)为单位进行划分,并统计单位区域内的犯罪数量,可以得到"法租界犯罪密度图"。

图6的每个方块代表一个面积为1公顷的区域,方块颜色的深浅变化代表犯罪案件密度的差异,

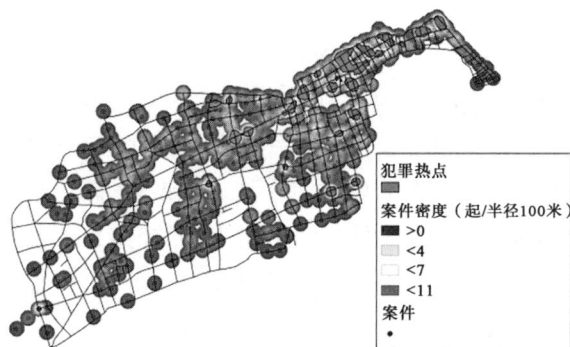

图5 法租界犯罪热图(1938—1942)

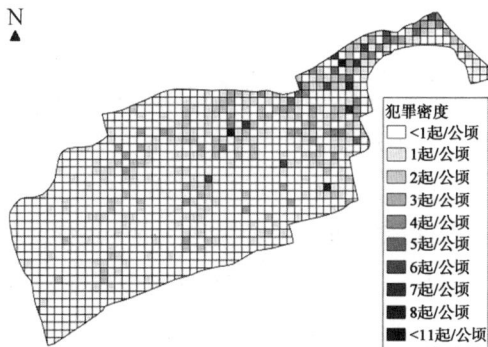

图6 法租界犯罪密度图(1938—1942)

白色代表每公顷低于1起,深黑色代表每公顷发生的案件数量小于11起。将三张犯罪热点地图进行比较,可以发现热点地区基本重合。所以可以确认,法租界的财产犯罪主要集中在东北部的麦兰和霞飞警区内,中央警区中部霞飞路与圣母院路交叉口也是一个犯罪热点地区。南部和西部地区的犯罪数量较少。

## 三 环境与犯罪

如何解释这一犯罪聚合现象,为什么在租界的东北部等地区会出现大量犯罪活动?什么因素促使犯罪活动在这些地区聚合?我们选取盗抢犯罪最为活跃的宁兴街——磨坊街十字路口为观察样本,考察它的周边环境,以寻找犯罪活动大量出现的原因。根据《上海市行号路图录》,本文复原了该十字路口半径100米范围内的街区图(见图7)。

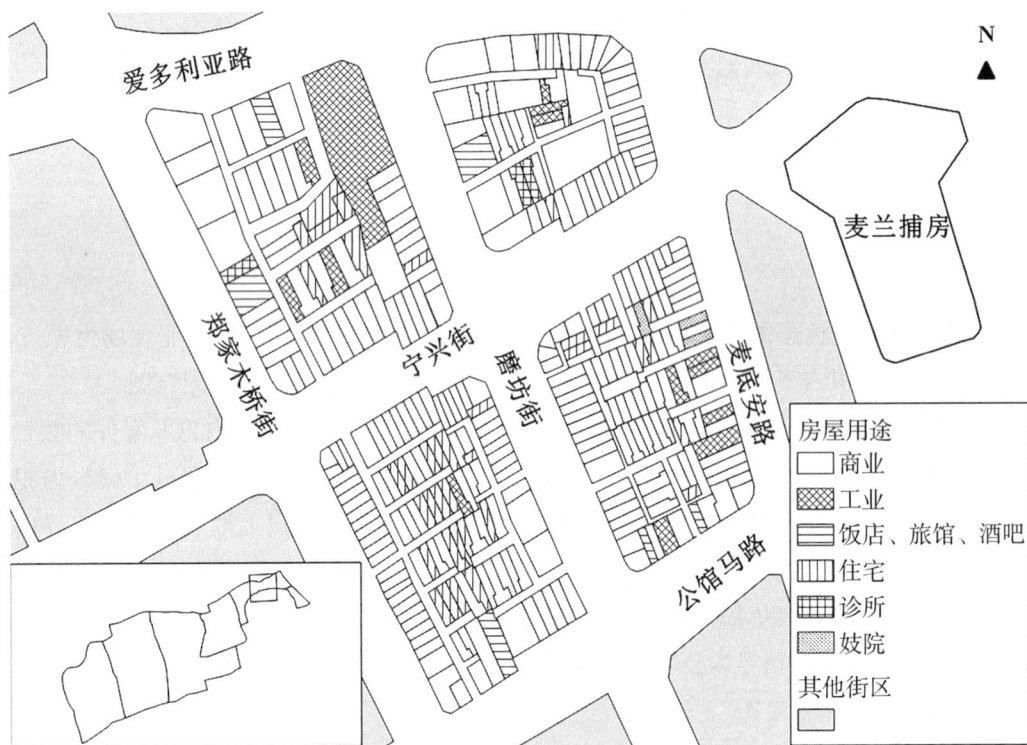

图7 宁兴街——磨坊街街区图(1939年)

观察这幅地图,可见区内建筑主要为商业用途,通过计算可知商用率达79.5%,其次为工业、居住和餐饮娱乐。建筑结构为上海地区常见的里弄结构,街区内部存在一个密集而复杂的弄堂网络。同时,该区在地理上临近租界的两条主要道路:爱多利亚路、公馆马路;而且与租界交界处的距离很近。因此,可以得出该社区的三条基本属性:①商业密集化;②弄堂网络;③地近干道。根据《上海市行号路图录》,可以发现另外三个犯罪热点:华格臬路——敏体尼荫、霞飞路——格洛克路、福煦路——吕宋路,它们在空间结构上也都存在类似属性。甚至在霞飞路等路段,环境也较为相似。由此,可以推测商业街区、里弄结构、地近交通干道路等环境因素可能是造成财产犯罪集中的主要原因。

如果把视野从十字路口向左右两边扩展,会发现左边是郑家木桥街——上海著名的乞丐、"瘪三"

聚集地之一,这可以被视为该街区犯罪案件密集的一个原因。[①] 但在街区右边 150 米处,坐落着麦兰捕房。这十分令人不解,为什么在距离捕房很近的地方会形成一个犯罪聚合点?

这一问题的出现,促使我们必须对捕房的控制力进行探究。利用环域分析功能,以捕房为圆心,我们对半径 200 米和 500 米范围内的犯罪活动进行统计,可以得到以下两张反映捕房控制力的图。由图 8 可见,在 200 米范围内,麦兰捕房附近发生的案件数量最多,为 23 起;中央捕房最少,只发生了 2 起案件。500 米范围内,霞飞捕房的案件超过麦兰捕房,达到 121 起,小东门捕房附近发生案件最少,只有 8 起。

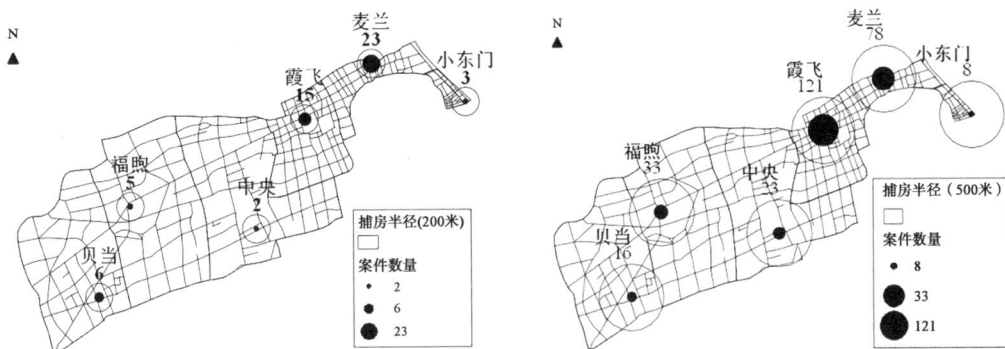

图 8　捕房 200 米、500 米范围内犯罪案件统计

通过对案件发生地点与捕房距离进行统计分析,进而可以获得"案件与捕房距离对比图"(见图 9)。由图 9 可见,在距离捕房 400 米至 800 米的区域内发生的案件最多,距离在 200 米以内的案件数量最少。从具体的捕房来看,小东门、中央、福煦和贝当捕房的空间控制力变化比较正常。但麦兰和霞飞两大捕房则比较特别。以中央捕房为例,200 米和 500 米的范围内发生的案件数量变化不大,对于治安的控制力都较强,而麦兰捕房则相反,无论在 200 米还是 500 米范围内,都发生了大量的犯罪案件。什么原因造成了捕房在空间控制力上的差异?为什么在中央捕房 500 米的范围内相对安宁,而在同样距离内,麦兰捕房附近却形成了犯罪热点?

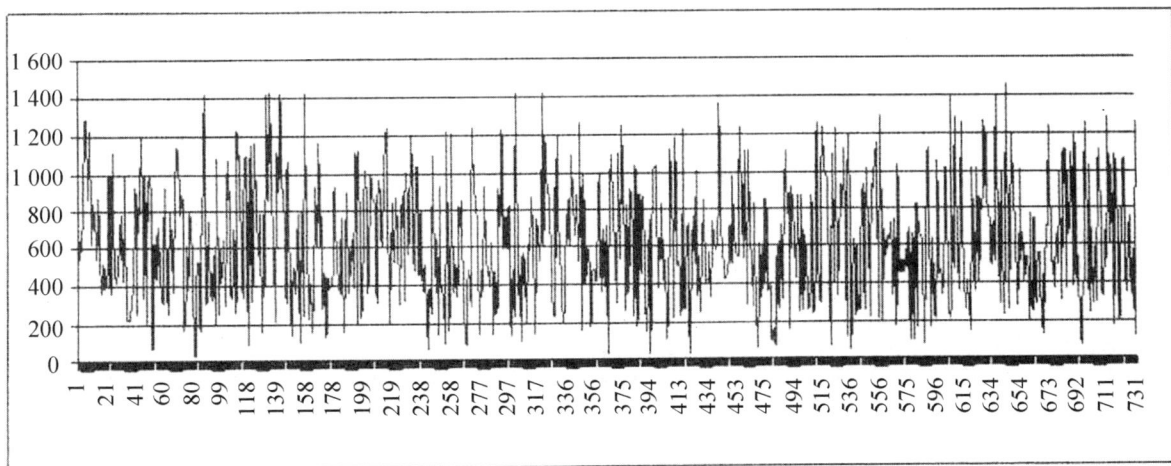

图 9　案件与捕房距离对比图

① 郭绪印:《旧上海黑社会》,郑州:河南人民出版社 1991 年,第 5-6 页;苏智良、陈丽菲:《海上枭雄:黄金荣与上海社会》,南京:江苏人民出版社,2000 年,第 21-25 页。

通过观察《上海市行号路图录》，可以发现麦兰、霞飞捕房的周边环境与中央、福煦、贝当捕房的周边环境存在巨大的差异。麦兰捕房地处公馆马路中段，北接爱多利亚路，南近法华民国路，西临麦底安路，东面是老北门街。这个区域是法租界最主要的商业区之一，也是居住人口最为密集的地区，区内的建筑以里弄结构为主。霞飞捕房与麦兰捕房类似，区内商业发达，里弄建筑密集，而且坐落在租界最主要的商业街霞飞路上。中央捕房地处薛华立路，北面为广慈医院，东面为江苏高等法院第三分院和上海第二特区监狱。南面为上海第二特区法院，西面是法租界工部局财务处和车务处验车间。建筑结构以西式为主，里弄建筑较少。尽管正南面坐落着一排里弄房屋，但用途以居住为主。较之中央捕房，处于西部的福煦和贝当两捕房的环境则更加荒僻，周边缺乏商业街区，主要以兵营、别墅和工厂为主。通过这一对比可知，捕房空间控制力或捕房周边发案率的差异在很大程度上受到环境因素的制约。较之其他捕房，麦兰、霞飞两捕房的周边环境更易于诱发财产犯罪。

通过上述分析可知，商业功能、地近干道、里弄结构等三个因素，在本文研究的盗抢犯罪案例中扮演着十分重要的角色。不仅盗抢案件的发生会受到它们的影响，甚至捕房的控制力在很大程度上也取决于这些因素。然而，这些经验性研究结论是否只是704个个案中体现出的偶然属性，抑或只是上海城市犯罪表现出的特殊属性？如果参考一下相关研究，可以看到这一发现其实并不孤立，在一些相关的实证或理论研究中，可以找到很多类似的经验。例如，严景耀通过研究北京的犯罪活动发现，四分之一的盗窃案件集中在商业和交通较为发达的前门外和天桥地区。[①]

安东尼·伯吉斯（Anthony Burgess）在《城市》一书中提出著名的"同心圆模式"，指出城市在空间上由五个同心圆构成，由内而外依次为商业中心区、过渡地带、工人居住区、住宅区及通勤区。处于商业中心区边缘的过渡地带是犯罪活动最为密集的地区。此后，克利福德·肖和亨利·麦凯在这一理论的指导下研究了芝加哥地区的青少年犯罪，发现过渡地带是青少年犯罪最为集中的地区。[②] 在"同心圆模式"中，商业中心是指金融业集中的地区，而过渡地带是指一些建筑破旧、管理混乱、主要由低收入者居住的社区。[③] 尽管不能将这一理论直接套用于上海的城市经验，但就空间属性而言，法租界东北部犯罪热点地区与这一模式中的过渡地带确有诸多共通属性，如地近金融中心（外滩）、低收入者聚集、居民构成异质性强、人员流动频繁等。除此之外，这一地区还体现出某种兼容的特质，一方面它类似过渡地带，但另一方面它自身的商业又较为发达。所以，可以将它视为商业区和过渡区的混合体，犯罪对象和犯罪人在这里汇集。因此，大量犯罪活动在这一地区出现并非不可理解。

就交通状况和建筑结构而言，法租界东北地区的环境与预防犯罪学家奥斯卡·纽曼（Oscar Newman）提出的"可预防空间"概念存在许多冲突之处。[④] 可预防空间论要求将社区周围的部分半私人空间或公共空间纳入社区的范围，以建立一个公共空间和私人空间的过渡地带。[⑤] 而法租界东北部地区临街而建的里弄建筑直面通衢大道，完全压缩了公共与私人空间的过渡，迫使社区必须直接面对

① 严景耀：《严景耀论文集》，开明出版社，1995年，第29页。

② Clifford R. Shaw and Henry D. McKay, *Juvenile Delinquency and Urban Areas*, Chicago: University of Chicago Press, 1969, pp. 435 - 446.

③ Robert E. Park, Ernest Watson Burgess, and McKenzie, *The City*, Chicago: University of Chicago Press, 1968, pp. 1 - 48.

④ 预防犯罪学家奥斯卡·纽曼通过研究纽约地区的犯罪活动指出，高密度混合住宅、居民间关系冷漠、缺乏相互监控的意愿、住宅出入口可以随意出入、建筑物缺乏相互监控的窗口、高密度使用的街道空间、缺乏公私领域的明确划分，是造成纽约高层住宅犯罪率居高不下的原因。他进而提出"可预防空间"概念，及其四要素：领域感、自然监控、意向和安全的周围环境。见 Oscar Newman, *Defensible Space: Crime Prevention Through Urban Design*, New York: Macmillan Pub. Co., 1972, p. 9.

⑤ Oscar Newman, *Creating Defensible Space*, Washington, D. C.: U. S. Dept. of Housing and Urban Development, Office of Policy Development and Research, 1996, pp. 88 - 89.

外部侵袭;另一方面,该理论还要求建筑物尽量具有开阔的视野,以便居民尽可能地对周边地区进行监控。① 但这一地区内部狭窄而复杂的里弄建筑,不仅无益于居民对街区进行监控,反而为犯罪人预留了很多作案空间。另外,商住混合的空间使用方式,增加了街区空间与陌生人接触的概率,居民的大量流动很难使住户间建立一种身份认同,犯罪案件层出不穷,使得居民难以对这一街区建立起安全的意向。

## 四 ▸ 结语

综上所述,在观察、研究城市犯罪问题的时候,不仅仅要考虑政治、经济、社会结构和犯罪人心理和生理因素,城市景观、社区功能、建筑结构、交通条件等空间因素也不可忽视。就本文研究而言,借助GIS软件的展示与分析功能,可知盗抢犯罪在法租界内的分布相对均衡,但在租界的东北部等地区出现犯罪热点。从宏观上看,这与法租界的空间规划有关(东部地区工商娱乐业集中,西部和南部地区多工业和高档住宅区);从微观上看,以上热点地区的商业功能、地近干道和里弄建筑构成导致盗抢犯罪集中发生的主要因素。

### 📖 编者注

[1]“环域分析”也称为缓冲区分析,是对选中的一组或一类地图要素,比如点、线或面等,按设定的距离条件,围绕其要素而形成一定缓冲区多边形实体,从而实现数据在二维空间中得以扩展的信息分析方法。

### 📖 延伸阅读文献

[1]郭佳欣,马昭仪,肖天意,等.《长安十二时辰》对唐长安城市空间的当代重构[J].数字人文研究,2021(2):9-20、113-116.

[2]潘威.“数字人文”背景下历史地理信息化的应对[J].云南大学学报(社会科学版),2018(6):80-87.

[3]David J. Bodenhamer,孙顿,钦白兰,等.超越地理信息系统:地理空间技术及历史学研究的未来[J].文化艺术研究,2014(1):148-156.

### ❓ 思考题

1. 结合梁启超对历史学的定义,我们应该如何理解数字人文与历史研究的适配性?

2. 作为方法论的数字人文,如何拓展历史研究的路径?

3. 数字人文的理念为历史研究成果的呈现带来了哪些可能性?

---

① Oscar Newman, *Defensible Space: Crime Prevention Through Urban Design*, pp.80-81.

# 第四章

# 艺术和艺术史研究中的数字人文

# 导　言①

　　现代意义上的艺术学发端于 19 世纪与 20 世纪之交德语国家的 Kunstwissenschaft（Science of Art），译为"艺术科学"或"一般艺术学"。1906 年马克斯·德索（Max Dessoir）出版《美学与一般艺术学》（*Ästhetik und Allgemeine Kunstwissenschaft*）②，标志着艺术科学成为一门独立学科。而德索的思想来源，学界一般认为受到了康拉德·费德勒（Konrad Fiedler）的影响。后者摒弃了卡尔·巴赫曼（Karl Bachmann）、弗朗茨·纽斯雷恩（Franz Nüßlein）等人最初为艺术科学设定的哲学反思路径，将自然科学的经验研究及归纳法用于阐释艺术发展的规则和基本原理，借鉴生理心理学的成果重塑康德的 Anschauung（直观感性、视知觉）概念，提出"可视性"作为建构艺术研究知识体系的学理基础。因此，费德勒通过批判文献学、考古学以及哲学、美学这两种当时主导的艺术研究范式，使艺术科学真正成了一门独立的视觉艺术研究知识体系。作为现代艺术学知识谱系的重要节点，费德勒上承康德、黑格尔的哲学传统，下启德索、埃米尔·乌提兹（Emil Utitz）等人对艺术科学之独立性、合法性的探索，泽被海因里希·沃尔夫林（Heinrich Wölfflin）、阿洛伊斯·李格尔（Aloïs Riegle）、恩斯特·贡布里希（Ernst Gombrich）等人的形式主义艺术史研究。而随着这批年轻一代的学者在二战前后的流亡，艺术科学的影响也从德语国家扩展到了英美乃至全球。

　　德语传统的"艺术科学"对于现代意义上的艺术学的形塑作用体现在三个方面。第一，它将研究焦点从作品内容转向创作过程，并且从人类精神活动与认知能力的维度对其加以考察和诠释，从而划定了艺术学研究与鉴定、鉴赏的分野。第二，它将视觉艺术的核心概括为造型，即"艺术家运用一定的媒介将内心的情感、意识、想象等不可见之物客观化，使之成为可见、可传达的艺术形象"③。费德勒认为，视觉艺术的这一本质意味着"艺术家在他的活动中因为'可视性'的缘故而能够置身于与自然的一种新关系之中"④。可见，造型的内核是自然与表现的张力。与其说费德勒洞察了视觉艺术的"本质"，不如说他的"可视性"概念反映了 19 世纪与 20 世纪之交欧洲现代艺术、大众文化的兴起与艺术科学萌芽之间的同构关系。而如果我们将艺术的历史（风格、形式演变）和艺术学的历史（范式、方法的变迁）都视为文化构造（cultural constructs）来加以剖析，媒介就是一条重要的线索。当然，对此的考察必须抛弃工具论、实体论的媒介观，将媒介视为科学理论、技术工具和社会网络的耦合。第三，它鲜明的科学性和学科性深刻影响了此后的艺术研究。19 世纪二三十年代，尼布尔（Georg Niebuhr）、兰克等历史学家

---

① 本章导言由吴维忆（南京大学艺术学院）撰写。此导言的部分内容经过改动后已经包括在另一篇文章中，参见《艺术理论与艺术史学刊》第 12 辑，中国社会科学出版社 2023 年 12 月出版。

② ［德］马克斯·德索：《美学与一般艺术学》，朱雯霏译，北京：中国文联出版社，2019 年。

③ 李诗男：《艺术学独立的学理性奠基：论费德勒对艺术学学科的开拓》，载《学术研究》2022 年第 4 期，第 163 页。

④ Conrad Fiedler, *Schriften über Kunst*, Köln: DuMont, 1996, p.208. 转引自李诗男：《艺术学独立的学理性奠基：论费德勒对艺术学学科的开拓》，载《学术研究》2022 年第 4 期，第 163 页。

率先提出基于研究一手文献的归纳性文献学方法:历史—批判法(historical-critical method),这种文献学和经验法的结合后来也被用于艺术史研究①;而 19 世纪 40 年代开始,德语国家的多所综合性大学设立了艺术史的教席,这标志着艺术科学专业化、体制化的开端。

从以上三点特质着眼,可以解释当代的艺术学为何会与数字人文发生关联,又如何由此开启了研究方法与知识生产的新范式。但在此之前,还需要先厘清艺术学在中国的接受过程,尤其是中国艺术学的学理性和现实性难题。

与美学一样,德语艺术科学影响中国的路径也经过了日本的中介。以 1922 年上海商务印书馆出版黑田鹏信的《艺术学纲要》为起点,作为现代学科的艺术学被引入中国已历经百年。② 然而与美学、文学、伦理学等大致同期引入中国的现代学科相比,艺术学在这百年中一直"处于灰色发展地带,既无学科支撑,又未形成完备的知识体系和学术体系"③。事实上,关于"艺术学"的内涵、边界和架构至今仍存在争议。查阅近三次研究生学科、专业目录调整④和三十余年来的学术论文可知,关于艺术学学科建制及知识体系建构的疑难主要集中在艺术学理论和艺术史这两个方向。具体而言,如果作为一般的、整体的、综合性基础理论研究的艺术学理论是可能而且有效的,那么它与美学、艺术哲学,以及各门类艺术的理论应该是怎样的关系? 在各门类艺术的历史之外,是否存在一般的或者整体的艺术史?

第一个问题的前提,正是 20 世纪初中国学者们引进 Kunstwissenschaft 的意图所在。百年前的西学东渐既是中国艺术学的发端,也是诸多争议的源头,关键就在于对 Kunstwissenschaft 翻译的分歧和相关概念的混用。Kunstwissenschaft 对应于英文的 Science of Art,译为"艺术科学"是正确的;而译为"一般艺术学",很可能是对德索的"一般艺术科学"(Allgemeine Kunstwissenschaft)的简省,惯用之后就被接受、固定下来。译名的分歧表明在中国学界长期存在着两种艺术学的观念:其一是旨在建立专门、系统知识而进行的针对艺术的科学研究和规律总结,即区别于艺术哲学和美学的艺术学;其二是针对抽象意义上的"一般艺术"的研究,试图在艺术的哲学/美学原理之外,通过心理学、社会学、政治经济学等路径而建构起超门类的一般艺术理论。显然,二者都以建构现代意义上的、学科专门化的系统知识为目的,且都具有反形而上学的方法论倾向。但逻辑上看,艺术科学未必是超门类的,而且事实上德语学术史上 Kunstwissenschaft 中的 kunst 所指的是狭义的视觉艺术或造型艺术,Kunstwissenschaft 实质上是一个将艺术哲学纳入其范畴之内的视觉艺术史的概念。⑤ 然而在学科建制意义上的"艺术学"的名目之下,学术研究意义上的"艺术科学"和"一般艺术学"的逻辑、学理关系一直暧昧不明。从学科目录调整中最引人注目的"艺术学理论"的变动,到马采对艺术学的最初定义:"艺术学就是研究关于艺术的本质、创作、欣赏、美的效果、起源、发展、作用和种类的原理和规律的科学"⑥,都表明了这一点。

至于第二个问题,由于在各门类艺术的历史研究中,美术史最为发达,所以"一般/整体艺术史"的构想关键是要厘清艺术史与美术史的关系,其难点就在于在中西方语境中,"美术"与"艺术"各自的内涵与外延都有所改变,而又时常被混用。⑦ 当代的研究趋势表明,跨门类艺术的历史研究是可能且必要的:"将美术作品从社会学和考古学的美术史话语中解放出来,突出作品的艺术特性,已经成为当代美

---

① 戴丹:《从实证主义到形式分析:维也纳艺术史学派的形成》,载《南京艺术学院学报(美术与设计)》,2017 年第 4 期,第 3 页。
② 李心峰:《艺术学的构想》,载《文艺研究》1988 年第 1 期,第 6 - 14 页。
③ 夏燕靖:《关于新学科专业目录"艺术学"学科的几点解读》,载《艺术学研究》2022 年第 6 期,第 7 页。
④ 1997,2011,2022。
⑤ 邢莉:《再谈 19 世纪德语国家的"艺术科学"》,载《艺术理论与艺术史学刊》2020 年第 1 期,第 231 - 250 页。
⑥ 马采:《艺术学与艺术史文集》,广州:中山大学出版社,1997 年,第 7 页。
⑦ 彭锋:《艺术史的界定、潜能与范例》,载《文艺理论研究》2014 年第 4 期,第 46 - 52 页。

术史界的一种呼声",而所有艺术门类共有的艺术特性"具体体现为直觉、想象、创造、再现、令人愉快等等特征"①。可见,"艺术特性"构成了艺术学的两个支柱学科,即艺术学理论与艺术史的共同基础,至于如何定位"艺术特性",主要有两种研究路径。一是建构思路的共时研究:在不触及名词背后的思想谱系的前提下,运用心理学、社会学、政治经济学、传播学等一切可用的方法,识别并剖析艺术的超门类共性。近年来,我国学者提出的艺术学的基础、交叉、应用三大理论的架构设计②,或是针对艺术学理论的虚线边界与开放谱系的倡议③,都是出于这一建构性的立场。二是批判思路的历时研究:艺术学内部的争议性概念与中国百年学术史上诸多被混用、误读的概念相互交织,构成了一张复杂的网络,这本身就是一个知识学的命题。由这些概念的相互关系构成的拓扑空间并非纯粹的逻辑空间,而是一个历史的构型(configuration);这些"纤维丛式复合形态"的观念④及其结构关系既折射了现代化与本土化的张力,也揭示了社会现代化与文艺现代化之间的错位。

概念的流变是艺术学诸多争议和疑难的症结所在,利用数字人文的研究方法,不仅能有效地化解思想的僵局,还能挖掘出其中丰富的研究价值。目前,艺术学与数字人文的结合还在起步阶段,但观念史研究已经取得了一些可供借鉴的成果,例如邱伟云对"天道"的研究(2020)利用了"中国近现代思想史专业数据库"(1830—1930)⑤,通过自然语言处理技术进行快读、远读,结合研究者对历史文献的精读分析,以鸟瞰视野呈现了该概念在中国近代的形成与变迁轨迹。此文淋漓地展现了数字人文方法的效用:一是抓取、呈现出某个核心概念及其共现概念词的时间序列数据,通过复杂计算分析各个概念的演变轨迹和它们的集群现象等复杂分合情况,并提供可视化呈现;二是以往被忽略的"思想低谷、代谢、空白以及微量使用情形,通过数字人文视野,当能全面且整体地突显出来",使空白亦可成为观念史的研究证据,从而开辟了"'历史之无'的研究门径与问题意识"。⑥

当代学者通过对艺术研究之"科学性"的反思指出:单纯的科学实证考察难以解答艺术的本质、艺术的本体等根本性问题⑦,认为艺术学的学科体系建构的当代使命就是要超越艺术科学与艺术哲学的对立,寻求二者的结合。⑧ 显然,艺术科学与唯心主义的思辨哲学是相悖的,要实现抽象与具体、逻辑与历史的辩证统一,理应从马克思主义哲学的视角界定艺术本质和艺术本体,即将艺术视为社会的、历史的精神生产,而非某种属个体的内在、抽象的精神活动。我们可以借鉴马克思对社会生产一般规律与具体社会生产形态的辨析,考察整体艺术与一般艺术、风格史与社会史的复杂关系。诚然,很多艺术社会史和艺术社会学研究仍流于大而化之的粗糙分析或教条主义的经济决定论,数字人文思路和方法的引入有望改变这一点。例如建立包含长时段、多地点的艺术品收藏、拍卖等信息的数据库以便针对具体研究问题展开计算分析,又如利用社交网络分析揭示艺术界的结构和运行方式,概言之,就是要通过具体、细致的实证研究,充分发挥"艺术社会史/学＋数字人文"研究范式的解释力和理论建构潜能。

如上所述,以媒介为线索可以把握由艺术的风格史、文化史、社会史及观念史交织而成的复合构

---

① 彭锋:《艺术史的界定、潜能与范例》,载《文艺理论研究》2014年第4期,第50页。
② 夏燕靖:《关于新学科专业目录"艺术学"学科的几点解读》,载《艺术学研究》,2022年第6期,第4-18页。
③ 赵奎英:《艺术学理论的名称、对象、边界与谱系》,载《艺术百家》,2017年第1期,第125-132页。
④ 王汎森:《中国近代思想与学术的系谱》,上海:上海三联书店,2018年,第565-572页。
⑤ 香港中文大学中国文化研究所当代中国文化研究中心研究开发,刘青峰主编。
⑥ 邱伟云:《中国近代天道概念的形成与演变:基于数字人文视野》,载《中国文哲研究通讯》,2020年第2期,第68页。
⑦ 赵奎英:《艺术学理论的名称、对象、边界与谱系》,载《艺术百家》2017年第1期,第125-132页。
⑧ 李心峰:《艺术哲学,还是艺术科学?——关于现代艺术学方法论的思考》,载《暨南学报(哲学社会科学)》1993年第2期,第98-108页。

造。在 19 世纪与 20 世纪之交的欧洲，工业化、城市化重塑着人的精神生活，艺术家借助光学、化学等科学发现和绘画工具等技术的进步，得以"置身于与自然的一种新关系之中"，这使得"造型"和"可视性"成为费德勒及其同时代学者们关注的焦点。今天，随着游戏、数字艺术、人工智能艺术、沉浸式体验等新形态的涌现及迭代，视觉主导、人类中心的艺术理论正在迅速丧失其解释效力。"数字"究竟给当代的艺术创作、传播和接受带来了哪些变革？这是目前将数字人文引入艺术学研究的探索者面对的一个重要问题。

数字技术在艺术创作、保存和研究中的应用愈发常规化和深化，引发了艺术学领域的知识生产转型。一方面，艺术作品不再是孤立、静止的研究对象，而是"转变成了数字网络系统中的节点，[……]已经成为更大的数字网络中的一部分，并与其他的数字信息发生了关联"；另一方面，"以数字艺术史为代表的研究方式从经验性、专业性的主观审视转向了科学性的、技术化的算法建构，从抽样性、分散的自然语言描述转向了系统化、结构化的数据再现与生成"。[①] 可以预见，数字人文与艺术研究的深度融合是数字时代的必然趋势，而且它在更新艺术研究的问题意识、增益其研究方法的同时，还将带来合作式的知识生产与传播模式。数字人文在多个维度的作用有望改变中国艺术学学科焦虑的局面。本章选取的三篇论文分别从数字艺术史和门类艺术研究（电影）的角度呈现了数字人文在艺术研究中的应用，读者还可以从延伸文章中获取更多具体项目的详细信息。

全球艺术史、世界艺术与比较艺术研究以及艺术的跨媒介研究的兴起，也为艺术学研究与数字人文结合的进一步扩展提供了的新的契机。当然，数字人文在艺术学研究中的应用仍集中在艺术史领域，对艺术理论、艺术批评的影响较小，对中国艺术的关注严重不足。而且，与继续拓展数字人文的应用相比，更关键的是要强调数字人文超越工具、方法的意义，即其不仅仅是艺术学"学科焦虑"或"方法焦虑"的解药，而且具有厘清艺术学本体论、认识论以及方法论的根本意义。在这一方面，《美国高校艺术史学会评论》期刊（caa. reviews）"数字人文与艺术史"栏目的主编帕梅拉·弗莱彻（Pamela Fletcher）对数字艺术史的反思具有普遍的启发意义。她认为与其将数字技术视为晚近才从外部植入艺术史研究中的"异物"，学者们更应该将其置于更长的艺术史发展轨迹中加以考察，例如从摄影、幻灯片、像素等复制技术开始溯源，重新勾勒数字艺术史的系谱，从而更恰切地确定数字艺术史的使命、问题和理论假设。[②]

---

① 陈静：《生成、转化与知识生产：数字技术与艺术交融的三种路径》，载《艺术理论与艺术史学刊》2019 年第 1 期，第 225 页。

② Pamela Fletcher. "Reflections on Digital Art History". CAA reviews (http://www.caareviews.org/reviews/2726♯.ZE3fOdpBx1c [2023 年 4 月 30 日]. DOI:10.3202/caa.reviews.2015.73).

# 数字人文与数字艺术史浅议①

**导读**：这篇文章原载于《美术观察》2017 年第 11 期。该文首先指出学界一般将数字艺术史视为数字人文的一个分支，继而追溯了数字人文的早期阶段——人文计算与语言学转向的学理渊源。作者也援引了历史学家史蒂芬·罗伯特森（Stephen Robertson）和艺术史家弗莱彻的观点，提示了数字艺术史其他发展轨迹的可能性。随后，文章解释了数字艺术史涉及的两个层面：一是研究资料（文本、图像）的数字化，二是作为研究方法中的大数据分析。作者简要介绍了一些欧美的大型数据库作为数据化的例证，着重说明了数字艺术史的三种方法——文本分析、空间分析和网络分析中的后两种。最后，作者指出人工智能等技术的进步可能给数字艺术史带来的新契机，例如图像搜索和图像分析，以及电子出版等等。

这篇文章可以帮助数字人文和艺术史的非专业读者从整体上把握这两个领域的概貌和脉络，理解二者间发生关联的学理基础和研究价值。在另一篇论文《数字人文中的图像数据库和图像志索引典》（《美术观察》2021 年第 4 期）中，作者从更为专业的视角对于图像数据库在高清图像库、技术图像库的发展以及图像志索引系统与图像数据库的结合三方面的发展情况及其前景进行了分析。该文提到的 2017 年大都会艺术博物馆的展览"米开朗琪罗：神圣的匠人和设计师"（Michelangelo: Divine Draftsman and Designer）、"博斯研究和保护项目"（Bosch Research and Conservation Project）、"中国图像志索引典"（Chinese Iconography Thesaurus, CIT）等案例，都是值得读者进一步探索的代表性数字艺术史项目。

数字人文（digital humanities）与艺术史研究的关系体现于近些年兴起的"数字艺术史"（digital art history），它有时被视为数字人文的一个分支，但近年来的反思则认为它有着不同于数字人文的起源。数字人文源于人文计算（humanities computing），即对于计算机在人文研究中的深入运用的理论思考，其标志性事件是意大利的布萨神父（Roberto Busa）于 1949 年用 IBM 电脑对托马斯·阿奎纳的全集加以标注，以生成拉丁文词语索引。根据苏珊·霍基（Susan Hockey）的观点，数字人文可分为四个阶段：1949 年至 1970 年为发轫阶段；1970 年至 20 世纪 80 年代中期为第二阶段，重在语料库建设和程序开发；20 世纪 80 年代中期至 20 世纪 90 年代早期为第三阶段，电子邮件的出现使得数字人文共同体的交流更加活跃；20 世纪 90 年代早期至今为第四阶段，互联网的出现使数字人文的资源可以为任何人所使用，各种研究项目涌现，数字人文的边界迅速扩展，图像识别和数据可视化成为近些年的热点。也是在

---

① 作者：陈亮（海德堡大学东亚艺术史系）；导读、注释：吴维忆。

这个阶段,因为 2000 年前后的数字转向(the digital turn),"数字人文"这个术语逐渐取代了"人文计算"。① 而所谓的数字转向,又奠基于 20 世纪 60 年代至 70 年代后结构主义语言理论影响下的"语言学转向"(the linguistic turn)。思想史/概念史的研究关注"词汇",这推动了它与同样关注词汇的"文本挖掘"(text mining)技术的结合,促成了思想史/概念史方法在 21 世纪的数字转向。②

从这样的视角出发,数字人文源于对古典文本的分析,而艺术史则是在最后一个阶段才受到数字人文眷顾的领域。不过,近来有历史学家如史蒂芬·罗伯特森开始质疑数字历史(digital history)源于口述史、民俗学以及公共历史研究,而非人文计算和文本分析。《美国高校艺术史学会评论》期刊新设的"数字人文与艺术史"栏目的主编弗莱彻也提出,数字艺术史的源头可能在于摄影和电影的复制技术、幻灯机、像素,以及 20 世纪 60 年代艺术史家朱尔斯·普隆(Jules Prown)的开创性研究和 1985 年以来活跃至今的计算机和艺术史小组(Computers and the History of Art Group),还可以扩展到艺术家从应用第一部手持摄影机到对于互联网的实验,并包括博物馆和文化遗产保护组织应用数字技术使得公众能够更容易接触到艺术品和建筑的工作。这样的溯源还有待商榷,但是它有助于提醒人们,数字艺术史的发展有其自身的轨迹,而非简单引入外来因素的结果。[1]

数字艺术史涉及不同的层面,简而论之,可以分为两层。第一,对艺术史文本库与图像库的数字化;第二,艺术史研究中的数据处理。档案的数字化在世界各地艺术史机构的实践中由来已久。将图像、文本、元数据(metadata)加以数字化,使之易于复制和使用,为能够接触到这些数据库的学者提供了极大便利。得益于私人基金会,尤其是梅隆(Mellon)、盖蒂(Getty)、克雷斯(Kress)基金会对数字人文的重视和支持,以及美国高校艺术史学会年会的推介[2],美国贡献了世界上多数大型图像数据库。这些数据库各有侧重,例如罗塞蒂档案(Rossetti Archive)致力于将英国诗人、画家罗塞蒂存世的相关档案一网打尽;"走近凡·艾克:重新发现根特祭坛画"(Closer to Van Eyck: Rediscovering the Ghent Altarpiece)则是围绕一件艺术品进行的细致记录,提供数以千计祭坛画的清晰局部特写、红外照片、X 光照片,并用 MATLAB 软件加以重新拼合;"图绘哥特式法国"(Mapping Gothic France)搜罗了十二三世纪法国哥特式大教堂的图像,以探讨哥特式建筑以及法国的形成。欧洲图像数据库的建设历史更长,原本以照片和幻灯片的形式存在,如今大多处于逐步数字化阶段。重要艺术家在各自所在的国家一般都有较为完备的图像数据库在建设中,但这些数据库建设多以博物馆、档案馆为单位,接受国家的资金支持,数字化进程相对缓慢。在德语国家的艺术史数据库中,尤其值得一提的是位于马尔堡的德国艺术史图像档案中心(http://www.fotomarburg.de/)。此外,《德语艺术史百科全书》(*Reallexikon zur Deutschen Kunstgeschichte*)至今编了十卷,只编到 F,但同时在互联网上大部分词条已经可以查阅(http://www.rdklaborde/wiki/Hauptseite)。[3]

艺术史研究中较为成熟的大数据分析,就其方法而言可分为三类:文本分析、空间分析和网络分析。文本分析是数字人文的主流,但在艺术史研究中的运用还不太普遍。目前的文本分析已经从侧重经典文本进展到兼顾非经典文本。例如莫莱蒂提出应当研究各种文本组成的生态系统,采用远读与近读相结合的方法。文学研究中有学者对几个世纪内一个地区文学作品的标题加以分析,这样的例子或许可以给艺术史研究中的文本分析带来一些启发。

---

① 对于英美学界数字人文的发展回顾,参见陈静《历史与争论:英美"数字人文"发展综述》,载《文化研究》第 16 辑,社会科学文献出版社 2013 年版;关于数字人文在中国发展的简介,参见"零壹 Lab"徐力恒的文章:《一个新领域的出现:中国的数字人文研究》。

② 关于思想史/概念史研究法的数位转向(the digital turn),参见邱伟云在"零壹 Lab"的同名文章。

图1　"中国历代人物传记资料库"(CBDB)中有关社会关系分析的检索示例

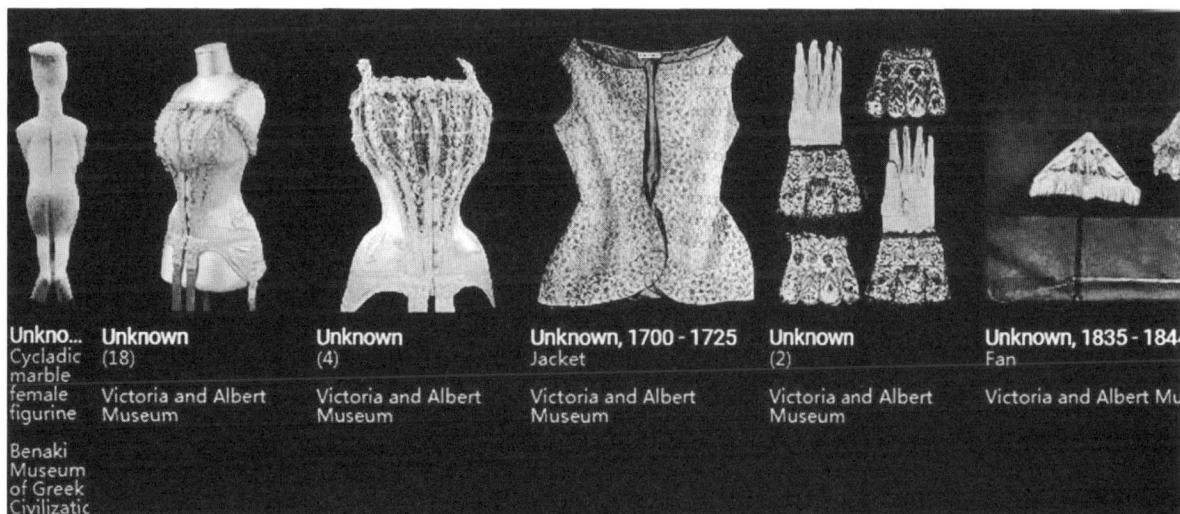

图2　谷歌的实验项目"分类的未知层级"(X Degrees of Separation)中有关图像相似性的演化序列

空间分析在艺术史研究中发展迅猛。将地理信息系统与历史研究相结合,近年来形成一个大的研究领域——历史地理信息系统(HGIS),而历史地理研究在中国的历史研究中原本就是强项。哈佛大学包弼德(Peter K. Bol)教授领导的"中国历代人物传记资料库"(CBDB)项目(见图1)收录了7世纪至19世纪逾37万人的传记资料,可供统计分析、地理空间分析之用。利用数字技术绘制出艺术家、艺术作品、艺术机构在地理空间范围内的运动轨迹,有助于揭示以往的研究未曾发现过的模式,而这样的模式如果仅用文字或者数字则难以描述。例如"图绘提香"(Mapping Titian)项目可以追踪提香的油画在历史上的收藏地点和收藏者的变化,展示其接受史。空间分析中有一个方面是艺术史的特长,即空间的复原,无论是展览空间、大型纪念性建筑,还是整座城市。西亚、古埃及、希腊的神庙、罗马的广场、中世纪的修道院,有许多遗址尚存,对它们的复原会提出许多原先没有充分研究的问题,例如游行路线、光线甚至是声响效果。

网络分析不同于空间分析,它是基于抽象的节点,即基于数学关系而不一定基于地理或空间关系。它在艺术史中的一个应用是艺术家的社交网络分析。例如 2017 年在南京大学举办的"数字人文:大数据时代人文研究前沿与探索"研讨会上,有学者提交了论文《雅债抑或商品:从文征明一窥明代艺术社交网络的形成》[4]。这种工具如果用在现当代艺术的研究中,探讨艺术家、收藏家、艺术商人之间的关系,依靠数据的优势可以结出更加丰富的成果。

相对于文本分析、空间分析和网络分析,电脑处理在图像分析中的应用还处于试验阶段,但前景令人向往。谷歌的实验项目"分类的未知层级"(X Degrees of Separation)(见图 2)允许人从庞大的艺术品图像库中任意挑选两件,然后由电脑经由一个算法给出中间过渡的图像,在电脑看来,每两个相邻图像之间存在着相似性,这些图像就构成了一个"演化"或变形的序列,从而使两个看似风马牛不相及的图像发生联系[5]。虽然这个技术尚在襁褓期,但是随着人工智能的爆发,可以预见机器识别和分析图像的能力会越来越强,以至于不再使用传统的关键词搜索图像,而是直接用图来搜索相似的图像,这对于艺术史研究而言,将是革命性的进展。

数字化浪潮带给艺术史研究的不仅是数据获得的便利和分析方法的多样,还有研究发表方式的变化。传统的发表是缓慢而静态的,论文提交到发表的周期较长,论文的反馈主要来自审稿人。而在电子出版中,对论文做出的反馈可能以分钟计算,而且反馈者扩大为大众读者。不同于纸质媒介,电子媒介允许更多的图像发表,并提供放大、旋转、视频等多种技术可能性。如何面对这一挑战,将是未来艺术史界的一个开放性问题。

### 📖 编者注

[1] 参见 Fletcher, Pamela. "Reflections on Digital Art History". CAA Reviews (http://www.caareviews.org/reviews/2726♯.ZE3fOdpBx1c DOI: 10.3202/caa.reviews.2015.73。

[2] College Art Association 简称 CAA,此处应该译为美国艺术学院协会,网址:https://www.collegeart.org。

[3] 根据网络检索发现《德国艺术史百科全书》的十卷印刷本内容已被纳入 RDK Labor,一个艺术史对象研究的在线平台,访问网址应该是:https://rdklabor.de/wiki/Hauptseite。

[4] Elegant Debts: The Social Art of Wen Zhengming 是英国牛津大学艺术史系讲座教授柯律格(Craig Clunas)的著作,其中文版《雅债》由刘宇珍、邱士华、胡隽翻译,2012 年由生活·读书·新知三联书店出版,属于"开放的艺术史"系列。

[5] 风格演变是艺术史研究的一个重要命题。自 19 世纪至 20 世纪初作为一门科学的艺术史在德语国家崛起以来,关于风格变迁的研究已经形成了包括形势分析、图像学等不同的学派。基于巨量数据库对任意图像进行复杂计算的"远读"方式有可能揭示出研究者传统的"细读"方法难以发现的趋势或特征。

### 📚 延伸阅读文献

[1] 聂檠. 数字化技术的新发展正逐渐改变艺术史研究的范式:专访朱青生、张彬彬[J]. 美术观察,2021(4):8-11.

[2] 苑笑颜,施旭升. 艺术史多棱镜:融媒体语境下博物馆的当代性意义重构[J]. 现代传播(中国传媒大学学报),2021(2):95-100.

[3] 斯维特兰娜·阿尔珀斯. 艺术是历史吗?[J]. 周盈雯,译. 艺术理论与艺术史学刊,2020(2):146-163.

# 数据科学和数字艺术史[①]

**导读：**本文原载于《艺术理论与艺术史学刊》2019 年第 1 期。本文提出并详细阐释了数据科学的几个核心概念：对象、特征、数据、特征空间和降维。作者指出，利用这些概念，可以分析单个艺术家、多个艺术家或某个历史时期的所有数字化作品、博物馆藏品、藏品元数据，或是艺术著作之间的关系。同样的概念也可以帮助我们运用大量的社交媒体内容来研究当代的地方性视觉媒体。作者认为，数据科学技术虽不能取代其他艺术史方法，但它们使我们能够以新的方式看待熟悉的艺术史材料，也能用于研究当代数字视觉文化。作者更进一步强调：这些概念在用于艺术史和数字人文学科之外，还有更为广泛和普遍的意义，数据挖掘、预测性分析和机器学习及其众多行业都要用到这些概念。据此，作者得出了一个重要的判断，即任何想了解我们社会如何"用数据思考"的人都需要了解这些概念，因为它们构成了大数据社会的"心智"——我们这个时代特有的接触、理解世界和人类的特殊方式。

列夫·马诺维奇（Lev Manovich）是数字人文研究领域的重要学者，出版了《新媒体语言》（*The Language of New Media*，2001）、《软电影：数据库导航》（*Soft Cinema: Navigating the Database*，2005）等在数字人文和媒介研究、艺术与科技等领域产生了广泛影响的重要著作。本文对数据分析工具的原理和作用方式提供了系统而严谨的解释，为大部分可能还在以"技术工具"这样大而化之的概念去形容或评估数字人文的读者开启了一个内部的视角，使他们得以理解数据科学的底层逻辑和数字人文的基本思路。诚如马诺维奇在本文中所言：与其将一些时兴的技术套用到艺术史研究中，"更有必要的是理解整个领域最基本的假设"。此外，作者提出的"大数据社会的'心智'"和"用数据思考"等观念，指向了数字技术带来的认识论转型和社会文化结构的重组，对于数字人文的实践者和对其仍持有保留态度的人文学者而言，这些都是值得深入探究的重要命题。

艺术史会在其方法论中充分采用定量和计算技术吗？虽然在 2000—2015 这 15 年中，计算分析在文学研究和历史中的使用一直在缓慢但有系统地增长，但在涉及视觉（艺术史、视觉文化、电影和媒体研究）的领域尚未出现这种情况。[1]

然而，学术界采用定量方法的历史表明，这些领域迟早也会经历自己的"定量转变"。阿德里安·拉夫特里（Adrian Raftery）在 2001 年撰文指出，心理学在 20 世纪 20—30 年代率先采用定量统计方法，随后是经济学在 20 世纪 30—40 年代，社会学在 20 世纪 60 年代，政治学在 20 世纪 90 年代开始采用计

---

① 作者：列夫·马诺维奇（美国纽约城市大学）；译者：刘探宙（瑞士洛桑大学）；导读、注释：吴维忆。

量统计方法。[1] 现在,我们也知道,处理文本和空间信息的人文学科领域(即已经提到的文学研究和历史)从 2000 年至今正在经历这个过程。因此,我预计"视觉的人文学科"(humanities of the visual)将是下一个与数字结缘的领域。

然而,这种调整并不意味着简单地找出被计算的东西,然后使用经典的统计方法(在 20 世纪 30 年代发展起来,直至今日几乎仍以同样的方式教给无数的本科生和研究生)来分析这些数字。相反,它将发生在 21 世纪初一个基本的社会和文化发展背景之下——"大数据"以及一套被称为"数据科学"(data science)的新方法、惯例和技能的兴起。数据科学包括 19 世纪和 20 世纪早期的古典统计技术、20 世纪 60 年代开始在计算机的帮助下发展起来的数据分析的附加技术和概念,以及 20 世纪下半叶围绕计算机发展起来的一些领域的概念:模式识别、信息检索、人工智能、计算机科学、机器学习、信息可视化、数据挖掘等。尽管"数据科学"这一术语是最近才使用的,但它非常有用,因为它是目前最常用的计算数据分析方法的一个总称。(或者,我可以选择机器学习或数据挖掘作为本文的关键术语,但由于数据科学包括了它们的方法,我认定如果我必须使用单个术语来代指计算数据分析整体,"数据科学"无疑是最好的。)

数据科学包括很多已经发展了几十年的观点和数以百计的算法。这听上去很多,也确实如此。这远比能在一两节研究生方法课、在一篇义章中总结的内容或在一本教科书中提出的知识要多。但是,更有必要的是理解整个领域最基本的假设,而不是简单地从大量的数据科学中挑选特定的算法和技术,或者借用任何最新或者说目前最流行的技术(例如"主题建模"或"深度学习"),试图将它们直接运用到艺术史中。也就是说,我们艺术史(或任何其他人文领域)需要学习支撑数据科学在当代社会使用的核心概念。这些概念不需要用公式来解释,它们可以在一篇文章中呈现,这就是我在本文中要尝试的。(一旦我们定义了这些核心概念,今天数据科学中所使用的各种术语也可以让新手不再感到困惑)。

令人惊讶的是,在过去八年中,我阅读了数千篇文章和各种教科书后,没有发现任何一篇文章将这些核心概念放在一起介绍。当然,虽然许多数据科学教科书确实在讨论它们,但它们的介绍往往侧重于数学上复杂的技术或特定的应用背景,这会使人们难以理解这些理论的普遍性。[2] 如果没有计算机科学背景,这些教科书也很难读。

由于我的文章是为人文学科的读者撰写的,它的目的便具有偏向性——应用数据科学核心概念的例子来自人文学科,而不是经济学或社会学。而在阐述的同时,我也提出了一个观点。因为数据科学的某些部分比其他部分更与人文研究相关,我建议初学的"定量人文学者"应该首先专注于学习和练习这些技术。

## 一 ▶ 从世界到数据

如果我们想要使用数据科学来"理解"某些现象(即计算机之外的某些现象),我们如何开始? 与处理数据(如经典统计和数据可视化)的其他方法一样,数据科学始于以特定的方式表征(representing)一

---

[1] Andrian Raftery, "Statistics in Sociology, 1950—2000: A Selective Review", *Sociological Methodology*, Vol.31, 2001, pp.1-45, https://www.stat.washington.edu/raftery/Research/PDF/socmeth2001.pdf (accessed April 24, 2015).

[2] 例如,David Hand, Heikki Mannila, and Padhraic Smyth, *Principles of Data Mining*, Cambridge: The MIT Press, 2001; Jure Leskovec, Anand Rajaraman, and Jeff Ullman, *Mining of Massive Datasets*. 2n ed., Cambridge: Cambridge University Press, 2014; Nina Zumel and John Mount, *Practical Data Science with R*, Shelter Island: Manning Publications, 2014.

些现象或过程。该表征(representation)可能包括数字、类别、数字化文本、图像、音频、空间位置或元素之间的连接(即网络关系)。只有在构造了这样的一个表征之后，我们才能使用计算机处理它。[2]

一般来说，创建这样的表征形式需要做出以下三个关键决策。

第一，这种现象的界限是什么。例如，如果我们有兴趣研究"当代社会"，我们怎样才能做到这一点，或者如果我们想要研究"现代艺术"，我们将如何选择时间段、国家、艺术家、艺术品，或其他需包含的信息呢？换个例子来说，让我们假设我们对当代的"业余摄影"感兴趣。我们应专注于研究 Flickr 上的特定组别，这些组别该包含那些自称为业余或半专业摄影师的人，还是该从 Flickr、Instagram 或其他媒体共享服务中广泛采样——毕竟今天每个拥有自带内置摄像头手机的人都会自动成为一个摄影师。

第二，我们要表示的对象是什么。比如，在现代艺术这个例子中，我们可以纳入诸多"对象"(在数据科学中，它们也可以被称为数据点、记录、样本、测量值等)：个人艺术家、个人艺术品、艺术家间的通信、艺术期刊的评论、艺术书籍中的一段文章、拍卖价格等等，都可以是表示的对象，但不限于此[例如，2012 年在纽约现代艺术博物馆(MoMA)举办的"发明抽象"(*Inventing Abstraction*)展览，其中一个展示基于艺术家间信件交换数量，体现的是艺术家之间联系的网络可视化。① 在这个表现中，现代主义抽象艺术是由艺术家之间的一组连接来表现的，而不是我上面列出的任何其他对象]。又如，在"社会"这个例子中，我们可以随机选择大量的人，并研究他们共享的社交媒体、他们的人口和经济特征、他们彼此之间的联系以及他们所佩戴的传感器记录的生物日常模式。如果我们想要了解一家医院的工作模式，我们可以将人(医生、护士、患者和其他人员)作为要素，也可以将医疗程序、医疗测试、有关医疗生成的书面文档和医疗图像等作为要素。

第三，我们将研究的每个对象的特质(characteristics)有哪些[这些也称为元数据(metadata)、特征(features)、属性(properties)或特点(attributes)]。在人文学科中，我们通常将已作为数据的一部分提供的特质(因为有人已经记录过)和我们添加的特质(例如通过标记)作为元数据[3]。在社会科学中，手动添加数据描述的过程称为编码。在数据科学中，人们通常使用算法自动从对象中提取其他特质，它们被称为特征(此过程称为"特征提取")。例如，艺术家的名字就是一个元数据的例子；他们画作的平均亮度和饱和度，或他们作品的所有标题中使用的单词长度，都是可以被计算机提取的特征的例子。典型的特征是数字描述(整数或分数)，但它们也可以采取其他形式。例如，计算机可以分析一幅图像并生成几个描述图像内容的单词。通常，元数据和特征都可以使用各种数据类型：数字、类别、自由文本、网络关系、空间坐标、日期、时间，等等。

我建议在数字艺术史中，我们用术语"特征"代指通过计算机分析和现有的元数据可以从对象中提取的信息。在自然科学和社会科学中，最常见的术语是"变量"(variables)，它用于实验的语境中。但是由于在人文学科中，我们不像自然科学那样做系统实验，因此对我们来说，"特征"一词更好。它只意味着我们根据对象的各种特质来表征它们，但这并不意味着任何特定的分析方法。(然而，在下文的"古典统计学和统计图表"一节中，我将使用"变量"，因为这是在本节所述期间使用的术语)。

尽管把上述三个问题看作创建数据表征过程中的三个阶段——限制范围、选择对象和选择其特征——是合乎逻辑的，但没有必要按照这种线性顺序进行。在研究的任何时候，我们都可以增加新的

---

① MoMA (Museum of Modern Art), Network diagram of the artists in Inventing Abstraction, 1910 – 1925 exhibition, 2012, http://www.moma.org/interactives/exhibitions/2012/inventingabstraction/?page=connections (accessed April 24, 2015).

对象、新的对象类型和新的特征。或者我们可以发现，我们想要使用的特征并不实用，所以我们必须放弃我们的计划，尝试使用其他特征。简而言之，生成表征的过程和使用计算机技术对其进行处理的过程可以平行进行，并相互推动。

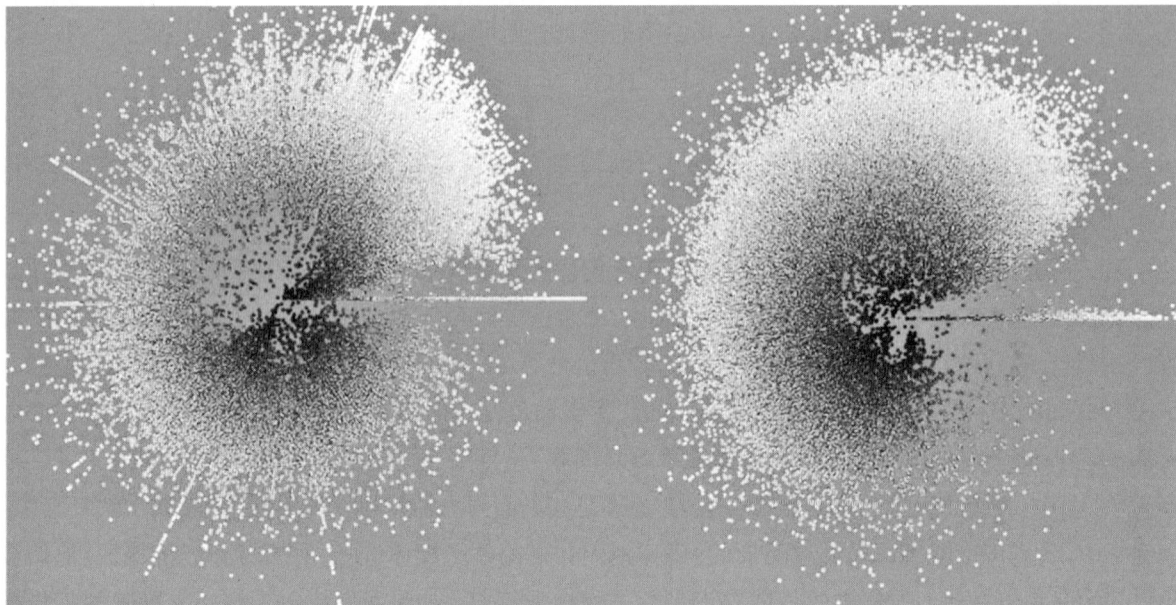

图1　使用计算机自动提取的图像特征对图像集进行可视化的一个例子。（来源：我们的项目Phototrails，http://phototrails.net/，2013）。左图：曼谷的50 000张Instagram图片的随机样本。右图：东京的50 000张Instagram图片的随机样本。在每个可视化中，图片都是按照平均色调（角度）和亮度平均值（到中心的距离）组织的。

根据我们的观点，我们可以假设一种现象（例如"当代社会"），不管我们如何研究它（即我们使用什么作为对象及其属性），它都是客观存在的。或者我们也可以假设，一个现象等于在不同的定性和定量研究、出版物和关于它的交流（书籍、文章、流行媒体、学术论文等）中使用的一组对象及其属性。也就是说，一个现象是由它的表述和关于它的对话构成的。我对上述三个问题的描述假定了第一种立场，但这样做只是为了方便解释"从世界到数据"的步骤。

## 二　对象+ 特征= 数据

一组对象及其特征共同构成了"数据"（或"数据集"）。

数字人文学科的人总是喜欢提醒我们，数据是一种"建构"的东西——它并不只是存在于那里。但这到底是什么意思呢？任何数据项目、出版物或数据可视化都包括现象的某些方面，而排除了其他方面，所以它总是"有偏见的"。但这在大多数情况下是可以被纠正的。例如，在社交媒体使用情况调查中，不仅可以对美国人进行抽样调查，并询问他们有关社交媒体使用的具体问题（如受欢迎的Pew互联网调查），我们还可以添加来自不同国家的人，也可以询问他们其他问题。但"数据"的概念也包含了更多不能改变的基本假设，这一点同样重要。在我们用计算机分析一种现象或活动之前，它必须被表示为一组有限的个体对象，同时也是一组有限的它们的特征[4]。以音乐为例，对音乐的计算分析通常将一个音轨划分为非常小的间隔，例如100毫秒，并测量每个样本的某些属性。这样，模拟媒体就变成了离散的数据。今天,某种现象的"数据表征"与人类迄今为止使用的其他类型的文化表征,无论是再现性绘画、文学叙述、历史记载还是手绘地图有什么不同?首先,数据表征是模块化的,也就是说,它由独立的元素组成:对象及其特征。其次,特征是以这样一种方式编码的,即我们可以对它们进行计算。这意味着特征可以采取多种形式——整数、浮点数、以整数或文本标签表示的类别,等等——但不能是任何形式。而且每个特征只能使用一种格式。

但在我看来,最关键和最有趣的区别是,数据表示有两类明确分开的"东西":对象和它们的特征。选择什么作为对象,选择什么特征,以及如何对这些特征进行编码——这三个决定对于将现象表征为数据同样重要——并且相应地,通过数据科学的技术使其可计算、可管理和可知。

实际上,对象和特征可以用各种方式来整理,但最常见的一种方式是我们熟悉的表格。一个包含一个工作表的 Excel 电子表格就是一个表格的例子。如果我们用一些字符(如制表符或逗号)分隔单元格(这些字符分别存储在 .txt 或 .csv 文件),则表格也可以存储为标准文本文件。一个关系数据库是许多通过共享元素连接在一起的表格。

表格具有行和列。最常见的情况是,每一行被保留以表示一个对象;列用于表示对象的特征。这是当今最常见的数据表示方式,被用于每个专业领域,为所有自然和社会科学以及政府服务。这是数据社会理解现象和个人的方式,并针对它们采取行动。

## 三　古典统计学与现代数据科学:从一个变量到许多变量

### (一)古典统计学和统计图表:处理一个或两个变量

统计学(statistics)来自"国家"(state)一词,它在 18 世纪和 19 世纪的兴起与现代科层制的"全景式"社会的形成密不可分,这些社会关注的是计算、了解和控制其人类主体及其经济资源。直到 19 世纪中叶,"统计"的含义才发生变化——它成为一个独立学科的名称,涉及对任何数字集合进行汇总和推理,而不是只关注对国家和工业重要的数字。

为了我们的目的——理解当代数据科学的核心原则以及它们与古典统计学的差别——我们可以将统计学的历史分为三个阶段。第一阶段包括 18 世纪和 19 世纪前半叶。在这一阶段,统计意味着收集和表征各种社会和经济数据。在此阶段,威廉·普莱费尔(William Playfair)和其他人开发了一些图形技术来直观地表示这些收集到的数据。普莱费尔被认为引入了四种基本技术:条形图和折线图(1786 年)以及饼图和扇面图(1801 年)。普莱费尔首次汇编了使用这些技术的书籍的标题,集合了推动发明这些技术的数字集类型:《商业和政治图解集:以染色铜板图方式呈现 18 世纪英国的商业、收入、支出和债务》(1786 年)、《统计学摘要:基于一个全新原则对欧洲各国资源的展示》(1801 年)。

尽管后来还发明了其他数据可视化技术,普莱费尔发明的这些图形技术至今仍是最流行的。请注意,它们都只对所研究对象的单一特征进行可视化。它们内置于所有的统计和图形软件以及网络服务中,继续塑造着今天人们使用和思考数据的方式——即使计算机可以执行更多操作!

(注意:当你在 Excel 等程序中制作图表时,你通常也会选择一个包含标签的额外列。因此,即使这些技术只显示单一特征中的模式——即存储在某个单一列中的一些数字——以便包括行的标签,也还会使用到另一列,但它不被算作一个数据变量。)

在 19 世纪,专题性的地图(topical map)也开始流行。例如,国家地图中每个部分的亮度表示一些统计数据,如识字率、犯罪率等。[1] 尽管此类地图也是用二维图形表示的,但它们仍然仅使用单个变量。(即用一个量来决定地图上显示的领土的每一部分的亮度或图形风格)。

在统计史的第二阶段(19 世纪 30—90 年代),分析和图形技术被开发出来以研究对象的两个特征(即两个变量)之间的关系。在 19 世纪 80 年代,弗朗西斯·高尔顿(Francis Galton)引入了相关性和回归的概念。高尔顿可能也是第一个使用我们现在所知的散点图技术的人。如今,散点图仍然是将两个变量绘制在一起的最流行的技术。[2]

19 世纪最著名的统计学应用之一体现了那个时期的"数据想象力"。19 世纪 30 年代,比利时人阿道夫·凯特勒(Adolphe Quetelet)测量了许多不同年龄段的儿童和成年人的身高和体重,并将其结果发表在一本此后成为名作的书中:《关于人及其能力发展的论文》(1835)。凯特勒的结论是,在大量人群中测量的这些特征遵循钟形曲线(现在被称为高斯或正态分布)。除了将身高和体重作为单一变量进行分析外,凯特勒还分析了许多人的数据之间的关系,在 1832 年创造了现代的"身体质量指数"。他发现,平均而言,"体重随着身高的平方而增加"[3]。

更多的经典案例可以在被认为是社会学的奠基之作——埃米尔·涂尔干(Émile Durkheim)的《自杀论》(1897)一书中找到。[4] 这本书有几十个数据表。涂尔干使用此类汇总统计数据比较不同人群的自杀率(抗议者与天主教徒、单身与已婚、士兵与平民等)。然后,他提出了这些差异的理论解释。(请注意,本书没有单独的统计图表,也没有对这些差异的意义进行任何统计测试。)

在第三阶段(1900—1930 年),对一个或两个变量的分析的统计概念和方法得到了进一步的改进、扩展、系统化,并被赋予严格的数学基础。其中包括总结数字的集合(中心趋势的测量,如平均数和中位数,以及分散的测量,如方差和标准差),分析两个变量(相关性和回归)之间的关系,进行统计测试,以及设计收集数据的实验来进行统计分析。这一时期的关键工作是由在英国工作的卡尔·皮尔逊(Karl Pearson)、查尔斯·斯皮尔曼(Charles Spearman)、罗纳德·费希尔(Ronald Fisher)和美国的查尔斯·皮尔斯(Charles Pierce)完成的。[5]

当代大学生统计入门教科书的内容与费希尔 1925 年出版的《研究工作者的统计方法》一书的内容非常相似,我们可能会问,为什么今天我们一直在使用计算机之前开发的概念和工具来分析"大数据"。手工计算的实用性是 20 世纪初巩固统计学的人们的一个重要考虑。这种考虑在塑造这门学科方面发挥了关键作用,因此仍然构成了我们数据社会的"想象"。

## (二) 现代数据科学:共同分析多个特征

在 20 世纪,统计学逐渐发展出将许多变量一并分析的方法(即"多变量分析")。第二次世界大战

① 相关历史例证,参见 Michael Friendly and Daniel Denis, "Milestones in the History of Thematic Cartography, Statistical Graphics, and Data Visualization"(n.d.), http://datavis.ca/milestones (accessed April 24, 2015).

② Michael Friendly and Daniel Denis, "The Early Origins and Development of the Scatterplot", *Journal of the History of the Behavioral Sciences*, Vol.41, No.2, 2005, pp.103 - 130, http://www.datavis.ca/papers/friendly-scat.pdf (accessed April 24, 2015).

③ 引自 Garabed Eknoyan, "Adolphe Quetelet (1796 - 1874)—The Average Man and Indices of Obesity", *Nephrology Dialysis Transplantation*, Vol.23, No.1, 2008, pp.47 - 51, http://ndt.oxfordjournals.org/content/23/1/47.full (accessed April 24, 2015).

④ Émile Durkheim, *Le Suicide. Étude de Sociologie*, Paris, 1897.

⑤ 关于这一时期一个极具影响力的统计学展示,参见 Ronald A. Fisher, *Statistical Methods for Research Workers*, Edinburgh: Oliver and Boyd, 1925, http://psychclassics.yorku.ca/Fisher/Methods/index.htm (accessed April 24, 2015).

后使用数字计算机进行数据分析促进了这一发展。随着计算机的计算速度越来越快,分析越来越多的特征变得更加实用。到 21 世纪初,拥有成百上千个特征的现象表征已经变得很普遍了。使用大量特征描述对象的假设是数据科学的标准,这也是它与早期经典统计学的区别之一。

虽然今天的基本统计学课程仍然侧重于分析一个或两个变量的技术,但数据科学总是要处理许多特征。这是为什么呢? 在社会科学中,目标是解释,其理想的方法是系统实验。实验的目标是研究某些条件可能如何影响一个现象或活动的某些特征。例如,一个人的背景(出生地、种族、教育程度等)如何影响她目前的职位和工资? 运动员的准备工作和饮食如何影响她在多项体育比赛中的表现? 如果有很多因素和影响,就很难理解具体是什么在影响什么。因此,在一个理想的 20 世纪的实验中,研究者只想测量一个条件和一个效应,所有其他因素最好都保持不变。在一个实验中,一个条件(称为自变量)被系统地改变,被认为受该条件影响的单一特征(称为因变量)的值被记录下来。实验结束后,使用统计技术(图表、相关、回归和其他)来研究两个变量之间的可能关系。

在现代数据科学中,关键目标是自动化[5]。数据科学(就像之前的人工智能领域一样)旨在实现决策、预测和知识生产的自动化。根据客户的现有信息,银行应向该客户提供贷款吗? 一张照片是否包含一张脸? 这张脸是否与数据库中现有的脸匹配? 根据一个搜索引擎用户输入的短语,哪些网页与这个短语最相关? 原则上,如果一个人或一个团队花费足够的时间研究所有相关信息并给出答案,那么这些问题中的每一个都会得到很好的解答。但是,这需要很多时间才能得到一个答案。考虑到许多情况下的信息规模(例如,网络包含大约 140~150 亿个网页),这个时间将接近无限大。此外,数据可能包含很多不同的条件(变量),即使是无限的时间也不会帮助人类完全理解它们的影响。

因此,信用排名系统、人脸识别系统、搜索引擎和我们社会中无数的其他技术系统都使用了数据科学的算法和技术来自动完成这些任务。总之,数据科学的目标是人类认知功能的自动化——试图让计算机完成人类的认知任务,但速度要快得多。

实现这一目标并不容易,因为计算机科学与人类语言存在“语义差距”。这是人类可以从某些数据中提取出的知识与计算机分析相同数据之间的差距。例如,查看一个人的照片,我们可以立即检测出照片显示的是人形,将人物与背景分开,了解一个人的衣着、面部表情等。但对于计算机来说,照片只是颜色像素的矩阵,每个像素由三个数字定义(红色、绿色和蓝色的不同比例组成其颜色),计算机必须使用这些“低级”信息来尝试猜测图像表征的内容及其表征方式。理解一个文本的含义是语义差距的另一个例子,人类读者理解文本的内容,但计算机只能“看到”一组用空格分隔的字母。试图“缩小语义差距”(这是计算机科学出版物中的标准用语)是使用多种特征的动机之一。例如,在图像分析的情况下,除了各行 RGB 值的像素,计算机算法还可以从图像中提取各种特征。计算机可以识别具有相似颜色值的区域,并测量图像许多部分的线条方向和纹理属性,希望所有这些特征加在一起能够包含足够的信息,使算法能够识别图像所表征的内容。

总之,20 世纪统计分析和当代数据科学以完全相反的方式使用变量。统计学和使用它的定量社会科学理想地想要分离出一个自变量和一个因变量,因为其目标是理解现象。数据科学则倾向于使用许多特征,希望它们一起包含正确的信息,用于自动识别、分类或其他认知任务。

## 四　特征空间

在我们继续之前,先简单总结一下到目前为止我们学到的关于将现象表征为数据的内容。我们将一个现象表示为具有特征（也被称为特点、特质、变量或元数据）的一组对象［也被称为数据点（data points）、度量值（mesurements）、样本（samples）或记录（records）］。这些对象和它们的特征一起就是我们所说的"数据"（或"数据集"）。特征可以通过多种方式表示：整数和小数、类别、空间坐标、形状和轨迹、日期、时间，等等。

这些是现代数据分析和数据可视化的基本要求或约定。现在，让我们开始下一"课"。对于上述概念——对象和特征，我们将添加第三个核心概念——特征空间。

我们假设我们的数据存储在一个表格中。但现在，我们将数据表概念化为一个具有许多维度的几何空间。每个特征都将成为其中一个维度。每个对象都成为此空间中的点。这就是一个"特征空间"，在我看来，它是当代数据科学中对人文科学最重要，也是最相关的一个概念[6]。

理解这一点的最简单的方法是考虑熟悉的二维散点图。这种图在两个维度上表征数据。一个维度（X）对应于一个特征（即数据表中的一列）；第二个维度（Y）对应于第二个特征（表中的另一列）。（图2使用有两个特征的空间来比较梵高在巴黎和在阿尔勒创作的绘画）。

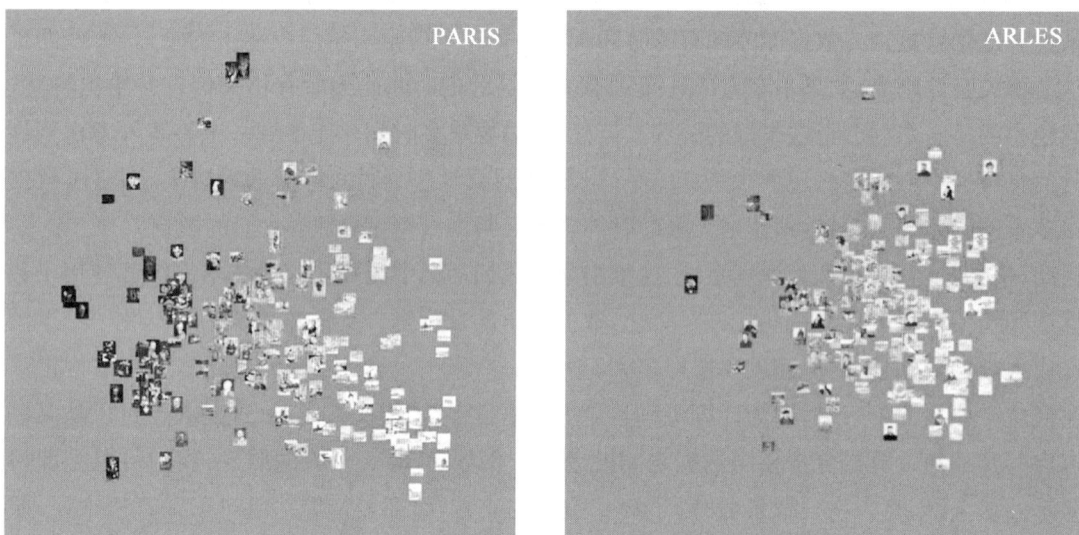

图2　比较梵高在巴黎（左）和阿尔勒（右）创作的绘画的亮度和饱和度。X轴＝平均亮度；Y轴＝平均饱和度。可视化显示，在这些维度上，梵高的巴黎画作比他的阿尔勒画作具有更多的变化。我们还可以看到，大多数在阿尔勒创作的画作占据了与巴黎画作相同的亮度/饱和度空间；只有一小部分阿尔勒的画探索了这个空间的新部分（右上角）（可视化由 Lev Manovich/软件研究计划制作）。

如果我们想要添加第三个特征，在软件允许的情况下，我们可以制作一个三维散点图。如果我们有十个特征，我们的图在理论上就存在于一个十维的空间中，以此类推。然而，即使数学和计算机科学在处理可能具有任意维数的空间方面没有问题，但是由于我们人类的物理存在，由于我们只能看到三个维度，我们无法直接看到或绘制它们。尽管如此，我们仍然可以使用计算技术来思考多维空间中的对象，并研究它们之间的关系。

## 五　▶ 特征空间在数据科学中的运用

一旦我们将某些现象或过程表征为由许多特征所定义的一组对象，并将此表征形式概念化为多维空间,许多分析操作就可能实现。数据科学的许多基本应用明确或隐含地对应于这种不同的操作。

例如,我们可以使用一组被称为探索性数据分析的技术(如下所述)来"查看"空间的结构并将其可视化。为了实现聚类分析,我们将空间划分为多个部分,每个部分包含的点都比这个部分以外的点更相似。在分类中,我们标识属于两个或多个类别的点。["二元分类"(binary classification)处理两个类别;"多类分类"(multiclass classification)则处理两个以上类别。]如果聚类分析和分类听起来相似,那是因为它们确实如此,但前者是完全自动化的技术,而分类则需要一些已经具有类别信息的数据。在许多搜索算法中,计算机在空间中找到与输入词最相似的点(这些点在特征空间中与输入词最接近——见下文关于测量特征空间距离的部分)。某些推荐算法的工作方式与此类似——从用户以前喜欢的点开始,它们查找并显示离这些点最近的其他点(当然它们不会直接显示这些点,而是显示它们所表征的媒体对象,例如电影、歌曲或在社交媒体值得关注的人等)。

这些操作依赖于更基本的操作,例如计算特征空间中点的相似性或差异性。相似度或相似性/差异可以等同于空间中各点之间的简单几何距离。

我想再提几个术语,因为它们在数据科学中非常普遍,以至于你不可避免地会遇到它们:"探索性数据分析"(exploratory data analysis)也被称为"无监督学习"(unsupervised learning)。相反,"监督学习"(supervised learning)需要部分数据已经被标记为属于这个或那个类别。然后,算法使用标记过的数据及其特征来"学习"如何对新数据进行分类。无监督学习的实际应用是"预测分析"领域的一部分。

在数据科学的当代应用中,最常见的可能是自动分类。然而,在我看来,它对于人文学科而言是最没意思的。[7]我们为什么要用计算机将文物、现象或活动划分为少数几个类别?为什么不用计算方法来质疑审视我们已经拥有的类别、生成新的类别,或者创造新的文化地图,以原创的方式将文化产品(cultural artefacts)联系起来?

这便是本文没有详细介绍标准数据科学教科书和课程中广泛使用的数据科学方法,即分类方法的原因。虽然这些教科书通常只用了一小部分来探讨数据探索,但我认为,对于人文学科,我们需要扭转这一比例。

因此,在本文的剩下部分,我将讨论数据挖掘技术。

## 六 特征空间中距离的差异

我们了解到,我们可以将具有许多特征的一组物体概念化为多维空间中的点。对人文学科而言,这样的表征方式有什么好处?

迄今为止,最基本的人文科学方法与日常的人类感知和认知方法的相同之处是比较(这与自然科学和社会科学不同,这些学科一直使用数学、统计、数据可视化、计算和模拟来研究其现象和对象)。在20世纪的艺术史课程中,双幻灯片投影仪设置允许同时查看和比较两件文物。今天在一个艺术博物馆里,一件文物旁边贴着一个标签,指出这个文物和同一展览中其他几个文物(或艺术家)之间的相似性。

人工比较不能很好地测量大数据。例如,我们实验室的项目"百老汇"(On Broadway)使用许多数据源对纽约市的一条街道进行可视化,我们在2014年持续五个月收集了整个纽约市区域所有公开可见的Instagram图像,结果得到1050万张图像。假设我们想要了解这个当代的地方性摄影的精美样本中的一些模式——这些图像的主题是什么,什么是常见和不常见的构图,纽约市的各个部分之间可能有何不同,有多少图片是由使用专业商业摄影技术的人拍摄的,等等。简单地把所有这些图片放在一起看,并不能让我们回答这样的问题。事实上,没有任何流行的商业或免费的图像管理或共享软件或网络服务可以在一个屏幕上显示这么多图像。

但是,数据科学技术可以让我们回答诸如我上面针对非常大的数据集提出的问题。通过将每个图像表征为许多特征空间中的点,我们现在可以用定量的方式比较它们。在这样的表征中,图像之间的视觉差异等同于特征空间中的距离。这使我们能够使用计算机来计算我们想要的许多图像(或其他类型的文化对象)之间的差异。然后,这种计算成为执行其他更"高级"操作的基础:查找类似图像的群集;确定最受欢迎和最不寻常的图像类型;分离使用专业摄影语言的照片,等等。①

仅使用两个特征对提高在多维特征空间中测量距离的直觉很有用。考虑图 2 中的可视化效果,显示了使用平均亮度(X 轴)和颜色饱和度(Y 轴)的梵高绘画图像。任意两个图像之间的几何距离对应于它们在亮度和饱和度上的差异。请注意,当然,这个例子没有考虑所有其他类型的差异:主题、构图、色彩、笔触等。然而,这不仅是一个限制,也是一个优势——通过让我们隔离特定的特征,我们可以只在我们想要的维度上比较文化产品。

我们还可以计算和添加我们想要的特征。尽管我们可能无法直观地看到例如 50 或 500 个特征的空间,但我们仍然可以计算这个空间中各点之间的距离。如果两点之间的距离较小,那就意味着相应的对象是相互类似的。如果两个点之间的距离很大,就意味着相应的对象是不相似的。

定义和计算距离的方法有很多,数据科学就使用其中的许多种。一种最容易理解的流行方法是使用欧几里得几何(另一种流行的方法是"余弦相似度",定义为特征空间中两个向量之间夹角的余弦)。请注意,在这些计算中,我们不需要对所有特征给予同等权重;如果我们认为其中一些更重要,我们也可以在计算中给它们赋予更高权重。

几何特征空间的概念使我们能够采用最基本的人文方法——比较,并将其扩展到文化大数据。同时,它允许我们(如果你愿意的话,也可以表述为"迫使"我们)对差异的概念进行量化。我们现在可以用数字表达这些关系,而不是简单地说人造物"A"与人造物"B"相似,"A"和"B"与"C"不相似。虽然如果我们只考虑少量的人造物,这种量化可能看起来是不必要的,但一旦我们开始处理数千件、数万件、数百万件甚至更多,它将成为一个非常有用的比较方式。

## 七 ▶ 探索特征空间

假设我们要了解某个特定时期的一些文化领域——明代中国画、19 世纪末欧洲现实主义艺术、20世纪 90 年代的平面设计、21 世纪初的社交媒体摄影,等等。有哪些类型的主题(如果该领域有主题的话)、风格和技术?它们是如何随时间发展的?其中哪些更受欢迎,哪些更不受欢迎?到目前为止,艺术史学家依靠人类大脑的能力,在进化过程中看到了模式,理解了成套人造物之间的相似性和差异。他们似乎没有使用数学、图形方法、统计学、计算或当代数据科学,也做得很好。但是,这种"成功"的代价是最极端的排斥——只考虑每个时期或领域"重要"或"最佳"作品的微小样本。用数字人文学科的

---

① 对于现在的第一批出版物之一,大型照片数据集的计算分析领域很大,请参阅瑞特德拉·达塔等人的会议论文(Ritendra Datta et al. , "Studying aesthetics in photographic images using a computational approach", *ECCV'06 Proceedings of the 9th European Conference on Computer Vision*, Volume Part III, 2006, pp. 288 - 301)。

先驱弗朗哥·莫莱蒂的话说：

> 研究世界文学是什么意思？我们如何做到这一点？怎么做呢？我研究1790年至1930年间的西欧叙述文学，就已经感觉自己在英国或法国之外的领域是个骗子……"我研究西欧叙事，等等……"并非如此，我研究的是其经典部分，这甚至不到已出版文学的百分之一。而且，有些人读了更多，但问题是，19世纪有三万部英国小说，或是四万、五万、六万——没有人真正知道，没有人读过那些书，将来也没有人会读到。此外还有法国小说、中国小说、阿根廷小说、美国小说……①

莫莱蒂的观点显然也适用于所有其他人文领域；甚至在当代文化的分析中显得尤为契合。谁能阅览Instagram每小时分享的哪怕是一小部分照片，或者例如数亿张带有"♯时尚"（♯fashion）标签的Instagram照片？谁能在一个月内访问全球数百个城市，去了解所有这些城市在街头时尚方面的差异？谁可以浏览数十亿个网页来了解当前网页设计的面貌？

让我们将我们学过的概念——对象、特征、特征空间、特征空间中的距离以及这种表示法所允许的各种操作（探索、聚类等）应用于这个问题。首先，我们需要创建一个适当的数据集。正如我们已经知道的，这意味着将某些文化领域表征为具有各种特征的大型对象集。每个特征都能捕捉到对象的某些特质。这些特征可以使用现有的元数据（如日期或名称），可以由计算机自动提取，或手动添加（在社会科学中，此过程被称为"编码"，在人文学科中，我们称之为"注释"或"标记"）。

这些物品可以是照片、歌曲、小说、绘画、网站、用户等在社交网络上生成的内容，或者任何其他使用某种标准选择的大型文化产品。如果我们想要了解单个创作者的作品是如何相互关联的，它们还可以是他/她的所有作品。除文化产品外，我们所表征的对象也可以是单个的文化消费者，其特征可以代表其文化活动的某些特质：例如，一个人访问过的网站、在某个博物馆的行动轨迹和观看特定艺术品的时间，或者自拍照片中人脸的位置（见我们的项目http://www.selfiecity.net对这些数据的分析）。

一旦我们把一些文化领域或文化活动领域表征为数据（对象及其特征），我们就可以将每个对象概念化为多维特征空间中的一个点。这使我们能够使用数据科学的"探索性数据分析"技术以及数据可视化领域的技术来研究此特征空间的"形状"[8]。

空间可能有不同的结构：所有的点可能聚集在一起，或者形成几个群组，或者彼此之间的距离大致相等，等等。这些模式中的任何一种都会有适当的文化解释。如果大多数点形成单个聚类，这意味着在特定文化领域中，大多数作品/活动具有相似特征，只有少量显著不同。或者，我们可以找到几个彼此相距较远的大型聚类（这可以通过测量聚类中心之间的距离来量化）。如果我们发现没有聚类，这就意味着某个文化空间具有高度的可变性，每件作品都与其他作品有明显的不同。②

请注意，正如梵高的例子一样，即使我们使用许多不同的特征，我们也不能确定我们已经捕获了正确的信息来量化我们人类看到的差异。但是，生成单个"正确"地图不应成为我们的主要目标。每一种特征的选择和算法参数的选择都会创造出我们感兴趣的文化产品的不同地图，而每张地图都能向我们

---

① Franco Moretti, "Conjectures on World Literature", *New Left Review*, Vol. 1, January—February, 2000, p. 55, http:// newleftreview.org/II/1/franc-moretticonjectures-on-world-literature (accessed April 24, 2015).

② See Lev Manovich, "Mondrian vs Rothko: Footprints and Evolution in Style Space", 2011, http://lab.softwarestudies.com/2011/ 06/mondrianvs-rothko-footprints-and.html (accessed April 24, 2015).

展示一些新的东西[9]。

使用现代数据分析和可视化软件，我们可以快速生成同一数据的多个视图并进行比较。这有助于我们扩大对文化现象的理解，并注意到我们以前没有注意到的关系和模式。换句话说，数据科学让我们不仅可以看到那些对我们的无辅助的感知和认知来说太大的数据；它还可以让我们以不同的方式看到任何规模的数据（包括非常熟悉的经典文化数据集）。

## 八 ▶ 降维

我们想要探索特征空间的结构：聚类的存在、位置和形状、它们之间的距离以及各个点之间的平均距离。如何做到这一点？如果我们能将这个空间可视化，那就太好了。如果我们只有两个特征，我们可以直接将它们分别映射到一个维度并创建传统的二维散点图。如果我们有许多特征，那么一个多维度的空间可以用一系列独立的散点图来表示，每个图显示一对特征。这种可视化技术被称为散点图矩阵（scatterplot matrix）。

如果我们有很多维度，散点图矩阵就变得不那么有用了。每张图只显示空间在二维上的一个特定投影，即一个单一的平面。如果点群（point clusters）的形状确实是多维的，研究大量单独的二维图可能无法帮助我们看到这些形状。

另一种将多维空间（即许多特征）中的点可视化的方法是使用距离矩阵（distance matrix）。距离矩阵是直接从一个数据表中计算出来的。在距离矩阵中，每个单元格表示原始表的两个对象之间的数值距离。通过将单元格的值转换为灰度、颜色或形状，我们可以将距离矩阵变成一个可视化的东西。这种可视化被称为热图（heat map）。与散点图矩阵一样，热图也会随着我们添加特征而迅速变得非常密集，并且它们也有相同的局限性，即难以看到多维聚类的形状。图3是一个热图可视化的例子，用于探索Instagram用户对他们分享的图片所分配的标签。数据科学开发了另一种查看和解释多维空间结构的方法，它被称为降维。除了对象、特征、要素空间和距离外，降维也是数据科学对人文学科具有重要意义的另一个基本概念。降维是当今最广泛使用的方法，用于探索具有任意大数量特征的数据。它指的是为多维空间创建低维表征的各种算法。如果这个新的表征只有两个或三个维度，我们可以用一个或两个标准的二维散点图来将其可视化。

请注意，此类散点图中的每个轴通常不再对应于单个特征。相反，它表征了各种特征的组合。这就是降维算法的严峻挑战——虽然它们允许我们使用散点图来表示数据，以便使我们很容易地看到空间的结构，但要解释每个维度的含义可能相当困难。不过，即使我们不能确切说出每个轴代表什么，我们仍然可以研究空间的形状、聚类的存在与否，以及点之间的相对距离。

降维是将一个多维空间投影到一个较少的维度中，就像人的影子是将身体从三维投影成二维一样。根据太阳的位置，一些阴影会比其他阴影信息量更大。（例如，如果太阳就在我头顶上，我的影子就会变得很短，我的身体形状以非常扭曲的方式表示。但是，如果太阳在30度角或45度角的位置，我的影子将包含更多信息。）同样，降维的想法是尽可能保留原始信息。但必须记住，在降维过程中某些信息总是会丢失。[10]

不同的降维技术对应保留何种信息以及如何实现这些信息使用不同的标准。以下是三种常见的使用了降维的数据探索方法：

多维缩放（Multi-Dimensional Scaling, MDS）：我们希望在将多维空间投影到较低维空间的同时，

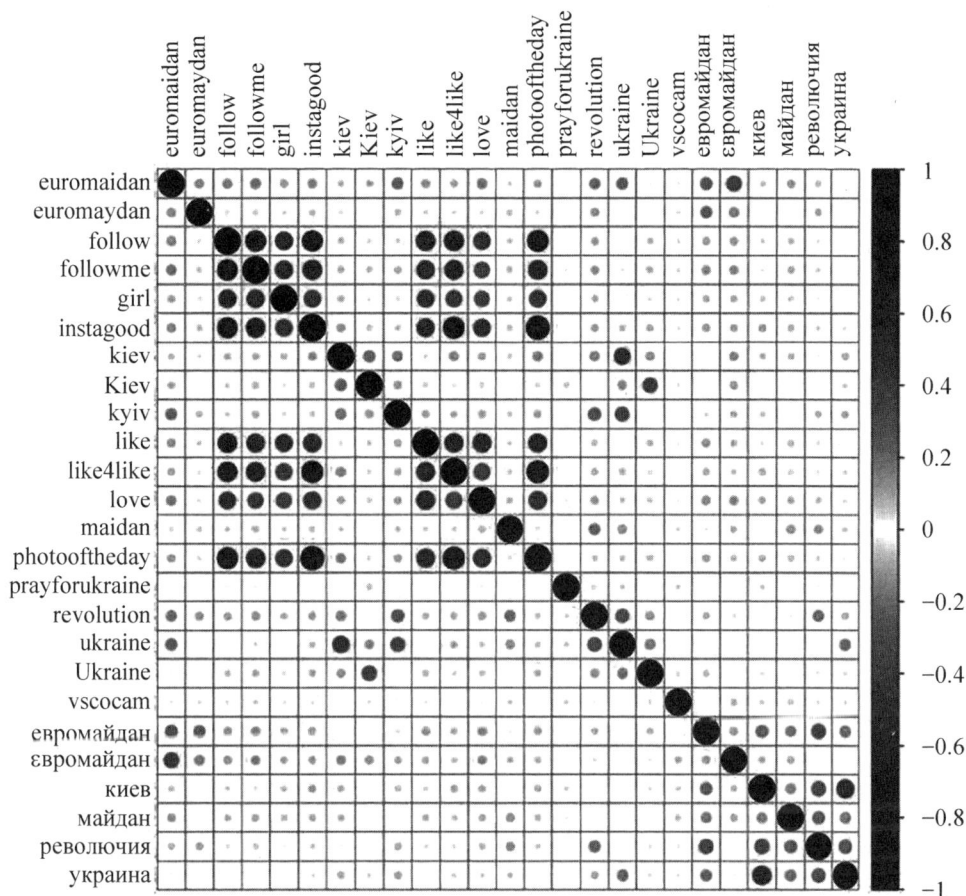

图 3　2014 年 2 月乌克兰广场革命(Maidan revolution in Ukraine)期间,Instagram 用户在基辅市中心所共享图像的热门标签的热图可视化(heat map visualization)。使用 Instagram API,我们收集了 2 月 17—22 日的图像。在此期间,6 165 名 Instagram 用户共享了 13 208 张图片,它们共标记了 21 465 个标签(5 845 个独特标签)。可视化显示了 25 个最常用的标签。颜色/大小的强度指示两个标记一起使用的频率(可视化:Lev Manovich/软件研究计划)。

保留多维空间中各点之间的相对距离。

主成分分析(Principal Component Analysis, PCA):当我们从所有维度转到较少维度时,我们希望保留大部分的变异性(数据的分布)。

因子分析(Factor Analysis):与多维缩放和主成分分析类似,但其原始动机不同。因子分析的想法是提取"因子"——用少数的"隐藏"变量来负责较大的观测(记录、测量)变量集。[①]

图 4 是多维缩放可视化的例子。我们探索了 2014 年 2 月乌克兰广场革命期间基辅 13 208 张图片的 Instagram 的前 25 个标签,并发现了明显的语义集群。

图 5 显示了一个使用主成分分析对大约 6 000 幅法国印象派画家的画作进行可视化的例子。在这样的可视化中,在特定视觉特征方面彼此相似的图像被归为一组。这种可视化功能使我们能够将许多图像相互比较,并了解大型视觉数据集中的相似性和差异模式。

---

① 关于心理学因素分析的原创公式之一,见路易·莱昂·瑟斯顿的论文:Louis Leon Thurstone, "Vectors of Mind", *Psychological Review*, Vol.41, 1934, pp.1-32, http://psychclassics.yorku.ca/Thurstone (accessed April 24, 2015).

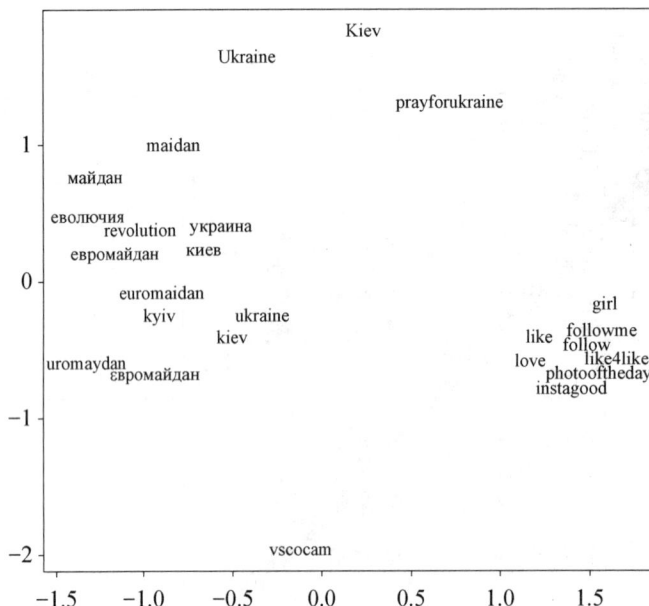

图 4　使用多维缩放（MDS）对图 3 中的数据进行可视化。通常一起使用的标记在绘图中彼此接近。在右侧，我们看到一个表示"通用"Instagram 语言标记的紧密群集：♯ like、♯ follow、♯ instagood 等。（这些相同的标签在世界各地都很流行）。在左边，我们看到另一组与广场革命相关的标签群。可视化显示表明，这两种类型的标记之间几乎没有交互：一组 Instagram 用户使用通用标记，而另一组主要标记当地和具体事件。

## 九　结语

探索是为了比较。而要进行比较，我们首先需要看到。为了看到文化大数据（big cultural data），我们需要转向数据科学。在 21 世纪之前，我们通常比较少量的人造物，在没有机器帮助的情况下，使用人类的认知能力被认为是足够的。但是今天，如果我们想比较数以万计或数以百万计的文化产品（数字用户生成的内容是这一规模的最佳示例，但一些数字化的历史文物收藏也可能相当大），我们别无选择，只能使用计算方法。换句话说，要"看到"当代文化，就需要使用计算机和数据科学。

这种计算机"视觉"可以被理解为人文学科最基本的行为（或方法）的延伸——比较文化产品（或者时期、作者、流派、运动、主题、技术、主题等）。因此，尽管数据科学促成的计算机视觉在规模上可能是激进的——比方说，你在一次"浏览"中能看到的内容——但它延续了人文学科的传统方法论。

在本文中，我介绍了数据科学的若干核心概念：对象、特征、特征空间、测量特征空间中的距离、降维。我认为，它们是数据科学领域与人文学科相关的领域中最基础和最根本的概念。它们使人们能够探索大量的数据，但它们也是数据科学其他领域及其行业应用的基础。事实上，它们对于我们的"大数据社会"至关重要，与我们用来代表和推理世界和彼此的其他主要文化技术一样——自然语言、基于镜头的照片和视频成像、保存和获取信息的物质技术（纸张、印刷、数字媒体等）、计数或微积分。它们构成了数据社会的"心智"（mind）——我们这个时代特有的与世界和人类接触、理解及行动的特殊方式。

图5　使用主成分分析(PCA)对一个图像集进行可视化的例子。该数据集是法国印
　　　象派画家约6 000幅画作的数字图像。我们从每个图像中提取了200个独立的
　　　特征,描述了其颜色特征、对比度、形状、纹理和构图的某些方面。然后,我们使
　　　用主成分分析将有200个特征的空间缩小到较低的维度,并将前两个维度可视
　　　化。在可视化效果中,那些与我们所提取的特征方面相似的图像被归为一组。
　　　一个有趣的发现是,与印象主义(左下角)相关的图像类型只占这些艺术家创作
　　　的更大作品集的一小部分。至少有一半的图像是比较传统和更典型的19世纪
　　　古典绘画(较暗的色调和暖色)。请注意,我们的数据集只包含了1874—1886
　　　年印象派展览参与者创作的所有的油画和粉彩的大约一半(可视化:Lev
　　　Manovich/软件研究计划)。

## 编者注

[ 1 ]　早期的数据分析和数字人文长于文本挖掘和分析,而图像检索和计算是较晚才发展起来的领域。

[ 2 ]　"表征"是解读本文,亦即理解马诺维奇试图揭示的数据科学之底层逻辑的一个核心概念。

[ 3 ]　关于数据的组织、数据域及其关系的信息。元数据就是描述数据的数据。

[ 4 ]　即上文所述的创建表征形式需要做出的三个关键决策之一:确定对象的边界。

[ 5 ]　"表征"之外,理解数据科学底层逻辑的另一个关键概念——人类认知功能的自动化。而自动化
　　　的开端,则要追溯到上文所述的"数据社会",即科层制的、全景式社会的形成。

[ 6 ]　将计算分析用于涉及视觉的艺术和文化产品研究,即从文本分析过渡到或者说进阶到图像检索
　　　和计算的关键,就是可视化。因为可视化为人文研究的"比较"分析提供了一种新的有效方法。

[ 7 ]　因此,大数据语境下数据量的暴增和计算能力的提升,既是视觉的人文学科与数据科学结缘的必
　　　要性,也是其契机——从全部数据整体着眼,通过可视化分析识别和研究以往很难发现或可能被

忽视的模式。

［8］数字艺术史和其他数字人文研究的一条基本原理；因为是研究空间的"形状"，进而对其结构和模式提出文化解释，所以针对对象的分类就是不必要的，甚至是与该研究目的相悖的了。

［9］这也是数字人文研究与传统人文研究的一个关键区别。

［10］与特征选择和算法参数的选择同理，降维方法的优势也在于"多"而不是"正确"。

## 延伸阅读文献

［1］Kamposiori, C., Mahony, S., and Warwick, C. The Impact of Digitization and Digital Resource Design on the Scholarly Workflow in Art History ［J］. International Journal for Digital Art History, 2019(4):11 - 27.

［2］Oldman, D., Tanase, D., and Santschi, S. The Problem of Distance in Digital Art History: A ResearchSpace Case Study on Sequencing Hokusai Print Impressions to Form a Human Curated Network of Knowledge ［J］. International Journal for Digital Art History, 2019(4):29 - 45.

# 计量电影学与费穆电影结构的可视化路径<sup>①</sup>

**导读**:本文原载于《电影艺术》2020 年第 4 期。作者回顾了定量分析在电影研究中的接受史,指出 Cinemetrics 等平台和工具的兴起表明随着数字科技和网络信息技术的不断发展,定量、定性研究融合已经成为必然趋势。作者认为,数字人文视野下的计量电影学不仅为电影本体研究提供了数据可视化的工具,拓展了电影研究的理论视野,更构建出一种新型的数据共享和跨学科合作的学术模式。

文章的主体部分借助现有的数字计量工具,对于费穆导演的电影结构进行了可视化研究。这篇文章用案例分析为读者具体地呈现了计量电影学的思路、路径,以一种极具说服力的方式呈现了数字人文对传统电影学和广义的艺术学研究的增益。一是为本体研究提供了新的、有效的分析路径;二是利用编程语言、超文本、定制算法、大数据分析等数字技术工具,极大提升了形式分析的精确度,突破了依靠研究者自身经验的局限;三是打破学科壁垒和专业与非专业的界限,形成了开放、交流的研究模式。此外,作者在反思计量电影学的基础上,提出了两个问题:第一,如何将数字化的计量统计工具与其他电影理论有机地结合起来,从而针对量化研究发现的特征或趋势进行语境化的阐释;第二,针对数字技术工具带来的效用,人文学者要努力提升自己使用工具的能力,从而不仅是把数字人文当作工具,还要在其提供的视野之下,构想出新的研究课题。显然,这两个问题对于数字人文在其他方面的应用也具有普遍性的意义,值得各学科的数字人文实践者着重考虑并努力探索解决路径。

## 一 ▶ 数字人文视野下计量电影学的价值与意义

作为数字科技与信息技术应用于人文研究的前沿学科,数字人文所涉及的领域得到了广泛的延伸:内容挖掘、数据检索、统计分析、主题建模、数据可视化等,这在一定程度上拓展了人文研究的范式转换。数字人文视野下的计量电影学到底仅仅是一种可视化的数字技术工具,还是能够为电影研究带来方法论意义上的革新和突破? 这些都是值得电影学者们进行批判性反思的重要命题。

定量分析作为电影研究的一种手段,在学术界有着悠久的历史。1912 年出版的《电影世界》(*Moving Picture World*)期刊上发表的一篇文章中,讲述了斯托克顿(Rev. Dr. Stockton)使用秒表、袖珍计数器、电子闪光灯、记事本等工具,抽取了 25 部当时的电影样本,来比较它们的平均镜头长度

---

① 作者:陈刚(北京师范大学艺术与传媒学院);导读、注释:吴维忆。

（Average Length of Shots）。[1] 1974 年，巴里·索尔特（Barry Salt）在《电影季刊》（*Film Quarterly*）上发表了论文《基于统计方法的电影风格分析》（Statistical Style Analysis of Motion Pictures），提出了将统计学应用于电影风格研究的宣言。[2] 1983 年，索尔特又出版了专著《电影风格与技术：历史与分析》（*Film Style and Technology: History and Analysis*），他运用计算机统计平均镜头长度的方法，对电影诞生之后的数千部美国和欧洲电影的镜头长度及影片结构进行了统计。[3] 然而，由于西方传统人文学科体系一直比较排斥这种量化研究的方法，因此，在之后的很长一段时间内，很少有电影学者在研究中效仿索尔特的做法。

随着数字科技和网络信息技术的迅猛发展，人文研究获取图书、档案、文献、影像等研究资料的途径越来越依赖数字科技应用的不断拓展，定量研究和定性研究的融合成了必然的趋势，强调跨越学科界限进行对话与合作的数字人文方法逐渐被人文学科所重视。近年来，以编程语言、超文本、定制算法、大数据分析等数字技术工具为基础的统计学方法，再次回到了电影研究的视野。戈纳斯·塞维扬（Gunars Civjans）和尤里·齐维安（Yuri Tsivian）共同开发设计的 Cinemetrics 平台，为学者和大众提供了一个易于进行电影数据记录的交互界面，数据经处理后生成可视化图表，学者们可以结合自己的研究成果和理论问题在网站论坛里进行共享、讨论和交流。[4] 在线数据的共享使电影研究变得更加开放，共同协作、交叉检查成为一种新的工作模式，电影计量研究的参与者也变得越来越多。受 Cinemetrics 平台的启发，杰里米·巴特勒（Jeremy Bulter）主持开发设计了 Shot Logger 平台，依靠 VLC 播放器可以从视频中抓取画面帧的功能，在电影每一帧画面的文件名中嵌入时间代码数据，标记每个镜头的起始时间数据，从而计算出每个镜头的长度并确定其在视频文本中的位置。[5] 与 Cinemetrics 一样，Shot Logger 也需要手动捕获帧，然后由镜头记录器自动生成数据。此后，又相继出现了由法国蓬皮杜创新与研究中心开发的 Lignes de Temps（时间线）系统和德国学者拉尔夫·埃沃斯（Ralph Ewerth）主持开发用于自动视频内容分析的软件工具包 Videana，以及作为视频索引方式的全自动镜头边界检测系统（SBD）。毫无疑问，上述电影计量学统计平台或软件工具包都属于数字人文在电影研究领域的实践范式。在数据统计、上传和分析过程中，"不仅生产文本，而且生产图像、跨媒介语料库、软件和平台"，成了一种电影研究的"生产性实践"。[6]

笔者搜集了 99 篇计量电影学相关的英文文献，并抽取其中"研究对象"的关键词，基于词频统计进行文本可视化——标签云（Tag Cloud）的展示（如图 1）：字号越大的关键词，被作为研究对象的频次越高，依次递减。从图 1 中可以看出，美国电影和好莱坞电影被作为研究对象的频次最高，其次是格里菲斯、劳拉与哈代、阿尔弗雷德·希区柯克等不同时期的美国电影导演或演员研究，随后米开朗齐罗·安东尼奥尼（意大利）、让-吕克·戈达尔（法国）、弗里茨·朗（德国）等国家的艺术片导演也都进入了计量电影学的研究视野，另外还有一些类型电影和艺术电影的个案研究等，暂没有涉及中国电影的相关研究。在研究内容方面，99 篇英文文献的重合度相对比较高，笔者采用了饼状图的形式标记出每一类研

---

[1] Winthrop Sargent, "The Photoplaywright: Scenes and Leaders", *Moving Pictures World*, Vol. 13, No. 6, 1912, p. 542.

[2] Barry Salt, "Statistical Style Analysis of Motion Pictures", *Film Quarterly*, Vol. 28, No. 1, 1974, pp. 13 – 22.

[3] Barry Salt, *Film Style and Technology: History and Analysis (3rd ed.)*, London: Starword Press, 2009.

[4] Cinemetrics, June 5, 2020, http://www.cinemetrics.lv.

[5] Jeremy Butler, "Statistical Analysis of Television Style: What can Numbers Tell Us about TV Editing?", Cinema Journal, Vol. 54, No. 1, 2014, pp. 25 – 44.

[6] ［美］安妮·伯迪克等：《数字人文：改变知识创新与分享的游戏规则》，马林青、韩若画译，北京：中国人民大学出版社，2018 年，第 9 页。

图 1　计量电影学英文文献研究对象标签云

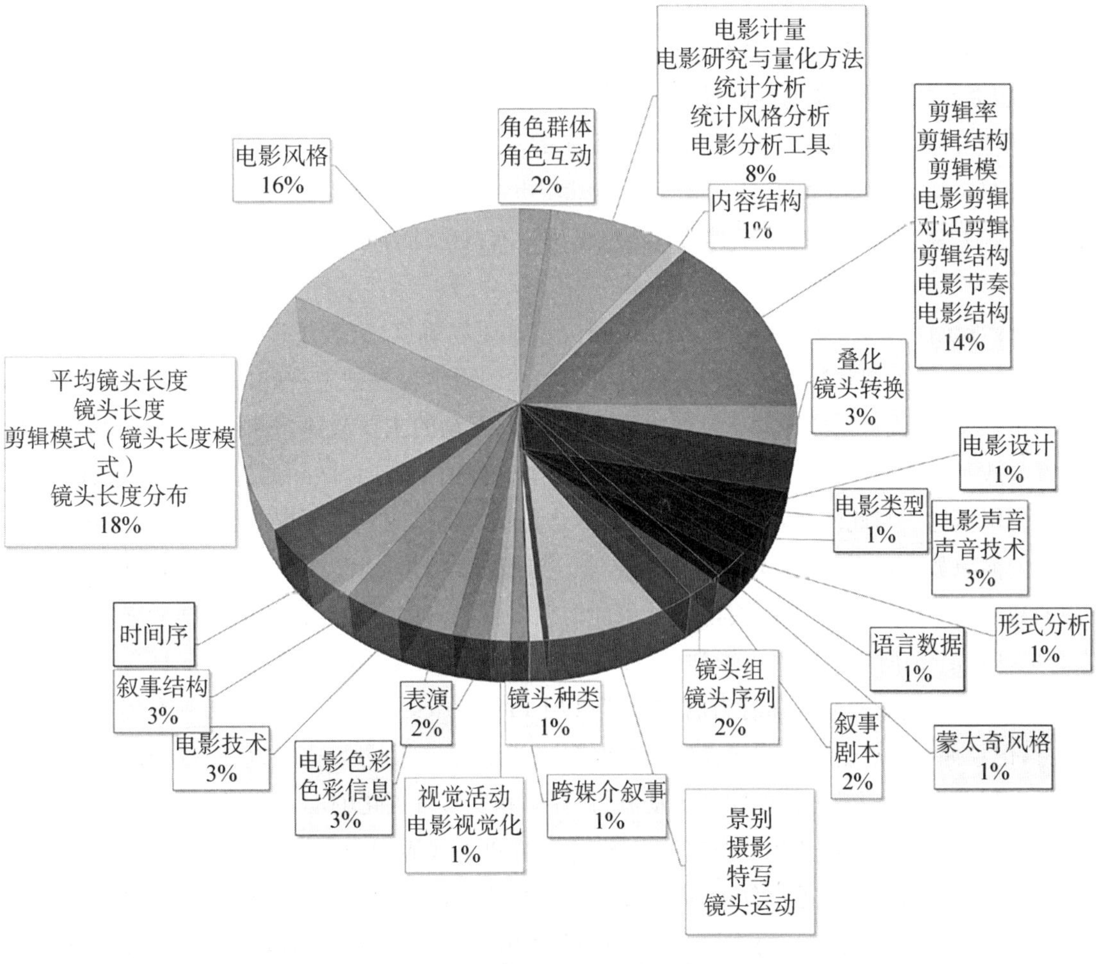

图 2　计量电影学英文文献研究内容饼状图

究内容所占的百分比。从图 2 中可以看出,由于计量电影学现有的计量工具主要针对镜头长度进行统计,因此总计 16% 的文献聚焦于镜头长度、平均镜头长度、镜头长度分布等方面的内容,其次是电影风格研究占比 14%,第三位的是有关剪辑率、剪辑模式、剪辑结构等的研究占比 13%,随后计量电影学统计方法、景别分布、镜头运动、镜头转换、电影色彩、镜头种类、演员表演等方面的相关研究依次排列。从比例排序上来看,由于计量统计工具和方法尚未完善,因此需要结合电影专业知识进行判断和区分的研究文献比例相对还比较少。在使用平台工具方面,使用 Cinemetrics 平台工具或数据库的文章有 71 篇,占比 72%。

结合上述研究文献的计量统计不难发现,数字人文视野下计量电影学不仅为电影本体研究提供了数据可视化的工具,而且拓展了电影研究的理论视野,更构建出一种新型的数据共享和跨学科合作的学术模式。

首先,电影的形式风格研究一直是计量电影学研究的核心重点,从某种程度上来讲,这恰恰弥补了当下电影理论、电影美学以及电影批评中严重脱离电影本体研究的缺陷。[1]自 20 世纪 60 年代开始,结构主义和语言学进入电影研究的视野,电影研究的理论方法从注重电影本体的艺术哲学全面转向注重文本结构分析和阐释的学院派电影理论。符号学、意识形态批评、女权主义、精神分析理论、后结构主义、性别研究、后殖民理论和身份政治等一系列心理学、社会学、政治学和文化研究理论被广泛应用到电影研究的文本实践当中,将电影本体论研究排挤到边缘。电影学界热衷于不断建构、更新先验性的理论体系和阐释框架,而忽略对于电影本体形式风格和影像生成机制的关注。纵观经典电影理论,不管是巴赞以"摄影影像的客观性"为基础的长镜头理论,还是苏联蒙太奇学派基于自身创作实践而建构的美学体系,抑或是克拉考尔"物质现实的复原"的理论思考,都是围绕着"电影是什么"的本质命题而展开。因此,电影本体论研究应该是"电影学的逻辑起点"和"电影美学分析的'元命题'"①,如何将数字化的计量统计工具与其他电影理论有机地结合起来,成为电影学者们下一步亟待解决的问题。

其次,计量统计的方法为电影形式风格的研究增加了精确度,突破了以往实证研究依靠逻辑经验的局限,信息图形和可视化数据易于激发研究者们关注到通常容易被忽视的问题。随着当下媒介环境越来越注重社交性,数字图像和动态影像成为人们交流、互动的主要载体,强化着人们以视觉逻辑为主导的思维方式和阅读习惯。人文研究在整体上呼应了这种视觉转向,试图通过可视化的数据图形来阐释抽象的逻辑概念。与此同时,"体验可视化既不是简单的模拟或真实历史的实证主义重建,也不是对真实世界的简单放大,而是对知识状态的考察"②。与传统的文本阅读不同,人文学者对于此类知识建模方法的数字读写能力也需要相应提高,并由此构想出新的研究课题。正如电影学者查尔斯·奥布赖恩(Charles O'Brien)所言:"计量电影学可以改变人们对于电影结构的理解,而这本身为人们重新认识一部电影或一系列电影提供了强有力的刺激。"③以 Cinemetrics 平台为例,软件必须在用户观看电影的同时运行,记录他每次点击鼠标或键盘按钮的时间,一部电影的动态数据可以在一次观看中收集完成;将数据提交到平台服务器后,数据库便自动分析、存储和发布可视化的动态曲线。④ 每部影片的动态曲线不仅描绘出代表镜头时长变化的黑白波形图,而且提供了代表剪辑强度动态分布的红色趋势线。齐维安认为通过对于动态曲线进行分析,可以得出三组数据:有关影片的剪辑强度起伏(每个镜头时长与平均镜头时长 ASL 的标准差)、每个镜头的长度(影片中最短时长镜头和最长时长镜头之间的秒数差值)以及它的动态趋势(反映影片在持续时间内镜头长度波动的变化趋势)⑤,如图 3 所示。

① 贾磊磊《镌刻电影的精神:关于电影学的范式及命题》,载《当代电影》2004 年第 6 期,第 9—10 页。

② [美]安妮·伯迪克等:《数字人文:改变知识创新与分享的游戏规则》,马林青、韩若画译,第 47 页。

③ Charles O'Brien, "Film Analysis and Statistics: A Field Report", *Technology and Film Scholarship*, Santiago Hidalgo ed., Amsterdam: Amsterdam University Press, 2018, p. 152.

④ http://www.cinemetrics.lv/cinemetrics.php#fact, 2020 - 06 - 05.

⑤ Yuri Tsivian, "Cinemetrics, Part of the Humanities' Cyberinfrastrcture", *Digital Tools in Media Studies*, Michael Ross, Manfred Grauer and Bernd Freisleben eds., New York: Columbia University Press, 2009, p. 96.

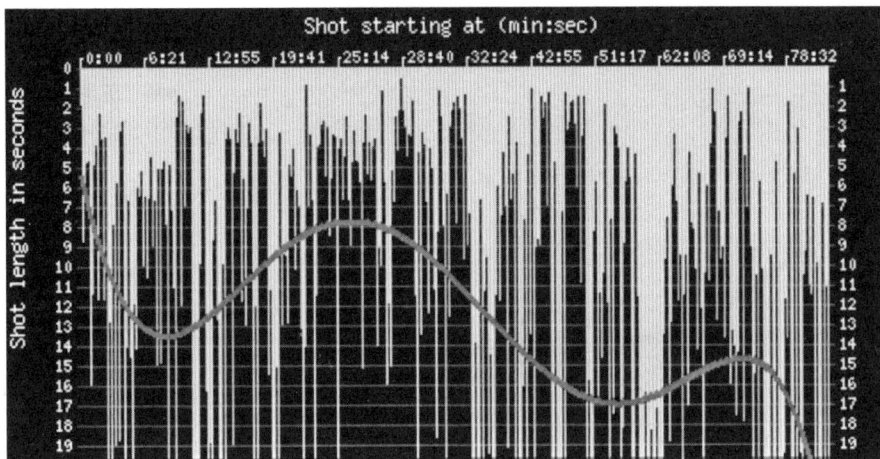

图 3　《罗生门》镜头长度动态曲线

最后，计量电影学不仅打破了学科的壁垒，而且模糊了专业电影学者与电影爱好者之间的界限，使电影学术圈和公众共享整个研究数据集，从而逐步建立起一种信息开放、交互、合作的电影研究模式。虽然工业时代以来对于知识产权的保护意识已经在众多学者脑海中根深蒂固，但是计量电影学统计平台的出现为让他们走出封闭、自足的学术状态提供了一种路径。未来著述的模式也会发生根本的改变，著述不再是"一种独立自主性的工作或是一个人单独思想的结晶"，而是"一个不断拓展的、几无边界的实践者社群的集体创造力的表达与利用"，"问题不再是'作者是什么'，而是在多元性创意设计、公开创作实践以及版本持续更新的现状下，作者的职能是什么"。[1] 与此同时，计量电影学的统计平台成了一个动态的电影数据库，用户利用平台工具提交的数据越多，数据库的容量越大。通过这些统计平台，数字人文理念下的远距离阅读将从更加宏观的视野去把握电影形式风格演进的整体趋势。[2] 近距离阅读源于人文学科的语言学传统，往往是指以研究目的为导向，按照语序逻辑进行的深度阅读，在电影研究中常常表现为传统意义上的文本细读。远距离阅读则是通过对大量文本的数据库进行总结分析后，从宏观视野找寻出整体的趋势、关系和变化。计量电影学为电影研究的远距离阅读提供了一种便捷的工具。近距离阅读与远距离阅读的结合将会使电影研究在宏观层面和微观层面、整体趋势和文本细读、全球电影史视野和本土化维度上发生联结、互动。例如，Cinemetrics 数据库目前已经拥有来自不同国家的一千多名电影研究人员上传的上万部影片数据（如图 4 所示）。在图 4 中，每个点代表 Cinemetrics 数据库中已经上传的影片数据，X 轴表示时间（过去 109 年的电影史），Y 轴表示影片的平均镜头长度（ASL）。用户可以通过拖动矩形放大来选择区域，迅速找出某一部电影与其他上万部电影之间的关系。

## 二 ▸ 费穆电影结构的可视化路径

在当下的电影研究中，电影结构常常被等同于情节结构、叙事结构或剧作结构，与文学结构、戏剧结构的研究范畴会有很多重合之处，而对于构成电影时空结构的视听元素却甚少提及。苏联电影学者

---

① ［美］安妮·伯迪克等：《数字人文：改变知识创新与分享的游戏规则》，马林青、韩若画译，第 77 页。

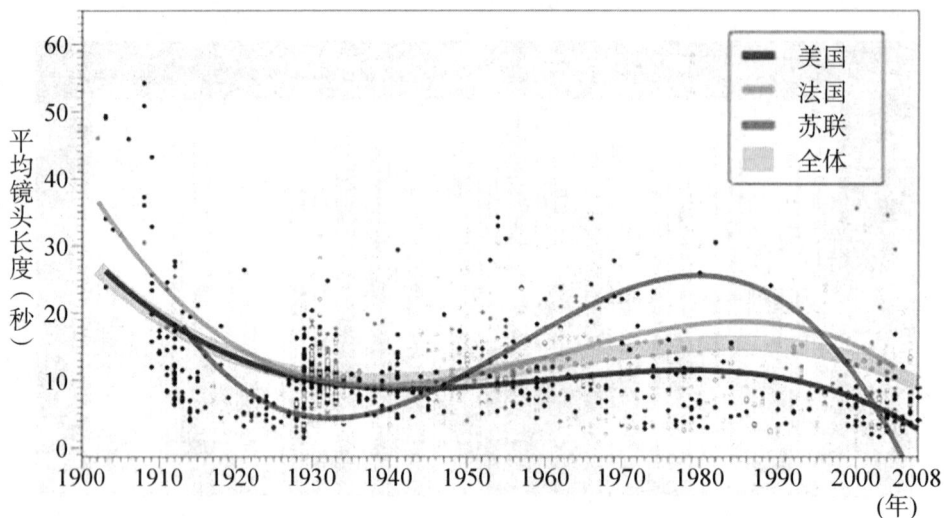

图 4　1900—2008 年电影的平均镜头长度

B. 日丹在《影片的美学》一书中认为,"造型的(构图、角度、景别、光、色)和声音的(话语、对白、音响、音乐)……在其相互作用中形成电影形象结构",显现出"电影形象肌体的概括力"。[①] 这里,B. 日丹所提到的"电影形象结构"恰恰是当下很多电影学者所忽视的。然而,计量电影学通过数据可视化的方式,为我们进入"电影形象结构"的研究提供了一种有效的路径。

　　笔者以费穆导演现存的电影影像为研究对象,有限地借助前文所提到的目前国际计量电影学界使用率最高的 Cinemetrics,统计了影片《天伦》(1935)、《狼山喋血记》(1936)、《联华交响曲·春闺断梦》(1937)、《孔夫子》(1940)、《小城之春》(1948)中的镜头时长和镜头数量,同时将影片的镜头类型、运动镜头、焦点调度、转场方式、画面景别、构图等其他数据手动标记在自制的 Excel 表格中。统计结束后,将 Cinemetrics 数据库生成单个镜头长度和镜头总数的原始数据(raw data)复制到 Excel 表格中,通过函数换算生成研究需要的可视化图形。[②]

## (一) 风格:镜头长度分布

　　镜头长度分布(the Shot Length Structure,SLS)是通过记录每个镜头的时间长度(以秒为单位)来为电影创建的数据集。平均镜头长度(the Average Shot Length,ASL)是最常被学者使用的电影风格统计数据[③],用于描述电影的镜头转换频率(剪辑率,the Cutting Rate)。当两部电影进行比较时,ASL 数值低表示快速的剪辑率,ASL 数值高表示慢速的剪辑率。然而,有些影片中会出现个别镜头长度过长,但大多数镜头长度小于 ASL,这样就会导致整部影片的镜头长度分布缺乏对称性。因此,ASL 并不一定能够完全准确地还原电影的风格特征。出于这个原因,一些学者更倾向于使用中间镜头长度

---

① ［苏］B. 日丹:《影片的美学》,于培才译,北京:中国电影出版社,1992 年,第 201 页。
② 没有完全依靠 Cinemetrics 平台进行计量统计的原因:①Cinemetrics 平台网页系统不稳定,时常会发生白屏报错的情况,导致前期统计的数据丢失,因此需要手动备份每个镜头的时间码;②在线工具不支持撤回(返回上一步)和删除等命令,如有误操作,不能修改;③ Cinemetrics 平台用户端工具在进阶模式可以最多自定义设置 8 个变量标签,且不能进行二次编辑,因此针对不同变量标签需要反复观看影片进行统计,大大增加工作量;④Cinemetrics 数据库生成的可视化图形精度不可设置,而且图形样式单一,且不够直观。
③ ASL 是算术平均值,等于电影总时长除以镜头总数。

(the Median Shot Length,MSL)作为参考标准[1]，他们认为 MSL"在存在异常值的情况下，能够更好地描绘影片的镜头长度分布"[2]。而迈克·巴克斯特则认为 ASL 和 MSL 应该"同时使用，而不是（被视为）作为'竞争'的统计数据，从中做出选择"[3]。

　　笔者依据统计所得的镜头时长、镜头数量以及时间码数据，制作出"费穆电影镜头长度分布与剪辑率比较图"（如图 5）和"费穆电影镜头长度各项数值对比"（如表 1）。对比图 5 中每部影片的波形规律，我们可以一目了然地看出在不同时期费穆导演的镜头长度分布和剪辑率有着较为明显的差异。由于《天伦》是默片，大多数的交流对话段落要依靠插卡字幕的协助，因此剪辑频率相对于其他影片更快一些。[4] 参照表 1 中每部影片的 ASL 和 MSL 数值，我们会发现《天伦》《狼山喋血记》《孔夫子》三部影片 ASL 和 MSL 的数值差基本是相同的，证明这三部影片在单个镜头长度和镜头转换频次（剪辑强度）上基本一致。相比之下，《小城之春》的数值差最大，MSL 仅是 ASL 的 55%，这表明影片中单个镜头长度的差距很大。结合图 5 也不难发现，《小城之春》中长镜头的数量非常多，影响了全片镜头长度的正态分布。其中，最高镜头长度时长达到 4 分 3 秒，也就是我们在图 5 中所看到的绿色峰值点。这个镜头讲述了礼言似乎觉察到了玉纹与志忱之间曾经的暧昧，示意玉纹坐下来谈谈，劝说玉纹能替自己撮合妹妹戴秀和志忱在一起。这个段落由一个镜头拍摄完成，通过摄影机的横向摇动和纵向的前后移动，结合两位演员从书桌前到床头的走位完成了调度和景别变化，充分展现出两人各自的内心纠结与挣扎。通过这样的长镜头拍摄，费穆让角色始终沉浸在场景氛围的情绪之中，而观众也不得不时刻注视着画面中人物的表情细节和动作变化，感受着角色之间复杂而紧张的情感状态。费穆将这种对于场景氛围的营造称之为"空气"："利用周遭的事物，以衬托其主题"，从而"创造剧中的'空气'"。[5]

表 1　费穆电影镜头长度各项数值对比

| 影片名 | 天伦（1935） | 狼山喋血记（1936） | 春闺断梦（1937） | 孔夫子（1940） | 小城之春（1948） |
|---|---|---|---|---|---|
| 片长（时：分：秒） | 0:45:22 | 1:09:47 | 0:10:08 | 1:37:12 | 1:33:14 |
| 镜头数量（个） | 369 | 540 | 53 | 489 | 233 |
| 平均镜头长度 ASL（秒） | 7.8 | 7.7 | 11.5 | 11.6 | 24.0 |
| 中间镜头长度 MSL（秒） | 5.6 | 5.1 | 10.3 | 8.6 | 13.2 |
| 最低镜头长度（秒） | 0.4 | 0.3 | 1.4 | 0.6 | 0.9 |
| 最高镜头长度（秒） | 102.9 | 43.1 | 31.6 | 94.9 | 243.0 |

---

[1] MSL 是按照数量级排列镜头长度数据时的中间值。如果镜头时间长度的数据集包含奇数个观测值，则 MSL 是顺序统计的中心值；如果数据集包含偶数个值，则 MSL 等于两个中间值的平均值。

[2] Brett Adams, Chitra Dorai and Svetha Venkatesh, "Formulating Film Tempo: The Computational Media Aesthetics Methodology in Practice", *Media Computing: Computational Media Aesthetics*, Ed., Norwell, MA: Kluwer Academic Publishers, 2002, p. 72.

[3] Mike Baxter, "Film Statistics: Some Observations", June 5, 2020, http://www.cinemetrics.lv/dev/ASLdebate.pdf.

[4] 作者注：由于默片中字幕内容是镜头画面的补充，因此统计《天伦》时字幕时间被算在上一个镜头的时长内。

[5] 费穆：《略谈"空气"》，载《时代电影》1934 年第 11 期，第 22 页。

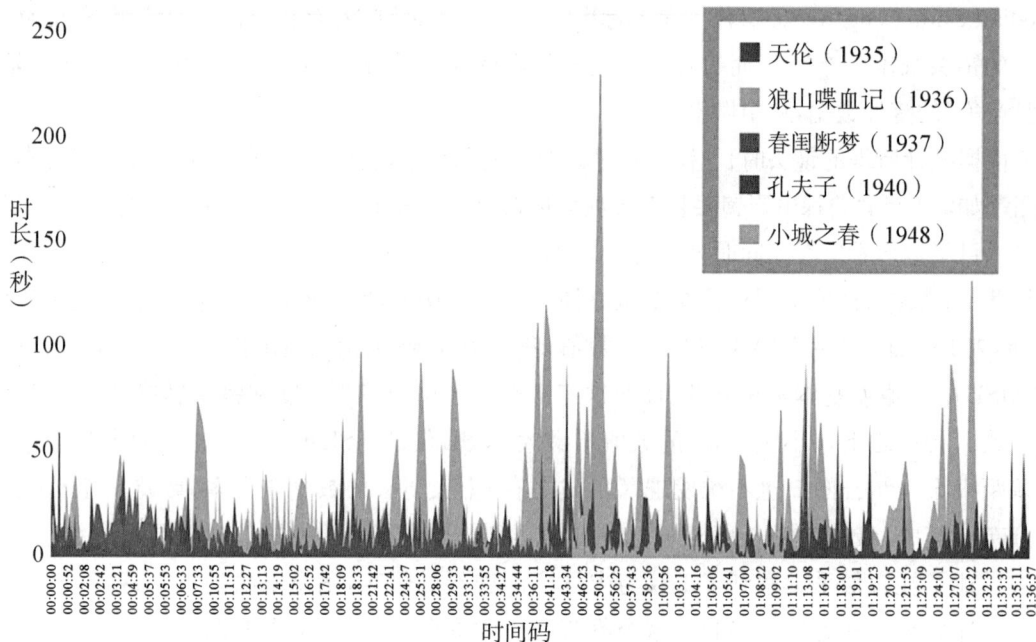

图 5　费穆电影镜头长度分布与剪辑率比较图

## （二）节奏：剪辑率、运动镜头、焦点调度与转场方式

"节奏本身是一种有用的高层次语义结构，是电影韵律、基调或情绪的呈现。"[1]对比迈克·巴克斯特在其专著《电影数据分析笔记》（*Notes on Cinemetric Data Analysis*）中的"1935—2005 年好莱坞电影 ASL 和 MSL 的数据图表"（如图 6）[2]，可以看出《天伦》《狼山喋血记》的 ASL 和 MSL 基本与 20 世纪 30 年代好莱坞电影的数值近似，《孔夫子》与 20 世纪 40 年代中期好莱坞电影的数值相差不大，证明费穆导演在影片节奏的把控上与当时上海上映的好莱坞电影基本保持一致。但是，《小城之春》的 ASL 和 MSL 数值却远远高于同时期的好莱坞电影，这证明《小城之春》单个镜头的时长更长，剪辑频次更低，节奏更缓慢。好莱坞电影是通过"正反打"镜头式的"连续性剪辑"维持叙事时空的连贯性，但实际上情节中的自然时间已被省略或压缩，因此镜头切换的频率相对会比较快。而费穆导演在《小城之春》中则是采用了一咏三叹复调式的叙事方式，来强化主人公的内心情绪和心理波动，"尽量以迂回的节奏来增加剧的悲凉的情绪"[3]。因此，在费穆的大部分电影作品中，"自首至尾，全是慢的旋律"[4]。

节奏通常是由剪辑强度和画面内部的运动构成。从图 7 中可以看出，代表四部影片剪辑强度的动态曲线起伏都不大，镜头转换的节奏相对都比较平稳。其中，《狼山喋血记》的后半段由于村里人开始自发联合起来到山上打狼，影片叙事节奏越来越来越快，所以动态曲线在整体上呈现出一个下降的趋

---

① Brett Adams, Chitra Dorai and Svetha Venkatesh, "Towards Automatic Extraction of Expressive Elements from Motion Pictures: Tempo", *IEEE International Conference on Multimedia and Expo*, Vol. 2, 2000, p.641.

② 图 6 转自：Mike Baxter, "Figure11. 3: For 134 Hollywood Films 1935 - 2005, at Five-Year Intervals, Plots of the Mean of the Yearly ASLs and MSLs", *Notes on Cinemetric Data Analysis*, 119, http://www.cinemet rics.lv/dev/Cinemetrics_Book_Baxter. pdf. Accessed June 5, 2020.

③ 缪森：《香雪海》，载《晨报·每日电影》1934 年 9 月 30 日。

④ 凌鹤：《评〈人生〉》，载《申报·电影专刊》1934 年 2 月 4 日。

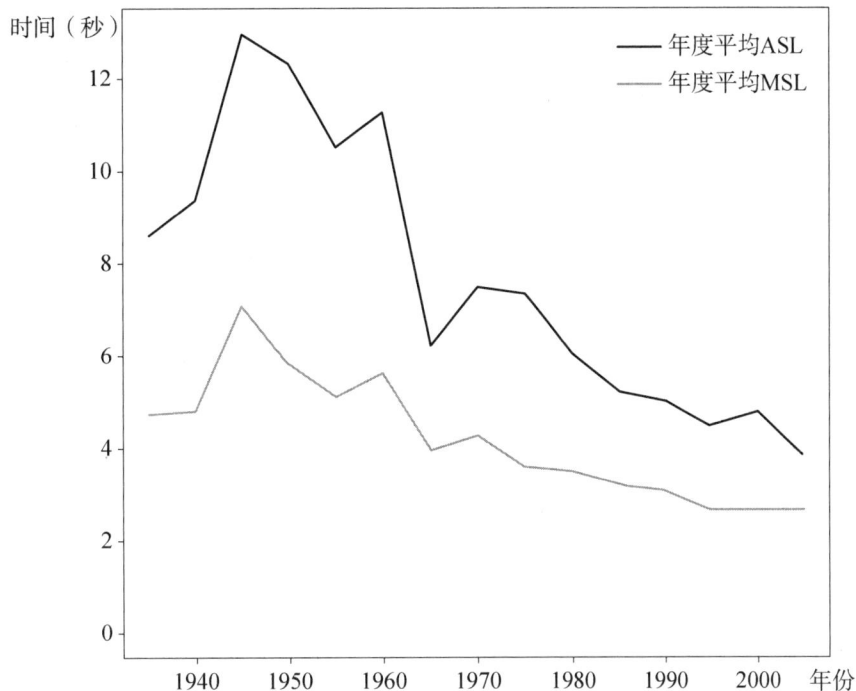

图 6　1935—2005 年好莱坞电影 ASL 和 MSL 的数据图表

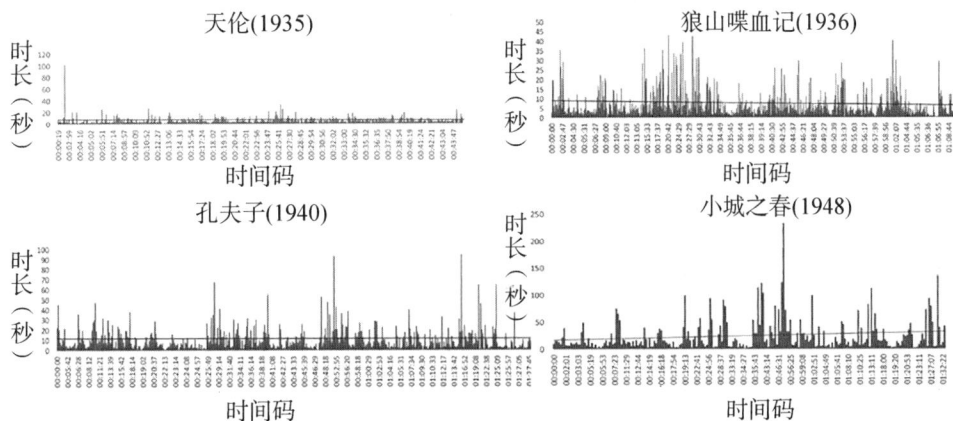

图 7　费穆电影镜头长度分布动态曲线

势,证明镜头长度在影片后半段变得越来越短,剪辑频次越来越快。而《小城之春》的动态曲线在整体上则呈现出上升的趋势,随着三位主人公渐渐放下了情感的执念,章志忱决定离开戴家,周玉纹与戴礼言的生活恢复最初的平静,影片的叙事节奏也逐渐放缓下来。

　　为了配合平缓的剪辑节奏,费穆常常运用诗意的运动镜头、纵深的焦点调度、"叙事分幕法"式的转场方式①来构成其电影画面内部的韵律感。从图 8 中可以看出,《孔夫子》《小城之春》中使用推、拉、摇、移、跟等运动镜头的总数明显多于《天伦》《狼山喋血记》,其中《孔夫子》的镜头运动方式主要是横向的移镜头和纵向的跟镜头,《小城之春》常用的镜头运动方式则主要是横向的摇镜头,这充分说明了这两部影片在题材和叙事方式上的差异。《孔夫子》通过移镜头和跟镜头让观众参与到镜头叙事中,以角色

---

① 费穆:《〈香雪海〉中的一个小问题:"倒叙法"与"悬想"作用》,载《影迷周报》1934 年 10 月 24 日,第 1 卷第 5 期。

的视点去体验历史情境。比如影片中孔仲尼几次觐见鲁定公,鲁定公最后加封他官至司寇,费穆都是采用了跟随着孔仲尼的跟镜头来拍摄的。而费穆在《小城之春》中则采用了一种观察和审视的视点,他并不想对于这段情感纠葛作出过多的主观判断和道德评价,大量摇镜头的使用让观众始终处于旁观者的位置,观察画面中每位角色的行为动作和情绪变化。与此同时,费穆还在运动镜头的运动轨迹上,结合画面纵深的焦点调度来强化这种旁观者的视点。比如章志忱来到戴家后,热情的戴秀在哥哥戴礼言的房间里为志忱唱歌,一开始画面的焦点在前景处,周玉纹正在为礼言准备药,虚化的后景处礼言注视着玉纹的一举一动。镜头随玉纹摇向礼言的床前,礼言吃完药把杯子递给玉纹,玉纹走回到前景处,镜头又摇回到开始的位置,焦点从前景调度到后景处志忱和戴秀身上。志忱依然目不转睛地盯着玉纹,一旁的戴秀有些不悦,这时礼言走进画面,为他们打了圆场。从图8中不难发现,《孔夫子》和《小城之春》中使用叠化和渐隐转场的次数远远多于《天伦》和《狼山喋血记》。叠化与渐隐的转场方式类似于戏剧舞台上幕与幕之间的转换,费穆逐渐意识到这种自然流畅的过渡方式能够模糊镜头与镜头之间的分界线,将镜头组合成叙事单元,保持着叙事时空的连续性和完整性。

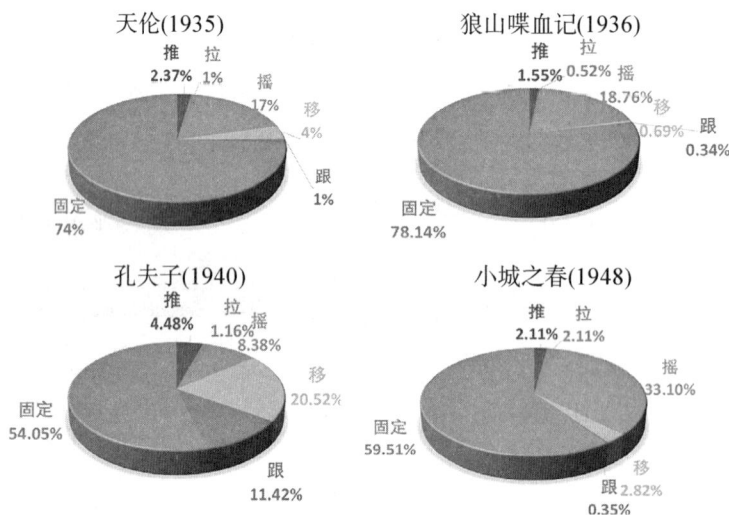

图 7　费穆电影镜头拍摄方式饼状图

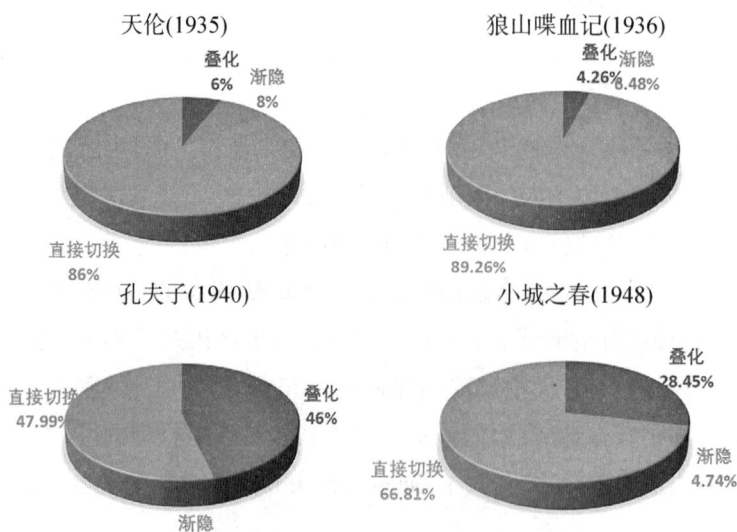

图 8　费穆电影转场方式饼状图

## （三）空间：画面景别与构图

画面景别呈现了镜头的拍摄范围，观众依据画框中的二维空间去想象和建构三维的故事世界，因此对于观众来讲，画面景别具有着非常强烈的视觉指向性和引导作用。从图9中景别分布的情况来看[①]，全景、中景、中近景是费穆导演最常用的景别序列，在每部影片中都占据着50％以上的比例。对比《天伦》和《狼山喋血记》不难发现，两部影片的景别分布比例大致相同，几乎所有的景别在影片中都有涉及，这充分证明费穆非常了解每一种画面景别的叙事功能。比如，在《天伦》礼庭寿宴一场，展现寿宴现场热闹氛围时的全景、妻子劝说礼庭出去应酬客人时的中近景、表现厨师切菜动作细节时的特写，以及礼庭妻子给女儿梳妆打扮时的近景等等，费穆极为准确地通过景别调度完成了情节的连贯。不仅如此，费穆对于画面景别的象征意义也有着深刻的理解。《狼山喋血记》结尾处，众人开枪、手持钢叉或枪托与群狼搏斗的高潮段落，费穆采用了爱森斯坦在《战舰波将金号》中"吸引力蒙太奇"的剪辑方式，相似景别下不同人物的动作被重复剪辑，制造出画面内部空间逻辑的错位与重叠，产生了一种视觉的矛盾张力，并以此来调动观众的主观情绪。

费穆根据每部影片在题材、内容和表现形式上的差异，对于画面景别的使用都会有所侧重。在实验短片《联华交响曲·春闺断梦》中，中近景、全景和大全景所占全片的比例最高。短片中，陈燕燕和黎灼灼辗转反侧，在多重梦境里与她们臆想的恶魔缠斗，画面在中近景与全景、大全景的两极景别之间来回切换，形成视觉上的跳跃感，明暗反差极大的光影使得画面空间内部产生透视的扭曲感，整体上颇具表现主义的风格特征（见图10）。对比这五部影片，《孔夫子》中使用全景、大全景、远景和大远景的比例最高，合计高达全片的64.67％。由于《孔夫子》还原了孔仲尼一生中许多重要的历史事件，以及他与弟子们坐而论道的经典场面，因此费穆在影片中更多使用以展现环境气氛为主的全景系列景别。在《小城之春》中，中近景的使用率非常高，甚至已经成为费穆表现人物关系最主要的手段。戴秀生日一场，玉纹和志忱划拳，礼言正好夹在两人中间，此时费穆使用了中近景：前景处两人划拳的手臂形成了一个半包围的"画框"，将礼言框定在封闭的构图之中，他突然收起了笑容，意识到自己的尴尬处境。另外一场，影片中玉纹和志忱第二次去城墙上约会，费穆采用了三个连续的中近景镜头叠化在一起：玉纹调侃要替戴秀向志忱说媒——志忱懊悔自己当初没有向玉纹提亲——玉纹犹豫是否跟随志忱离开戴家。中近景画面不仅呈现出玉纹和志忱之间暧昧的动作，又捕捉到了两人表情和眼神的微妙变化。《小城之春》的空间设置更像是戏剧舞台，通过画面景别的设定阻断了角色与外界的联系，画面内部空间形成一个封闭的孤岛，从而使观众的注意力始终聚焦于情感关系的内在矛盾之中。

## 三　结语

毫无疑问，计量电影学为我们提供了一种进入电影研究的新路径，统计数据的可视化更加直观地呈现出电影形式风格的规律。然而，如果过分强调量化的重要性，甚至完全依赖统计数据和现有的各种统计学模型，势必会脱离电影本体和电影的艺术创作规律，对电影文本进行机械性的"解剖"。"电影

---

① 本文中景别的划分标准依据《电影摄影画面创作》（张会军，中国电影出版社，1998年版）。

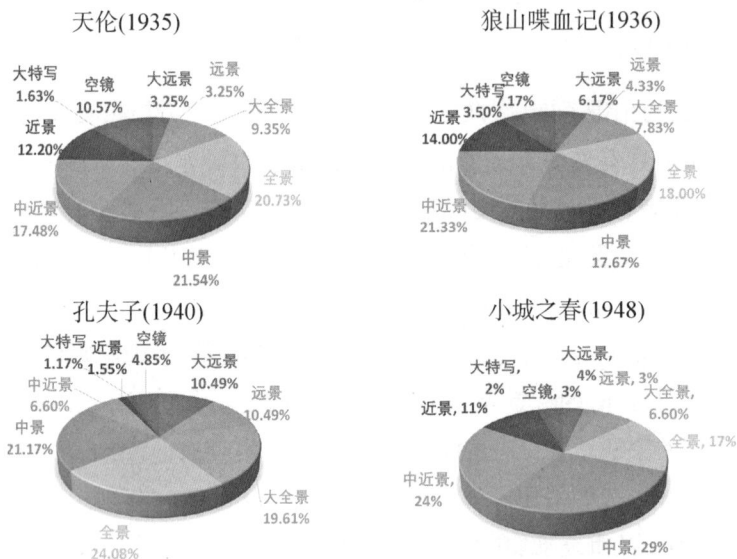

图 9 费穆电影景别分布饼状图

图 10 《联华交响曲·春闺梦》的画面景别变化

量化统计方法只是一种手段,而不是目的"①,对于数值的变化和信息图形的差异,电影学者需要结合电影历史、理论和电影艺术的创作规律等进行语境化的阐释。目前已有的电影计量工具和定制算法还存在着非常明显的缺陷,甚至无法满足电影研究的基本需求,人脸识别、动作和表情捕捉以及其他人工智能技术亟须尽快应用到计量电影学领域。与此同时,电影数据库和数据交互平台的搭建也是深入开展计量电影学研究的必要前提。值得注意的是,在数字人文时代,当我们利用数字信息科技不断开发和拓展各种应用、平台和工具时,这些应用、平台和工具也会反过来重塑我们的日常生活。这种动态的双

---

① Mike Baxter, "Evolution in Hollywood Editing Patterns", June 5, 2020, http://www.cinemetrics.lv/dev/Evolution_paper_for_Cinemetrics.pdf.

向互构改变着我们认识和感知世界的方式。但愿我们不会因此而忽略人类在未来社会中的主体性,更不会忘记以电影的方式来看待电影。

## 编者注

[1] 上文提到的工具、理论之于学术模式方面的意义对于广义的数字人文领域而言普遍适用。而行事风格研究是量化研究之于电影学的特殊意义。

[2] 关于"远读",参见本书第一章。

## 延伸阅读文献

[1] 金赛英. 中外艺术图像元数据及框架探究[J]. 新美术(中国美术学院学报),2016(1):129-132.

[2] 安东内拉·斯布里利. 新媒体与艺术史(1990—2010):数字技术、艺术与艺术史之间的联系[J]. 赵炎,译. 艺术评论,2012(8):2-5.

[3] Rosa, J. D. L. , Suárez, J. L. A Quantitative Approach to Beauty. Perceived Attractiveness of Human Faces in World Painting [J]. International Journal for Digital Art History 2015(1):112-129.

## 思考题

1. 请结合本章介绍的具体案例,辨析文本分析、空间分析和网络分析这三种常用的数字艺术史方法各自的应用范围和优缺点。

2. 请思考数字化和互联网平台对于艺术学的知识生产与传播模式带来的影响。

3. 请结合马诺维奇的文章,谈谈你理解的文化大数据的内涵和特征,并在此基础上思考数据科学之于人文艺术学科的特殊意义。

# 第五章

新闻传播学与数字人文

# 导　言①

2014 年,《纽约时报》出版了《革新报告》——在此之前,亚马逊的老板贝索斯花了 2.5 亿美元收购了《华盛顿邮报》,这被认为是传统媒体衰落的标志性事件——为了应对互联网时代的生存危机,《纽约时报》在报告中提出了"数字优先"战略,揭开了其全面数字化转型的序幕。

也是在这一年,中国的主管部门要求以报纸、电视、广播为主的"传统主流媒体"不再拘泥于原有的传播渠道,全力进入互联网这个主战场,推动以"媒体融合"为目标的战略——这是最早由麻省理工学院的伊契尔·索勒·普尔(Ithiel De Sola Pool)1983 年在《自由的技术》(*Technologies of Freedom*)一书中提出的概念,在 30 年后变成了迫切的现实。

无论是《纽约时报》的"数字优先",还是国内的"媒体融合",都可以理解为是一场新闻传播业数字化的运动。随着这场运动的推进,如每一个人都能感受到的,报纸、电视和广播这些在 20 世纪占据信息传播主体的媒介正逐渐在生活中消失,手机、电脑、可穿戴设备成为人们接触信息的实体工具,依托于互联网的数字媒体,则成为信息生成和传播的平台。

这场媒介数字化的革命还在加速滑向未知的深度:生成式大语言模型(LLMs)的诞生,使人工智能得以深度介入信息的生产和传播,人类将不再是信息理所当然的生产者和主导者。

那么,这场运动是如何发生的? 数字化对"新闻传播"这个行业和学科的影响是什么? 未来又将走向何方?

要理解这一切,有必要先了解一下媒介的历史。媒介可能是人类最古老的概念之一,按传播学者施拉姆的见解,"媒介是信息传播中扩大和延伸传递的工具力。人类使用媒介的历史可以追溯到史前时期,无论是中国古籍中记载的'结绳记事',还是西班牙阿尔塔米拉的洞穴壁画,都是远古时代人类摆脱时空限制记录事实、进行传播的媒介手段。"②

写作,可以看作"人类第一种通信技术"③,它结合语言,产生了一种新的媒介,不仅为现代性奠定了基础,而且改变了口语的性质。有了文字之后,古罗马人靠莎草纸和信使传递信息,中国古代则有苏武鸿雁传书的传说。但在古登堡印刷术发明之前,普通人获得信息大多还是只能依靠口口相传——直到金属活字印刷让信息传播插上了技术的翅膀,帮助基督教在欧洲摧毁了天主教的精神独裁,间接引发了工业革命,并在 17 世纪初催生了第一张报纸,改写了这一局面。

但现代意义上的大众媒介的诞生,要迟至印刷术发明后又历经四个世纪的 1814 年。《泰晤士报》开始使用蒸汽机技术印刷,这极大地提高了印刷效率和质量,报纸得以大规模发行,同时收集新闻成为

---

① 本章导言由尤莼洁(解放日报·上观新闻数据新闻中心)撰写。
② 威尔伯·施拉姆:《传播学概论》,李鹏、李锋、张瑞芬译,北京:中国传媒大学出版社,2011 年。
③ Ong, J. Walter, *Orality and Literacy: The Technologizing of the Word*, New York: Methuen &.Co. Ltd., 1982.

了一门职业——职业记者诞生了。1844 年,电报的发明预示着信息不必再以实体的形式传输,之后的一个世纪,广播电台和电视的发明和普及使大众媒介的影响力深度介入人类社会的方方面面。

尽管大众媒介在过去的一百多年里获得了前所未有的结构性力量,甚至被称为"第四权力",但每隔一段时间发生突变的魔咒并未消除,如麦克卢汉所说,系统突变最常见的原因之一,就是与另一个系统的"异体受精"①。

电报的数字脉冲技术,与电话系统在全世界搭建的网络硬件设施联合,最终促成了互联网在 20 世纪 90 年代的诞生——回到本文开头,大众媒介迎来了它的"干扰性创新者"。为了说明什么是"干扰性创新者",《纽约时报》的《创新报告》中举了柯达胶卷转型失败的例子:数码相机所带来的不只是图像储存方式的改变,更是新技术造就的全产业链颠覆。当变革已经发生,在旧的产品形态和技术路径上再怎么进行努力都是徒劳无功的。

显而易见,这样的故事也正发生在新闻行业中。2000 年到 2014 年,美国报纸广告的收入就从 670 亿美元的峰值跌到了 199 亿美元。众所周知,新闻业的危机并非仅发生在美国,而是一场全球性的危机,在过去十年中,中国也迎来了纸媒关停大潮和电视台黄金时代的一去不返。

正在崛起并试图取代大众媒介的,是一个更丰富、带有更多选择的混合性新闻数字生态系统。从表面上看,数字化首先意味着信息形态呈现的变化。由于信号的传输从"模拟"变成了"数字",不管什么形态的信息,都能以"0"和"1"的形式进行表达,这打破了过往大众媒介载体的限制。相比于报纸不能呈现视频、电视通常无法进行阅读的局限,互联网平台上的信息则显现为超文本、不受时间和空间限制的"流媒体"形态,并呈现出碎片化、视觉化和互动化的特征,信息不再是单向度的灌输,而变得"可以交谈,可以操控,可以探索"②。

但更根本的转变恐怕是数字技术改变了信息交流的网络构建模式。在人类历史中,最强大的外部力量,就是人与人互联的方式,这也是传播的本质。大众媒介时代创立了中心节点往外辐射的网络传播模式,而互联网技术再次使传播活动的枢纽从中心走向分散,成为真正意义上的分布式——信息发布和传播的权力和能力回到每一个人手中。所谓"人人都有麦克风",任何一个人发表的言论、发布的信息,通过社交媒体,都能在瞬息间被遍布全球的用户听到、看到。

过去,受众被视为被动的、只能通过接收看似预先确定的媒体文本来行使自主权,现在则自己可以成为主动的主体和媒体制作人。以互动性为特征,由用户生成的内容涵盖了新闻、娱乐和游戏等各种类别,并因 Web 2.0 和社交媒体的出现而得到了极大的加强,同时带有"强烈的商业导向思维元素"③。

这带来了两方面的后果:一是如亨利·詹金斯(Henry Jenkins)在《融合文化》(2006)中观察到的,在一个结构化的框架内,通过更实质性的权力参与模式,用户活动篡夺了大众媒体的传播霸权;二是技术和资本催生了新的生态系统,互联网巨头"以前所未有的方式嵌入社会与经济结构中,并构建起一个再中心化的、日益扩张的平台社会。……不可避免地塑造着本地化的政治与意识形态"④。

数字化给媒介带来的另一个无法忽视的后果是,爆炸式的信息和数据喂养触发了人工智能技术的不断进化。早在 GPT - 4 诞生之前,新闻业就是率先发生智能革命的领域之一,从记录世界到建构世

①　马歇尔·麦克卢汉:《理解媒介:论人的延伸》,何道宽译,江苏:译林出版社,2019 年。
②　尼基·厄舍:《互动新闻:黑客、数据与代码》,郭恩强译,北京:中国人民大学出版社,2020 年。
③　Henry Jenkins, Sam Ford, and Joshua B. Green, *Spreadable Media: Creating Valueand Meaning in a Networked Culture*, New York: New York University Press, 2013.
④　刘海龙、束开荣:《可见与不可见的辩证法:媒介研究中的互联网基础设施》,载《信睿周报》2021 年第 12 期,第 13 - 17 页。

界，人工智能无所不能，包括内容的情感识别、受众的微观细分、个性化的方式设计/提供媒体产品、按需创造内容(虚拟现实或增强现实)，以及模拟不同人物原型的多语言内容即时播报(虚拟主播)等，这些实践都加深了媒介数字化的深度和广度，并将其导向不可预知的未来。

人工智能已然显现出作为双刃剑的巨大矛盾性。比如，基于算法的个性化推荐被认为是数字传播时代的一个关键特征，但这种个性化在某些方面屏蔽了多样性和透明度，从而使用户陷入"信息茧房"中；另外，随着AI表现出强大的语言能力，虚假内容的问题也越来越凸显，"新闻中对严谨和诚实的要求以及对公正性的要求不再适用于文本本身，而是适用于数据存储和排列的前几个阶段，以及负责解释这些数据并将其转化为信息故事的算法的计算机创建"①。

GPT-4强大的生成能力更是加剧了整个行业的担忧，作为一种通用智能的雏形，它所在的技术公司在最新的研究报告中甚至宣称，其加强模型可以百分百代替记者的工作。这不由令人担心，今后公共意义上的新闻业还将存在吗？与其说这是新闻传播领域要面临的历史性课题，不如说是整个人类对学习和认知的再认识。

综上所述，数字化下的种种变化，给新闻传播的实践和理论都提出了新的课题。对传统媒体而言，原本坚固的职业景象和确定不移的操作规范——构成新闻学的一直被"普遍接受的方法和真理"，到了面临改造的紧要关头。新闻学科同样如此，其研究主体恐怕要"从媒介机构或职业新闻实践，转到整个人类的传播实践，就像人类被纳入了传播平台的范畴，新闻学必须自觉地转换视角，从人类传播实践的平台范畴来观照新闻业及其实践，把新闻实践与其他的传播并置，从而讨论其可能具有的特殊性及其实践规范"②。

本章所选的两篇论文，正是期望从不同维度来管窥数字化媒介时代的转变与挣扎。《黑客记者、程序员记者、数据记者》来自美国学者尼基·厄舍的著作《互动新闻》。该书揭示了数字化浪潮下的新闻编辑室在内容生产层面如何应对更复杂、可参与的总体网络开发进展的挑战。所选取的这章主要讲述了新闻从业者的变化：从来没有那么多的记者开始大量地使用代码和数据，有才华的程序员甚至黑客也参与到新闻实践中，通过数字互动应用所蕴含的可能性，这些编辑部内部的行动者支持新闻业对数字时代作出回应，尽管他们并没有试图颠覆传统新闻向公众传播信息的思考方式，故事依然是基础。

孙玮、李梦颖的《数字出版：超文本与交互性的知识生产新形态》则从一个历史更悠久的"媒介技术"——出版所面临的巨变和重构入手，阐释了数字技术如何重塑出版的形态和方式，尤其强调了超文本创造的复合空间、叠加非线性的复线时间，造就了史无前例的新型文本，"纸作为敌人被打倒"。另外，新闻业所面临的用户参与生产也出现在出版业中，多重知识生产网络不断挑战、消解现代出版业构筑的专业化、中心化知识社会网络。和尼基·厄舍一样，作者也认为，虽然危机重重，但出版、新闻的意义在新媒体时代将得到进一步的拓展和彰显，关键问题在于找到自身与人类文明的新型连接方式。

最后，套用一句名言，"这是最坏的时代，也是最好的时代"。几千年来，媒介技术的每一次进步，不仅拓展我们的感知，增强我们的体验，还渐进式地、无意之间生成了人类新的经验观。今天，时间又来到了所谓的"奇点"时刻，过去的经验再次被格式化，席卷一切行业的数字堆栈技术正在为人类展开一个全新感官体验的时代，"人的感知将带有越来越多非人类中心的、非现象性的、假体的含义"③，而这是

---

① Jose Miguel Tunez-Lopez, Cesar Fieiras Ceide, Martin Vaz-Alvare, "Impact of artificial intelligence on journalism: Transformations in the company, products, contents and professional profile", *Communication & Society*, 2021, Vol.34, No.1, pp.177-193.

② 黄旦：《重造新闻学——网络化关系的视角》，载《国际新闻界》2015年第37卷第1期，第75-88页。

③ 科西莫·亚卡托：《数据时代：可编程未来的哲学指南》，何道宽译，北京：中国大百科全书出版社，2021年。

过去千百年来从来没有过的。可以预见，技术带来的危机和动荡将不仅仅发生在新闻业，新闻工作者也不是唯一需要担心被取代的职业。

乐观的是，麦克卢汉早已天才般洞察到，任何媒介都是人的延伸，更直白一点，是人类中枢神经系统的技术延伸。在此意义上，太阳底下无新鲜事。

"传统"和"新"、"静态"和"动态"、"模拟"和"数字"……这些二元对立捕捉了数字化时代媒体形式之间的变化和关系，但它们并不是相互排斥的。在融合中起作用的不仅仅是数字技术的边界破除，还有传播自洞穴壁画以来就存在的神秘特征。也许对我们来说，将所有的媒介形态放在一起考虑，支持更加细致、包容和基于社会建构和历史进程的连续性观点才是明智的思考。抱着更开放的心态，从人本主义出发，我们才能欣赏到数字化时代的非技术性，或者说不纯粹的技术性质，并理解在模拟、数字化和中间状态中涉及更深层次的、关于传播的本质性问题，从而走向不确定的未来。

# 黑客记者、程序员记者、数据记者①

**导读:**本文摘自《互动新闻:黑客、数据与代码》(中国人民大学出版社,2020年)一书,作者尼基·厄舍(Nikki Usher)是乔治华盛顿大学媒体与公共事务学院副教授。通过对全球14个新闻编辑室进行的田野调查,作者对互动新闻这一全新的新闻样式进行了全面的描述,探讨了数字化转型对新闻报道及相关领域的影响。

所谓互动新闻,是指在互联网技术迭代和传播方式创新的背景下应运而生的一种新闻类型。尼基·厄舍则将其定义为"一种通过代码来实现故事叙事的视觉化呈现,通过多层次的、触觉的用户控制,以便实现获取新闻和信息的目标"的新闻产品。在具体类型上,包括可交互的网页、互动游戏、数据新闻、沉浸式新闻等在互联网平台上常见的表现形式。它们不同于图文或视频之处在于其有很强的交互性,且生产必须依赖于编程技术。

这里摘取的"互动记者、程序员记者、数据记者"为该书第三章中的内容,主要描述了新闻记者在生产互动新闻时所面临的角色和技能的变化。在全球范围内,越来越多的记者学习编程技术以便更好地胜任日常工作,某种程度上这也改变了新闻采编业务和大学新闻教育的形式,使新闻传播在实操层面日益成为一门跨学科的专业。

这些记者是如何学习新技术的?他们的主要工作和传统记者有什么区别?除了技术工具上的变化,本文还探讨了这些新型记者对专业新闻的主导性规范和传统新闻实践信念的感悟和反思。在传统和现代的对话中,本文从一个剖面揭示了数字转型时代新闻生产领域所发生的真实变化。

2007年5月的一天,布赖恩·博耶(Brian Boyer)正在随意地浏览技术博客Boing Boing。一直以来,该博客的特色是将稀奇古怪的新闻和科技信息混合起来加以呈现——令人喜爱的播客、博主的访谈、苹果电脑软件的更新,以及有关被日本科学家教跳舞的鸡形机器人的有趣特稿。但在5月24日这天,博耶发现了一种不同类型的推送——一则将改变他的职业生涯和生活轨迹的通告。通告写着:

## 将编码员变成记者

西北大学梅迪尔新闻学院的里奇·戈登表示,梅迪尔新闻学院刚刚获得了一笔基金,该学院准备利用这笔钱,向有意获得新闻学硕士学位的程序员提供奖学金。这是奈特新闻挑战项目提供的大约1200万美元的津贴奖励的一部分。②总的想法是想吸引有才华的编码员,让

---

① 作者:尼基·厄舍(乔治华盛顿大学媒体与公共事务学院);译者:郭恩强(华东政法大学人文学院);导读、注释:尤纯洁。
② US $667,000.

他们参与到新闻实践当中,然后释放他们的活力,从而找出将新闻整合在一起的有趣方法。

博耶当时正在从事为一些小的医生诊所设计医疗记录软件的工作,他说他非常享受"制作软件的技艺",但已经失去了出于商业目的制作软件的兴趣。他想做一些之前没有做到的能让他感到骄傲的事情,所以他正在寻求去做一些不同于在商业世界中所一直做的事情。因此,当他偶然间看到了 Boing Boing 上的推送,正如他指出的那样,"我用谷歌搜索了一下新闻,然后说,天啊,那就是我想做的事情。实际上,新闻就是关于使人们可以做得更好、让人们自治的东西,我说我想做那个……让我们提供给民众信息,并从基层建立起民主"[①]。

博耶成了首批参与梅迪尔新闻学院项目的成员,在这个项目中他学会了从如何报道犯罪到什么是诽谤法等很多东西。到 2011 年,他已经能在《芝加哥论坛报》负责一个完整的团队。但是,这个团队并不是大家所理解的典型的新闻编辑室的报道团队。博耶的团队——《芝加哥论坛报》新闻应用程序团队为数据分析和可视化制作工具,并最终为新类型的故事讲述以及传统的基于文本的描述创建软件。编程是他们工作的起点,也是他们对于编辑工作流程贡献的开始。

博耶是一个规模虽小却十分卓越的新闻记者群体的一分子,这个记者群体从编程领域进入了新闻编辑室。他是一个黑客记者——过去从事软件工作,如今转战新闻编辑室。博耶并不是一个单独的案例:如今,由于数字环境下新闻业对于与公众关联性的主张,编码技能也变得日益重要。加入博耶团队的之前都是专业的程序开发人员,他们现在花费大部分时间进行编程工作,以服务于新闻领域。他们中的一些人抗拒"新闻记者"(journalist)的标签,但是为了成功,他们必须了解编辑工作流程、要求、需求和期望,依照新闻的规范去沟通交流,而且更重要的是,他们要扩展对于新闻工作和知识的专业管辖权。

在全美各种规模的新闻编辑室中,与博耶一起进入新闻业的,还有最开始在新闻领域工作或是有人文学科背景,并且一直自学编写代码的其他同行。这些程序员记者首先从故事的角度来思考,并且他们对互动新闻有着不同的思考方式。除了上述类别的人员还有数据记者,他们与数据为伍,经常使用计算机来协助报道,但他们可能并不完全了解如何编写代码。这些记者延续了计算机辅助报道[1]的传统,运用数据服务于新闻业。他们也可能是制作互动产品的数据专家。这些人也会以不同于传统新闻记者的方式思考新闻,经常寻找数值数据或分类数据,而不是定性的证据。这里所定义的上述记者的类别对互动记者自身而言可能没有太多意义;事实上,他们可能会认为这些区分是随意的或者重叠的。那些我定义为黑客记者的,他们可能称自己是程序员记者或数据记者,并且在美国之外的新闻实践和学术讨论中,这些术语变得更加模糊混乱。

那么,我们该如何理解这种标签窘境呢?

对于那些从事实际新闻工作的人而言,他们很难从日复一日的工作中抽身来思考更大的概念范畴,尽管他们认为自己可能正在这样做。然而,学术界的优势在于我们可以提供这样一个视角,开始为正在萌芽的领域描绘出一个轮廓——学者们拥有一个优势,就是可以为区分和分析这些概念保持一定距离。本书从全球 14 个不同的新闻编辑室搜集到的经验数据可以为描绘这些区分提供证据。经验数据展示了人们所说的真实话语,也提供了一个直接来自这些新闻编辑室工作人员话语的理论基础。所以,这些记者本质上都涉及了如何通过谈论他们的背景和看法来定义自己(define themselves),并且我

---

① Brian Boyer, personal communication with the author, November 5, 2011.

通过其谈论自己是谁的研究方式,提出了分析性的区分框架。

本章主要考察新闻专业工作与知识扩展背后的人。之所以从这个角度切入,是因为他们的背景和看法有助于我们理解其进行工作的路径。通过对记者思维方式的考察,我们能够检视他们如何提出对抽象知识的独特声张,从而丰富和扩展更大的新闻专业范畴。关于"人"的这一章,可以帮助我们更清晰地了解确实存在新类型的记者——那些使用代码进行工作的记者,使用计算工作来处理整体性数据的记者——他们的存在正是通过新闻业正在如何扩展而体现的。

## 一　黑客记者来了

谁是黑客记者？奈特基金会制作了一个幻灯片,讲述了关于理想化的黑客记者的故事。黑客记者将与传统记者相结合成为"记者2.0"(Journalist 2.0)版本。幻灯片的一侧,是戴耳机、穿黑色T恤、牛仔裤、宽松衣服(chill clothes)的程序员/黑客,他们被描述成了"问题解决者和过程向导"以及"建造者"(builder)。幻灯片的另一侧,是穿着笨重衣服的记者——衬衫和领带外面套着系扣开衫,手中拿着采访本,戴着眼镜。这个传统记者旁边的配文是"宏观思考者(big picture thinker)、故事讲述者(storyteller)、文字匠人(wordsmith)、反对者(contrarian)、调查者(investigator)"[1]。

经过了新闻学院的学习,或者也许在体验了传统新闻工作之后,黑客记者,或者说"记者2.0"将进入新闻编辑室。在这张幻灯片的中间,黑客记者穿着新衣服(一件格子衬衫代替了黑色T恤),给他的配文是"翻译者(translator)、信息提炼者(info distiller)、锻造者(impactor)、数据视觉化者(data visualizer)和实用主义者(pragmatist)"。之后,这个黑客记者将以他的思维方式去满足新闻编辑室的需求。[2] 这张幻灯片指出,这个混合人物"大体上建立在布赖恩·博耶,一个厌倦了为保险公司提供电子解决方案的程序员的生活经验基础上"[3]。因此,黑客记者这一概念描述了那些之前具有编程背景,现在成为新闻编辑室一分子的人。[4]

博耶说,据他了解是他创造了"黑客记者"这个术语。[5] 事实上,他拥有hackerjournalism.net这个域名。黑客记者将通过代码讲故事。黑客新闻业既是一种新闻业类型,同时也囊括了现如今在新闻编辑室工作的一类人。并且,这种黑客记者来自新闻界外部,为如何从事新闻工作带来了新的技巧、想法和观念。

黑客记者从来不应该和反社会(anti-social)的黑客混为一谈。后者具有邪恶意图——这些黑客入侵他人电脑或窃取密码,从政府或新闻机构窃取数据,或者非法获取信用卡信息。而黑客记者的"黑客行为"(hacking)在这里被用来意指一种亲社会(pro-social)的活动,以及创建软件的展望。这些程序员的黑客行为是出于为公共利益开发软件所带来的乐趣。

黑客行为作为一种技艺(technical craft)有着很长的革新和创造史,其目标是使用代码来改善社会。黑客行为的这一愿景可以追溯到20世纪60年代麻省理工学院(MIT)的早期计算机文化——在

---

① "Knight News Challenge Interim Review", Redub, June 22, 2011, http://redubllc.com/knight-news-challenge-interim-review.

② Brian Boyer, "Brian Boyer: Welcome to Hacker Journalism 101, Take Your Seats", NiemanLab, September 7, 2012, http://www.niemanlab.org/2012/09/brian-boyer-welcome-to-hacker-journalism-101-take-your-seats.

③ "Knight News Challenge Interim Review".

④ 将这一群体界定为男性,穿着某种行头,具有显著的象征意义。

⑤ Rich Gordon, "A 'Programmer-Journalist' Contemplates Careers", Idea Lab/Media-Shift, July 1, 2008, http://mediashift.org/idealab/2008/07/a-programmer-journalist-contemplates-careers005.

那里,电子邮件成了早期的黑客行为领域——这种文化持续地灌输社区、开放、参与和试验的精神。思考黑客行为的另一种方式,是将其作为解决问题的一种方案,即采用最容易的路线去让事物正常运转。黑客行为价值观的其中之一是"不作恶"(do no harm),它来自开源软件社区的原则。新闻编辑室的程序员自身和新闻编辑室中的编程行为,一般都与上述黑客文化有关。这种文化受到一种内在愿望的驱动,那就是想要利用代码做好事,并且将其与更广泛的公众分享。作为一名黑客记者,美联社的乔纳森·斯特雷(Jonathan Stray)曾询问一些可能成为记者的技术专家:"你是否会写代码? 是否擅长帮助人们了解他们所处的世界? 你认为软件用于公民媒体是否可能有助于某种民主的或社会的公益并让世界变得更美好?"后来的黑客记者多出身于编程领域,并且通过应用代码来服务新闻的方式使世界变得更美好。他们是离开之前所从事行业的异类。在原来的行业里,他们有时候要为他们认为没有灵魂和创造价值的产品编程。现在,他们有机会为公共利益而编程。这些程序员在新闻行业中极受欢迎,因为他们有能力去建构计算解决方案(computational solutions)。他们一直是创新的先驱,并被传颂成了鼓舞人心的神话——正如我们从奈特基金会幻灯片中所看到的有关记者2.0的发展愿景。尽管如此,在所有会编程的记者中,那些一开始就是程序员的记者明显还是少数。

程序员们说,离开原来的工作是因为他们无法在商业领域中找到类似在新闻编辑室所做的事情。大部分加入新闻编辑室的程序员有着在商业信息技术领域工作的经历。他们之所以离开,是因为之前的工作过分强调了客户层面(client-side),同时在创造性表达上也有很多限制。每天都面临着新挑战的新闻编辑室,为黑客记者提供了构造新项目的机会,让他们帮助阐明一些有关公共利益的社会问题和议题,而这些在他们原来的工作中是不可能做到的。

自从新闻业拥有驾驭新技术应用的潜能后,程序员就有了将他们的专长与新闻业的独特使命相结合的能力。新闻专业为有技能的个体创造了机会,他们带着编码知识进入新闻编辑室,改变了编辑流程中技术使用的方式,这就意味着,黑客记者在新闻编辑室里有了容身之处。同样清楚的是,他们关于公共利益的信仰与新闻业自身更大的总体目标可以很好地融合,这意味着当那些程序员加入新闻编辑室的时候,不需要改变他们的目标或志向。

美联社记者乔纳森·斯特雷在他的博客中解释了带着这种黑客行为视角加入新闻业意味着什么。在一篇名为《制作者的新闻》(Journalism for Makers)的博文中,他探讨了新闻创新和发展中的黑客行为这一重要主题。他指出了从做编程转向做新闻的那些人的内在品质,以及他们是如何思考自己的工作的:

> (他们是)极客,那些喜欢了解那些非常复杂的系统,并且瞎捣鼓(tinker)它们的一群人。我想借用制作者(makers)文化这个术语,因为制作者文化是这种思想的一个标志。制作者文化借鉴了精通技术的黑客传统、被朋克(punks)完善的DIY美学,以及全球反抗文化(counter-culture)最具颠覆性的趋势。它存在于在线论坛里、狂热爱好者的聚会中,以及黑客空间肮脏的沙发上。这就是那个为硅谷提供动力的混乱生态系统。①

按照斯特雷的理解,黑客新闻将把最好的"黑客"和"自己动手"的精神结合起来,去尝试新事物,去

---

① Jonathan Stray, "Journalism for Makers", Jonathanstray.com, September 22, 2011, http://jonathanstray.com/journalism-for-makers.

"瞎捣鼓",或者做出一些小的调整和改变来看看实际上会发生什么,并分享一个来自完全不同角度的不同看法。正如加布里埃拉·科尔曼(Gabriella Coleman)所写的那样[1],这种"瞎捣鼓的好奇激情"是黑客文化的基石。[2] 黑客记者来源于这种带有颠覆性目标、通过"高超技术"(technical mastery)从事软件制作的黑客反抗文化。

黑客记者通过一种传统新闻业所没有的视角来完成他们的工作。传统记者在谈论他们的工作时很少出现"玩儿"(play)这个词。但是黑客记者却从编程精神中吸取了"玩儿"的思想,不断地测试检验一些东西。他们很享受创造新的工作方式的过程。他们喜欢乱搞一通(mess around),尝试让电脑以一种新的方式来完成新闻;尽管知道有可能失败,他们还是不断尝试。兰塞姆·姆皮尼(Ransome Mpini)是BBC的一位黑客记者,他这样解释此种态度:"这非常有意思。你必须享受与科技共舞的乐趣。有一个我喜欢的黑客定义,是我昨晚发现的,我认为十分正确,大意为'一种充满激情以及有创新性的技能'。"[3]

"黑客"们不断尝试和不断创新。这个态度也满足了把工作当作有趣、好玩的事情的一种愿望。他们将新闻视为信息和可以被解决的问题。这种思维方式此前在新闻编辑室中并不常见,它来自编程文化的熏陶。如今随着代码在日常新闻工作中变得越来越不可或缺,这种思维方式已经渗透到新闻编辑室中,而编码员也更加深嵌于新闻编辑室中。

黑客记者也认为他们会打乱新闻编辑工作的流程。在西弗吉尼亚大学(West Virginia University)的一个专题讨论会上,《西雅图时报》(The Seattle Times)新闻应用程序团队的负责人劳伦·拉拜诺(Lauren Rabaino)表示,她发现传统的工作流程限制性很强:"这种新闻编辑室的项目管理结构就是一条流水线。"[4]她认为这条流水线非常不灵活。相反,她指出了"敏捷"(agile)软件开发实际上表现更好。敏捷是一种软件开发的方法,随着主要参与者报告的评估进展,生产得以在快速循环中发生。[2]无论好坏,这种敏捷开发使得快速创造原型(prototype)成为了可能,而且能很好地适用于长期和短期的项目。这种创造原型再次说明了"黑客"带给新闻编辑室的实验气氛。

此外,还有黑客记者带入新闻编辑室的一个非常酷的元素——他们通常都穿着黑色T恤。《纽约时报》的比尔·凯勒(Bill Keller)指出,在2010年凭借一个重要的互动项目赢得普利策奖之后,报社突然出现一群有文身和打孔的人。[5] 这些黑客记者甚至有了个人形象(刻板地被想象为长着浓密的胡须,凸显了更加复杂的性别议题的问题)[3],并且有种局外人叛逆的心态,然而却尝试创建公共项目。上述这些表现你都可以在开源社区上找到。拉拜诺补充说:"我们想要为公众争取权利。我们也想要成为新闻编辑室里的酷小子。"[6]从这点来说,上述这些团队的一些领导者希望注入一种新的活力和态度。

结果,"黑客"带进新闻业的这种态度与新闻编辑室中创新的新方法紧密结合。那些拥有非"黑客"背景的记者表达了他们对"黑客"世界的看法。《华尔街日报》的乔恩·基根解释道:"黑客行为和新闻

---

① Gabriella E. Coleman, *Coding Freedom: The Ethics and Aesthetics of Hacking*, Princeton: Princeton University Press, 2013, p. 423.

② Seth C. Lewis and Nikki Usher, "Open Source and Journalism: Toward New Frameworks for Imagining News Innovation", *Media, Culture and Society*, Vol. 35, No. 5, 2013, pp. 602-619.

③ Ransome Mpini, personal communication with the author, October 21, 2013.

④ Maryanne Reed and Dana Coester, "Coding for the Future: The Rise of Hacker Journalism", MediaShift, May 2, 2013, http://www.pbs.org/mediashift/2013/05/coding-for-the-future-the-rise-of-hacker-journalism.

⑤ Nikki Usher, *Making the News at the New York Times*, Ann Arbor: University of Michigan Press, 2014.

⑥ Maryanne Reed and Dana Coester, "Coding for the Future: The Rise of Hacker Journalism".

相结合的想法,部分来自技术黑客行为——想看一看新闻以新的方式去做到底能走多远,并且这不仅仅是在解决技术问题。"①他认为这个术语提出了一个关键的问题:"你能创造性地解决问题吗?"②

基根所在的新闻编辑室的其他记者,同样从他们所看到的黑客新闻背后的哲学思想中获得了灵感。基根的一个助手萨拉·斯洛比(Sarah Slobin)解释道:"我从黑客记者的工作中学到了你必须自己解决问题……你必须做好你看似做不到的事情,解答你看似不能解答的问题,你必须解决这些事情……你也要具备自己动手做的意识。"③这激励她成为一个程序员记者,因为这会"促使我去做一些新东西"④。与此同时,《华尔街日报》从来不会使用"黑客新闻"(hacker journalism)这个术语。作为新闻集团(News Corp)旗下的报纸,它们对于"黑客"这个词极为敏感,因为在英国的电话窃听门丑闻事件中,记者"黑"进了潜在信息源的语音信箱。

但是这个术语依旧激励着位于下曼哈顿地区(Lower Manhattan)的公共广播电台——纽约公共之声(WNYC),该电台办公地址距离《华尔街日报》总部大约 40 个街区。纽约公共之声数据新闻团队的负责人约翰·基夫(John Keefe)认为,黑客新闻的思想源于开放和社区(openness and community)精神。他指出:"通过黑客新闻,这个群体有这样一种意识,那就是认为自己在做好事。这非常酷。我们正在对工作进行分享和构建。"⑤

通过这种方式,融入新闻编辑室的"黑客"们代表了新闻的升级——记者们确实为应对新闻问题提供了一种新的方法。不仅是平台不一样——通过软件,而且过程也不一样。其他记者也接受了这种"黑客思维",并且从黑客记者带给新闻编辑室的已经被认可的一些益处方面获得了灵感。玩儿(play)、解决问题(problem solving)、试验(experimentation)、制作(making)和做(doing)这些术语,都体现了这些程序员所带来的代码思维(code-based thinking)。并且,就像我们从其他记者那里所看到的,这种做事情的方法受到了编辑室的欢迎。

## 二 ▶ 程序员记者:传统的背景

大部分程序员记者并不是来自技术领域。相反,大多数写代码的记者在接触编程之前,多少都有些新闻学的背景,他们或者来自新闻学院,或者在传统的新闻编辑室履行着传统的职责。他们自学编程,而且一般谈论最多的是故事作为中心任务的重要性。不同的背景,以及首先将自己视为一个记者的前提,对于他们的自我认知十分重要。

米歇尔·明科夫(Michelle Minkoff)成为程序员记者的传奇故事,展示了由沉浸于代码世界的黑客记者来讲述故事的另一面。当明科夫还是布兰迪斯大学英语专业本科生的时候,她实际上并不知道计算机代码或编程的存在。在 2014 年 8 月的一条推文中,她说:"2008 年我正准备从布兰迪斯大学毕业,对代码、未来茫然无知。"⑥当还是西北大学新闻学研究生的时候,明科夫选了一门她描述为简直改变了未来生活方向的课程。她回忆,这门叫"报道的数字框架"(Digital Frameworks for Reporting)的

---

① Jon Keegan, personal communication with the author, September 4, 2013.

② Jon Keegan, personal communication with the author, September 4, 2013.

③ Sara Slone, personal communication with the author, September 4, 2013.

④ Sara Slone, personal communication with the author, September 4, 2013.

⑤ Sara Slone, personal communication with the author, September 4, 2013.

⑥ Michelle Minkoff, Tweet, August 19, 2014.

课程,是由《纽约时报》的程序员记者德里克·威利斯讲授的,这门课程如此具有革新性,以至于从她走进教室的"那天起,生活将不再一样"。[1] 她的博客记录了她学习编程的步骤,例如从开始努力学习编码语言、编写编程新闻课程的愿望清单、"进行编程式的思考"[2],到她当前公开进行的用"重构"(refactoring)方式检查更加复杂的实验工作,或者进行使其更加简洁的改代码的设计。[3]

米歇尔·明科夫在短短几年里已经有了传奇的职业生涯:她开始在《洛杉矶时报》的数据部门做"数据开发者/实习记者",后来去美国公共电视网(PBS)做数据生产者,现在则在美联社做互动产品制作人。有趣的是,她最近的两个头衔中都没有"记者"(journalist)或"报道者"(reporter)这样的词,但是明科夫确信自己处于日常新闻生产的流程之中。对她来说,她被冠以的头衔——不论被叫作程序员记者、数据记者,还是其他什么——意义不大:"我根本不在乎叫法是什么……你做你工作要求做的,你做你工作需要做的。"[4]然而对她来说,不同于一些黑客记者的类型,她的工作重点是明确地服务于故事,并且她直接将自己视为一个记者。"我从事的是有关新闻的工作,"她补充说,"没有人看代码,人们看的是分析。"[5]最终的目标是"通过数据和应用程序为人们制作故事……从而便于人们在线找到可以放大和深究的东西"。

在明科夫的一篇博文中,她描述了成为一个程序员记者对她意味着什么,如果她必须去界定的话:"我每天既不单独花时间在新闻方面,也不单独花时间在编程方面——我一天的大部分时间花在了为实践新闻而进行的编程上。我也做其他事情——写文件、提供想法、参加例会。但是我一直,一直,一直在服务新闻。"[6]

从明科夫的案例中,我们可以看到程序员记者的发展变化。通常,这些记者之前都没有接触过代码,并且他们的背景往往与编程无关(他们大多仅仅是从文科专业起步的,就像很多没有上过新闻学院课程的记者一样)。很多程序员记者可能在学校学习了一些基本知识,但他们也继续自学一些技能,尝试应用编程使新闻变得更好。明科夫专注于新闻的做法,表明了一种与黑客记者不同的定位——对她而言,优先考虑的总是故事,并且她基本的自我认知是一个记者。

与明科夫有着相似背景的其他记者,强调了程序员记者和黑客记者之间的差异。他们也同样表示,自己在处理各自所做的工作时有着不同的视角——主要的差异在于他们将新闻视为传统理想化的东西加以强调,尽管他们也谈到要用编程的新态度和思考方式来工作。程序员记者经常会用计算技术从事数据工作,这些数据或者是他们自己搜集的,或者来自同事记者,然后帮助将这些材料转换成故事。上述情况为界定程序员记者增加了困难,因为数据新闻领域也有很多这样的记者花费时间做同样的工作。

当程序员记者谈论他们是如何熟练地将代码和新闻相结合的时候,我们看到了一个在传统技术路线之外发展的探索过程,这种做法是由后来进入新闻业的黑客记者所带来的。程序员记者或者来自传

① Michelle Minkoff, "Teaching at Medill!", Michelleminkoff.com, http://michelleminkoff.com/2014/06/30/teaching-at-medill.

② Michelle Minkoff, "A Letter to Journo-Programmers: Teach Me, Inspire Me", Michelleminkoff.com, November 24, 2009, http://michelleminkoff.com/2009/11/24/a-letter-to-journo-programmers-teach-me-inspire-me.

③ Martin Fowler, Kent Beck, John Brant et al., *Refactoring: Improving the Design of Existing Code*, Westford: Pearson Education, 1999.

④ Michelle Minkoff, personal communication with the author, July 23, 2013.

⑤ Michelle Minkoff, personal communication with the author, July 23, 2013.

⑥ Michelle Minkoff, "What's It Like Looking for a Programmer-Journalist Job?", Michelleminkoff.com, July 30, 2011, http://michelleminkoff.com/2011/07/30/what-is-it-like-looking-for-a-programmer-journalist-job.

统的新闻学院,或者来自其他人文领域的专业。他们常常会讲有关在业余时间如何自学编程的故事。许多程序员也是自学的编程,并且随着程序语言的变化和改进,他们还需要常常学习大量有关编程的新知识。但这些程序员在做记者之前却都是记者出身。

曾供职于《华盛顿邮报》,现在是为了公众网(ProPubilica)的记者的魏思思(Sisi Wei)告诉我,她曾是西北大学新闻学专业的学生,之前对编程仅有的了解是在一个新闻学课程上有关 Flash 编程[4]的快速介绍,尽管 Flash 现在已经过时了(但当时对她很有帮助)。后来魏思思选了一门为非专业学生开设的编程入门课,以确保她正在学习正确的东西①,但她大部分时间花在"通过课外课程和暑期班学习编程"上了。在她的观察中,"编辑室里一个普遍的问题"是,大部分记者是没有计算机科学学位自学成才的程序员,这意味着他们不会"自信地说他们是开发者"②,尽管她认为自信这个话题是不断变化的。

这些程序员记者花了大量的时间从事数据工作。他们的工作既包括为特殊的展示做好渲染数据的准备,也包括为故事潜在地处理数据。他们大部分软件的原料是数据,尽管实际上并非都是如此。他们必须知道怎样使用数据进行工作,以及如何把它制成一个未结构化但叙事清晰的软件产品。通常,程序员记者的目标是通过互动产品来创造故事,输入数据,再将其输出为软件。在有些情况下,他们会被称为数据记者,甚至许多程序员记者可能也会自称为数据记者,这是因为他们使用数据进行着紧张的工作。但是,我想要说明的是,数据记者可能是专门关注数据的专家,他们较少关注数据可视化和互动的展示——尽管他们可能的确做了一些这样的工作。而且,很多程序员记者可能同样符合对数据专家的描述。一个人可以同时身兼程序员记者和数据记者,或者根据本书收集的证据所表明的分类,成为专门的数据记者(数据记者将他们大部分的时间,即使不是全部的时间,专门花在了数据的实际输入或输出的工作上)。

像米歇尔·明科夫一样,尽管程序员记者的头衔涵盖了互动新闻制作者、数据开发者、新闻应用程序设计者等可能的范围,但他们首先将自己视为新闻记者。很多程序员记者表示,他们总是首先要思考故事。他们有一些关于他们如何不同于那些黑客记者的理论,这些黑客记者首先关注于开发而非新闻工作。尽管如此,程序员记者给新闻业带来了思考如何制作新闻的一种独特方法。

斯科特·克莱因描述了他所了解的那些没有编程背景的记者的普遍态度。"软件是外在于他们的,而记者是内在于他们的……软件开发的吸引力要小得多。他们主要是作为记者在工作。"③在新闻专业的传统内,程序员记者所遵从的首要目标是讲述一个与公共信息相关的故事,然后再思考如何使用代码来讲述那个故事。他们的首要身份是记者而不是编码员。魏思思补充说,她团队的认知聚焦于成为记者以及开发者。"你不仅是一个开发者……你也要用编辑的思维思考事情。"她还指出,成为一名记者的想法"可能是人们最在乎的"。

魏思思认为,新闻生产与编程过程有很多的联系:"我想编程中的东西与新闻事务是密切相关的,甚至可以说和新闻相类似。新闻从头到尾都关乎知识与新信息。而对编程而言,你必须有一直尝试新事物的意愿,因为技术变化得如此之快……随时在迭代,并且这非常类似于写草稿和裁剪东西。"不过,她也强调,由于技术正在快速变化,并且随着科技领域不断推出新的产品和服务,一个程序员记者必须具备适应能力。正如我们已经观察到的,在传统新闻编辑室转向在线新闻的过程中,记者对于新技术

① Sisi Wei, personal communication with the author, September 19, 2014.
② Sisi Wei, personal communication with the author, September 17, 2014.魏思思认为,自从我们交谈以来,事情已经发生了变化,因为现在记者们作为编码员可能更加自信了。
③ Scott Klein, personal communication with the author, August 7, 2013.

挑战的适应能力当然并不总是最强的。对此明科夫也同样赞同,程序员新闻似乎更像是突发新闻故事。她指出,编程互动产品适合她目前所供职的美联社的故事写作模式。

这些记者看到了快速迭代的重要性。敏捷开发流程着重于快速开发,以及在最终产品之前发布测试版本。你可以发布一个并非完全没有差错的消费产品的创意,至少从编程的方面看,这似乎与推出一个快故事(fast story)的想法有所不同。就美联社而言,快故事不会有任何差错——一个互动产品的速写初稿在想法上与这类速写初稿别无二致,但前者在建造软件方面有更大的实验空间。

这些程序员记者相比黑客记者对新闻有着更加清晰的认同。他们首先是记者,然后才是程序员。他们所说的关于如何从事互动新闻的话,都将新闻放在了他们所做事情的中心——故事第一。另外,他们的某种认同和看待自己的方式,以及他们做事情的方式,完全不同于之前的新闻形式——一个注重实验,而另一个则注重基于代码的工作成果。

有史以来第一次,记者将学习代码和做新闻的重要性等同起来。程序员记者在两个领域工作,以便进一步推动新闻流程。这为新闻专业的拓展提供了明证,因为新闻业吸纳了具有新技能的一些人。同样,这些记者也接受了传统新闻业中所没有的思维方式。尽管已在尝试,但他们所专注的新鲜事物所需要的独特适应能力,尚未被多数记者拥有。将不完美的东西,比如实验性的测试版本推给受众进行消费的行为,意味着一种对新闻规范的偏离。尽管如此,他们与黑客记者同行还是颇具共同之处,从而表明了在更大职业子群体的发展中这两种专业人士有着一致性。有人可能会认为,黑客记者和程序员记者之间,会因为在思考新闻工作方法上略有不同而产生一些冲突,并且工作流程确实会随着谁来管理团队而变化,但正如我们看到的,程序员记者和黑客记者并肩工作,很好地融入了新闻编辑室的团队中。

## 三　数据记者:界定的不确定性

对于新闻界和学术界的许多人来说,数据新闻是本书所描述的工作类型中一个包罗万象的术语。但这并不完全准确。并不是所有的互动记者都是数据记者,也不是所有的数据记者都是互动记者。数据新闻可以包括数字、统计数据、名称、类别、文档和其他类型的信息,这些信息可以通过计算机分析的方式被编码和分类,以便为新闻服务。霍华德[5]对数据新闻的定义(再一次重申)更加清晰:"收集、清洗、组织、分析、可视化和发布数据,以支持制作新闻的行为。"①但是数据记者不应作为一个独立的特定类别。根据实证研究,数据记者有其特殊之处:他们主要在服务新闻报道的过程中从事数据工作,积极地尝试用数据讲故事,并且大部分时间专门花在了数据工作上。当然,一些数据记者可能是程序员记者或黑客记者,因为他们有时也可能从事数据工作,但数据记者要把数据作为他们工作中的主要侧重点,并且许多人并不认为自己主要在从事代码工作。事实上,一些数据记者可能根本不做任何编码工作。

如果说数据新闻与编程产生了关联,那就是这个术语在美国有其历史起源。它与新闻编辑室使用数据进行工作的早期方式有关——"计算机辅助报道"(CAR)及其实践者,即计算机辅助报道记者。事实上,数据新闻是计算机辅助报道的一种演化。通俗地说,操作数据不是互动记者要做的;然而,如果

---

① Alexander Howard, "The Art and Science of Data-Driven Journalism", *Columbia University School of Journalism: Tow Center for Digital Journalism*, 2014, http://towcenter.org/wp-content/uploads/2014/05/Tow-Center-Data-Driven-Journalism.pdf.

一个数据记者被纳入互动新闻的范围内,他就必须从事互动产品的工作。这些术语很重要,但让我们明确一点:数据记者可以是互动记者,但是如果他们不制作互动产品,他们就不是互动记者,这应该是讲得通的。如果他们不制作互动产品,那么他们可能更接近于计算机辅助报道记者,这个话题接下来将会讨论。事实上,不管数据记者是否真的会写代码,这都不是很重要。只要他们正在创建互动产品。这似乎很复杂,但在涉及经验性的讨论,以及记者们是如何谈论他们自己时,这种区分就是有意义的。因此,考察数据记者如何谈论他们所做的事情,以及他们如何理解他们的工作,这是非常重要的。尽管并非所有的数据新闻都是互动新闻,但在很大程度上它们可以被纳入这个新兴的子专业。

正如霍华德所指出的,新闻编辑室里的每个人都使用计算机:所有的新闻现在都是由计算机辅助完成的。当数据被简单地用于服务故事的时候,计算机辅助报道可以说代表了一个时间节点,而现在,数据可以独立地成为一个故事。数据新闻似乎是一个更好的术语,用来描述和解释数据的增长,也可以用更全面的方式使用计算和可视化,从而超越逸闻趣事,达成总体性的系统分析。数据新闻将全部数据集展示给公众,至少是尽可能多地展示,而计算机辅助报道记者为了满足他们分析的需要,则可能仅仅分享内部数据库的一些关键细节。

正如霍华德等人指出的,以互动形式初次公开引入的数据新闻,也许可能是关于维基解密(WikiLeaks)的报道[6]。《卫报》《纽约时报》《明镜周刊》都推出了可搜索的互动数据库和地图,可以让用户浏览数量庞大的战争日志以及后来的外交信函。年轻有为的统计学家纳特·西尔弗(Nate Silver)依靠他的数据新闻技能准确预测了 2008 年和 2012 年的总统大选。在 2012 年,他为《纽约时报》贡献了 20% 的在线流量。其他重要的例子还包括特里·弗卢及其同事所做的《卫报》对议会议员开支的披露。[1] 从 2010 年海地地震到有关竞选捐款的几乎所有数据现在都可以在世界各地的很多报纸、一些广播和有线网站上找到。

(谁是)数据记者 vs. 程序员记者? 在过去的三年里,大量的术语被创造出来。数据新闻是一个模糊的术语,在以前意味着某人是做计算机辅助报道的,但是现在边界已经宽泛了许多。

使我们结合在一起的,是我们正在建造的网络应用程序。计算机辅助报道在根本上是追求做(写)故事的。网络应用程序没有明显的方法指南。我认为使用什么术语并不重要。在这个宽泛的定义下,你不必非得成为一名开发者或一名数据记者。

美国全国公共广播电台的数据记者马特·斯泰尔斯(Matt Stiles)解释了对计算机辅助报道与他目前所从事的工作的看法:"二者是不同的,因为在一个项目中,前者在电子数据表(如 Excel)上进行数据处理,后者则利用更复杂的 JavaScript 或 Python[7]进行处理……这和计算机辅助报道并没有太大的不同,但是多了一个在线的组成部分。"[2]斯泰尔斯将过去的计算机辅助报道与当下的数据新闻做了区分。

为了公众网新闻应用程序团队的负责人斯科特·克莱因是一位和数据打交道的程序员记者,他试图更深入地描绘数据新闻的演化过程:

20 世纪 70 年代或 80 年代的计算机辅助报道意味着利用电脑工作,但并不是以一种互动的方式。你会看到一个带有类预测(class prediction)的数据集(举个例子),然后去找到并撰写你自己有的一些采访案例故事。而更新的方法是,以一种清晰诚实的方式向人们公开整个数据集——这(要求)我们通

---

① Anna Daniel and Terry Flew, "The Guardian Reportage of the UK MP Expenses Scandal: A Case Study of Computational Journalism", *Record of the Communications Policy and Research Forum 2010*, Sydney: Network Insight, 2010, pp. 186 - 194.
② Matt Stiles, personal communication with the author, July 30, 2013.

过分析数据、统计数据以及清洗数据，来向人们提供数据集。①

正如克莱因所继续讲的，如今操作数据集是服务于整个数据体(body of data)的，"而不是寻找两三个例子，或花费几周时间去寻找奇闻逸事(就像人们使用计算机辅助报道那样)"。② 此外，计算机辅助报道仅仅是要展示一些数据点，而数据新闻意味着将所有的数据点提供给公众，或者至少可能以系统的方式让公众检查所有数据点。数据新闻努力的侧重点必须是"我们如何向人们提供数据集"，或者以一种人们易于操作的方式呈现数据集。输出的产品是一个新闻应用程序，而不是一个静态的故事。此外，老式的计算机辅助报道并不是互动的。

一些记者明确地将关注点放在了有关新闻的差异方面，很少谈及有关互动元素的话题，这表明数据新闻不用必须与在线的组件有关联。相反，数据新闻是一种思想方法。《纽约时报》记者德里克·威利斯给了一个这样的定义："基本上，如果一个记者借助于各种工具进行采访、分析，或用任何媒介为任何类型的故事传送数据，那么这个人就可以被称为数据记者。我认为可以粗略地将其分为两个阵营，尽管有一些重叠——为了分析而与数据打交道的记者，以及为了展示而与数据打交道的记者。"③第一类似乎更接近对传统计算机辅助报道记者的描述；而展示数据的想法，似乎更准确地描述了本书中我对数据记者的分类方式。在上述界定中，威利斯甚至没有提到有关可视化数据的想法。

一些记者尝试着共同努力去规范某种形式的定义。在 2011 年的莫兹拉节(MozFest)——一个由莫兹拉网络公司举办的媒介与计算机的节日上，来自欧洲和美国的记者聚集在一起制作了《数据新闻手册》(Data Journalism Handbook)。伯明翰城市大学(Birmingham City University)的保罗·布拉德肖(Paul Bradshaw)为这个手册写了前言，尝试厘清数据新闻的定义。

文章中，他一开始就拒绝了这样一种定义，那就是数据新闻仅仅是利用数据来完成的新闻。他指出，20 年前记者只是简单地将数据视为一个数字集合，它们"大部分是在电子数据表上收集的"。④ 但是在那时，"这几乎是记者们处理的唯一一种数据"。

布拉德肖观察到，如今的不同之处在于"随着现在可获得的数字信息规模和范围的扩大，当你将传统的'新闻嗅觉'与讲述吸引人故事的能力相结合时，许多新的可能就会被创造出来"。⑤ 他补充了这个定义，认为它还涉及用程序或软件自动收集数据、整合信息，或者找到"成千上万的文档"之间的关联。⑥ 他指出，数据新闻"经常以互动的方式被讲述，并且数据可能是故事的来源或工具"。⑦ 他在书中所提供的每个例子都是一个互动产品，但是根据这本手册的定义，数据新闻并不总是有关于互动产品的。尽管围绕这些定义存在一些分歧，但这个手册本身意义重大，因为它反映了通过创造公认的实践意识对子专业进行规范和典范化的一种尝试，从而实现进一步推动子专业发展的更大目标。

值得指出的是，欧洲的一些记者倾向于使用"数据新闻"这个术语来从总体上描述互动新闻，而不仅仅用它来描述与处理数据相关的工作。但是根据机构的不同，被称为开发人员或数据记者的新闻从业者仍然可以从事有关互动产品的工作。作为美国人的皮尔霍夫认为："数据新闻就是他们那里所谓

① Scott Klein, personal communication with the author, August 7, 2013.

② Scott Klein, personal communication, August 7, 2013.

③ Derek Willis, personal communication with the author, October 24, 2012.

④ Paul Bradshaw, "Introduction: What is Data Journalism?" *The Data Journalism Handbook*, Jonathan Gray, Liliana Bounegru and Lucy Chambers eds., Sebastopol: O'Reilly, 2012, pp. 2 - 3, http://datajournalismhandbook.org/1.0/en.

⑤ Ibid.

⑥ Ibid.

⑦ Ibid.

的互动新闻。"①

但事实并非总是如此。在一些新闻编辑室,比如"时代在线"(*Zeit Online*)数据记者萨沙·费诺尔(Sascha Venohr)向我解释,"开发人员"(developer)从事编程工作,然而他并不使用代码,而是"利用数据从事互动产品的工作"。在我要求他进一步澄清的时候,这种区分似乎越来越令人困惑。在《卫报》,数据记者维护着"数据博客"(DataBlog),并从事与可获得的公开数据相关的工作,撰写博文。"开发人员"为一些重要项目,例如奥运会项目和故事制作复杂的互动产品,然而这种工作仍然需要数据,但是这些人更擅长使用代码。英国广播公司也有类似于《卫报》的差异。英国广播公司将"开发人员""设计者""数据记者"的称呼用在了其新闻专栏团队(News Specials Team)身上。和在美国一样,这表明这些术语在欧洲同样令人困惑。

是否所有的程序员记者都是数据记者?这是一个程度的问题,取决于自我认知以及感知到的处理数据的数量。几乎所有我访谈过的美国程序员记者都说,如果数据记者这个术语可以被宽泛使用的话,他们可能称自己为数据记者。这些程序员记者中的很多人正在从事芬克和安德森所描述的作为数据新闻关键组件的工作:数据获取、图形设计和统计分析。② 但是很多人很快又提出应区别对待"真正的数据记者",从而将获取数据或做统计分析的记者与程序员记者或黑客记者做出了区分。

当通过增加在线组件来区分他们所做的事情时,数据记者就是互动记者。本书的研究表明,数据新闻很难被定义,并且来自计算机辅助报道这个更大的传统。当他们聚焦于网页应用程序、软件和/或互动性时,数据记者就与互动新闻这一更大的子领域更直接地关联起来了。

并非所有的数据记者都是程序员记者,因为他们并非都会编码。一些数据记者根本不会编码,而是将他们的时间主要花在清洗、排序和解释数据上。其他人则使用不是很复杂的工具来建造互动产品。不过,他们仍然是子领域架构的组成部分。他们的工作仍然依赖于现有网站顶层的附加代码。他们所使用的代码,通常已在既有软件中完成程序化。如果不在这个代码领域里工作,他们就没法创建互动产品。

《卫报》记者、数据博客负责人西蒙·罗杰斯(Simon Rogers)就将自己描述成一个数据记者。但是他并不编写代码,而是依靠现有的数据库和模板将他的作品可视化。他的目标是为用户提供更易获取、搜索和互动的数据。他告诉我说:"'9·11'之后,我开始收集大量的数据集,并自问是否可以做一个开放平台的数据博客。我希望看到的是能通过数据博客展示所收集文章的信息,使它拥有更长的寿命。"③

然而他强调,无论从哪方面来说自己都不是一个程序员或者编码员。④

但是,他会使用免费工具,主要是免费的谷歌融合(Google Fusion)程序来创建互动产品。这一程序为创建互动产品提供了多种选择。因此,从图表到地图,他们所应用的代码都是现成的,并且广泛依赖电子表格。其他不编码的数据记者也可能使用像 Microsoft Excel 或 Access 这样简单的工具,或者使用其他可以实现互动的工具,比如 Tableau、Carto DB 或 Data Wrapper。一些记者确实学习了有关代码的基本知识,以便帮助输入数据、从网站抓取数据、校准互动产品。如果他们对代码掌握得更加熟练,就可以开启程序员记者之路。

---

① Field notes, September 3, 2013.
② Katherine Fink and C. W. Anderson, "Data Journalism in the United States: Beyond the 'Usual Suspects'", pp. 1 – 15.
③ Simon Rogers, personal communication with the author, November 2, 2011.
④ Ibid.

这些记者没有使用复杂的代码展开工作,但他们将自己所做的事情看作是整合进一个传统报道项目的重要部分。布赖恩·博耶称他的员工马特·斯泰尔斯是美国全国公共广播电台互动团队中"真正的数据记者"。斯泰尔斯解释了原因:"我有作为记者的敏感性。我是那种在工作台上必须配备电话的人。我也是支持《信息自由法案》的一员。我是获取数据的记者。"①

他指出:"我不会称自己为编码员。我可以用 JavaScript、Python、SQL 和 R 写一些基本的代码,但是我不是一个经过培训或拥有技能的程序员,就像美国全国公共广播电台互动团队中的其他成员那样……我确实制作互动图形,但是我不能胜任建造一个复杂的网络应用程序。我需要别人帮助才能做到这一点。即使使用像 CSS 或 HTML 这样的基本代码,我的速度也比很多"编码员/记者"要慢。我和他们(之中的)一些人的区别在于,在我开始尝试一点黑客行为之前,我有过十年的传统新闻报道经验。"②

斯泰尔斯在他的自我评估中提到了许多关键点。他将自己视为一个数据记者,并且他也明确了互动图形是他日常工作的一部分,但是他并不从事任何复杂的编码工作,虽然他多少懂一些代码。他认为自己拥有并使用了传统的新闻技能来从事他的工作。

其他记者同意他的看法,但指出了他们在专业知识方面存在的一些差异。莫娜·查拉比(Mona Chalabi)是在《卫报》的现实核查博客(RealityCheck blog)工作的一名数据记者,她一般利用谷歌融合来实现作品的可视化。她如此解释所做的事情:"作为一个数据记者,我认为我向其他人解释这份工作的方式,是我利用数字进行工作。这就是我最关心的。"③她说将这些数据可视化,是为了帮助人们更容易地接触数据,尽管并非她所有的作品都是互动的或可视化的。

在每年的美国计算机辅助报道研究所大会上,数据记者可以学到更多的代码知识——会议议程现在有一个关于编程的重要组成部分,旨在帮助数据记者更加熟练地使用代码,以便既能分析又能展示故事。

由此,我们可以看到,程序员记者和数据记者之间并没有明显的界线。程序员记者的主要精力确实用在了代码和做新闻上;数据记者被认为更接近从事数据分析的工作,并且自认与向公众展示这些数据的活动相关联。

当他们描述自己所做的事情时,我们看到他们是如何把数据新闻关联到互动新闻的范围之内,并非所有的数据记者都是互动记者。然而,数据记者与程序员记者的紧密联系,以及故事输出和互动新闻目标的紧密联系,都表明将这个子群体纳入互动新闻范围,从而增加对互动新闻的认知有多重要。

数据记者与传统新闻记者有着紧密的传承关系。自 20 世纪 60 年代以来,计算机辅助报道记者一直是新闻业的一部分。他们利用数据的产品也包含在许多获奖的故事中。与此同时,随着制图学的兴起,图形展示领域也开始兴起。数据记者开始同分类的、数字的、基于文档的等跨越社会生活所有载体形式的数据打交道,而非依赖质化的方法对新闻做出解释。这个记者子群体的出现,标志着新闻专业的扩展,因为记者需要新的技能来解释更复杂的数据。发展了的计算能力不仅给这些记者提供了处理更多数据的工具,也提供了互动工作环境——记者无须了解更多代码知识。

---

① Matt Stiles, personal communication with the author, March 10, 2014.

② Matt Stiles, personal communication, March 10, 2014.

③ Mona Chalabi, personal communication, October 23, 2013.

### 编者注

[1] 计算机辅助报道指使用计算机来辅助收集和处理信息的新闻报道方式,这一报道模式最早可以追溯至 20 世纪 50 年代美国新闻界使用大型机处理政府数据库、发现和调查新闻事实的阶段。

[2] "敏捷"一词来源于 2001 年初美国犹他州雪鸟滑雪胜地一批开发者的聚会,他们发起了非营利组织敏捷联盟,宣扬自组织跨功能快速响应的软件开发模式。

[3] 这里指程序员通常被想象为男性。

[4] Flash 为一种可视化的网页设计和网站管理工具。

[5] Alex Howard,作家、编辑,美国非营利性组织"数字民主项目"负责人。

[6] 维基解密是一个国际性非营利的媒体组织,专门公开来自匿名来源和网络泄露的文档。2010 年 7 月 25 日,维基解密网站通过英国《卫报》、德国《明镜》和美国《纽约时报》公布了 92 000 份美军有关阿富汗战争的军事机密文件。

[7] 两者都是编程语言。

### 参考文献

[1] 彭兰.数字新闻业中的人—机关系[J].社会科学文摘,2022(2):115-117.

### 延伸阅读文献

[1] 方洁,颜冬.全球视野下的"数据新闻":理念与实践[J].国际新闻界,2013(6):16-17.
[2] 黄旦.理解媒介的威力——重识媒介与历史[J].探索与争鸣,2022(1):142-148+180.

# 数字出版：超文本与交互性的知识生产新形态[①]

**导读：**本文原载于《现代出版》2021年第3期。出版是对"新闻"这个概念非常重要的技术和实践之一。德国古登堡发明的金属活字印刷使文字跨越空间散播信息的能力得到了空前解放，出版才得以成为走向大众的社会知识生产的工业化实践。而出版技术的飞跃促使了现代报刊的诞生，并形成了我们今天所知的新闻概念。

而在今天，随着数字技术的崛起，由印刷术和线性文字所定义的现代出版业正遭遇巨变，出版与社会的关系面临重构，数字技术重塑了出版的形态和方式。本文是一篇非常有前瞻性的论文，围绕数字出版的两个特点——超文本和交互性，描述了数字出版这种新模式在传播层面带来的具体变化。

本文的特点是，没有仅从现象层面描绘我们每个人都感受到的互联网平台数字内容的特性，而是站在媒介技术历史发展的脉络中讨论了出版的媒介特质和知识生产模式的转变。这也启发我们，传播技术决定着历代新闻图景的整体呈现方式和结构方式，看待今天新闻业和新闻传播学面临的问题和挑战，包括对新闻概念变化的探讨，不能只看到短视频、虚拟现实等传播形态的变化，而是要放到一个更宏大的媒介史发展框架中去理解背后的技术变革逻辑是什么。只有这样，才能真正理解互联网时代"出版""新闻""媒介"这些概念的变化，以及变化背后整个人类知识图景的更迭。

出版作为一个现代概念，是由四个关键词锚定其基本意义的：文字、印刷、知识、公开。在它作为一种社会事业诞生时，非常集中地指向一种媒介——书刊。痴迷书籍的作家博尔赫斯说，人类使用的工具都是人体的延伸，"显微镜、望远镜是眼睛的延伸；电话是嗓音的延伸；我们又有犁和剑，它们是手臂的延伸"。他当然不是在复述麦克卢汉，这些铺垫只为突出一点，"最令人惊叹的无疑是书籍。……书籍是另一回事：书籍是记忆和想象的延伸"[②]。在此，媒介被截然分为两类：拓展具象的身体感官和延伸抽象的情感意识。在博尔赫斯看来，书籍和其他工具的不同，在于实现了人类内在性的外显化。考虑到不依赖文字、没有印刷术之前公开表达的人类实践早已存在——苏格拉底、孔子、释迦牟尼等人类早期思想家的口语交流已经树立了典范，书籍出版的最关键点，恐怕就是文字印刷与口语对话作为不同媒介方式的特殊意义了。关于印刷术以及相关议题的研究可说是汗牛充栋，诸如认知方式的迁移、社会关系的变革等方面都有多维度的展开，它与宗教改革、民主政治、文化产业之显著关联，更构成了社会发展史的标志性事件。现代印刷出版业称得上是人类文明历史中的一座高峰，毫无疑问地，这个行

---

① 作者：孙玮（复旦大学新闻学院、信息与传播研究中心）、李梦颖（复旦大学新闻学院）；导读、注释：尤莼洁。

② 博尔赫斯：《口述》，黄志良译，上海：上海译文出版社，2015年，第1页。

业的产生直接受惠于媒介技术的变革。

依照博尔赫斯的媒介分类法,印刷出版业之所以创造了人类文明的丰功伟绩,依赖于它的媒介特质——舍弃口语交流的感官元素。"有学者认为,90%的口头交流仍然是非语言交流,说话的方式比说话的内容更重要。然而,当口语转写为书面语之后,口语的残余部分即非语言的声音、手势和语体被抽取走了,书面交流成为纯观念的交流,其基础是书面词语的意义。"①书刊依托于印刷技术,将抽象观念的传播从特定时空语境中抽离,人类延伸"记忆和想象"的方式越来越趋向于脱离身体和具体时空。现代印刷出版业将文字的这个特性推向一个新阶段,属于少数人的书写文字转变为大众化的印刷品。人类知识公开化的过程发生了重大变化,引发了社会各个领域的变革。印刷出版业建立的社会关系网络与口头交流甚至书写传播的区别很大,它展现了一个公共与私人交织的复杂过程,传播与接受分离成两个场景。在传播方面,它夷平了层层嵌套、多重叠加的人际关系网络,实现了超越人际网络、脱离具体时空的大规模点对面的传播,这也与手抄书阶段的社会层级性传播形成鲜明对比;在接受一端,它将口语对话公开化的活动转变为私人默读书刊的方式,斩断了阅读作为一种身体性的、在地化的社会交往方式的历史。现代出版业的这些传播特征宣示了大众传播时代的到来。模拟电子技术[1]的出现使得出版业突破了文字印刷的边界,音像出版成为一种新型方式,但这个声音、影像因素的呈现并非口语时代即时对话式交流的还原。模拟技术复制了诸如听觉、视觉的感官元素,但它并不构成一个特定时空中即时互动的身体性社会交往,而是呈现了全球化脱域进程中的虚拟在场的传播。

立足于数字技术的崛起,当前的出版业早已无法用原初的关键词来概括了。其呈现方式已经不局限于文字、印刷,知识的边界日益模糊,甚至连"公开"也疑点重重,因为在"人人都有麦克风"的情形下,其达成的重点已经从"能够发声"渐渐转变为"可以被听到",这正是媒介技术演变所引发的出版业巨变。如果我们把"人类的记忆和想象的延伸"——博尔赫斯的文学话语或可改写为社会性地生产与传播知识——作为出版的稳定性内核(正是在这个意义上,出版关乎人类文明之大事),那么在数字技术进入最新的媒介形态序列之时,如何理解出版业的变革就成为当前我们考察人类文明的一个重要视点。

## 一 ▸ 超文本:纸是敌人

数字出版最易为大众感知的端倪是其对印刷文本的突破。20世纪90年代初,美国一批小说家开始尝试超文本小说,其中最为经典的是乔伊斯的《下午,一则故事》和莫斯洛普的《胜利花园》,两者都以计算机磁盘[2]的形式发行,强调文本的开放性,将超链接插入文内,读者可以点击链接进入不同的情节,每个人可能看到完全不同的故事。② iPad电子书设计中的经典——T. S. 艾略特的《荒原》,展示了电子书的超文本特征,它融合了艾略特的手稿以及包括艾略特本人在内的诗人、名人、演员朗诵诗歌的录音版本。③ "中国哲学书电子化计划"以超文本思路建立了一个线上开放电子图书馆,"为中外学者提供中国历代传世文献,力图超越印刷媒体限制,通过电子科技探索新方式与古代文献进行沟通。收藏

---

① 洛根:《字母表效应:拼音文字与西方文明》,何道宽译,上海:复旦大学出版社,2012年,第19页。
② 蔡春露:《〈胜利花园〉:一座赛博迷宫》,载《当代外国文学》2010年第31卷第3期,第97-105页。
③ Zoë Sadokierski, "Master Craftsman: How TS Eliot Led the Way in the Digital Publishing Revolution", 2013, http://the conversation.com/master-craftsman-how-ts-eliot-led-the-way-in-the-digital-publishing-revolution-19689. Accessed May 4, 2021.

的文本已超过三万部著作,并有五十亿字之多,故为历代中文文献资料库最大者"①。其超文本的特点体现为,采取维基百科的操作方式,使用者可以共同编辑原典文献内容,协助对照不同的影印版进行勘误。这项主要由研究机构承担的专业工作,现在开放给更多普通个人。② 超文本实践在全球出版业形成一股强劲风潮,人们渐渐地意识到,数字出版并非将纸质文本原封不动地放置到数字媒介上,它意味着一种全新的知识生产和传输的方式。1965 年,泰德·尼尔森在论文《一种复杂、可变、不固定的文本结构》中,极具开创性地提出了"超文本"的概念,意指"非序列性的(non-sequential)写作——文本相互交叉并允许读者自由选择"③。他强调超文本的结构不是线性的,而是"一系列通过链接而联系在一起的文本块(text chunks)",这些"各自独立又相互链接的文本片段",可以有无限多可能的阅读顺序。④ 所以"对尼尔森来说,纸是敌人"⑤——"从孩提时代起,我就对纸张所隐含的监禁感到愤怒……这是思想不应该承受的限制"⑥。于是他总是斜挎一根长长的肩带,上面夹满了笔、剪刀、便签纸、胶带、订书机⑦,"这些是他连接事物的工具,也是他对抗纸质世界的弹药"⑧。他认为,"纸张的问题是,每个句子都想突围,向其他方向滑动,但页面的限制却不允许我们这样做。所以,如果页面能够长出翅膀,或是在一侧长出隧道,那么插入的文字就可以一直写下去,而不会在某一点之后停止","被困在纸上的我笨拙地模拟了这种(超文本的)平行性"⑨。何为"超文本"? 尼尔森解释说:"它指以一种复杂的方式相互连接的书面或图像材料,无法方便地在纸上呈现或表示。它可能包含摘要或内容,以及它们之间相互关系的映射;它可能包含研究它的学者的注释、补充和脚注。这样的系统可以无限发展,逐渐包括世界上越来越多的书面知识。"⑩"传统文本有固定的顺序:从上到下、从左到右(或相反)、一页接一页,它是顺序的、线性的。信息却不一定是这样。无数的作者,无穷的文字,数不尽的评论、解释、参考和引用塑造了信息之间复杂的关系。传统文本在呈现复杂关系上有太多不便。与传统文本不同,超文本用超链接再现信息之间的联系,它是非顺序、非线性的。"⑪也因此,考斯基马认为,"超文本的一个最大优势便是它再现信息的'真实'结构的能力。此外,当信息十分复杂之时,超文本将是再现它的唯一可能方式。"⑫

　　超文本展现了数字出版的精髓:非线性逻辑生产、展现和传播知识的形式。这种形式才是数字技术的关键所在,它突出的是文本的关联性意义,文本的价值只有在关系网络中才能显现。这个想法并非自数字技术始,克里斯蒂娃改造自巴赫金文本对话性理论的"互文性"概念[3],强调了文本是作为文本网络的一个部分而获得意义的。⑬ 但正如延森所指出的,"大部分互文性的研究并未对读者或受众给予经验性关注"⑭。延森认为,菲斯克纵横两个方向的互文性观点将大众的交流纳入文本,具有开拓性。

---

①　中国哲学书电子化计划本站介绍,https://ctext.org/zhs.[2021-05-04].

②　中国哲学书电子化计划维基区,https://ctext.org/wiki.pl? if=gb.[2021-05-04].

③　考斯基马:《数字文学:从文本到超文本及其超越》,单小曦、陈后亮、聂春华译,桂林:广西师范大学出版社,2011 年,第 37 页。

④　同上,第 38 页。

⑤　李恪:《超文本和超链接》,北京:新星出版社,2021 年,第 91 页。

⑥　Theodor Holm Nelson, "The Unfinished Revolution and Xanadu", *ACM Computing Surveys*, Vol. 31, No. 4, 1999, p. 37.

⑦　Belinda Barnet, "The Magical Place of Literary Memory: Xanadu", *Screening the Past*, 2005, No. 18.

⑧　李恪:《超文本和超链接》,北京:新星出版社,2021 年,第 91 页。

⑨　同上,第 91 页。

⑩　同上,第 90 页。

⑪　同上,第 90 页。

⑫　考斯基马:《数字文学:从文本到超文本及其超越》,单小曦、陈后亮、聂春华译,第 61 页。

⑬　延森:《媒介融合:网络传播、大众传播和人际传播的三重维度》,刘君译,上海:复旦大学出版社,2012 年,第 94 页。

⑭　同上。

横向的互文性指文本意义跨越历史的迁移;纵向的互文性则侧重于在较短时间内传播主题、事件和议程的媒介系统。正是在纵向互文性中,受众被吸纳进来,受众围绕文本的交流包括反馈和相互对话,构成了第三级文本。① 菲斯克的三级双向文本论,将文本概念从编码者拓展至解码者,受众的解码构成了新一轮编码,突破了原作者对于编码的垄断,互文性的文本网络自静态话语文本拓展到了人之动态的话语互动。但菲斯克的受众文本论,非常明显是基于模拟技术媒介的,虽然超越了印刷文本线性逻辑、静态话语文本的限制,但仍然局限于媒介分割、互动延迟,或只能称得上是多层级文本。只有数字技术才使得"互文性成为一系列明确的、可操作的结构——超文本性(hypertextuality)"②。

超文本的出现预示着从印刷技术到数字技术的迭代,出版业的变革开启了人类社会知识生产、展示、传播的新模式。所谓纸是敌人,意味着纸张代表的信息方式已经无法适应当前知识发展的态势;或者反过来讲,数字技术的发展使得社会公开发行知识的方式得以重塑,这可以看作当前出版议题的一体两面。纸是敌人的姿态,正是对印刷技术与信息特质之间内在张力的强烈感知。超文本超越的不仅仅是印刷纸的文本,它还打破了人类文明存在已久的多重区隔。当前移动数字技术在延森援引菲斯克探讨超链接的基础上实现了进一步的超越,从抽象化符号的信息文本延伸到了实体具象的空间,这是数字技术的颠覆性突破,虚实空间之间的屏障被击穿了。正是在这一点上,数字技术与以电视为代表的模拟技术之间出现了断裂。比如恐怖片历史上里程碑式的电影《午夜凶铃》有一个经典情节,贞子爬出了电视机。这个情节之所以异常惊悚,是因为大大地出人意料。在模拟技术时代,电视机里的场景不过是信息编织的虚拟空间,只能作用于人的意识,并不能即时并具身地延伸到实体空间,所以这个场景可说是创作者的极致想象。直到数字技术崛起,文本才出现了虚实交融的可能。"普适计算融合不同的自然物体、人工产品和社会环境中的多种媒介界面,进而实现了'世界作为一个媒介'的构想。"印刷文本作为出版的一个主要界面,正在渐渐转变为"有机用户界面"③,这种界面不但与使用者如影随形,而且可以随时随地实现虚拟与现实的转换。如此,不但身体、行动都被纳入文本中,而且可以实现不同文本类型的动态化拼贴,文本呈现出永不停歇动态拼贴的状态,以服务于不同主体的目标。超文本创造的复合空间,叠加非线性的复线时间,造就了史无前例的新型文本,在世间的一切都可以数据化的技术语境中,所有的存在物都将被纳入文本。如此,和正在剧烈转型的其他大众媒介类似,出版业也正在遭遇巨大挑战,因为它诞生时依赖的核心技术(印刷术)及其创造出的文本(线性文本),正在失去原初的形态。纸作为敌人被打倒之后,现代出版业将何去何从?

## 二 ▶ 交互性:弥散性机遇

被誉为法国文学史登峰之作的《忏悔录》的首次公开亮相,并非出版业所为。由于法国王室禁止其出版,1768 年冬季卢梭被迫从书中选出若干章节,在巴黎的一系列集会上朗读,据说当时上流社会的支持者们感动得泪流满面。在 1781 年至 1788 年间,这部巨著终于得以出版发行,当时卢梭已辞世。④ 这个出版史上的经典个案体现了出版业对社会知识公开化的巨大影响。印刷术应用于现代出版业,一方面使得知识得以大规模突破社会层级广泛传播,另一方面也造成了出版业对于知识公开的垄断。在

---

① 延森:《媒介融合:网络传播、大众传播和人际传播的三重维度》,刘君译,第 95 页。
② 同上,第 96 页。
③ 同上,第 86 - 87 页。
④ 费希尔:《阅读的历史》,李瑞林、贺莺、杨晓华译,北京:商务印书馆,2009 年,第 245 页。

《忏悔录》这个个案中，出版业的中心化结构性力量与口语传播的弥散性状态形成鲜明的对比，出版业的优势是非常明显的。数字出版的超文本性改变了这个局面，它使得口语交流和印刷品传播出现了大规模融合的可能，这有赖于数字技术的交互性。

众多的新媒体研究者认为，新媒体与传统媒体的断裂，集中体现于其独特的"交互性"。"新媒体的交互性与各种双向传播或者被动传播不同，而传统的大众传媒则主要依靠后者来激励观众参与（例如信件和民意调查）。自其伊始，新媒体的交互性就是即时的，并且'实时'地发挥功效。"从理论上而言，它还包含民主的潜能："相较于单向传播，真正意义上的交互传播具有下述正式属性——要求参与者更加平等，沟通权力更加对等。"①数字技术的交互性改变了印刷出版业的基本状态，被印刷出版业切割得七零八落的古典对话式交流出现了融合的可能——公开发行中的传播和接受重新回到同一个时空。出版业专业化构成的社会垄断也正在不断被打破。数字出版的交互性引发了出版史上的一个大转折，交互从各种维度渐次展开，包括文本的交互、出版机构与读者的交互、编码与解码的交互、人与物的交互、多维度时空交互、社会关系网络交互、权力交互等。盖恩等概括了交互性概念涉及的四种路径：从技术角度看待交互性，认为交互潜能根植于不同媒介系统的软硬件之中；从人类能动性角度界定交互性，将人类参与和设计或使用的自由度看作界定的变量；新媒体用户之间的交流，孕育了人际沟通的新的可能；视交互性为一种政治概念，认为它与政府治理与公民身份的广泛变迁密不可分。②以这四重交互性概念考察数字出版，可以概括当前出版业一个显著的趋向：出版的弥散性。如果局限于现有专业出版机构的视野，这种弥散性或可被视为行业的巨大危机，现代出版业正在经历被瓦解的过程。但假设将观察尺度放大，这种弥散性状态则意味着人类社会的知识生产迈向一个新阶段，由此释放了前所未有的社会能量。

弥散性与当前出版业讨论的诸多议题有关，比如生产主体的多元化、内容的分散性、形式的多样性、接受的分享性等，但弥散性不同于这些概念的一点，是其立足于自人类社会有文明以来知识生产及公开化发生的根本性变化——基于数字技术的渗透性，这种公开化的知识生产与日常生活产生的关系。因此，弥散性意指当前的知识生产呈现出一种与日常生活紧密勾连、互相渗透的状态，这不但与古典时期特定人群和时空的对话式交流不同，也与中心化出版业的专业化区分开来。数字出版的弥散性集中表现在三个方面。其一，主体的弥散性。这包括了出版主体多元化的含义，但不仅于此。主体多元化旨在描绘越来越多的社会企业加入了出版业，以及出版专业机构的内容有越来越多的用户参与生产，这还是局限在专业平台用户生产的层面，没有凸显数字媒介的知识生产已经突破专业平台的界域，弥漫渗透在大众的日常生活中。比如网络文学类、科普类的知识生产，小红书、微信群自组织专业教育等，都是在专业出版机构之外开辟了知识生产及公开化的全新场域，分享及阐释社群的动态性非专业生产成为一种常态。"新的读者创造新的文本，新的意义是文本的新形式发挥作用的结果。""耳朵听到的、眼睛看到的、嘴里说的，甚至数数本身，都是文本。"③其二，形式与内容的弥散性。这个议题不仅涉及专业出版机构的市场化细分，而且关乎对于知识边界的定义权及其游戏规则的重新确定。自有文字以来，知识生产及其规约都以精英化作为主要趋势。现代出版业产生之后，知识垄断在接受一端受到极大冲击，越来越多的普通人有机会通过出版物接触各类知识；但在生产一端，出版业高度专业性的门

①　盖恩、比尔：《新媒介：关键概念》，刘君、周竞男译，上海：复旦大学出版社，2015年，第90页。
②　同上，第92页。
③　戴联斌：《从书籍史到阅读史》，北京：新星出版社，2017年，第78页。

槛阻止了大众广泛参与知识生产过程。数字技术在生产方极大地拓展了知识内容的边界,专业知识的生产边界不断模糊、重构[1],呈现为一种变动不居的状况;在生产、展现和传播形式上,出版专业工作也与日常生活互相渗透。由此,整个社会对于知识的界定及其公开化的机制与规则也在急速变化中。其三,社会网络及权力的弥散性。出版系统集中体现了知识社会关系网络的基本状态及其蕴含的权力运作机制。每一种媒介形态的知识生产,都编织了特定的社会关系网络。口语对话时代的知识生产及公开化具有古典民主的特质,虽然在一定程度上对弱势群体(如奴隶、女性等)有排斥性,但其传播仍保持了相当大的开放度,普通大众有广泛参与的可能,这也孕育了人类文明早期的民主雏形,如雅典城邦的直接民主。[2] 书写文明的社会关系网络逐渐趋向于区隔状态,知识生产为识文断字的精英阶层独占,目不识丁的普通大众无缘涉足。现代出版业的社会关系网络分裂成两个极端——生产的高度专业垄断与接受的大规模普及。出版机构的专业化门槛为现代民主的法律制度所确认,出版发行成为社会知识生产的专门化系统,以此确立了自身在知识生产中的权力中心地位。数字出版正在创造渗透在日常生活各个方面的多重知识生产网络,由此不断挑战、消解现代出版业构筑的专业化、中心化知识社会网络。

数字出版呈现的弥散性趋向,一时间被视为出版业的危机,因为它触动了现代出版业的根基——基于印刷技术的知识生产的行业性垄断。但换一个视角看,数字技术提供给出版业的机遇更加彻底。所谓彻底,是指数字技术的融合性特质把人类历史上曾经有过的知识公开化形态一网打尽,它展现了知识生产形态的无限可能性。数字技术既可以呈现单一形态的方式,也可以任意组合历时性的不同形态从而创造出前所未有的新形态。以人类早期的知识生产为例,口语交流曾经是精英惯用且局部地普惠大众的主要形态,现代出版业则几乎摧毁了这种形态。本雅明这样描绘这个历史性的转折:"我们最保险的所有,从我们身上给剥夺了:这就是交流经验的能力。这种现象的一个原因很明显:经验已经贬值。经验看似仍在持续下跌,无有尽期。只消浏览一下报纸就表明经验已跌至新的低谷。一夜之间,不仅我们对外在世界,而且精神世界的图景都经历了原先不可思议的巨变。一种现象随着第一次世界大战越发显著,至今未有停顿之势……十年之后潮涌般的描写战争的书籍中倾泻的内容,绝不是口口相传的经验,这毫不足怪……身体经验沦为机械性的冲突,道德经验为当权者操纵。"[3]本雅明将报纸、书籍等现代出版业指认为剥夺人类口语交流直接经验的罪魁。数字出版却神奇般地"复原"了这一切。近年来风靡一时的社交媒体Clubhouse[4],展示了与古典的面对面对话式交流以及虚拟现身永远在线的新媒体传播既相关又截然不同的新型状态。它采用即时性音频对话的形式,参与者根据自行选择的主题,进入形形色色的群体("房间")进行交流,主题五花八门,形式也灵活多样,有事先约定的主题和主讲者,也有任意随性的即时发言。[4] Clubhouse一反网络虚拟空间的通行规则,整个过程杜绝录音,强调即时和暂时性的真实在场。使用者认为,与基于文字、图像的平台相比,音频的真实性和亲切感使得人们相互交流的动态产生了更加诚实的对话。[5]"感觉更像是咖啡馆或酒吧。"[6]有时像晚宴一样,有

① 施宏俊:《六个词重新定义出版业》,https://www.bookdao.com/article/401226.(2017-09-15)[2021-05-06].
② 库蕾:《古希腊的交流》,邓丽丹译,桂林:广西师范大学出版社,2005年。
③ 本雅明:《讲故事的人》,载《启迪:本雅明文选》,张旭东、王斑译,北京:生活·读书·新知三联书店,2008年,第95-96页。
④ P. Vigna, "Inside the Clubhouse: What's All the Fuss About Silicon Valley's Exclusive Social Media App?", *The Wall Street Journal*, July 15, 2020.
⑤ Damian Radcliffe, "Audio Chatrooms Like Clubhouse Have Become the Hot New Media by Tapping into the Age-Old Appeal of the Human Voice", 2021, https://theconversation.com/audio-chatrooms-like-clubhouse-have-become-the-hot-new-media-by-tapping-into-the-age-old-appeal-of-the-human-voice-155444. Accessed May 6, 2021.
⑥ P. Vigna, "Inside the Clubhouse: What's All the Fuss About Silicon Valley's Exclusive Social Media App?"

影响力的名人讨论当天的紧迫问题,但大多数时候是普通专业人士在找联络的机会。迪米洛尔斯女士说:"即时性与让事情发挥作用之间达成了一种很酷的平衡。"①出版业对于音频的利用正在出现一个热潮,比如著名电商亚马逊的有声读物服务 Audible 正在全球范围内扩展,Amazon Echo 和 Google Home 等智能扬声器使用户能够按需收听音乐、播客或最新天气报告。Clubhouse 这样的社交媒体或可称为"声音广场",它将前现代、现代、当下的出版形态融合在一起,展现了数字出版未来发展的新可能。

## 三　结语

数字技术对出版业的冲击,是自出版成为一种专业化机构以来最彻底的一次,类似于新闻媒体正在经历的整体转型,大众传播所依赖的复制模拟技术已经为数字智能技术所取代,印刷术与现代社会之间的互构机制遭遇挑战,这个前提是当前讨论数字出版的一个基本出发点。因此,出版和社会之关系的重构,构成了当前考察数字出版的重要视角,数字技术给出版业带来的危机不能被视为对出版价值的怀疑,正如新闻专业机构面临的挑战并不意味着新闻价值的丧失。相反,出版、新闻的意义在新媒体时代必将得到进一步拓展和彰显。关键问题在于,新闻出版业如何在数字技术环境下,找到并建立自身与人类文明的新型连接方式。达成这一目标的必要前提是充分理解数字技术的特质及其在出版领域所引发的变革,所谓超文本、交互性,都正体现了数字出版的技术性特点,这预示着出版必将突破既有格局,在这个历史性进程中,出版的价值也将获得新一轮重构。

现代出版业作为人类社会的一项伟大事业,创造了数不胜数的奇迹,它对人类文明的价值无论怎样评估也不为过。但事情的另一面是,这些耀眼光环也使得人们很自然地倾向于将出版的意义固化在现代出版业这种专业机构形态上,这个思维惯性亟待反思。当前出版业作为社会专门化机构正在全方位迎接行业转型,整个行业处于重塑的进程中。因此,除了专业机构本身的转型思考,跳出行业视角,以更宏阔的尺度考察数字出版的未来发展,将出版放置在更为广阔的历史背景中,是思考出版在数字时代意义与价值的一种新思路。长久以来,出版作为一种知识生产的公开化实践,其社会意义的开掘比较多地落实于现代出版业对政治、经济、文化、个人等各个方面产生的影响,但当这种具有中心化的行业形态渐渐地被数字技术局部消解时,出版的价值将落在何处而得以继续彰显呢? 此时,回顾历史或可获得别样的启发:在现代出版业产生之前,人类知识生产的公开化实践是如何展开的? 正如在专业的新闻媒介产生之前人类就有大量的新闻实践一样,具有出版意义的实践也伴随着人类文明的发展,尽管那时候并没有汇聚成出版这个词。追溯人类文明初始阶段,所谓知识生产的公开化,就是苏格拉底式的当众演讲。在古希腊人的生活中,言说对于人的价值更多地落实在这个行动本身。阿伦特援引亚里士多德对于人的第二个著名定义,是"能言说的存在"②,由此阐释了公共领域的含义。在这个思路中,公开化是人之存在以及构成实在的基础。"显现——不仅被他人看到而且被我们自己看到和听到——构成着实在……生就是在人们中间。"③这种公开化的实践构成了"公共",它意味着,"任何在公共场合出现的东西能被所有人看到和听到,有最大程度的公开性"。④ 这种构成人类存在的公共言说的

---

①　P. Vigna, "Inside the Clubhouse: What's All the Fuss About Silicon Valley's Exclusive Social Media App?".
②　阿伦特:《人的境况》,王寅丽译,上海:上海人民出版社,2009 年,第 17 页。
③　同上,第 32 - 33 页。
④　阿伦特:《人的境况》,王寅丽译,第 32 页。

知识生产形态,随着媒介变迁渐渐地转化为书写文字(比如柏拉图以文字记录的方式使得苏格拉底哲学流传后世)、印刷出版、音像出版乃至数字出版,出版的意义也随着其形态的演变不断转化、拓展,但公开化实践对于人之存在及公共领域的价值,不仅不应当从出版的内涵中被剔除,相反或许正构成了数字出版的核心价值,超文本、交互性等正显示了数字出版在公开化实践方面的巨大动能。

这预示着出版(知识的公开化)必将突破既有的格局。事实上,当前大众的数字媒介实践已经显现了出版多元化发展的态势,这种创新实践比比皆是,比如网络文学的持续性爆发式增长显示出非专业出版的巨大能量和前景;又如,基于数字技术在中国城市场景中大规模发生的公共阅读实现了从私人默读到公共朗读、从文本阅读到身体实践的两个转变,这种城市公共文化实践,可视为一种崭新的出版形态。① 这提示我们,数字出版的变革无法也不能仅仅局限于技术层面的理解,它必然与出版的社会价值与文化意义形成关联。当前,印刷出版业奠定的人类知识生产的基本模式正在发生各个向度的转变,数字出版的可能发展方向层出不穷。其中一个关键的问题是,当专业化知识生产的主导模式被渐渐地、局部地消解时,当下这种弥散性的、去中心化的知识生产如何与社会形成新型勾连? 专业与业余的出版实践如何互动互构以创造数字时代的出版新形态? 这不仅仅是专业出版机构而是整个社会面临的问题。当前或可预见的是,出版业的专业性不再仅限于行业垄断机构,知识、公开化、出版等概念的含义急剧改变,出版与大众及公共性的关系更加紧密;等等。概言之,数字技术颠覆性地冲击着现代出版业的过程,正是出版的核心价值及其对人类文明的意义不断拓展的历史进程。

### 编者注

[1] 模拟电子技术是一种以连续变化的信号为基础的电子技术,与数字电子技术相比,其处理的信号更接近自然界中的真实信号,如声音、图像等。

[2] 指利用磁记录技术存储数据的存储器,最早的时候为软盘。

[3] "互文性"是指文本的意义由其他的文本所构成。作者将其他的文字借用和转译到创作之中,或者读者在阅读时参照其他的文本。

[4] Clubhouse 是 2020 年 3 月推出的音频聊天程序。用户只能进行"实时的语音聊天",不能发文字、图片或视频。

### 延伸阅读文献

黄旦.理解媒介的威力:重识媒介与历史[J].探索与争鸣,2022(1):142-148+180.

### 思考题

1. 如何理解技术和媒介的关系?

2. 媒介是人类器官的延伸吗? 如果是,你觉得是哪个器官?

3. 大众媒体会消亡吗? 未来的媒体形式将是什么?

---

① 孙玮、褚传弘:《移动阅读:新媒体时代的城市公共文化实践》,载《探索与争鸣》2019 年第 3 期,第 118-126 页、144 页。

第六章

数字人文教育和教学

# 导　言[①]

谈到数字人文,罗伯特·布萨神父总是绕不过去,1949 年他开始应用 IBM 计算机编制托马斯·阿奎那索引,从此开启了人文计算的时代。为了更快地完成这项工作,他在意大利建立了一个培训中心,用来指导学员如何使用计算机处理阿奎纳手稿。如果从教育的角度来看,数字人文教育应该追溯至此吧。1970 年,美国计算机与人文学会(The Association for Computers and the Humanities, ACH)在会议上第一次讨论教授和传播技术等内容;1986 年,该学会举办了"计算机和人文的教学课程"研讨会,意味着数字人文教育开始从个别学者或个别项目的试验性培训走向系统化的课程教学。2001 年,约翰·昂斯沃思(John Unsworth)教授在弗吉尼亚大学开设研究生课程;2005 年,英国伦敦国王学院(KCL)率先设立了首个数字人文博士学位授予点,并与新加坡国立大学合作开展数字人文联合培养博士项目;2014 年,牛津大学开设数字人文暑期学校,向所有对数字人文学科感兴趣的人提供培训;2018 年数字人文组织联盟(The Alliance of Digital Humanities Organizations, ADHO)特别兴趣小组举办了关于数字人文教育学的会议,会上决定采用数字人文课程登记中心(Digital Humanities Course Registry, DHCR)作为全世界数字人文课程的展示平台,该网站当前已注册课程和培养项目 192 个。[②] 目前从国际来看,数字人文教育有学位教育(包括本科、硕士与博士)、证书教育、辅修教育,也有暑期学校、项目学习等,形式多样,种类繁多。而在国外学位教育中,美国斯坦福大学、英国伦敦国王学院、澳大利亚国立大学等在数字人文学科教育领域已取得一定成就。

我国高等院校的数字人文教育开展时间相对较晚。2009 年,我国台湾地区举办了第一届"数字典藏与数字人文国际研讨会",旨在推动数字人文发展,培育数字人文人才,促进数字人文国际合作交流。2011 年,武汉大学成立了中国大陆首个数字人文研究中心。2016 年南京大学推出"数字工具与世界史研究"本科生课程;同年,中国人民大学推出数字记忆厚重人才成长支持计划,并于 2019 年 9 月面向本科生推出数字人文荣誉学位,数字人文教育进入系统教学阶段。2020 年和 2022 年,中国人民大学先后通过了数字人文硕士与博士学位自主设置目录外二级学科论证方案,开始招收数字人文专业硕士与博士,数字人文教育也开启了本硕博一贯制教育。2023 年,《普通高等学校本科专业目录(2023 年)》正式发布,数字人文专业设置在中国语言文学类,从此拥有了自己的专业身份证(专业代码 050110T)。

其实,对于数字人文教育的探讨,总是离不开学科建制的问题。除了上述的数字人文教育实践与专业定位,数字人文能否被称为一门学科,国内外学者也有所讨论,这可以追溯到 20 世纪末。1999—2000 学年,弗吉尼亚大学的约翰娜·德鲁克(Johanna Drucker)和昂斯沃思两位教授组织了一个"数字人文计算研讨会"(Digital Humanities Computing Seminar),会议的主题就是"数字人文是否是一门学

---

① 本章导言由王丽华(上海大学文化遗产与信息管理学院)撰写。

② Digital Humanities Course Registry (clarin-dariah, eu). CLARIN-DARIAH. Available at: http://dhcr. clarin-dariah. eu.

科"。1999 年,时任加拿大麦克马斯特大学"人文媒体与计算中心"主任的杰弗里·罗克韦尔在为该研讨会撰文时指出:"什么是学科? 这样一个直击本体论的问题可能永远没有答案。"然而他还是从行政和教育角度探讨了人文计算作为一门学科的存在。① 大卫·贝里(David Berry)和安德斯·费格约德(Anders Fagerjord)在《数字人文:数字时代的知识与批判》中开明宗义地指出"数字人文是将计算机技术应用于人文研究的前沿学科",而且其具有跨学科性质②;朱利安·奈恩(Julianne Nyhan)和安德鲁·弗林(Andrew Flinn)也把数字人文看作一门学科,因为其具有成为学科的特征,并从学术团体、专业期刊、著作成果、专业会议、研究中心、学术课程、学位教育 7 个方面论证了数字人文已经成为一门学科的现实③;伦敦大学学院数字人文研究中心高瑾博士则从知识结构和历史脉络两个角度总结了半个世纪以来欧美学者对数字人文学科结构的探讨④。当然,也有不同意见,如拉姆齐认为,"数字人文这个词可以泛指任何事物,从媒体研究到电子艺术,从数据挖掘到教育技术,从学术编辑到无政府主义博客"⑤,像"大帐篷"一样包罗万象,那么也就无法称之为一门学科;更有学者认为"数字人文"一词毫无意义⑥,而应该用"计算批评"(Computational Criticism)取而代之。

中国人民大学作为国内首个数字人文学术型硕士和博士学位授予单位,认为数字人文是"结合了数字科技与人文研究的一门学问",是计算机学科和人文学科深度融合所衍生的一个新领域,它以涉及针对计算工具与所有文化产品的交叉领域为研究对象,系统地研究技术与人文相结合的普遍规律和应用方法。具体来说,数字人文学科以人文科学的基本问题为研究对象,以不断发展进步的信息技术和数字技术等为主要工具,以数字资源构建、信息资源管理等数据基础设施建设为基础,以算法、映射、模型等为主要研究手段,通过建立描述学术活动理论、方法和功能的框架以及各种类型的项目实践,探讨数字技术与人文科学跨学科对话中的方法、过程、特征和相互关系,以及数字人文作为一个整体与社会环境之间的互动与关联,并从中探索、归纳和总结出获得成效、提高效率的一般理论、方法和规律,以推动知识创新和服务,从而进一步确定数字人文的学科属性。

除了数字人文专业建设与学科建构的讨论,学者们对于数字人文的跨学科研究、教学方法、实践教学、课程设计等方面也进行了深入探讨。如 Fangli Su 等人通过社会网络分析和可视化工具,探讨数字人文跨学科合作的结构、模式和主题⑦;斯蒂芬·耶尼克介绍了数字人文项目可视化设计教学的三年实践⑧;Deborah A. Garwood 主张以项目为基础的学习和教育学是共生的⑨;Alex

---

① Geoffrey Rockwell, "Is humanities computing an academic discipline?", http://www. iath. virginia. edu/hcs/Rockwell. html.

② Fagerjord Anders and David M. Berry. *Digital Humanities: Knowledge and Critique in a Digital Age*, Cambridge: Polity Press, 2018, p.1.

③ Julianne Nyhan and Andrew Flinn, *Computation and the Humanities towards an Oral History of Digital Humanities*, Gewerbestrasse: Springer Nature, 2016, p.7.

④ 高瑾:《数字人文学科结构研究的回顾与探索》,载《图书馆论坛》2017 年第 1 期,第 1-9 页。

⑤ Stephen Ramsay, "Who's in and who's out", Terras, Nyhan and Vanhoutt (eds.), *Delining Digital Humanities: A Reader*, Surrey/Burlington: Ashgate Publishing, 2013, p. 239.

⑥ Melissa Dinsman, "The digital in the humanities: An interview with Franco Moretti" in *Los Angeles Review of Books*, 2016. htp://lareviewofbooks. org/article/the-digital-in-the-humanities-an-interview-with-franco-Moretti.

⑦ Fangli Su, Yin Zhang and Zachary Immel. "Digital humanities research: Interdisciplinary colaborations, themes and implications to library and information science", *Journal of Documentation*, 2020, No.1, pp.143-161.

⑧ Stefan Janicke, "Teaching on the intersection of visualization and digital humanities", *15th International Joint Conference on Computer Vision*, Valletta, MALTA, 2020(3):100-109.

⑨ Deborah Garwood and Alex H. Poole, "Pedagogy and public-funded research: An exploratory study of skills in digital humanities projects", *Journal of Documentation*, 2019, No. 3, pp.550-576.

Saum-Pascual 提供了一个在加州大学伯克利分校于 2016 年春季开设课程的实例[①]；Melanie Griffin 和 Tomaro I. Taylor 提出嵌入式图书馆模式可以在以数字人文为重点的本科课堂上付诸实践[②]，等等。我国学者对于数字人文教育也多有关注，如刘芮、谭必勇以欧美 14 所高校为样本，从课程设置、师资力量、项目课题方面分析欧美数字人文教育发展现状，提出其具有立足本土与跨界融合的教育理念、理论融入与实践结合的培养模式、社会需求与职业发展的双向考量、技术思维和人文理念的教学观念的特点[③]；徐孝娟、侯莹等人借助文献计量学方法确定国外核心数字人文科研机构，最终选取英国和美国各三所有影响力的大学，从课程方案、课程结构、课程层次和培养目标四个维度对数字人文课程设置进行透视，结合我国数字人文教育现状，提出我国数字人文课程及人才培养建议[④]；张久珍、韩豫哲介绍并总结了北京大学信息管理系开设数字人文课程的培养目标、内容设置、特色等，以此探讨数字人文课程建设对于图书馆学、情报学学科，以及本科教育改革的示范性作用。[⑤]

　　数字人文教育是实践教学与理论研讨共生的，本章所选取的两篇论文从整体上总结了国际信息学院联盟 iSchool 院校的数字人文教育概况，也关注于数字人文教育的中国发展。图书情报领域顶级期刊《信息科学与技术学会会刊》（*Journal of the Association for Information Science & Technology*, JASIST）所刊登的《iSchool 领域的数字人文》（Digital humanities in the iSchool）一文，是 iSchool 数字人文教学指导委员会经过一年调查研究与学术研讨而形成的研究成果。文章综合使用网络调研、问卷分析和主题建模等多种研究方法，对 iSchool 背景下的课程设置、人才培养和科学研究项目进行了全面调查和内容分析，深刻地揭示了当前 iSchool 领域的数字人文研究与教学的现状、趋势及挑战，为数字人文学科建制的发展提供了指南，并为全球范围内高校开设跨学科的数字人文课程、设置专业及开展相关研究项目提供了权威指导。

　　中国人民大学信息资源管理学院教授、中国人民大学数字人文研究院院长冯惠玲发表于《数字人文研究》2022 年第 4 期的《新文科与数字人文教育之新》，着眼于中国数字人文教育，并将其放在中国高等教育改革"四新"战略（新文科、新工科、新农科、新医科）背景下讨论，认为数字人文教育有很多新特质，并将其归纳为教育格局之新、目标之新、结构之新和角色之新，新的教育理念贯穿其中，这些"新"是数字人文教育之新，也是我们进行数字人文教育所要思考和实践的。

　　当前，我国数字人文研究与实践蓬勃发展，中国索引学会和中国科学技术史学会分别于 2020 年和 2022 年成立了数字人文专业委员会，各高校的数字人文研究中心也纷纷建立。在此基础上，数字人文教育与培训的范围与规模不断扩大，从开设课程来讲，数字人文导论类课程开设最多，有全校通识课，也有专业选修课，面向的对象也包括了本科生和研究生。除此之外，数字人文创新思维与方法（南京大学）、数字记忆建构的理论与方法（中国人民大学）等课程也不断涌现，不断丰富着数字人文课程体系。近两年关于数字人文的著作也逐渐增多，而相对成熟的专门教材却鲜见。2022 年 11 月 27 日，中国数字人文年会"数字人文教育"分论坛以"全球视野下的数字人文教育"为主题举办了线上学术会议。中

① Alex Saum-Pascual. "Teaching electronic literature as digital humanities: A proposal", *Digital Humanities Quarterly*, 2017, Vol. 11, No. 3.
② Melanie Griffin and Tomaro I. Taylor. "Shifting expectations: Revisiting core concepts of academic librarianship in undergraduate classes with a digital humanities focus", *College & Undergraduate Libraries*, 2017, Vol. 24, No. 2-4, pp. 452-466.
③ 刘芮、谭必勇：《立足本土与跨界融合：欧美数字人文教育发展现状及启示》，载《档案学通讯》2020 年第 3 期，第 104-112 页。
④ 徐孝娟、侯莹、赵宇翔等：《国外数字人文课程透视：兼议我国数字人文课程设置及人才培养》，载《图书馆论坛》2018 年第 7 期，第 1-11 页。
⑤ 张久珍、韩豫哲：《北京大学"数字人文"课程教学实践及经验探索》，载《图书情报工作》2019 年第 19 期，第 42-47 页。

国人民大学信息资源管理学院院长刘越男教授作为论坛召集人和主持人提出当前数字人文教育面临着内在学理问题与外在学科建制问题,数字人文尚未形成专属的基础理论、方法论与核心知识体系;数字人文内容呈现的多学科深度交叉特点,使得办学主体的确定与多学科协同也成为学术共同体关心的问题。其实,对于数字人文本身来讲,其理论体系的构建尚未达成共识,项目实践远远走在了理论建构之前。国内外数字人文教育仍然处于探索之中,如何解决上述问题,需要学界、业界共同努力,即使在短时间内无法形成共识,也要身体力行数字人文教育实践,培养数字人文人才,为数字人文的整体发展提供助力。也正是为此,本章推荐了上述两篇文章,希望为我们了解国际数字人文教育现状提供路径,也为我国数字人文教育提供范本。

# iSchool 领域的数字人文<sup>①</sup>

    **导读**：本文的原文 Digital Humanities in the iSchool 发表于 2021 年 6 月的《信息科学与技术学会会刊》(*Journal of the Association for Information Science & Technology*, JASIST)，为开放获取文章，可在线阅读。中国人民大学信息资源管理学院的陈怡对原文进行了翻译。iSchools 是由 20 余个国家和地区的 120 所知名大学信息学院（系）组成的一个国际联盟，2019 年该联盟成立了数字人文教学指导委员会，致力于数字人文的教学指导，包括教学目标确认、教学大纲制定、教学课程设计、教学材料推荐等。本文就是这个教学指导委员会经过一年调查研究与学术研讨而形成的研究成果，文章的作者皆为国际数字人文领域的权威学者，包括 iSchools 前任主席 Sam Oh 教授、英国伦敦大学学院数字人文研究中心前主任 Simon Mahony 教授、美国伊利诺伊大学厄巴纳-香槟分校信息科学学院 Ted Underwood 教授、北德克萨斯大学信息学院 *The Electronic Library* 期刊主编 Jeonghyun Kim 教授、印第安纳大学图书情报学院 John A. Walsh 副教授、瑞典林奈大学数字人文研究中心主任 Koraljka Golub 教授、中国武汉大学信息管理学院王晓光教授等 13 人。文章综合使用网络调研、问卷分析和主题建模等多种研究方法，对 iSchools 背景下的课程设置、人才培养和科学研究项目进行了全面调查和内容分析，深刻地揭示了当前 iSchools 领域的数字人文研究与教学的现状、趋势及挑战，为数字人文学科建制的发展提供了指南，并为全球范围内高校开设跨学科的数字人文课程、设置专业及开展相关研究项目提供了有益参考。

    "数字人文"作为一个广泛的交叉领域，关注在人文研究与教学中应用数字和计算方法的理论与实践，很早即已出现在 iSchools<sup>②</sup> 以及信息学与图书馆学课程中。正如以下描述所展示的，当前有相当数量的数字人文课程和项目正在全球各地的 iSchools 中展开。

    现在以"数字人文"之名为人所知的这一领域，起源于人文计算，它既包括计算和数字方法在人文研究中的应用，也涵盖人文学科方法、理论和框架在数字媒体和数字文化研究中的应用。2003 年，著名

---

① 译者：陈怡（中国人民大学信息资源管理学院）；导读、注释：王丽华。

② iSchools 是由全球顶级信息学院（Information school）发起的跨学科组织，致力于在 21 世纪领导和推动信息领域发展，探索信息、人和技术之间的关系。iSchools 成员遍布亚太、欧洲和北美地区，截至 2021 年 8 月，已有 122 所顶级信息学院加入，其中包括加州大学伯克利分校、卡内基梅隆大学、佐治亚理工学院等国际一流大学的信息学院。目前，我国共有 16 所高校的信息学院成为 iSchools 成员，分别是武汉大学、南京大学、中国人民大学、中山大学、北京大学、华中师范大学、上海大学、中国科学院大学、吉林大学、南京理工大学、南开大学、苏州大学、郑州大学、香港大学、台湾大学、台湾师范大学。iSchools 力求最大限度地提高其成员院校的知名度和影响力，增强其利用信息和技术的力量，并提倡用跨学科的方法来理解信息管理面对的机遇和挑战，加强相关战略研究和学术倡议，为应对共同挑战提供支持和解决方案。——译者注

数字人文学者约翰·昂斯沃思(2004 年参与编撰了《数字人文指南》①)被任命为伊利诺伊大学图书馆与信息科学研究生院(现为信息科学学院)院长,这是数字人文在 iSchools 中比重逐渐增加的关键节点。昂斯沃思曾于 1993—2003 年担任弗吉尼亚大学前沿技术与人文研究所(IATH)主任,该研究所是国际领先的数字人文研究中心;并且作为英语语言学博士,昂斯沃思没有接受过正式的信息科学或图书馆学的学术训练。从那时起,iSchools 聘用、长聘(给予终身教职)和晋升了许多其他科系的教员,包括拥有人文学科博士学位者和拥有可应用于人文研究的技术、数字和计算专业的不同学位者。②

本研究是关于 iSchools 数字人文课程委员会(Digital Humanities Curricula Committee, iDHCC)的工作成果。该委员会由 2018—2019 年担任 iSchools 主席的吴三均(Sam G. Oh)教授于 2019 年初创立,并承担以下任务:

(1) 将数字人文定义为 iSchools 研究和教学中的一个领域;

(2) 制定 iSchools 及其数字人文项目中的课程类型清单和一般描述;

(3) 制定更广泛的数字人文相关主题和方法清单;

(4) 制定经委员会审核的链接、文献和现有课程/相关推荐的清单;

(5) 发表关于 iSchools 中数字人文课程体系面临的机遇和可能模式及项目之可能模式的报告。

下文并非提交给 iSchools 的最终报告,而是在 iSchools 背景下对数字人文教学和研究现状的研究结果,最终报告的内容重点则更为务实,更具纲领性和行政导向。

本研究作者团队与其他机构和学科部门合作,运用了多种方法来探讨 iSchools 中的数字人文实践与教学等诸多方面。首先,通过对 iSchools 项目和公共语言资源技术基础设施—艺术人文学科数字研究基础设施(Common Language Resources and Technology Infrastructure-Digital Research Infrastructure for the Arts and Humanities, CLARIN-DARIAH)③数字人文课程登记册④进行分析,调查了 iSchools 创设的多样化的数字人文教育模式,并在广泛浏览各门课程大纲与描述的基础上,详细分析其数字人文课程的设置及体系。其次,对与 iSchools 合作开展数字人文研究项目或提供数字人文教育的学科和机构进行了简要的考察。再次,借助对相关招聘广告的研究探讨了数字人文的职业发展。最后,参照 iDHCC 在 iSchools 实施现有项目的专业经验,提供了关于在 iSchools 开展一项新的数字人文教育项目所面临的运营和行政层面的挑战与机遇的一些观察,并据此提出了一些通用建议作为结论。

## 一 ▶ 教育模式

探讨 iSchools 中的数字人文发展现状,首要一步是调查其数字人文教育模式。这里的"教育模式"是指由大学内部官方组织提供的某种类型和层次的学位,能够向学生传授知识和授予文凭。举例来说,iSchools 面向本校硕士和博士研究生提供的数字人文研究生结业证书(graduate certificate)就是一种典型的教育模式。一个数字人文项目通过整合人员、流程和课程,可以提供多种教育模式,同时支持学术研究、工作坊、研讨会等丰富活动。

---

① Susan Schreibman, Ray Siemens and John Unsworth, *A Companion to Digital Humanities*, Oxford: Blackwell, 2004.

② Andrea Wiggins and Steven Sawyer, "Intellectual Diversity and the Faculty Composition of Ischool", *Journal of the American Society for Information Science and Technology*, Vol. 63, No. 1, 2012, pp. 8 – 21.

③ CLARIN-DARIAH 是欧洲研究基础设施联盟(ERIC)的成员。——译者注

④ CLARIN-ERIC and DARIAH-EU, "Digital Humanities Course Registry". August 30, 2021, https://dhcr.clarin-dariah.eu.

　　为了对数字人文教育模式有一个整体了解,本研究通过多种方式收集数据,调查范围更是扩大至 iSchools 成员以外的大学。其一,对各大学网站进行调研,了解其提供数字人文学位类型的现状;其二,由 iDHCC 成员对自身所在区域指定网站开展非系统性的调查,并通过收集以欧洲为中心的 CLARIN-DARIAH 在线数字人文教育课程登记册的欧洲地区数据来强化这种分区调查;其三,收集从在线问卷获得的自我报告数据,该问卷由 iDHCC 发起,以世界各地 iSchools 的领导者为调查对象,回复率约为 40%。尽管上述数据仍有局限之处,但也可以从中总体把握当前 iSchools 开展的各种模式的数字人文教育和项目情况。

　　本研究旨在对高校中的数字人文教育模式的构成方式有一个总体了解,无论其主管者是谁。通过网络搜索选定公开网站并开展调查后,本研究收集并整理了亚洲及澳大利亚 15 所大学提供的共计 31 种数字人文教育证书,北美 39 所大学提供的共计 44 种数字人文教育证书和欧洲 38 所大学提供的共计 47 种数字人文教育证书。世界其他地区(特别是非洲和南美洲)因 iSchools 数量较少而不在此次调查范围内。调查发现,亚洲和澳大利亚所涉大学共有 18 种学士级别的证书(6 种主修学位证书,9 种辅修学位证书,3 种类似辅修的证明),11 种硕士级别的证书(5 种全日制硕士学位证书,3 种研究生结业证书和 3 种类似研究生结业证书的证明),以及 2 种博士学位证书。北美所涉大学共有 15 种学士级别的证书(3 种全日制本科学位证书,7 种辅修学位证书,5 种类似辅修的证明)和 29 种硕士级别的证书(7 种全日制硕士学位证书,20 种研究生结业证书,2 种类似研究生结业证书的证明),但没有博士学位项目。欧洲所涉大学共有 7 种学士级别的证书(6 种全日制本科学位证书和 1 种辅修学位证书),37 种硕士级别的证书(29 种全日制硕士学位证书和 8 种辅修学位证书/专项课程证明),以及 3 个博士学位项目。而在收集 CLARIN-DARIAH 数字人文课程登记册中的数据时,本研究将调查范围设定在广义的数字人文及其密切相关领域(例如人文计算、人文信息学)[1],同时排除了像计算语言学这样较窄的特定学科领域。调查发现,登记册目前在列的高校提供共计 83 个学士学位、162 个硕士学位和 16 个博士学位,其中大部分分布在欧洲。

　　调查数据进一步显示,高校的数字人文教育模式在类型上存在较大差异,涵盖文理博士学位和全日制硕士学位、研究生证书/专项课程证明/预科证书/桥梁课程证书,以及主修学士学位和辅修学位/结业证书/专项课程证明/荣誉证书。① 目前在国际范围内,全日制硕士学位是最常见的数字人文教育模式,其次是硕士级别的结业证书、辅修学位等。学士级别最常见的教育模式是辅修学位和其他类似辅修的证书,其次是全日制学士学位。数字人文博士学位项目相当罕见。在证书的名称方面,最常见的是本科生辅修学位证书(undergraduate minor)和研究生结业证书;同时也存在一些使用比较有限的证书名称,这往往是不同区域和不同学术传统差异的体现。此外,洲际之间也存在明显差异。在亚洲和澳大利亚,学士级别的数字人文教育证书较为常见。在北美和欧洲,硕士级别的数字人文教育证书更为普遍,其中,欧洲很多大学能够提供全日制硕士学位证书和学士学位证书;而北美大学一般只提供研究生结业证书和本科辅修学位证书,或者仅将数字人文作为其他学科全日制学位的附加课程。

　　通过在线问卷调查,本研究从部分 iSchools 的领导者处获得了其所在院系数字人文项目的基本信息(见表 1)。其中,18 所 iSchools 所在大学提供数字人文教育证书(有些通过 iSchools 以外的校内其他学术部门提供),10 所 iSchools 所在大学提供数字人文课程,还有 4 所处于规划数字人文课程的后期阶段。基于对 iSchools 所在大学网站的全面调查及以上在线问卷调查结果,可知目前很少有 iSchools 独立提供数字人文证书,51 所 iSchools 中仅有 8 所能够实现;32 所北美 iSchools 所在大学拥有由不同

---

① Peter J. Cobb and Koraljka Golub, "Digital Humanities Degrees and Supplemental Credentials in Information Schools (iSchool)", *Education for Information* (Preprint), 2021, pp. 1 - 25.

部门或院系合作建设的数字人文教育项目,iSchools 作为合作方之一参与了其中的 11 项联合工作。此外,受访者所在的 iSchools 中还有几所已经开始或正在计划采取创新的方式提供数字人文教育证书(如结业证书),以利用他们的跨学科知识和专业;这种正在进行的计划表明 iSchools 有将数字人文纳入专业课程计划的可持续机会。

表 1　对 iSchools 领导者的调查结果

| 所在地区 | 学士级别证书 | 硕士级别证书 | 博士级别证书 |
| --- | --- | --- | --- |
| 亚洲和澳大利亚 | 18 种学士级别的证书(6 种主修学位证书,9 种辅修学位证书,3 种类似辅修的证明) | 11 种硕士级别的证书(5 种全日制硕士学位证书,3 种研究生结业证书和 3 种类似研究生结业证书的证明) | 2 种博士学位证书 |
| 欧洲 | 7 种学士级别的证书(6 种全日制本科学位证书和 1 种辅修学位证书) | 34 种硕士级别的证书(28 种全日制硕士学位证书和 6 种辅修学位证书/专项课程证明) | 4 种博士学位证书 |
| 北美洲 | 15 种学士级别的证书(3 种全日制本科学位证书,7 种辅修学位证书,5 种类似辅修的证明) | 29 种硕士级别的证书(7 种全日制硕士学位证书,20 种研究生结业证书,2 种类似研究生结业证书的证明) | 0 |

## 二 ▸ 课程和大纲

本节从 iSchools 的角度对数字人文课程开展两项具体研究。首先,基于最新的教学大纲探讨了 iSchools 现有数字人文课程的安排与内容;其次,应用结构性主题建模,分析来自数字人文课程登记册及其他已知的共 426 份数字人文课程描述。通过这两项工作,可以梳理当前 iSchools 的数字人文课程状况,以及 iSchools 可能为数字人文作出贡献的主题与方法。

既有数字人文课程调查研究针对教育项目[①]、课程大纲[②]、导师[③]和从业人员[④]已有细致分析。一些文章专门探讨了数字人文项目和课程在特定场合的发展,如社区学院[⑤]、文理学院[⑥]、研究生教育[⑦]和图

[①] Chris Alen Sula, S. E. Hackney and Phillip Cunningham, "A Survey of Digital Humanities Programs", *Journal of Interactive Technology and Pedagogy*, 2017, https://jitp.commons.gc.cuny.edu/a-survey-of-digital-humanities-programs. Accessed August 30, 2021.

[②] Lisa Spiro, "Knowing and Doing: Understanding the Digital Humanities Curriculum", *Digital Humanities 2011*, Ed., Stanford: Stanford University Library, 2011, pp. 232 - 233; Melissa Terras, "Disciplined: Using Educational Studies to Analyse 'Humanities Computing'", *Literary and Linguistic Computing*, Vol. 21, No. 2, 2006, pp. 229 - 246.

[③] Brian Croxall and Diane K. Jakacki, "Who Teaches When We Teach DH?", August 30, 2021, https://dev.clariah.nl/files/dh2019/boa/0400.html.

[④] Tanya E. Clement and Daniel Carter, "Connecting Theory and Practice in Digital Humanities Information Work", *Journal of the Association for Information Science and Technology*, Vol. 68, No. 6, 2017, pp. 1385 - 1396.

[⑤] Anne B. Mcgrail, "The 'Whole Game': Digital Humanities at Community Colleges", *Debates in the Digital Humanities 2016*, Matthew K. Gold and Lauren F. Klein eds., Minneapolis: University of Minnesota, 2016, pp. 5 - 22.

[⑥] Bryan Alexander and Rebecca Frost Davis, "Should Liberal Arts Campuses Do Digital Humanities? Process and Products in the Small College World", *Debates in the Digital Humanities 2012*, Matthew K. Gold ed., Minneapolis: University of Minnesota, 2012, pp. 368 - 389; Rachel Sagner Buurma and Anna Tinoe Levine, "The Sympathetic Research Imagination: Digital Humanities and the Liberal Arts", *Debates in the Digital Humanities 2016*, Matthew K. Gold and Lauren F. Klein eds., Minneapolis: University of Minnesota, 2016, pp. 274 - 279.

[⑦] Scott Selisker, "Digital Humanities Knowledge: Reflections on the Introductory Graduate Syllabus", *Debates in the Digital Humanities 2016*, Matthew K. Gold and Lauren F. Klein eds., Minneapolis: University of Minnesota, 2016, pp. 194 - 198.

书馆等①,虽然其中有几篇涉及图书馆员如何学习和教授数字人文,但没有一项研究系统考察过整个 iSchools 的数字人文课程,尽管 iSchools 专门负责培养在图书馆、档案馆、博物馆和其他机构工作的信息专业人员,而这些机构已被认定为数字人文工作的关键场所和合作伙伴。

本研究人工检索了 iSchools 目录中所有 109 所学校的课程目录和项目网站,选择在标题或说明中明确含有"数字人文"(digital humanities)这一短语的课程(值得注意的是,有几所学校允许学生选修 iSchools 以外的课程,本研究没有将这些由其他学科开设的课程纳入,但它们也值得进一步研究),最终在 26 个机构中确认了 34 门课程,并通过网络搜索或直接向教师索取,获得了其中 24 门课程的教学大纲。接着使用词频分析法和文本分析法对这 24 门课程的名称、课程描述、教学大纲主题、学习成果、引用资料、作业和技术进行了分析。相关方法的其他细节可参考克里斯·阿伦·苏拉(Chris Alen Sula)等发表的《iSchools 中的数字人文:一项基于数字人文课程的分析》②和《LIS 项目中的数字人文:一项基于课程的分析》③。

具体来讲,大约四分之一的 iSchools 成员提供了数字人文课程,其中大部分目前只开设有一门课程。在拥有两门或更多数字人文课程的院系中,第一门通常是理论和方法介绍这类入门课程,其次是关于实践项目或专门方法和技术的课程,如文本挖掘(见表 2)。值得注意的是,iSchools 的课程内容涵盖了数据、研究、图书馆和文化遗产等概念(与其他机构的数字人文课程不同),批判性评价和反思(见图 1)经常出现在学习成果中(这点与其他机构的数字人文课程相同)。iSchools 的课程一般都覆盖文本分析(Voyant④、TEI⑤、AntConc⑥、Mallet⑦)、编程(Python、Jupyter Notebooks⑧)、内容管理(Omeka⑨)、数据可视化(绘图、网络、时间线)等技术内容。

表 2 iSchools 成员提供的数字人文课程名称(部分)

| 入门课程名称 | 进阶课程名称 |
| --- | --- |
| 数字人文(Digital Humanities) | 数字人文进阶项目(Advanced Projects in Digital Humanities) |
| 数字人文导论(Introduction to Digital Humanities) | 人文学科中的数据科学(Data Science in the Humanities) |
| 数字人文调查(Survey of Digital Humanities) | 数字人文的技术和工具(Technologies and Tools of Digital Humanities) |

① Brian Rosenblum, Frances A. Devlin and Tami Albin, et al. eds., *Collaboration and Co-Teaching: Librarians Teaching Digital Humanities in the Classroom*, Association of College & Research Libraries, 2015, pp. 151 – 175, https://kuscholarworks.ku.edu/handle/1808/17633. September 12, 2021; Stewart Varner, "Library Instruction for Digital Humanities Pedagogy in Undergraduate Classes", John W. White and Heather Gilbert eds., *Laying the Foundation: Digital Humanities in Academic Libraries*, West Lafayette: Purdue University Press, 2016, pp. 205 – 222; Anu Vedantham and Dot Porter, "Spaces, Skills, and Synthesis", Arianne Hartsell-Gundy, Laura R. Braunstein and Liorah Golomb eds., *Digital Humanities in the Library: Challenges and Opportunities for Subject Specialists*, Chicago: Amer Library Assn, 2015, pp. 177 – 198.
② Chris Alen Sula, "Digital Humanities Among the Ischools: An Analysis of DH Courses", September 12, 2021, https://dh2020.adho.org/wp-content/uploads/2020/07/440_Digital Humanities among the iSchool an Analysis of DH Courses.html.
③ Chris Alen Sula and Claudia Berger, "Digital Humanities Among LIS Programs: An Analysis of Courses", 2020, https://www.ideals.illinois.edu/handle/2142/108825. Accessed September 12, 2021.
④ Stéfan Sinclair and Geoffrey Rockwell, "Voyant Tools", August 30, 2021, https://voyant-tools.org.
⑤ TEI Consortium, "TEI P5: Guidelines for Electronic Text Encoding and Interchange, Version 4.1.0", August 30, 2021, https://tei-c.org/release/doc/tei-p5-doc/en/html/index.html.
⑥ Laurence Anthony, "AntConc", August 30, 2021, https://www.laurenceanthony.net/software/antconc/.
⑦ Andrew Kachites Mccallum, "MALLET: A Machine Learning for Language Toolkit", August 30, 2021, http://mallet.cs.umass.edu/.
⑧ Project Jupyter, "Project Jupyter", August 30, 2021, https://jupyter.org.
⑨ Roy Rosenzweig Center for History and New Media, "Omeka", August 30, 2021, https://omeka.org.

（续表）

| 入门课程名称 | 进阶课程名称 |
| --- | --- |
| 人文信息学（Humanities Information） | 数字人文程序设计（Programming for Digital Humanities） |
| 数字人文的历史和理论（History and Theory of Digital Humanities） | 数字人文顶点课程（Digital Humanities Capstone） |
| 数字人文图书馆学（Digital Humanities Librarianship） | 数字人文实践（Digital Humanities Practicum） |

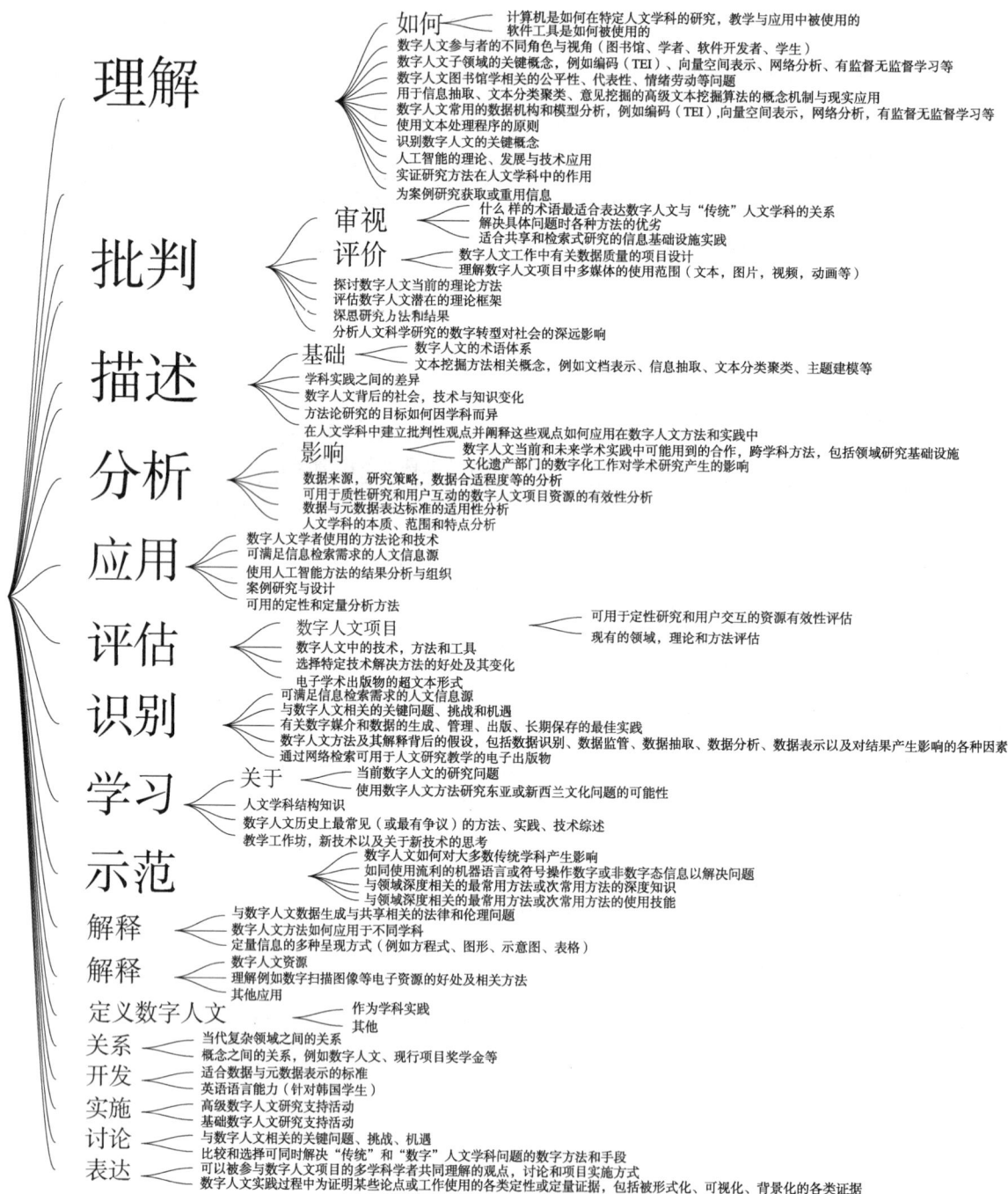

**理解**
- 如何
  - 计算机是如何在特定人文学科的研究，教学与应用中被使用的
  - 软件工具是如何被使用的
- 数字人文参与者的不同角色与视角（图书馆、学者、软件开发者、学生）
- 数字人文子领域的关键概念，例如编码（TEI）、向量空间表示、网络分析、有监督无监督学习等
- 数字人文图书馆学相关的公平性、代表性、情绪劳动等问题
- 用于信息抽取、文本分类聚类、意见挖掘的高级文本挖掘算法的概念机制与现实应用
- 数字人文常用的数据机构和模型分析，例如编码（TEI），向量空间表示，网络分析，有监督无监督学习等
- 使用文本处理程序的原则
- 识别数字人文的关键概念
- 人工智能的理论、发展与技术应用
- 实证研究方法在人文学科中的作用
- 为案例研究获取或重用信息

**批判**
- 审视
  - 什么样的术语最适合表达数字人文与"传统"人文学科的关系
  - 解决具体问题时各种方法的优劣
  - 适合共享和检索式研究的信息基础设施实践
- 评价
  - 数字人文工作中有关数据质量的项目设计
  - 理解数字人文项目中多媒体的使用范围（文本，图片，视频，动画等）
- 探讨数字人文当前的理论方法
- 评估数字人文潜在的理论框架
- 深思研究方法和结果
- 分析人文科学研究的数字转型对社会的深远影响

**描述**
- 基础
  - 数字人文的术语体系
  - 文本挖掘方法相关概念，例如文档表示、信息抽取、文本分类聚类、主题建模等
- 学科实践之间的差异
- 数字人文背后的社会、技术与知识变化
- 方法论研究的目标如何因学科而异
- 在人文学科中建立批判性观点并阐释这些观点如何应用在数字人文方法和实践中

**分析**
- 影响
  - 数字人文当前和未来学术实践中可能用到的合作，跨学科方法，包括领域研究基础设施
  - 文化遗产部门的数字化工作对学术研究产生的影响
- 数据来源，研究策略，数据合适程度等的分析
- 可用于质性研究和用户互动的数字人文项目资源的有效性分析
- 数据与元数据表达标准的适用性分析
- 人文学科的本质、范围和特点分析

**应用**
- 数字人文学者使用的方法论和技术
- 可满足信息检索需求的人文信息源
- 使用人工智能方法的结果分析与组织
- 案例研究与设计
- 可用的定性和定量分析方法

**评估**
- 数字人文项目
  - 可用于定性研究和用户交互的资源有效性评估
  - 现有的领域，理论和方法评估
- 数字人文中的技术，方法和工具
- 选择特定技术解决方法的好处及其变化
- 电子学术出版物的超文本形式
- 可满足信息检索需求的人文信息源
- 与数字人文相关的关键挑战和机遇
- 有关数字媒介和数据的生成、管理、出版、长期保存的最佳实践
- 数字人文方法及其解释背后的假设，包括数据识别、数据监管、数据抽取、数据分析、数据表示以及对结果产生影响的各种因素
- 通过网络检索可用于人文研究教学的电子出版物

**识别**
- 关于
  - 当前数字人文的研究问题
  - 使用数字人文方法研究东亚或新西兰文化问题的可能性
- 人文学科结构知识
- 数字人文历史上最常见（或最有争议）的方法、实践、技术综述
- 教学工作坊，新技术以及关于新技术的思考

**学习**
- 数字人文如何对大多数传统学科产生影响
- 如同使用流利的机器语言或符号操作数字或非数字态信息以解决问题
- 与领域深度相关的最常用方法或次常用方法的深度知识
- 与领域深度相关的最常用方法或次常用方法的使用技能

**示范**
- 与数字人文数据生成与共享相关的法律和伦理问题
- 数字人文方法如何应用于不同学科
- 定量信息的多种呈现方式（例如方程式、图形、示意图、表格）

**解释**
- 数字人文资源
- 理解例如数字扫描图像等电子资源的好处及相关方法
- 其他应用

**解释**
- 定义数字人文
  - 作为学科实践
  - 其他

**关系**
- 当代复杂领域之间的关系
- 概念之间的关系，例如数字人文、现行项目奖学金等

**开发**
- 适合数据与元数据表示的标准
- 英语语言能力（针对韩国学生）

**实施**
- 高级数字人文研究支持活动
- 基础数字人文研究支持活动

**讨论**
- 与数字人文相关的关键问题、挑战、机遇
- 比较和选择可同时解决"传统"和"数字"人文学科问题的数字方法和手段

**表达**
- 可以被参与数字人文项目的多学科学者共同理解的观点，讨论和项目实施方式
- 数字人文实践过程中为证明某些论点或工作使用的各类定性或定量证据，包括被形式化、可视化、背景化的各类证据

图1　iSchools 数字人文课程学习成果的可视化单词树

注：词的大小反映了它在课程学习成果中出现的频率，已删除停词[2]。

为了确定数字人文课程所涉及的主要话题，本研究使用了结构主题建模的计算技术来分析任一学院、系或学科的课程描述，而不局限于 iSchools 成员所设课程。为此，首先使用滚雪球的方法对数字人文课程登记册以及截至 2020 年 12 月的已知的数字人文课程进行了广泛的搜索和网站内容提取，最终共收集了 426 份数字人文课程描述（包括一个含 1 694 个术语和 19 096 个标记的语料库），数据包括国家、教育层次（如本科和研究生）、项目类型（如文学学士、科学硕士、证书和专业/主修）、大学、课程名称、学习领域和课程介绍。

随后，本研究使用结构主题建模（STM）确定了一个包括文档级元数据的主题模型。[①] 与其他主题模型类似，该框架通过 Latent Dirichlet Allocation（LDA）捕获文档主题。STM 模型能够通过文档级别的元数据来估计主题和专题内容的流行度。具体来说，首先要建立一个模型来测算文档级元数据（即课程描述和研究领域）以及主题内容之间的关系。主题流行度是"研究领域"变量的一个函数，该变量被编码为人文或数字导向；在"课程描述"中则将"研究领域"指定为主题流行率的协变量。

接着，通过数据驱动的方法来选择主题的数量以及对主题的定性分析。在主题模型[②]的交互式可视化（见图 2）的帮助下，本研究确定了全部数字人文项目的 12 个主题，并分别为这些主题分配描述性标签。

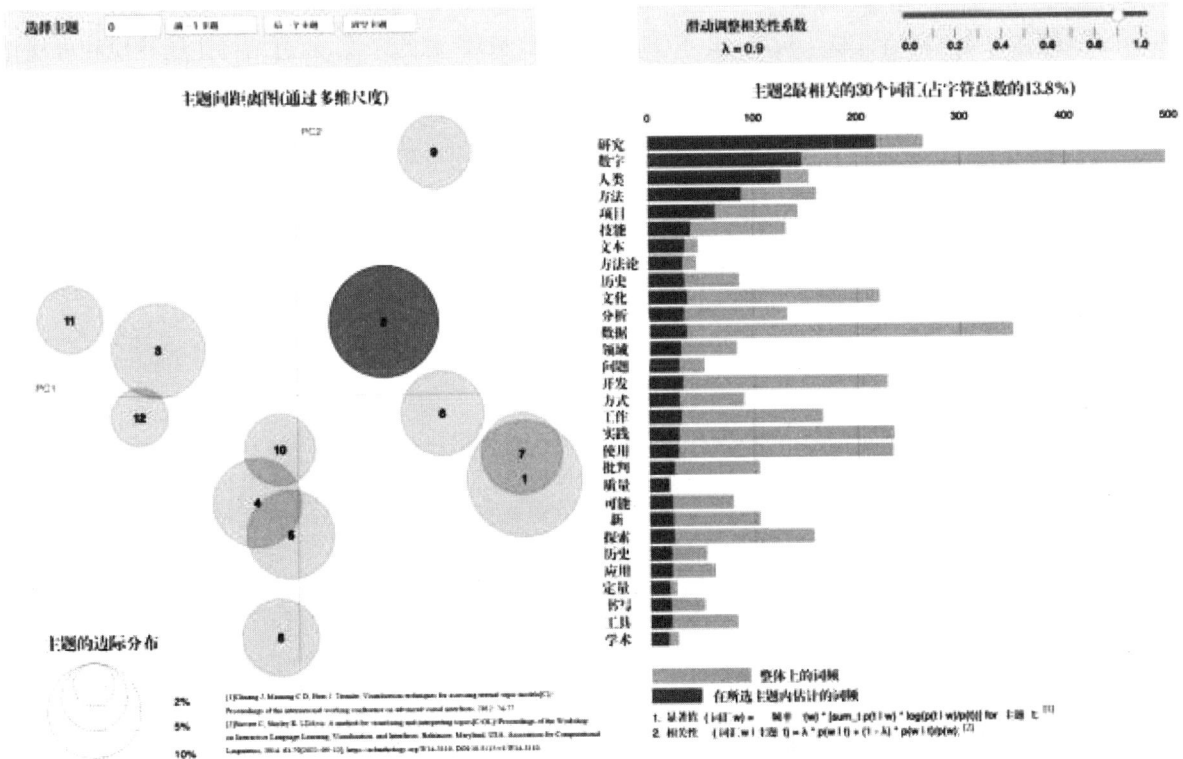

图 2　显示主题间距离的交互式主题模型可视化

① Margaret Roberts, Brandon Stewart and Edoardo Airoldi, "A Model of Text for Experimentation in the Social Sciences", *Journal of the American Statistical Association*, Vol. 111, No. 515, 2016, pp. 988 – 1003; Margaret Roberts, Brandon Stewart and Dustin Tingley, "stm: An R Package for Structural Topic Models", *Journal of Statistical Software*, Vol. 91, No. 1, 2019, pp. 1 – 40.

② Carson Sievert and Kenneth Shirley, "LDAvis: A Method for Visualizing and Interpreting Topics", Proceedings of the Workshop on Interactive Language Learning, Visualization and Interfaces, Ed., Baltimore, Maryland, USA. Association for Computational Linguistics, 2014, pp. 63 – 70, https://aclanthology.org/W14-3110. DOI:10.3115/v1/W14-3110. Accessed September 12, 2021.

主题1:社会政治理论与概念

主题2:软件编程与开发

主题3:语料库管理

主题4:关键数字媒体和社会文化影响

主题5:统计数据分析

主题6:当代数字艺术和生产

主题7:文本、地理空间数据分析和建模

主题8:人机交互设计与评估

主题9:文化遗产批判史

主题10:网络应用、架构和元数据

主题11:大众传播与制作

主题12:交互式数据可视化

随后,进一步分析、揭示模型中的主题比例及其相关关系。具体来说,主题12、8、7、10、4、5的占比比其他主题大。图3说明了主题之间的相关性及其关系,特别是提到了两个主要的主题群组:(2、5、7、8、10)和(1、4、6、9、11),分别代表数字导向和人文导向的课程主题。这些主题也可以分层组织,从而形成五个主题群(见图4):(3、12),(5、7),(2、10),(9、11),(1、4)。总的来说,通过结构主题建模和可视化技术,基本揭示了数字人文课程的核心组成部分及其关系。

用于可视化主题模型的强制导向布局

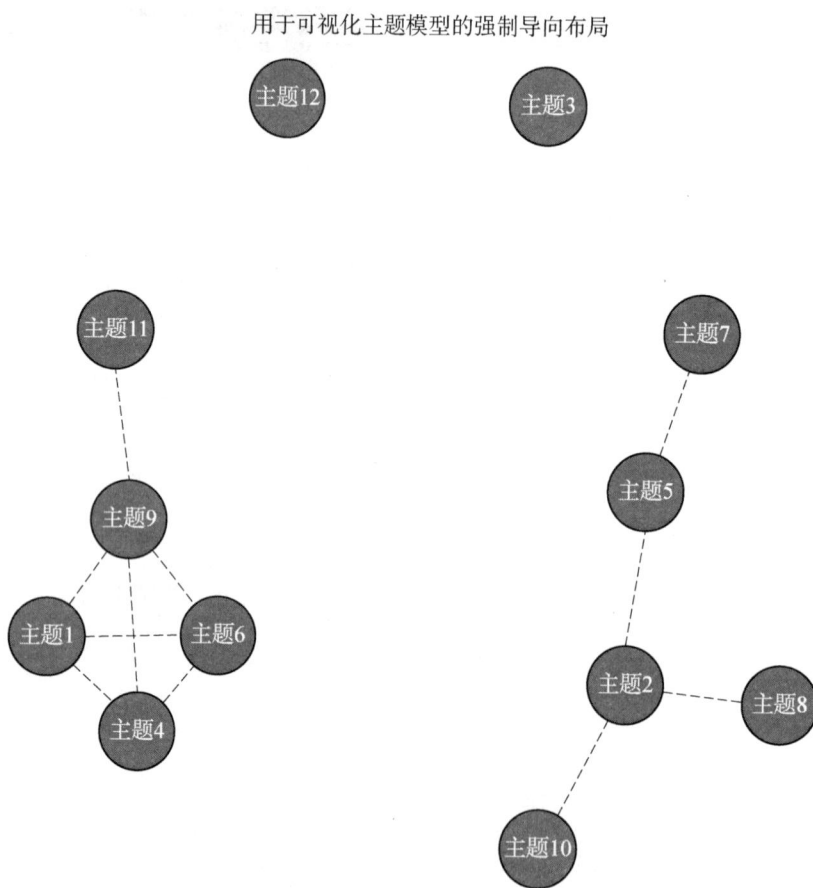

图3　主题模型的网络可视化显示了主题的相关性

STM模型　　　　　　　　　　　　　　　　　　　　　　　　　　　　　　—
　　设计，数据，研究，计算，使用，方法，信息　　　　　　　　　　　　—
　　　交互，项目，研究，工作，方法，管理，技能　　　　　　　　　　　—
　　　　　3：管理，电子，语言学，资产，年份，实验室，字典
　　　　　12：研究，行动，质量，项目，艺术，定量，方法
　　　工作，使用，技术，通知，处理，数据，分析
　　　　　5：轻量，统计，数据，技术，采集，分类，加工
　　　　　7：GIS，Gapston，分析，模型，Python，文本，地理，R语言
　　　　8：设计，科学，接口，计算，知识，评估，可用
　　　档案，系统，介绍，开发，网页，程序，应用　　　　　　　　　　　—
　　　　　2：结构，解决方案，工程，档案，程序，软件，CAD
　　　　　10：元数据，并发，多媒体，应用，Web，硬件，系统
　　人类，历史，文化，议题，交流，实践，新　　　　　　　　　　　　　—
　　　　9：遗产，议题，人类，学者，历史，新，辩论
　　　　11：博物馆，交流，学术，国家，公众，写作，过去
　　6：经济，手段，崛起，服务，形式，创新，技术
　　理论，检查，媒体，社会，文化，发展，数字　　　　　　　　　　　　—
　　　　1：运动，政治，影响，移动，检查，理论，关系
　　　　4：音乐，年龄，在线，游戏，社交，平台，市场

图4　结构主题模型(STM)的分层显示

## 三　协作学科

如上文所述，许多iSchools的数字人文教育项目是与既定机构的学术部门合作开展的。幸运的是，iDHCC中的许多成员都是这种合作的积极参与者。为了广泛了解iSchools数字人文课程的合作关系，本研究针对这些成员开展了调查，发现iSchools主要与人文和计算机科学部门互动。

按照iSchools参与合作的程度可将合作模式分为四种。第一，iSchools没有数字人文教育项目，或者只向校内学生提供数字人文课程；第二，iSchools可能非正式地参与数字人文教育项目，iSchools内部和外部的学生都能通过参加iSchools的课程来发展数字人文专业知识；第三，iSchools所在的大学可能有一个数字人文中心，提供正式的数字人文教育项目和证书，iSchools的课程以及其他院系的课程是这些项目的组成部分；第四，iSchools所在的大学已经或正计划在iSchools内设立正式的数字人文教育项目，内含与外系的广泛而有组织的合作。

目前，韩国成均馆大学(SKKU)正在筹划这样一项广泛而有组织的数字人文合作。SKKU计划创建一个新的计算机和信息学院(iCollege)，使人文和社会科学的学生通过获得数据分析和互操作的坚实基础来增强他们所在领域的专业能力。SKKU的人文社科学生将被强烈鼓励在数字人文或社会信息学方面攻读第二专业，这些专业将由iCollege提供。iCollege还将负责提供基础课程，为iCollege的学生以及人文和社会科学各学院的学生服务。SKKU的合作模式还包括鼓励人文和社会科学的教师联合受聘于iCollege。

许多调查对象认为，数字人文对iSchools来说是一个机会，借助数字人文，iSchools可以与其他学科加强联系与合作，增加视角的多元化，也是一种"表明iSchools研究广度和范围的机遇"。两位受访者表示，数字人文代表了一种机会，特别是正在出现的数字人文学士学位。但也有一些人表示，与其他学科的合作可能会鼓励错误的分工，例如"iSchools以外的同事会普遍认为iSchools的教师具有丰富的

技术经验,而人文学科的教师则更多掌握内容和理论/批判性的专门知识"。对此观点,受访者们持有不同意见。其中一些人欢迎 iSchools 被视为拥有技术专长的一方,而另一些人则认为他们所在的机构已经超越了这种分工。无论如何,这似乎是许多人都遇到过的一种模式。

在对某一特定区域进行更近距离观察时,团队专门调查了 iSchools 的组织基础设施、实体基础设施、技术基础设施和社会基础设施的状况,并探讨了这些要素如何影响图书馆和信息研究(LIS)学院的数字人文教育项目,更进一步考察了其在提供数字人文教学时的策略、合作与伙伴关系。团队通过大学官网调查选定了非洲 22 所大学的 LIS 学院,这些被选定的大学均兼有信息科学和人文科学项目。通过电子邮件发送在线问卷给相关学院院长与系主任后,最终收到了来自 15 所大学的答复。

本研究在构建信息科学和人文科学以及研究部门之间的跨学科关系模型[①]时受到了更广泛的科学领域的启发。在组织基础设施方面,这些 LIS 学院中,79% 提供以下课程:图书馆和信息研究、档案和文件管理、出版和媒体研究、信息技术、计算机和信息学,但只有 33% 的被调查机构积极开展数字人文研究和学术工作。尽管 91% 的这些非洲 LIS 学院有专门的计算机实验室来支持教学、学习和研究,但问卷调查显示,只有实体和技术基础设施是不够的。从更积极的角度看,数字图书馆(72.7%)、数字存档(54%)和机构知识库(90.9%)被广泛用于支持大学的数字人文活动。82% 的受访者预计将把数字人文纳入他们的课程。绝大部分受访者(91%)在教学和课程设计以及研究方面与人文科学部门开展了合作。

这项聚集区域的研究显示,数字人文倡议正在非洲的大学里慢慢扎根,有必要通过具有针对性的数字人文领域专题工作坊和研讨会来提高其数字人文意识。在非洲的所有区域都需要更多的"数字人文大使"(ambassadors)。

## 四 ▶ 职业

在分析了 iSchools 的数字人文发展现状之后,本节转向探讨 iSchools 相关教育项目的毕业生可获得的数字人文工作。这一就业分析的目的是通过研究招聘广告中的硬性要求或优先资质,来确定数字人文专业人员所需的技术能力。对数字人文职位所需的技术技能、经验和其他能力进行细致分析后,iSchools 教育项目可以对照结果来调整课程,以更好地满足学生和雇主的需求,使毕业生具备在数字人文领域或工作场所担任领导者所需的技能和实际经验。

本研究选择 2010 年 1 月至 2019 年 12 月 Digital Humanities Now[②] 发布的工作地点位于美国且职位描述中包含"digital humanities"或"DH"等关键词的招聘广告作为分析源,共 194 则。Digital Humanities Now 是一个发布数字人文学术和资源的在线新闻源,汇集了来自不同网站的招聘广告,包括 HASTAC(https://www. hastac. org)、DH+lib(https://DHandlib. org)及 DigitalKoans(https://digital-scholarship. org/digitalkoans),具有广泛的吸引力。本研究排除了招聘数字人文研究人员、数字人文课程教师或学生指导的广告,对于招聘后重新开放的岗位广告未进行核查。为还原招聘岗位的完整信息,调查过程中如果原广告只提供了部分描述,则进一步查阅机构网站的完整广告。

---

① Paul Rosenbloom, "The Great Scientific Domains and Society: A Metascience Perspective from the Domain of Computing", *The International Journal of Science in Society*, Vol. 1, No. 1, 2009, pp. 133 - 144.

② Digital Humanities Now, "Job announcements", August 30, 2021, https://digitalhumanitiesnow.org/category/news/job/.

符合条件的广告被录入 QDA Miner[①]，即定性数据分析软件，分雇主类型、职位名称、要求/期望的技术能力几项进行分析。此外，还制定了一个编码方案，用来对数据进行分类，以便进一步研究。这些编码被分配给招聘广告的特定部分，随后计算编码类别的出现频率，并以百分比表示。

## （一）雇主类型

数字人文职位主要集中在高等教育机构（n=188,96%）。其中，超过三分之二的招聘广告所代表的机构被归类为"博士大学——高层次研究活动"（Doctoral Universities—Very High Research Activity, n=153）。其他类型包括"学士学院：文理科为主"（Baccalaureate Colleges：Arts & Sciences Focus, n=18）和"硕士学院及大学：较大的项目"（Master's Colleges & Universities：Larger Programs, n=7）。属于研究型大学类别的机构所占比例较大，反映了研究机构增加了人员配置以支持数字人文研究的事实。

在这些高等教育机构的招聘广告中，职位数量最多的学术部门类型是学术图书馆（n=127），占本研究采样的 65%。这证实了学术图书馆在支持和促进其所在共同体的数字人文学术方面发挥了关键作用。[②] 样本中的第二大雇主是大学的数字人文中心（n=56），作为一个跨学科的研究中心，其形式通常是几个学部的联合事业，或是学部与其他学术或服务部门（如图书馆或信息技术服务中心）之间的合作伙伴关系[③]。其余的机构类型包括博物馆和公共图书馆等文化遗产机构（n=9），以及私营部门的雇主，如出版商（n=2）。

## （二）职位名称

由于雇主类型多元且图书馆拥有专门的数字人文部门，可以预计数字人文职位名称是多样化的。其中最常出现的词是"数字人文"（digital humanities, n=57）和"数字学术"（digital scholarship, n=42），它们出现在 51% 的招聘广告中。职位名称中的词语、短语的变化表明，数字人文与研究、教学、数字项目管理运营、数字出版、数字馆藏服务和学术交流等活动相结合。职位名称中常见的表明该职位作用的词是"图书馆馆员"（librarian, n=64），其次是"专家"（specialist）、"开发者"（developer）和"经理"（manager）。

经过卡方检验，职位名称中使用的词语与雇主类型之间的关联得以验证。"数字学术"（χ=21.86,p<.01）和"图书馆馆员"（χ=45.16, p<.01）这两个词在学术图书馆的职位中出现的频率更高。这表明，数字学术服务模式在为数字人文提供支持的图书馆中很常见，数字人文图书馆馆员被期望参与数字人文研究和教育的开发、实施和支持活动。在数字人文中心，包含"经理"（χ=20.16, p<.01）、"主任"（director, χ=9.37, p<.05）或"项目"（project, χ=12.02, p<.01）的头衔受到青睐。这意味着大学数字人文中心正在寻求行政管理和项目管理方面的专家。此外，博物馆还少量使用了一些独特的短

① Provalis Research, "QDA Miner", August 30, 2021, https://provalisresearch.com/products/qualitative-data-analysis-software/.

② Kathleen Kasten-Mutkus, Laura Costello and Darren Chase, "Raising Visibility in the Digital Humanities Landscape: Academic Engagement and the Question of the Librarys Role", *Digital Humanities Quarterly*, Vol. 13, No. 2, 2019; Chris Alen Sula, "Digital Humanities and Libraries: A Conceptual Model", *Journal of Library Administration*, Vol. 53, No. 1, 2013, pp. 10-26; Yin Zhang, Fangli Su and Brenna Hubschman, "A Content Analysis of Job Advertisements for Digital Humanities-Related Positions in Academic Libraries", *The Journal of Academic Librarianship*, Vol. 47, No. 1, 2021, p. 102275.

③ Kirk Anne, Tara Carlisle and Quinn Dombrowski et al. eds., "Building Capacity for Digital Humanities: A Framework for Institutional Planning", August 30, 2021, https://library.educause.edu/resources/2017/5/building-capacity-for-digital-humanities-a-framework-for-institutional-planning.

语,如"数字体验"(digital experience,$\chi=43.10$,$p<.01$)和"数字转换"(digital conversion,$\chi=19.50$,$p<.01$)。

### (三) 数字人文工作者的技术能力

数字人文技术能力可按以下三大类别进行分类:数字管理能力、数字人文研究方法和工具使用能力、系统管理和软件开发能力。表3列出了数字人文专业人员所需的各种技术知识、技能和能力。

表3　数字人文技术能力

| 类别 | 能力 | 编码(%) |
|---|---|---|
| 数字管理 | 数字内容平台(Digital content platform) | 69(35.6) |
| | 元数据(Metadata) | 57(29.4) |
| | 版权(Copyright) | 26(13.4) |
| | 数字馆藏/展览(Digital collection/exhibit) | 21(10.8) |
| | 数字化(Digitization) | 20(10.3) |
| | 数字媒体制作(Digital media production) | 19(9.8) |
| | 数字化保存实践(Digital preservation practice) | 18(9.3) |
| | 数据管理(Data management) | 18(9.3) |
| | 数字文件格式(Digital file formats) | 6(3.1) |
| 数字人文研究方法和工具 | 文本分析/挖掘(Text analysis/mining) | 63(31.8) |
| | 数据可视化(Data visualization) | 62(31.2) |
| | 地理信息系统/制图(GIS/mapping) | 49(20.3) |
| | 文本编码(Text encoding) | 28(14.4) |
| | 网络分析(Network analysis) | 23(11.6) |
| | 图像分析(Image analysis) | 13(6.6) |
| | 数据分析(定量/定性)〔Data analysis(quantitative/qualitative)〕 | 12(6.1) |
| | AR/VR/3D建模(AR/VR/3D modeling) | 12(6.1) |
| | 网页抓取(Web scraping) | 4(2.0) |
| | 数据清理/操纵(Data cleaning/manipulation) | 4(2.0) |
| 系统管理和软件开发 | 脚本语言(Scripting language) | 64(33.0) |
| | 网站开发(Web site development) | 59(30.4) |
| | 关系型数据库(Relational database) | 45(23.2) |
| | XML和相关标准(XML and related standards) | 20(10.3) |
| | 网络应用程序框架(Web application framework) | 18(9.3) |
| | 操作系统(Unix, Linux, OS)〔Operating system(Unix, Linux, OS)〕 | 17(8.8) |
| | 版本控制系统(Version control system) | 16(8.2) |
| | 关联数据和语义网(Linked data and semantic web) | 14(7.2) |
| | 可用性测试(Usability testing) | 12(6.2) |

为了在就业市场上具有竞争力,数字人文专业人员应拥有一系列基本的和专门的知识和技能,以支持与数字对象生命周期[3]有关的工作。例如,63%的招聘广告都要求应聘者具备数字管理能力(n=122)。

拥有使用数字内容平台的工作知识和经验是需求最高的(n=69),雇主特别提到的数字内容管理系统和/或数字出版平台包括 Omeka①、WordPress②、Scalar③、CONTENTdm④、Fedora⑤ 和 DSpace⑥。具备元数据标准的相关知识是需求第二高的,如"都柏林核心元数据倡议"(Dublin Core Metadata Initiative)⑦、元数据对象描述方案(Metadata Object Description Schema,MODS)⑧、元数据编码和传输标准(Metadata Encoding and Transmission Standard,METS)⑨、受控词汇表,以及创建元数据的知识(n=57)。再次是掌握数字对象相关版权、许可和合理使用的知识(n=26)。

由于数字人文领域经常涉及数字内容和媒体的创建与分析,因此数字化最佳实践的知识(n=20)以及数字媒体制作技能(n=19),包括图形设计、音频/视频编辑和流媒体、图像处理应用的经验,也经常被列为数字人文专业人员的必要或期望技能就不足为奇了。

近一半的招聘广告(n=89)都表达了对使用数字人文研究方法和工具的技术熟练程度的要求。其中,"文本分析/挖掘"出现的频率最高(n=63),其次是"可视化"(n=62)。文本分析/挖掘涉及文本数据的计算分析,经常被用作一系列策略的总称,包括应用自然语言处理和机器学习工具、主题建模、情感分析和文档分类。这是因为一系列的文本挖掘策略——如应用于大型和多样化的文本语料库,已经成为许多数字人文研究的基本方法。其他与文本数据相关的技术能力包括网页抓取(n=4)和文本编码(n=18)。

可视化也被作为一种流行的方法,用以说明和帮助理解文本及其他类型的数据,包括定量的、空间的和时间的数据,在本研究所收集的招聘广告中,其经常被描述为"具有或熟悉应用于人文科学的数据可视化工具和技术"。其他招聘广告提到了具体的可视化工具,如 D3. js⑩、Plotly⑪、Tableau⑫ 和 Gephi⑬。同样地,地图和 GIS 提供了额外的机制来直观地展示数据,作为数字人文研究和项目中叙述性文本的替代或补充。GIS 和制图在招聘广告中经常被提及(n=49),一些职位要求有使用特定制图工具的经验,如 QGIS⑭、ArcGIS⑮、Google Earth⑯ 和 Leaflet⑰,另外一些职位则要求证明对地理空间分析的熟练程度。

---

① Roy Rosenzweig Center for History and New Media, "Omeka", August 30, 2021, https://omeka.org.

② Wordpress, "Blog Tool, Publishing Platform, and CMS—WordPress.org", August 30, 2021, https://wordpress.org.

③ Alliance for Networking Visual Culture, "About scalar", August 30, 2021, https://scalar. me/anvc/scalar/.

④ OCLS, "CONTENTdm", August 30, 2021, https://www.oclc.org/en/contentdm.html.

⑤ Duraspace, "Fedora", August 30, 2021, https://duraspace.org/fedora/.

⑥ Duraspace, "DSpace", August 30, 2021, https://duraspace.org/dspace/.

⑦ Dublin Core Metadata Initiative, "DCMI: DCMI Metadata Terms", January 11, 2021, https://www.dublincore.org/specifications/dublin-core/dcmi-terms/.

⑧ Library of Congress, "Metadata Object Description Schema", August 30, 2021, http://www.loc.gov/standards/mods/.

⑨ Library of Congress, "Metadata Encoding and Transmission Standard", August 30, 2021, https://www.loc.gov/standards/mets/.

⑩ Mike Bostock, "D3. js—Data-Driven Documents", August 30, 2021, https://d3js.org.

⑪ Plotly, "Plotly: The Front End for ML and Data Science Models", August 30, 2021, https://plotly.com.

⑫ Tableau, "Business Intelligence and Analytics Software", August 30, 2021, https://www.tableau.com.

⑬ Gephi.org, "Gephi—The Open Graph Viz Platform", August 30, 2021, https://gephi.org.

⑭ QGIS, "Welcome to the QGIS Project", August 30, 2021, https://www.qgis.org/.

⑮ Esri, "ArcGIS Online: Cloud-Based GIS Mapping Software", August 30, 2021, https://www.esri.com/en_us/arcgis/products/arcgis-online/overview.

⑯ Google, "Google Earth", August 30, 2021, https://earth.google.com.

⑰ Volodymyr Agafonkin, "Leaflet: A JavaScript Library for Interactive Maps", August 30, 2021, https://leafletjs.com.

数据还反映了对其他计算方法数量不大但不断增长的需求,包括网络分析(n=23)和图像分析(n=13)。数据分析的熟练程度(n=12)也经常被列入必要或优先的技能组合之中,包括关于统计模型的知识和使用统计分析工具(如 SPSS[①]、Stata[②]、SAS[③]、R[④])、定性数据分析软件(如 ATLAS. ti[⑤]、NVivo[⑥])的经验。

半数以上的招聘广告提到了系统管理和软件开发的能力(n=92),网络和软件开发、网络和项目托管以及定制应用程序配置方面的技能都属于高需求一类。

在系统管理和软件开发方面,最常提到的能力是熟悉或有过不太正式的程序性脚本和编程语言操作经验(n=64)。广告中经常提到 Python,它似乎是人文学科研究中最受欢迎的编程语言,特别是在许多文本分析任务中。其他语言,如 PHP 或 Ruby——通常用于创建基于网络的数据库接口,也包括在内。除了脚本语言,其他涉及数字人文网络应用的技能也经常被列为必要或优先资质,包括在创建动态数据驱动的网络应用中使用关系数据库的经验(n=45),网络应用框架(如 Django[⑦]、Flask[⑧]、Ruby on Rails[⑨],n=18)以及链接数据/语义网络技术(如 RDF、JSON-LD,n=16)。

相当多的雇主(n=59)希望申请者有前端的网络开发和设计技能,这通常被表述为"了解使用 HTML、CSS 和 JavaScript 的网页设计标准以及网络开发平台"。网页设计技能往往与可用性测试和用户体验设计的知识相结合(n=12)。

在基于 Unix/Linux 的服务器环境中工作的能力(n=17)似乎也是数字人文基本素养的一部分——绝大多数基于网络的项目都是在这种环境中运行的。此外,通过 Git 和 Github 进行的版本控制(n=16)对于数字人文开发者来说正在变得无处不在。

学术图书馆和大学数字人文中心所需要的技术能力存在差异。卡方检验显示,以下数字管理方面的能力在学术图书馆数字人文职位中更经常被提及:元数据($\chi=12.05$,$p<0.01$)、版权($\chi=9.45$,$p<0.01$)、数据管理($\chi=8.65$,$p<0.01$)、数字收藏/展览($\chi=7.82$,$p<0.01$)、数字化($\chi=6.78$,$p<0.01$)、数字保存实践($\chi=5.27$,$p<0.05$)。在对于数字人文研究方法/工具和系统管理与软件开发方面的能力要求上,不同类型的雇主没有明显的差异。这意味着所有类型的数字人文雇主都需要设计和发展数字人文研究和学术的技术专长,包括使用计算研究工具和方法的技能以及实施、管理应用程序和系统的技能。

## 五 运营和行政面临的挑战和机遇

为规避保密等伦理问题,本研究并未系统调查各高校数字人文中心,而是基于两所欧洲 iSchools

---

① IBM, "SPSS Software", August 30, 2021, https://www.ibm.com/analytics/spss-statistics-software.

② StataCorp, "Stata: Software for Statistics and Data Science", August 30, 2021, https://www.stata.com.

③ SAS Institute, "SAS: Analytics, Artificial Intelligence, and Data Management", August 30, 2021, https://www.sas.com/en_us/home.html.

④ R Foundation, "R: What is R?", August 30, 2021, https://www.r-project.org/about.html.

⑤ ATLAS. ti, "What is ATLAS. ti?", August 30, 2021, https://atlasti.com/product/what-is-atlas-ti/.

⑥ QSR International, "Qualitative Data Analysis Software: NVivo", August 30, 2021, https://www.qsrinternational.com/nvivo-qualitative-data-analysis-software/home.

⑦ Django Software Foundation, "Django Overview", August 30, 2021, https://www.djangoproject.com/start/overview/.

⑧ Pallets, "Welcome to Flask—Flask Documentation (1.1. x)", August 30, 2021, https://flask.palletsprojects.com/.

⑨ Ruby on Rails, "Ruby on Rails", August 30, 2021, https://rubyonrails.org.

建立和运行数字人文硕士项目的经验来探讨相关问题,分别是英国伦敦大学学院(UCL)的校园数字人文教育项目和瑞典林奈大学的在线项目,这两个机构所面临的机遇与挑战对于其他 iSchools 而言是通用的。

任何新数字人文教育项目都要在需求和资源方面进行论证,设定预期学生人数以及该项目如何与现有的基础设施和服务相结合。在愿意从已经捉襟见肘的预算中挪用有限的资源之前,高层需要确信一个新项目(或实际上是一个负责该项目的新中心)的价值和必要性①。那些设计新项目和为其申请资源的人必须形成一套关于项目的重要性、关于它将如何推动学术的发展以及如何支持研究以更好地了解人类状况的话语。

对一个新项目的需求很难量化,但对就业市场和对使毕业生具有优势技能的分析②(如上文的招聘广告分析)与不断增加的数字人文研究生人数,可以创造强有力的论据,尤其是对于博士研究培育机构而言③。此外,成功开展数字人文教育项目的同行机构的信息也可以激发领导者的竞争本能,这些同行往往有着相近的理念及/或机构、统计排名。新项目为开发新的跨学科课程和建立教学关系提供了机遇,在那里可以分享资源和专业知识④。一个典型的数字人文教育项目需要一系列核心课程,有时以 iSchools 为基础、辅之以一系列的选修课,利用起横跨整个机构的专业知识,这可能超越与外部伙伴和机构的合作(如前述教育模式部分所示)。机构内的合作者们也可以参与毕业设计和毕业论文的监督。学生跨系流动在支持跨学科合作和拓宽课程方面具有优势,但它是以交叉收费的机构模式为代价的,这时,经费(学费和其他费用)会跟着学生流动;这种机构内部的流动意味着,原系从学生学费中获得的收入部分会被转移到其他系。然而,对于整个大学来说,如果最终总体上有更多的学生被吸引,这将是一个优势。

对于那些考虑设计和实施数字人文教育项目的人们来说,另外一个问题是该项目应该完全从零开始,抑或是对符合总体项目目标的现有、也许是新近设计的课程进行重新配置。前者对人员配置和基础设施(包括图书馆和其他教学资源)有重大影响。后一种模式对高层来说更为可取,因为它更多地基于现有的人员和基础设施,并且以最少的新增投入来实现;它还将加强整个大学的跨学科性,这与许多机构正在努力实现的目标相符。

如上所述,iSchools 数字人文教育存在许多不同的教育模式:从单个的本科或研究生课程到辅修课程、预科课程和专项课程,再到全日制的本科和研究生学位课程。由 iSchools 提供的数字人文入门课

---

① Koraljka Golub and Marcelo Milrad, "Designing a Master Programme in Digital Humanities: The Case Study of Linnaeus University", Marijana Tomi, Mirna Willer and Nives Tomaševi eds., *Empowering the Visibility of Croatian Cultural Heritage Through the Digital Humanities*, Sweden: Cambridge Scholars Publishing, 2020, pp. 364 – 392; Claire Warwick, "Institutional Models for Digital Humanities", Claire Warwick, Melissa Terras and Julianne Nyhan eds., *Digital Humanities in Practice*, London: Facet, 2012, pp. 193 – 216.

② 如参见 Soniya Billore and Koraljka Golub, "Digital Humanities: An Exploration of New Programs in Higher Education and its Meaning Making by Community Partners", Växjö ed., *Extended Papers of the International Symposium on Digital Humanities (DH 2016)*, Sweden, 2016, pp. 119 – 125.

③ Simon Mahony and Elena Pierazzo, "Teaching Skills or Teaching Methodology?" Brett Hirsch ed., *Digital Humanities Pedagogy: Practices, Principles and Politics*, Cambridge: Open Book Publishers, 2015, pp. 215 – 225, http://books.openedition.org/obp/1639. Accessed September 12, 2021.

④ Simon Mahony, Juliannne Nyhan and Melissa Terras et al., "Digital Humanities Pedagogy: Integrative Learning and New Ways of Thinking About Studying the Humanities", Clare Mills, Michael Pidd and Jessica Williams eds., Proceedings of the Digital Humanities Congress 2014, Sheffield: The University of Sheffield, 2014, https://www. dhi. ac. uk/openbook/chapter/dhc2014-mahony. Accessed September 12, 2021.

程可以横向配置,如进入艺术和人文、社会科学和/或计算机科学等学科中,这能更广泛地激发对iSchools 项目的兴趣,并吸引那些尚未意识到这些课程与自己的兴趣和职业目标相关的学生。同样,与艺术和人文学科、社会科学、计算机科学部门合作提供的项目可以将新学生引入 iSchools 的研究和教学。所有这些合作都可以促进跨学科研究,解决复杂的社会挑战,这通常是现代大学愿景和战略中的一个关键因素。

任何模式都需要得到决策机构、主办项目的部门和其他机构高层的批准。为了支持申请,项目设计者应该预测学生入学人数,进行初步的市场调研以确定需求[①],并写一份有说服力和基于证据的项目计划提交给决策者(例如 Golub 和 Milrad 提出的 SWAT 分析[②])。项目计划中应涉及的其他主题包括宣传和营销、设施和空间要求,以及额外的人员配置需求。

对于一个研究生项目来说,预期的学生人数永远是推测性的,在招生结束之前永远无法确定。目前的情况似乎表明,尽管存在很多困难和校园限制,许多面对面的接触都被剥夺了,但学生们仍然愿意亲自参加。英国的大学和学院招生服务中心[③]的数据显示,在 2020 年的周期中,来自欧盟以外持有确定录取通知书的学生,比上一年增加了 12%。应该注意的是,这是关于本科生而不是研究生的数据,而且同一文件显示欧盟国家学生的数量下降了 6%,这在英国脱欧的不确定性下是可以预期的。此外,这些数字表示的是从 2020 年 6 月起持有确定录取通知书的人数,而不是已经注册的实际人数。在《卫报》上,理查德·亚当斯[④](Richard Adams)报告说,在 2020 年,由于可预见的校园限制,预计推迟到下一年入学的人数几乎没有增加(5.7%,而 2019 年为 5.4%)——尽管他们没有给出这些数据的来源。[⑤] 2019/2020 年英国入学人数可在高等教育学生统计数据(Higher Education Student Statistics: UK2019/2020)中查询:本科生持续下降("从 2017/2018 年到 2019/2020 年每年 6%"),而研究生增加了,特别是 2019/2020 年,上升"主要是由于非欧洲学生的入学人数增加"[⑥]。当然,在英国,尽管受到英国脱欧和新冠肺炎全球大流行的影响,学生人数总体还是有所增长。虽然目前 UCL 研究生的数据[⑦]还没有公开,但在过去的十年里,英国的研究生人数确实有了整体的增长,"从 2008/2009 年到 2017/2018 年,研究生新生人数增加了 16%,其中'非欧盟'人群的增长尤为明显(+33%)"[⑧]。新冠肺炎全球大流行之后的校园限制问题已经清楚地表明了部署在线远程项目的后期优势,尽管从上面的数字来看,大量的申请人仍然希望获得校园体验。无论哪种方式,都需要多样化的教学方法和评估类型,以及一种

① 如参见 Soniya Billore and Koraljka Golub, "Digital Humanities: An Exploration of a New Program in Higher Education and its Meaning Making by Community Partners", pp. 119 – 125.

② Koraljka Golub and Marcelo Milrad, "Digital Humanities as a Cross-Sector and Cross-Discipline Initiative: Prospects in the Linnaeus University Region", 2016 International Conference on Behavioral, Economic and Socio-cultural Computing, Ed., New York: IEEE, 2016, pp. 136 – 137.

③ Universities and Colleges Admissions Service, "Rise in Number of Students Planning to Start University This Autumn", 2020, https://www.ucas.com/corporate/news-and-key-documents/news/rise-number-students-planning-start-university-autumn. Accessed August 30, 2021.

④ Richard Adams 为《卫报》的教育版编辑。——译者注

⑤ R. Adams, "UK Universities Recruit Record Numbers of International Students", *The Guardian*, 2020, https://www.theguardian.com/education/2020/sep/24/uk-universities-recruit-record-numbers-of-international-students. Accessed August 30, 2021.

⑥ HESA, "Higher Education Student Statistics: UK, 2018/2019—Summary", 2021, https://www.hesa.ac.uk/news/27-01-2021/sb258-higher-education-student-statistics. Accessed August 30, 2021.

⑦ UCL, Student and Registry Services, "Student statistics", August 30, 2021, https://www.ucl.ac.uk/srs/student-statistics.

⑧ Ginevra House, "Postgraduate Education in the UK", August 30, 2021, https://www.hepi.ac.uk/wp-content/uploads/2020/05/Postgraduate-Education-in-the-UK.pdf.

灵活的方法以便能够对不断变化的情况做出快速反应。此外,林奈大学的经验表明,向非项目学生开放项目课程是解决可持续性问题和应对(特别是在线)学生保留率下降的有效途径。

成功推出一个新项目的最关键因素是高层的支持。机构的支持对任何新项目都是至关重要的,无论是创立一个新的数字人文教育项目或是数字人文中心,都需要明确对该机构的好处并进行呈现,这样才能确保获得可持续的支持。

## 六　▶结论

本研究的目的是调查世界各地 iSchools 背景下的数字人文教育实践。研究结果表明,大量的 iSchools 正在从事数字人文研究和教学,大约四分之一的 iSchools 至少提供一门数字人文课程,数字人文教育模式呈现多样化——从单独的课程、证书、辅修学位和专项课程到全日制学位课程。

由于 iSchools 的多样性,很难为 iSchools 的数字人文教育项目推荐一套通用的课程体系。一些 iSchools 扎根于图书馆学和信息科学,而另一些则提供全面的计算机科学和工程教育项目。同时,数字人文的学科和方法的多样性意味着几乎所有的 iSchools 都可以提供可靠的数字人文教育项目,即使各 iSchools 的数字人文课程有很大的不同。通过对课程设置及体系的分析可以发现,从事数字人文教学的 iSchools 通常提供一到两门专门的数字人文课程。一门基础课程可以向学生介绍数字人文研究的常见定义、概念和研究方法,并强调其中最能被某个 iSchools 的专长和方向支持的部分。另一门高级课程可以提供应用性的、基于项目的数字人文实践机会。一门或两门专业课程可以为数字人文项目提供基础或核心,并辅以 iSchools 提供的海量的其他课程加以补充。通过对数字人文职业的分析(如招聘广告中列出的雇主寻求的技能和专长)可以发现,数字人文职业所需的技能呈现出巨大的多样性,从高度技术性的系统管理和软件开发,到数字研究方法,再到数字管理。这些主题在 iSchools 的课程中普遍涉及,这些课程可能并不明确涉及数字人文但却极为相关。未来关于数字人文课程设计的研究可能会尝试对招聘广告分析中确认的具体能力进行详细的映射和跟踪,并可能通过将现有的 iSchools 课程与关键的数字人文主题进行映射来明确课程存在的不足。

经过此次调查研究,可以发现 iSchools 是数字人文知识景观和更大的组织生态系统的一个极其重要的组成部分。例如,招聘广告分析显示了一些必要的或需要的能力——元数据、版权、数字收藏/展览、数字化、数字保存等,这些明显属于信息学、图书馆学和更广泛的 iSchools 共同体所要求的学科领域。iSchools 广泛的领域涵盖了本研究中所确认的许多(如果不是全部)其他技能,因此,iSchools 显然在数字人文的"数字"方面和方法论上有很大的贡献。iSchools 共同体与信息学、图书馆学共同体之间的历史关联和持续联系,带来了在文化遗产、文献和人类知识、创造力记录持续管理方面的优势。后者的优势以及明确的研究领域(如知识组织和本体论,信息的历史和哲学,科学、技术和社会,知识自由以及批判性信息研究)使得 iSchools 共同体能够为数字人文的"人文"方面作出重大贡献。拥有在数字人文领域的众多优势,iSchools 应该积极主动地致力于主办和领导数字人文教育项目,同时与其他部门和学科进行合作。通过合作,iSchools 可以加强与外部相关部门和学科的关系,并让新的受众了解 iSchools 的教学和研究。iSchools 应该清楚地阐明自己的跨学科专长(技术、科学、人文、批评、理论)及其与数字人文的相关性。

无论是独立还是与其他学科的参与者合作,在为新一代信息专家、图书馆馆员和研究人员提供数字人文培训和教育方面,iSchools 都发挥着重要作用。希望这份关于 iSchools 中数字人文的概览能为

iSchools 成员在开发新的或修订和发展现有数字人文教育项目方面提供有益的指导。

### 编者注

［1］ 人文信息学旨在通过建立和维护技术平台以回答传统上被认为是人文学科领域的问题。

［2］ 停词,亦称停用词,是对形成句子语义作用微小的一类词,多为功能词。

［3］ 数据从最初生成到最终完成解释或是删除破坏所经历的一系列阶段即它的生命周期。

### 延伸阅读文献

［1］ Reed, A. Digital humanities and the study and teaching of North American religions [J]. Religion Compass, 2016, 10(12):307-316.

［2］ Hirsch, B. D. Digital Humanities Pedagogy: Practices, Principles and Politics [M]. Open Book Publishers, 2012.

# 新文科与数字人文教育之新①

**导读:**本文原载于《数字人文研究》2022 年第 4 期。作者在新文科建设背景下探讨数字人文教育问题,认为数字人文教育有很多新特质,并将其归纳为教育格局之新、目标之新、结构之新和角色之新,新的教育理念贯穿其中。新文科建设是高等教育改革"四新"战略(新文科、新工科、新农科、新医科)的重要一环,是新时代背景下人文社会科学教育的范式创新,旨在培养符合社会主义现代化建设要求的复合型、创新型人才。数字人文的本质是知识创新,它专注于知识创造、知识整序与知识关联,因此数字人文之于传统人文的"新"与新文科的"新"是同向同行的,都具有创新指向,数字人文与新文科的相互作用将带来人文社会科学的创新浪潮。作者认为数字人文教育在当前学科版图上尚无确切定位,多学科交叉与切入使其学科归属呈多样化格局;数字人文教育不追求传授确定知识,而是以引导学生拥抱开放的知识与加强思维训练为目标;数字人文大跨度、多线索、深融合式的知识交叉引发课程结构、教师队伍结构、师生知识结构等多层面结构更新;数字人文教育须从单向灌输转向学生参与式学习,将更多教学资源交给学生,实行开源教育,从而导致教师和学生的传统角色发生改变。新文科是新时代对文科教育的一种变革,也是人才培养模式的变革。2020 年发布的《新文科建设宣言》明确指出,"新文科建设的任务是构建世界水平、中国特色的文科人才培养体系。"本文指出,数字人文以其文理融合、教学科研实践三位一体,以及知识生产方式的变革创新等特点,成为探索新文科理念的一片试验良田。中国人民大学所实践的本硕博一贯制数字人文教育在建构中国数字人文自主知识体系,推进教育变革与人才培养中具有引领作用,因此这篇文章所归纳的数字人文教育之新也为国内外数字人文教育提供了思路与范式。

作为数字人文三位一体发展中的一足,教育与科研、实践并驾齐驱,相得益彰。数字人文教育继承数字人文的基因,天生带有很多与众不同的新特质。循新探新,走一条全新的教育之路,不仅符合数字人文的本质特征和人才需求,还有可能产生一定的"鲶鱼效应",搅动高等教育的池水,激活新型教育模式的成长。数字人文教育与新文科理念[1]有深层的吻合和呼应,如王丽华、刘炜所言,"数字人文之于传统人文的'新'与新文科的'新'是同向同行的,都具有创新指向,而数字人文与新文科的相互作用将带来人文社会科学的创新浪潮"②。

纵观国内外现有的数字人文教育,结合笔者所在的中国人民大学的情况,本文将数字人文教育的"新"概要归纳为教育格局之新、目标之新、结构之新和角色之新,新的理念贯穿在上述所有的新意之

---

① 作者:冯惠玲(中国人民大学信息资源管理学院);导读:王丽华。
② 王丽华、刘炜:《助力与借力:数字人文与新文科建设》,载《南京社会科学》2021 年第 7 期,第 130 - 138 页。

中。这些新特征并非数字人文教育所独有,但在其处尤为鲜明,且诸新相映,相辅相成,使之成为颇具典型性的高等教育"新物种"。由于数字人文自身尚处于成长时期,对于教育活动的要求尚未清楚透彻,对于人才质量的检验也尚无全面理性的长反馈,因而我们对于数字人文教育的认知还有很多主观和表浅成分,加上长期教育工作的惯性,往往以为不过是新开一个专业而已。在这个阶段,边发展、边思考、边探索、边改革,可以看到一个符合数字人文人才培养要求的新型教育体系的孕育成长。

## 一 格局之新

高等学校的数字人文教育始于 2001 年美国弗吉尼亚大学开设的研究生课程,2005 年伦敦国王学院首设数字人文博士学位。目前除本硕博教育之外,还有辅修课程、通识课程、证书教育、暑期学校等多种方式。数字人文在当前学科版图上的定位难题自然传导到数字人文教育之中。传统教育项目通常有较为清晰的学科归属,设置在一个学科门类之下,即使国外大学没有一级学科、二级学科之类的体系划分。数字人文教育的多学科属性使之失去了归属上的共识,实际做法大体是一所高校从哪个学科进入就把这个教育项目放在哪里,呈现出极大的自由度和多样性,人们很难确认它的学科隶属关系。根据国际信息学院联盟(iSchools)数字人文课程组 2020 年 9 月对全球数字人文教育的学科分布状况的调查,开设数字人文教育项目数量排名前 10 的学科领域是:数字人文的理论与方法(Theory and Methodology)148 个,艺术与文化研究(Arts and Cultural Studies)126 个,语言学(Linguistics and Language Studies)118 个,计算机科学(Computer Science)107 个,历史学(History)103 个,文学与哲学研究(Literary and Philological Studies)99 个,图书馆学情报学(Library Science and Information Science)55 个,媒介与传播学(Media and Communication Studies)51 个,社会学(Sociology)42 个,考古学(Archaeology)39 个,此外还有很多其他学科有所分布,也有学校由跨学科的数字人文研究中心主导。[1] 中国目前的数字人文教育项目从信息资源管理、文学、历史、艺术、传媒等不同学科切入。中外数字人文教育分布的学科横跨传统人文、社科、理工不同类别,不同的教育项目各有侧重,大多带有所在"学科家族"的特点,从事数字人文教育的学术共同体结构也十分复杂,其学科背景之多样是前所未有的。

这样的数字人文教育分布状况,打破了长期以来根据教育内容进行学科门类归入的办学思维;在中国主要按照一级学科管理的体制下,多学科课程、团队规划建设和管理、教师工作量认定等也出现一些新问题。专门针对数字人文某一领域的教育,如数字历史、数字艺术等,尚可以放在现有学科框架下,综合的数字人文则难以归位。2020 年 12 月,国务院学位委员会印发了《交叉学科设置与管理办法(试行)》,并设置了若干交叉学科,对其内涵界定为:"交叉学科是在学科交叉的基础上,通过深入交融,创造一系列新的概念、理论、方法,展示出一种新的认识论,构架出新的知识结构,形成一个新的更丰富的知识范畴,已经具备成熟学科的各种特征。"[2]尽管数字人文教育尚未成熟,如果必须进入一个一级学科的话,依上述解释,还是进入交叉学科相对合理,在其多学科交叉教育中面临的大量新问题需要在教育实践中逐一应对和破解。

[1] Peter J. Cobb and Koraljka Golub, "Digital Humanities Degrees and Supplemental Credentials in Information Schools (iSchools)", *Education for Information*, 2022, pp. 1 – 25.
[2] 中华人民共和国教育部《国务院学位委员会办公室负责人就〈交叉学科设置与管理办法(试行)〉答记者问》,http://www.moe.gov.cn/jyb_xwfbs271202112/t20211206_584975.html. (2021 – 12 – 06)[2023 – 01 – 13]

新文科、新工科、新农科、新医科等"四新"建设,是 2019 年以来教育部倡导的高等教育改革战略。从数字人文所解决的问题性质看,划归"新文科"是有道理的。"新文科"与传统文科的最大不同就在于它不仅是文科之间的交叉,还包含与其他门类学科的"杂交"。数字人文教育涵盖文科很多领域,并与理工科深度交叉,因此在新文科建设中具有很强的探索性和辐射性价值。当然,如果某高校从计算机应用角度把数字人文看作"新工科"的元素也未尝不可。

## 二　目标之新

数字人文教育的终极目标是给学生留下什么? 这是一个值得深入思考的重大问题。长期以来,大多数专业教育追求以清晰的知识边界、确定的知识结构和成熟的知识体系为基础,向学生传授具有稳定内核的专业知识。而当前的数字人文教育却与此相距甚远,各国高校在探索其理论体系、技术体系、应用拓展和学科建构的基础上进行个性化发展,具有明显的"三无"特征。一是没有经典理论和权威定义,"数字人文"概念开放包容,广为流传的伞状概念(Umbrella Term)和大帐篷概念(Big Tent)[2],表明其不寻求定义和边界的确定。"学科边界在教育领域远比在科研领域的作用更大"①,这意味着学科边界的不确定对于教育教学组织与活动的挑战更多更大。或许因为高等教育惯常以基本确定的学科边界设置专业和课程体系,"新文科"对于既有学科边界的"跨越"与"混合"带来专业、课程、教学形式的一系列不适应,数字人文的弱边界感、对教育目标的再认定即缘于其中。二是没有已形成共识的学科知识范畴和课程体系。由于数字人文领域的广泛性,各国各高校的数字人文教育大多在人文知识、数字技术方法和项目实践三大类之下各有切入点,面貌各异。中国人民大学开办数字人文教育时参考了 12 所国际知名大学的教学方案,但几乎找不到相近的"模板"。加州大学洛杉矶分校相继开设必修和选修课程 281 门(地理、教育、公共管理、社会、统计、经济、信息管理、计算机、建筑、艺术、语言、文学、人类学、历史学等)②,涉及 15 个学科。伦敦国王学院数字人文系的本科有 28 门主干课,涉及数字政治、数字经济、数字文化、数字方法等;硕士课程 40 门,涵盖数字人文理论、文化与社会大数据、数字技术与方法、数字文化与社会、数字资产与媒体管理五个方面。③ 中国人民大学信息资源管理学院数字人文硕士专业的培养方案设有 21 门专业课,涉及数字人文理论、人文知识、资源管理、数字技术、知识产权等方面。三是没有标准答案。不仅在数字人文的价值、作用、对人文学术的影响等重大问题上存在不同视角的认知差异,有关方法与技术的应用亦存在基于不同需求、不同审美的相异认知和判别。如同世上没有相同的树叶一样,每一个数字人文项目都是一种独特的存在,都是针对独立的目标而设计和实践的结果,并没有一个具有普适性的恒定模式。因此数字人文不可能像某些专业、某些课程那样,做出题库和标准答案考核学生,因为那个标准答案根本不存在。

数字人文教育的这种"三无"特征来自数字人文与生俱来的"不安分",《数字人文宣言 2.0》指出:数字人文"拥有一颗乌托邦的内核,这一内核是由 20 世纪六七十年代开始的反主流文化——赛博文化以来的血统所建构而成的。这也是为什么数字人文要重视文化和学术的开放性、无限性、开阔性、民主性的价值的原因"④。因此,数字人文课程教学目标不能定位于讲解和传授确定的知识,而是引导学生走

---

① 迈克尔·吉本斯等:《知识生产的新模式》,陈洪捷、沈文钦等译,北京:北京大学出版社,2011 年,第 131 页。
② 祁天娇:《美国数字人文高等教育探析:以加州大学洛杉矶分校为例》,载《图书馆论坛》2019 年第 8 期,第 32 - 40 页。
③ 杨晓雯:《欧洲高校数字人文教育研究:以英国伦敦国王学院数字人文系为例》,载《情报探索》2018 年第 7 期,第 76 - 81 页。
④ 斯坦利·费什:《数字人文及其不朽》,王斌译,载《文化研究》2013 年第 16 期,第 199 - 205 页。

进、理解、分析、辨别、思考、质疑,甚至颠覆,提升认知和思维能力;调动学生把自己的头脑设定为开放模式,拥抱开放的数字人文知识与前景。

这样的教育目标需要渗透到教学活动的各个方面,自微而至著。比如把概念引导转向实例引导,面对没有确定边界的数字人文"大伞",不追求概念的确定统一,而是通过大量案例实现从个别到一般,再从一般到个别的认知过程。学生们在形形色色的数字人文项目及其实现路径中建立起来的数字人文框架具有丰富的多元性、合理的包容性和生长活力。又如把结论引导转向思辨引导,传统人文学科具有深刻的反思性,将质疑思辨作为一种追求,而数字人文的反思性特点更为突出。面对数字人文理论和实践中纷杂多样且充满争议的思想观点,教师要有意识地排除习惯性"结论预设",不轻易做正误判断,特别要注意避免自身知识结构可能带来的认知局限和思维定式,要把数字人文进展中的各种思想观点、技术方法、效果及评价交给学生,诸如数字人文对于人文学科的利与弊,数字技术方法可以/不可以解决哪些人文学术问题等等,使其从不同立论、不同现象中汲取数字人文理论与方法的丰富与多元性,同时从中学习批判性、反身性思考的思辨过程,自主建立数字人文的认知框架。

由于数字人文知识的多元复杂,数字人文项目的独特创新,数字人文教育中的思维训练非常重要,须贯穿于知识学习的全过程。数字人文的发展演进是一个复杂的探索过程,对传统人文学术有深层的继承、拓展和创新,方向性和方法性并重,对数字人文学者、从业者的思维能力和知识储备要求并重,国内外数字人文教育工作者对此体会颇深。2022年中国数字人文年会数字人文教育论坛上多位参会者强调防止把数字人文教育工具化,要把思维训练放在重要位置,作为培养学生的目标之一,如交叉思维、数据思维、计算思维、通观思维、创新思维等,特别注重批判性创新思维的培养。① 王丽华、刘炜曾在文章中统计了大卫·M.贝里和安德斯·费格约德合著的《数字人文:数字时代的知识与批判》一书中"批判"一词的出现频率,其作为名词(critique)出现了55次,作为形容词(critical)出现了180余次。② 在iSchools数字人文课程组对全球数字人文教育的调查中,教育工作者提及的"批判性"(critically)是第二大高频词,仅次于"理解"(understand)。③ 可见批判性思维在数字人文教育中的特殊地位。

## 三 结构之新

学科交叉是数字人文最鲜明突出的特点,也是与新文科导向最深层的契合。《数字人文宣言2.0》指出:数字人文的体裁是M型的,即混合(mix)、匹配(match)、捣碎(mash)、展现(manifest)。④ 对于这四个词在数字人文中的表现可以有多方面解读,至少可以表明它的非单一、非固化结构和方法。数字人文涉及众多学科,跨越若干学科群,形成一种大跨度、多线索、深融合式的交叉,引发教育教学结构的多层面变化,及至教育功能、教育理念和教学组织的变化。

① "数字人文研究",2022年中国数字人文年会数字人文教育分论坛回顾,https://mp. weixin. qq. com/s/UDBfSvHm V2vIrb2DvgxPTg.(2022-12-03)[2023-01-13]
② 王丽华、刘炜:《数字人文理论建构与学科建设:读〈数字人文:数字时代的知识与批判〉》,载《数字人文研究》2021年第1期,第5-15页。
③ John A. Walsh, Peter J. Cobb and Wayne de Fremery et al., "Digital Humanities in the iSchool", *Journal of the Association for Information Science and Technology*, No. 2,2021, pp. 188-203.
④ Todd Presner, Jeffrey Schnapp and Peter Lunenfeld et al., "The Digital Humanities Manifesto 2.0(2009)", 2009, https://391. org/manifestos/2009-the-digital-humanities-manifesto-2-0-presner-schnapp-lunenfeld/. Accessed January 13,2023.

首先是课程结构的变化。全球数字人文教育布局和定位多样性中所具有的共同性，就在于任何一个项目的课程体系都是多学科知识的交叉组合，都需要理论学习和实践操作相辅相成，总体上是由人文知识、数字技术方法和观察实验实践三个板块组成，每个板块中有不同的课程配置。一方面，人文知识和数字技术方法都十分宽广，前者广博深厚需持续积累，后者专精严密并不断进化，每一个数字人文教育项目都不得不面临内容和深度的选择。另一方面，两类知识的拼盘固然有用，但是其融合程度才是决定数字人文价值和功能的根本，而教学实践则是对上述配置和融合的直接检验，是每个数字人文教育项目面临的更大挑战。安妮·伯迪克等人在书中用专节讨论了数字人文专深结合问题，指出数字人文"如何能够在自由无边的网络化学术中注入深度钻研？刺猬的深度因其严谨性而激励人心，狐狸的好奇心因其活力而令人惊喜""我们的目标是结合二者，创造出既能够广博也能够深究的'刺猬狐'"。①

各国的数字人文项目均主要面向本土文化，我国的数字人文发展应以推动中华民族最基本的文化基因与当代文化相适应，中华文化全景呈现和中华文化数字化成果全民共享为宗旨②，因而在数字人文教育的人文知识板块中，要着力于中华传统文化的数字化传承，而中华文化蕴藏在文学、史学、哲学、艺术、语言等不同门类的知识中，每一个教育项目需要根据特色定位、项目性质与课程时长等因素选择课程安排和知识传授方式，这也是数字人文课程结构需要设计的一个点。

由此对教师知识结构和思维习惯提出了新要求。在现有的学科建制下，教师的专业化甚至方向化程度越来越高，很少有老师具有数字人文所需的文理相通的大跨度知识储备。起初大多数数字人文教育项目主办方寄希望通过不同学科背景教师承担不同课程来应对文理交叉的课程结构，然而，当教学过程中需要深入解读数字人文实现原理，剖析数字人文案例，指导学生策划实施数字人文项目时，立刻被知识短板所困，这个短板不仅来自知识盲区或一知半解，同时来自新对象、新方法对传统学科知识和思维习惯的冲击。相比传统人文研究，数字人文在兴趣驱动、问题驱动中加入了数据驱动，在定性研究中加入了量化研究，在主观感悟、思辨与灵感中加入了归纳与实证，在观察、演绎方法中加入了对象要素的统计、归纳和抽象，在关注因果结论的同时加入了多层面相关关系分析等等，即使人文学科背景深厚的教师在数字人文中也需要面对很多新的研究议题和方法。相比计算机较多应用于自然科学、社会科学领域的规则数据，数字人文则需要数字技术处理更多的模糊性、隐含性、不确定性、主观性、情感性要素，即使是数字技术方法的高手也常困于人文功底不足而难于设计项目功能与实现路径，甚至难于开展数据加工处理。毕竟数字人文是数字与人文的合体，教育者拥有复合型的知识基础才能理解透彻，如王涛教授所言，数字人文是一幢高耸的学术大厦，它是由历史学、社会学、地理学、文学、计算机等不同房间组成的③。初始阶段的数字人文教育可以通过浅层次的知识对接方式推进，随着教育活动的纵深发展，终究需要教师的知识结构复合化。如果说数字与人文1+1的知识结构甚难达到，那么至少需要具有1+0.5的结构，才能比较有底气地胜任数字人文教学与指导。也就是说，数字人文教师队伍的配置，要以"术业有专攻"为基础的不同专业教师参与和每位教师一定程度的知识复合化两路并行。

数字人文教育必须引导学生形成文理兼备的跨学科知识结构。目前，数字人文本科教育的学生来自文理分科，通识教育、研究生教育的学生则来自不同专业，既有知识结构或知识偏好都有明显的差异和局限。大多数人文专业学生的数字技术基础薄弱甚至对其有些抵触，而不少理工科（也包括一些社

① 安妮·伯迪克等：《数字人文：改变知识创新与分享的游戏规则》，马林青、韩若画译，第95—97页。
② 中国政府网：《中共中央办公厅 国务院办公厅印发〈关于推进实施国家文化数字化战略的意见〉》，http://www.gov.cn/zhengce/2022-05/22/content_5691759.htm.（2022-05-22）[2023-01-13]
③ 王涛：《"数字史学"：现状、问题与展望》，载《江海学刊》2017年第2期，第172—176页。

科专业)学生的人文功底薄弱甚至缺少兴趣。虽然参与数字人文学习的学生知晓这个领域的跨学科性，但长期的分学科训练使得一些同学给自己的学习能力打上了某种标签或设定某种心理暗示，对于不擅长的领域缺少足够的动力和信心。常看到人文基础见长的学生偏重数字叙事类项目而规避专精的量化方法，理工基础见长的学生则倾向于选择数据处理和计算类项目而规避需要功力的史料阅读。可见，学科交叉无论之于教或是之于学都是一件知易行难的事儿，这是数字人文教育绕不开的挑战。

数字人文教育的结构性变化需要结构性应对，每一个数字人文教育项目都需要做专门设计。除了必要的理论课、方法课之外，可根据每个教育项目的定位，如侧重于数字历史、数字文学、数字重建、数字艺术、数字记忆等安排相应的特色课程，在可能的情况下多安排一些选修课，给学生宽口径、个性化发展以帮助。为此需要不同专业背景的教师"混合编队"，承担不同方向的课程，同时在描绘出整个项目知识图谱的基础上制订各门课程的教学大纲，实现不同课程知识的互补并减少重复，倡导教师互相听课、互相请教和项目合作，逐步形成人员结构和知识结构合理的教师队伍。引导和帮助学生探索跨学科学习的路径，鼓励学生走出舒适区，勇于挑战自我。通过循序渐进、由浅入深、分类辅导、不同学科学生组成合作团队等方式帮助学生搭建合理的、有跨度的知识结构。

## 四 ▸ 角色之新

大众参与是数字人文在改变知识生产方式过程中的一大特点，它弱化了知识生产者的资历资格条件，弱化了知识权威的判定作用，弱化了知识发布壁垒，吸引大众以各种方式参与知识的生产与繁荣。这种开放性不仅来自数字媒介的承载和传播能力，也来自大众，特别是青年一代的数字文化创作能力。因此，在数字人文教育中，教学方式以及教师和学生的传统角色都将有所改变，从教师灌输式知识投喂转向真正的学生参与式学习。

参与式学习是高等教育多年倡导，并在新文科建设中着重强调的教学方式。早在2002年，叶澜教授就指出教学的内在逻辑是"多向互动与内在生成"的，"互动"指强化教学活动中师生之间的多向参与、交流、关注以及合作的模式，"生成"即共同创造新的资源、活动、思想、观点，逐步朝向教学目标"生成"。[1] 对于数字人文而言，这种多向互动与内在生成更为必要，如安妮·伯迪克等人所言："数字人文的迭代特性造就了一个复兴本科生核心课程的千载难逢的机会，这些课程使他们在文化资料的生成和保存中成为积极的参与者和利益相关者。""这种新的文化生产为探索人类的文化遗产和想象未来的可能性不断开创新的重要空间。"[2]上述中外学者的两段论述有着内在的思想吻合，"互动"即为"参与"和"利益相关"，"生成"即为"文化生产"，二者都强调学生在学习过程中的主体性角色和态度。在数字人文教育中，这种教师、学生双主体的理念和模式得到进一步的强化和落地。

数字人文教育的双主体理念和参与式学习方式与该领域强烈的实践性密切相关，任何人都不可能在理论到理论的循环中掌握数字人文真知，每一个数字人文项目都是对数字人文原理的独特诠释，哪怕是失败的项目也会给学习者重要的启迪，因此国际数字人文联盟的年度奖项中始终设有"最佳数字人文失败案例之调查研究"单项。数字人文教育需要培养学生在应用研究与理论研究、实践创作与理

---

① 叶澜：《重建课堂教学过程观："新基础教育"课堂教学改革的理论与实践探究之二》，载《教育研究》2002年第10期，第24-30+50页。

② 安妮·伯迪克等：《数字人文：改变知识创新与分享的游戏规则》，马林青、韩若画译，第24-28页。

性思考等构面之间来回穿梭的意识和能力,这被称为"折线型教育"[①],而这种"穿梭"必然是学生的自主行为,是学生对于学习内容的亲身实践和独立思考,不可能在"被灌输"中完成。

如同跨学科学习一样,参与式学习也是一桩知易行难的事儿。习惯了你讲我听、你教我学、你考我答模式的教师和学生都需要有所调整和改变。单向讲授在学生理解、消化、吸收学习内容和知识的内化方面效果受限,而参与式有利于学生打开思索的闸门,去深入思索乃至发现。[②] 在数字人文这样的交叉领域中,如何调动学生参与课程学习和建设? 如何让学生用批判性思维领悟数字人文的思想、观点、方法和效果? 如何发挥学生的想象力和创造力? 如何组织学生有效地参与数字人文实践? 如何让学生尝试共创分享和团队合作? 这些都需要在教学方案中精心设计和实施。

所谓"双主体""参与式",就是要把原本完全掌握在教师手中的资源和能动性交给学生一部分,实行"开源"教育模式。比如把有关论点和争议交给学生,让学生思考判断,提出自己的见解;把教学案例、数据集、文献集交给学生,让学生阅读、评论、参考;把检验学习效果的"命题权"交给学生,让学生在自主项目设计中全面展现创新思维和实现能力,理解数字人文的价值和项目流程等等。为此,数字人文教育项目要做好充足的资源准备,除了建立案例库、文献库之外,最好能够搭建开放持久的实践平台,提供各种类型的项目参与机会和课内课外的创新指导,如此,学生的主体性感受和学习效果会得到明显提升。根据中国人民大学 2022 年 1 月的在线调查,国外高校除了大量跨学科的数字人文研究中心之外,已建设数字人文实验室 24 家,为学生的参与式学习和实践提供了稳定、良好的条件。[③] 中国人民大学积十年之功搭建了"北京记忆数字资源平台",让学生的优秀项目有了稳定的发布平台。学生在自由使用各类教学资源的过程中还会将各自发现的资源添加进来,形成教学资源的开放式滚动充实。中国人民大学一位获得数字人文荣誉学位的本科生这样表达参与式学习的感受:"数字人文课程像埋在深厚土壤中的一粒种子,当我们用不同的营养液去浇灌它时,可以期待它结出不同的果实,或许是这样,或许是那样,总之无限可能!"

## 五　结语

20 世纪初,列宁谈到了"从自然科学奔向社会科学的潮流"问题[④],简单说来,就是自然科学在自己的发展进程中,以科学的理论概念和方法,对社会科学发生积极的影响和渗透,从而推动社会科学的发展和进步[⑤]。21 世纪兴起的数字人文则是自然科学向人文学科及人文学科向自然科学的双向奔赴,相互影响和渗透,这正是新文科追求和探索的道路。全球数字人文教育正处于蓬勃发展期,数字人文以其文理融合、教学科研实践三位一体,以及知识生产方式的变革创新等特点,与我国高等教育新文科建设多有契合之处,成为探索新文科理念的一片试验良田。在建构中国数字人文自主知识体系,推进国家文化数字化战略的进程中,数字人文教育是重要组成部分,可以,也应该做出独有的贡献。

---

① 安妮·伯迪克等:《数字人文:改变知识创新与分享的游戏规则》,马林青、韩若画译,第 115 页。
② 陈佑清、吴琼:《为促进学生探究而讲授:大学研究性教学中的课堂讲授变革》,载《高等教育研究》2012 年第 2 期,第 94-99 页。
③ 祁天娇:《高校数字人文研究中心或实验室的建设与实践:基于全球百家案例的分析与启示》,载《数字人文研究》2021 年第 2 期,第 99-112 页。
④ 弗·伊·列宁:《列宁全集:第 20 卷》,中共中央马克思、恩格斯、列宁、斯大林著作编译局编译,北京:人民出版社,1958 年,第 189 页。
⑤ 孙显元:《从自然科学奔向社会科学的潮流:试谈自然科学的发展对社会科学的渗透》,载《安徽师范大学学报(人文社会科学版)》1978 年第 4 期,第 3-13 页。

### 📝 编者注

［1］ 新文科是相对于传统文科而言的,是以全球新科技革命、新经济发展、中国特色社会主义进入新时代为背景,突破传统文科的思维模式,以继承与创新、交叉与融合、协同与共享为主要途径,促进多学科交叉与深度融合,推动传统文科的更新升级,从学科导向转向以需求为导向,从专业分割转向交叉融合,从适应服务转向支撑引领。该概念于 2018 年首次提出,2019 年教育部、科技部、工信部等 13 个部门联合启动"六卓越一拔尖"计划 2.0,全面推进新文科建设。

［2］ "伞"和"大帐篷"皆指数字人文是多学科参与研究与实践的。

### 📖 延伸阅读文献

［1］ 王丽华,刘炜.助力与借力:数字人文与新文科建设[J].南京社会科学,2021(7):130-138.

［2］ 祝蕊,刘炜.新文科与数字人文学科建设[J].图书与情报,2021(5):53-59.

### ❓ 思考题

1. 国内外数字人文教育发展有何异同?

2. 数字人文学科如何建设?

3. 如何培养数字人文人才的核心能力?

第七章

# 数字人文的理论探究与争议①

---

① 本章作者为赵薇(中国社会科学院文学研究所)。

数字人文是一个争议丛生的领域,可以说数字人文这一概念自诞生之时起,这个领域的从业者和其周边专家就围绕相关问题展开了广泛而持久的讨论。这些讨论和论争的内容涉及但不限于数字人文与高等教育的关系;数字人文的实质;数字人文的学科归属、与跨学科的关系;数字人文的反思性和实践性;数字人文的认识论和工具主义;计算阐释的合法性;如何评价数字人文等等方方面面。从根源上说,这一波波的争论又与数字人文的定义和起源之争有关,显示出人们从不同角度和立场来界定究竟什么是数字人文时所面临的分歧与困难。由于数字人文的定义过于宽泛,边界并不清晰,在实践和辩论中产生了足够多的张力,也积累了大量批判性话语,这些话语往往在下述几个方面聚焦。

## 一 ▶ 数字人文是否是"新自由主义的工具"

从数字人文与资本主义经济全球化及其意识形态的关系上反对数字人文,可谓最上纲上线、最激烈的一种批判姿态,却也是较易受到反驳的一种观点。这种观点在理查德·格鲁森(Richard Grusin)《数字人文的阴暗面:两场近期美国现代语言学会年会侧记》("The Dark Side of Digital Humanities: Dispatches from Two Recent MLA Conventions", 2014),丹尼·艾灵顿(Daniel Allington)、萨拉·布罗伊特(Sarah Brouilcttc)和大卫·哥伦比亚(David Golumbia)的《新自由主义的工具(和档案):数字人文学科政治史》["Neoliberal Tools (and Archives): A Political History of Digital Humanities", 2016],以及蒂莫西·布伦南(Timothy Brennan)《数字人文的萧条》("The Digital Humanities Bust", 2017)等文章中发出了史上最强音。而这种论调之所以会兴起,和十多年来数字人文在西方(尤其是在美国)的现实境遇有关,甚至也成为了学院政治的一部分。

概而言之,过去的十年中,西方人文学科的普遍式微已成"新常态",然而数字人文领域蓬勃上升的趋势却与人文科学在高等教育中遭遇的危机形成了鲜明的矛盾。在外人眼里,北美公立高等教育对人文学科的拨款紧缩,传统部门和项目被取消或淘汰,终身教职削减,资源日渐稀缺;数字人文项目却获得了每年数以千万计的财政支持,2008年起美国国家人文基金会(NEH)中数字人文办公室(ODH)的设立,还有来自企业和非营利机构的资助,让数字人文一路高歌猛进,获得了大学管理者的青睐,在科学创新和技术进步的神话驱赶之下被赋魅。在批判者看来:"SSHRC的资助模式补充了新自由主义大学内新的知识工作模式的发展——加速了旧的文学研究模式的贬值。……这种将大额拨款用于数字人文学科项目的做法对整个美国和加拿大的人文学科产生了变革性影响,在那里,不从事计算工作的英语学术研究很难获得六位数的拨款。"①

数字人文顺理成章地促成了新自由主义经济对大学的"接管","21世纪的大学已经按照企业界的模式对自身进行了重组"。应该说,这些说法自然有其自身的逻辑,以至于被视为对20世纪90年代以来学院内部文化战争的一种延续。然而,人文学科的危机是否要归咎于数字人文的兴起?或者说,得到了外援是一方面,对于这样一个价值多元而高度杂合的领域,它在实际发展中是否真的加强了"对企业的依赖",变成一种更适应工业界的再生产模式,则是另外一回事。这里是否言过其实?尽管左派学者认为骑墙的数字人文有效地利用了公共、私人和慈善资金,以之代替了硅谷的风险资本,按照科技创业公司模式对学术研究进行了重新配置,但是这其中的必然性并未得到切实调查,真正的领域现状往

---

① Daniel Allington, Sara Brouillette & David Golumbia, "Neoliberal Tools (and Archives): A Political History of Digital Humanities". *Los Angeles Review of Books*, 1 May 2016.

往出乎人们意料。稍有留意不难发现，即便是曾经拥有极具影响力的斯坦福文学实验室的弗朗哥·莫莱蒂和马克·阿尔吉-休伊特（Mark Algee-Hewitt）等人，也曾纷纷现身说法，揭示这种指控的荒谬所在。这些"诉苦"成为实验室小册子（Pamphlet）成果和相关访谈中最诙谐又耐人寻味的部分。

在一般人看来，斯坦福文学实验室地处加州湾区（Bay Area），天然地具有了坐拥硅谷数字资本的地利之便，可以和互联网巨头们产生较多合作，包括经济上的互惠互利，应该是非常幸运的了，然而莫莱蒂的回答令世人吃惊：

> 事实上，我们从来没有从他们那里得到任何支持，也从来没想过要和他们有什么往来。如果我的记忆是正确的，我记得地处湾区对我们来说简直是一个灾难，因为这意味着我们很难雇到一个好的程序员。如果你想要一个好的程序员，在这个地区你必须支付高于业界水平二十倍的薪水。我们和这些商业巨头唯一的联系是，有一次一个在苹果公司工作的家伙给我们发邮件说："嗨，我们正在处理一个问题，和你们实验室目前这个项目非常像，我可以去参加一次你们的组会吗？"我说："当然可以，提供一个机会让我们也去一次你们的会议（学习）吧！"然而，这个回复被视为一种侮辱，一种冒犯。天哪，我们怎么敢（和他们平起平坐）？这件事足以显示这些公司的本质。这些行业大佬们认为他们就是准则，他们有权来刺探你，但你绝没有进入他们内部的权力。这真是太精彩了！[①]

不难看出，对工业界来说，尚在探索中的数字人文项目仍处于"鄙视链"的最底端。这些跨学科学者本身也是弱势者，从事着"非功利"的审美研究，其"无利可图"的特点使得他们自身被技术、资本排斥在外，但也正因此，却能够幸免于整个剥削和利润链的收编。为了不受制于劳动力市场的竞争规律，他们也只能自外于此。在莫莱蒂及其前同事眼里，整个斯坦福都在谷歌这艘巨轮上，他们的实验室则更像是一座"孤岛"。莫莱蒂认为，格鲁森的文章固然有其价值，但数字人文研究与大型技术公司为伍这一总体思路是有误的，他不止一次认为数字人文并没有与新自由主义结盟的政治诉求，斯坦福文学实验室的实施情况也远低于人们的预期：

> 我可以告诉你的是，在组建实验室的最初两年，我们从斯坦福获得了2万美元的资助。我们得用这笔钱购买所有用品，包括电脑、屏幕等，还要支付其他一切费用。我们后来又筹集了一些资金，一部分来自斯坦福，一部分来自外部，通常是国外的资助。但是你知道吗？6年过去了，我们的团队仍然没有程序员，也没有图书档案管理员，半个都没有。我们的一个研究生和英语系的一位年轻教员在程序设计方面都非常棒，但是我们还是缺少一名专业的程序员……我耗费了大量时间筹集资金来维系这个实验室。[②]

而事实上，这些有限的资金远远不够用于支付最基本的资料购买和数据处理——还不包括参与者的微薄薪酬。这导致数字人文并不比宽泛意义上的人文研究多产，相反，通常状况是更加"难产"，这些

---

① Ruben Hackler and Guido Kirsten, "Distant Reading, Computational Criticism, and Social Critique. An Interview with Franco Moretti", in: *Le foucaldien*, 2/1(2016).

② Ibid.

困难只有一线研究者才能切身体会到。从研究对象讲,数字人文极富雄心的研究目标,决定了它的材料搜求将是一场费时费力、要调动各方财力人力和技术支持的浩大工程。通常,这并非一两个研究者或者某个团队的力量就能够完成,需要实力雄厚的大学、图档机构、信息公司和工程师、研究型馆员的通力合作,但这也未必能实现其理想目标的一半。所谓"上穷碧落下黄泉,动手动脑找东西"在数字化时代已经发展为一种难上加难的超级工程,研究者们跨越的不仅仅是资金和资源的门槛,还有难以想象和难以克服的技术协议和制度的屏障,可谓举步维艰。这一点,斯坦福文学实验室小册子中的集体研究成果之一,同时也是该团队与巴黎索邦大学 OBVIL 卓越实验室团队、德国马克斯·普朗克研究所合作的产物《正典/档案:文学场域大型动力学》("Canon/Archive: Large-scale Dynamics in the Literary Field")中也有详尽清晰的表述。[1] 也就是说,即便有世界一流学术机构的扶助,我们从报告行文中看到的仍是繁难到令人瞠目的资料搜寻、数字化和信息处理过程,更不用说与各方机构打交道之难、支付给垄断型数据公司的费用之巨。可以说,现实中的数字人文学者和他们相对松散的研究团队,往往是在某种组织间隙式(interstitial)的制度空间中进行研究的,说白了,就是远远不如大量边界清晰、有一定保障的传统人文项目,他们首先须学会如何在学术体制与利益结构的夹缝中游走以求生存。

当资源和技术牢牢地掌握在不同利益方手里,所有研究都要在不同程度上卷入与不同利益方的合作,一个单纯遵从利益至上原则的信息　知识市场,绝对无法给数字人文项目提供理想的服务和后援。从这一点来说,处境尴尬的数字人文非但不具备被新自由主义经济和其运作体系整合的可能与条件,在很多时候更有可能受其压榨和胁迫。对他们来说,所谓"新自由主义的经济原则"更像是敌人而绝非盟友。

以人力资源的匮乏和不平衡为例,数字人文团队并不愿意雇佣廉价的临时工(那些处于体系边缘的研究生、年轻教师们),造成左派学者所抨击的"劳动力贬值"的局面。在十年前的文章中,大规模在线课程 MOOC 的"泡沫化"之所以成为艾灵顿等人的一个重要标靶,原因十分明了。让他们深恶痛绝的是某种以机器和信息产品来取代传统劳动、贬损劳动力价值的生产形式。在他们看来,数字人文简直是饮鸩止渴,如果使用网络课程这样的数字教学模式,其实是打着创造性知识生产模式的幌子来间接地促成"通过裁减终身教职,以减少大学开支"这样的工具性目标——那么,数字人文当然成了新自由主义的推手和"工具"。可以说暗含在这种说法背后的仍然是"机器威胁论"的批判逻辑,从十多年前的 MOOC 批判到如今的人工智能威胁论都概莫能外。这一方面彰显出当今高等教育面临"结构性难题"时,数字人文成了资本主义精于计算的象征,另一方面也应该看到,当憎恨加诸其身之时,便也等于是拒绝承认数字人文天生的去中心化特质对交往理性的促进;拒绝数字人文的平权主张对于缩短专家/权威和公众之间的知识距离、打破信息垄断和重塑公共意识方面的贡献,更不用说还有大型项目中的分布式劳动以及新兴数字经济模式所带来的可能性。

从这一方向上讲,人们可能忘记了"通过数字人文实践来抵抗"这一行为模式一直就存在于数字人文的文化理想中,是其价值多元化的一个明证。尽管斯坦利·费什曾嘲讽《数字人文宣言 2.0》("The Digital Humanities Manifesto 2.0")赋予了数字人文一个乌托邦的政治内核,甚至把它推向了"数字无政府主义"的极端[2],但数字人文自 20 世纪 60 年代的反文化运动和赛博文化交织而成的谱系中袭得的

---

[1]　Mark Algee-Hewitt et al., Canon/Archive: Large-scale Dynamics in the Literary Field. *Pamphlet 11*. https://litlab. stanford. edu/LiteraryLabPamphlet11.pdf.

[2]　Stanley Fish, "The Digital Humanities and the Transcending of Mortality", *The New York Times*, 9 January 2012.

学术民主化的诉求和其所倡导的开源、开放精神,以及坚信知识产权标准应摆脱资本束缚的主张,却泽被后世,吸引着一代代青年人前赴后继,使其在一次次地面临体制化陷阱的时候,仍然能保有其与生俱来的先锋气息和面向。

尽管如此,多年后布伦南依然认为:虽然数字人文的兴盛更多归因于青年学者试图反抗大学的新自由主义逻辑,但实际效果却是"合谋"。在这篇题为《数字人文的萧条》的文章中,作者先以一种颇不耐烦的口吻,将数字人文领域一系列计算批评研究的价值一笔勾销。但读过几位相关学者的回应,便会发现此种批评是如何建立在先入为主的误读,甚至想当然的不读之上的。它十分轻蔑地忽略了人文学者们想要通过量化手段来完成文学阐释和批评的巨大努力。以这些误读为铺垫,作者似乎急于抛出一个郑重的结论:

> 相反,DH 把人文学科带到了那些管理者和立法者的视野中,这些项目一方面给方法披上了科学主义的外衣,另一方面又为教室里有利可图的技术交易创造了一个框架,承诺实现教学的巨大自动化。那么,DH 的"成果"并不完全是虚幻的。它们把许多人文主义者变成了机构的策展人,使批判性思维沦为一种被有计划地淘汰掉的形式。[①]

不可否认的是,数字人文项目中反思性和批判性思维的缺位曾一度为人诟病,最严厉的批评之声甚至来自数字人文阵营内部。和很多文章相似,布伦南的结论提示我们,在表面上的贴标签和站队之外,还有更根本的价值观分歧必须被触及。如何能够在辨析和剔除有问题的价值观的同时,将数字人文导向一种更具有合法性的实践立场,从而避免"合谋",这其实取决于整个共同体对工具主义的反思力度,还有由此延伸出的一种取之于公用之于公的"基础设施"构想能否真正实施。此外,对于数字人文研究的从业者而言,这恰恰是为布伦南所无视的计算批评所致力于探索的方向。这些人文学者希望通过自己的批评实践,来突破介于技术与人文、科学主义与文化阐释、建造与思辨之间一系列人为建构起的二元对立。遗憾的是,这一方向不仅在领域内部尚未引起重视,在传统学界也没有摆脱屡遭误解的命运。

## 二 ▸ 对工具主义的反思与建造的认识论

新自由主义的工具主义逻辑(Neoliberal Instrumentalism)经由数字人文这个中介,向高等教育最后的堡垒人文科学内部渗透——这是前述文章的内在批判理路,它让人们意识到,起源于服务和应用的数字人文对工具理性和实用主义的确有执迷的一面,需要对这种价值观进行追根溯源的批判,从而在一个具有最大公约数的基础上,重建数字人文共同体的价值观。[②]

首先,一种较有代表性的意见认为,人们对计算理性的害怕,以至于谈数字而色变之所以会蔓延至数字人文研究上,也是由于数字人文自身长期以来一直力图保持科学的价值中立色彩,未能真正参与到 20 世纪 60 年代以来的文化批评中。这使得数字人文与媒介批评(Media Critique)等看似相关的领域截然不同,面对当下的信息资本主义、数字鸿沟等后工业社会中的严峻现实仿佛置身事外,只徒然具

---

① Timothy Brennan, "The Digital-Humanities Bust", *The Chronicle of Higher Education*, 15 Oct. 2017.

② Lisa Spiro, "This Is Why We 'Fight': Defining the Values of the Digital Humanities". Debates in the Digital Humanities, edited by Matthew K. Gold, NED - New edition, Minneapolis: University of Minnesota Press, 2012, pp.16 - 35.

有一副高效的"执行"功能。早在十多年前,数字人文领域的"全能选手"阿兰·刘(Alan Liu)就曾明确指出,如果缺乏文化批评(Cultural Critique)的维度,数字人文不仅难以成为人文科学的有机组成部分,其自身发展也将过早面临天花板。数字人文本来不该是这样的,这里原本预留了大有可为的空间。以莫莱蒂的路线为例,本来"远读"的出现有望打破细读和文化批评对峙多年的紧张关系,然而建立文学实验室后,研究者们却专注于以清晰的程序化操作和元数据的图式取代细读。文本分析、主题建模、数据挖掘、模式识别以及可视化方法被放置在实践的开始环节,而不再被用于最后的理论解释,如此,从微观的语言学特征(如词频),到对文化整体的统计架构(如民族文类形成的模型),其间毫无过渡。结果是,人们除了懂得做研究可以进行电子检索、可以使用眼花缭乱的统计工具,仍然对数字人文一无所知。① 因此,阿兰·刘坚持,拥有数据库、语料库和统计知识是远远不够的,只有把针对大体系的文学量化研究和文化批评相结合,才能发挥其真正价值,让数字人文跻身主流文学研究,使其从工具的从属地位上摆脱出来,成为批判工具的武器。

值得注意的是,此时的阿兰·刘不仅把希望留给了如何利用数字技术的工具、范式和概念,来"帮助重新思考工具性的概念",还把这种批判扩展到了对世界权力、金融和其他治理协议的思考上。用更宽泛的话来说,就是要利用计算来重新反思工具本身,使数字人文超越狭隘目的性的服务理想,转向更具批判性视野的"文化分析"(Cultual Analytics)。在这种呼声下,十年过去了,现如今各个领域的数字人文项目已全面开花,人们看到了更多力图以计算批评来质询社会表征的研究,更多关于种族、阶级、性别经验的议题进入数字人文,在揭示社会话语和文学史研究中的不公、发掘意识形态偏见、重现劣势群体声音方面做出了不同以往的成绩。

与此同时,另一个事实是,尽管这些探索为纠偏早先人们对数字人文善于"向脚本、代码或界面设计的安全性逃离"的刻板印象做出了努力,但似乎却仍然很难缓解从业者们的内在焦虑。这些焦虑更多是关于如何界定他们的工作性质,使之从根本上脱离人文学术生产的"仆从"地位。这驱使人文计算和数字人文学者从根源上反思工具(包括模型、算法)与人文理论和解释之间的复杂关系。威拉德·麦卡蒂(Willard McCarty)最早在著名的 Humanist 邮件列表上提出了"工具自身是否具有自明性"的话题,引起了旷日持久的讨论。② 约翰·昂斯沃思、斯蒂芬·拉姆齐、杰弗里·罗克韦尔、阿兰·刘等,都曾发表过十分精湛的论述。

在这个问题上,算法批评(Algorithmic Criticism)的提出者拉姆齐和哲学家罗克韦尔(也是文本分析工具包 Voyant 的开发者之一),曾发展出一套专门的认识论,为人文学者建造工具的行为赋权,使其能够区别于一般意义上的工具制造行为。他们认为,像 TextArc 之类的文本可视化工具,为文本提供了图形解释,不管这种解释是否真的是关于哈姆雷特或爱丽丝梦游仙境等等内容,还是仅仅表征了 TextArc 自己的算法和审美的复杂性,它都成了一种非同一般的"解释学的工具",而迥异于海德格尔所说的"铅笔"或"尺子"一类只提供便利的工具。这是因为它们自被开发出来,就被内在地赋予了创造者的解释意蕴。这便是昂斯沃思所说的"本体论的规约"(Ontological Commitments),是将算法运用于人的阐释活动的第一步。③ 在工具主义批判的意义上,这一理论启发人们去辨认出"建造"行为对于破

---

① Alan Liu, "Where Is Cultural Criticism in the Digital Humanities?", *Debates in the Digital Humanities*, Matthew K. Gold edit, Minneapolis: University of Minnesota Press, 2012, pp. 490–509.

② Humanist Discussion Group, http://www.digitalhumanities.org/humanist/.

③ John Unsworth, "What Is Humanities Computing and What is Not?", 8 November 2002, http://computerphilologie.digital-humanities.de/jg02/unsworth.html.

除手段—目的式的工具理性所具有的实践意义。正是在这一"建造"活动发生的过程中,人文学者通过计算建模来思考和推理,从而把理论真正实例化了。数字化(digitalized)被整合进解释的一环,体现了解释活动物质性的一面,其自身也成为理论化的透镜,数字人工制品由此幻化为一幅"心灵的望远镜"[①]。他们甚至认为,像文本分析和可视化工具这样的程序可以成为人文科学理论化的最高成果,因为它们像阐释学理论一样工作。一个信息检索中所常用的 concordance(逐词索引),可以说是实例化了某些关于文本统一性的理论,这其中的无穷奥妙还有待人文学者去摸索和揭示。在此,虽然"作为一种建模活动的人文学科中的计算"的想法早就被麦卡蒂提出[②],但二人的解释工具论,为计算批评学者反驳布伦南等人关于数字人文仅仅是"归档材料、生产数据和开发软件"的"反解释活动"这一成见提供了认识论层面的依据。

事实上很多批判者都曾指出,从人文计算(Humanities Computing)到数字人文的过渡史,其实暗含了一个从服务、支持型领域向人文研究的核心地带挺进的转变过程,包括麦卡蒂主持的 1999 年研讨会等活动将人文计算重塑为了数字人文,并将文本学术研究确立为该学科的核心关注,在很大程度上,它甚至"将数字人文塑造为一场社会运动"。然而人们很难意识到,这种"重塑"能够实现,恰恰离不开它的阐释学基础的成功建构。数字人文能否登堂入室,取决于它与人文阐释之间的密切关联是否得到承认,这一点很重要。就人文计算向数字人文的转变而言,说它具有奠基性的意义也不为过。

## 三　消解对立:通往一种思辨的基础设施

继拉姆齐和罗克韦尔为"建造工具"在人文学术内部划出地盘之后,拉姆齐在发表于 2011MLA 年会的《谁在领域内部,谁不在?》("Who's In and Who's Out?")[③]与《论建造》("On Building")[④]两篇文章中,又提出了一个大胆而影响甚大的区分,即一个人是否从事标注、制作、建模(甚至编码)等建造工具的实践,应该成为划分数字人文学者的身份标识:

　　"一个深刻的共性存在于每个找到数字人文之路的人——于我而言,这是非常令人兴奋和有利的。我认为,这种共性包括从阅读和批判转向建设与创造(making)"。身为人文学者,我们倾向于把地图(举例而言)当作文本进行阅读;当作解释文化欲望的工具、帝国意识形态的可视化、民族国家出现的记录等,这一切非常好。实际上,我想说这是人文探究意义的根源。在数字人文领域,几乎每一个人都被教导要这样做,而且喜欢这样做。但是,制作一张地图(比如使用 GIS 系统)是一种完全不同的体验。数字人文学者一再坚持认为,创造的过程产生了其他方式难以获得的深刻洞见……进行文本标记(markup)的人会这样说,就像开发(build)软件、侵入(hack)社交网络、创建(mark-up)可视化的人那样,为了追求几十种形式的触觉反馈技术,数字人文学者被聚集在一起。对我们而言,建设是一种新的诠释学——它比采用传统的人文探究方法,然后应用于数字对象要激进得多。媒体研究、游戏研究、关键代码

① 参见赵薇:《作为计算批评的数字人文》,载《中国文学批评》2022 年第 2 期。
② Willard McCarty, *Humanities Computing*, New York: Palgrave, 2005, p.21.
③ Stephen Ramsay, "Who's In and Who's Out." Author's blog, January 8, 2011. http://stephenramsay.us/text/2011/01/08/whos-in-and-whos-out.
④ Stephen Ramsay, "On Building", Author's blog, January 11, 2011, http://stephenramsay.us/text/2011/01/11/on-building.

研究以及其他学科为人文学科研究带来了美妙的新事物,但是我要说,比起从阅读到建设的激进转变,这些都不代表什么。……但在最后,我感到仍然有必要指出数字人文的确存在不同之处……有些人确实是在做数字人文,而有些人并不是。(《论建造》)

　　不难想象,这样的标准将把数字人文再次推上舆论的风口浪尖。事实上,此后几乎所有质疑,都不约而同地回溯到这一区分之上。这种存在于"建造"与人文学术所推崇的阅读、写作和思辨等等悠久传统之间的"对立",正来源于对"建造"的绝对强调。一种普遍的意见是,这种强调反而更加重了工具化的倾向,竟成为一切工具主义的源头,以至于批判者发出了警告:"数字人文学者应该停止(正如许多人已经做过的那样)在批判和生产之间、在为自身目的而追求的学术工作和可帮助达成其他目的工具性学术工作之间做出令人反感的区分",因为,通过利用"建造"和"批判"之间的区分,数字人文助长了一种"非常流行的21世纪观念",即高等教育的目的是找工作,或者说,是为了学习那些并不同于分析文献和批判文化,而易于推销的生存技能,那么,这便配合了"一种新自由主义的高教远景"的实现。①

　　应该说,此后对此番言论的理解已经严重脱离了当时的语境,拉姆齐的本意是建设性的,也是在表达一种平等的齐物观,他并没有说数字人文学者一定要会编码,会制作网页,他想说的是,编码和教人编码的事业同样能够让人的灵魂得到升华,这样做,"和将精力投入莎士比亚或内战研究的原因完全相同"。然而矛盾的是,既然拉姆齐仍然隐晦地坚持了"如果你什么都不做,你就不是数字人文学者"的观点,那就表明了一种立场上的分裂的确有可能构成两种不同的价值观基础,像人们所以为的,一种存在于文科和工科之间关于"做与不做"的态度,区隔了两种社群、两类人,而拉姆齐这样的学者也因此充当了领域"真正的守门人"的角色。②

　　那么,该如何弥合两种传统之间长久的分裂? 我们知道,在数字人文内部,这种分裂发展到极端,就是服务型的基础设施建设与学术研究之间的歧途,这种对立也早就埋伏在一些具有原初意义的讨论场景中。③ 作为一名数字人文学者,如何能够既被认真对待,又不满足于把自己定位为一个建设者和制造者,把人文学术仅仅设想为促进科技发展的推动力,把学科"推向后解释、非怀疑、技术官僚、保守、管理、实验室的实践"? 这个问题不可避免地成为此后数字人文学者们讨论的重心。

　　在将文化分析学视为数字人文的出路的同时,阿兰·刘也曾寄望于"数字基础设施"的全面铺设。他认为正如谷歌图书的设计者期望谷歌图书计划(Google Books)成为揭示文化内在编码的"文化基因组学",数字人文也必须发挥自身优势,以建设者的身份参与到社会生活中去,在学院知识分子和公众之间建立起良性互动,最大程度做好人文知识的分享、转化和自下而上的再造工作。在这方面,推动开放获取(Open Access),整合多种公共平台,实现语义网络的连接和资源共享固然重要,但实现的根本却在于能否切实推行一种机制,在学术出版商、商业数据库、政府和图博档机构,还有公共学术组织之间达成社会共识,把一个个散兵游勇式的"孤岛"链接成知识、技术、协议和人才通达的新大陆,这绝非一朝一夕可以实现,还需要对新的知识生产的经济制度模式做出批判性的研究与探索。

① Daniel Allington, Sara Brouillette & David Golumbia, "Neoliberal Tools (and Archives): A Political History of Digital Humanities".
② Patrik Svensson, "Beyond the Big Tent", *Debates in the Digital Humanities*, Matthew K. Gold edit, Minneapolis: University of Minnesota Press, 2012, pp.36−49.
③ Matthew Kirschenbaum, "Digital Humanities As/Is a Tactical Term", *Debates in the Digital Humanities*, Matthew K. Gold edit, Minneapolis: University of Minnesota Press, 2012, p.418.

十年后,刘重新意识到建立起一个方法论的基础设施框架的必要性。[①] 他再次重申学院与其他社会部门相交互的渠道,在于共享而又竞争的信息技术基础设施,它既是象征性的也是工具性的。借此他提出"思辨的基础设施"(Critical Infrastructure Studies)和"轻度的反基础主义"(Lightly-Anti-foundationism)等概念。表面上看,似乎是将精力从文化分析转移到了如何开放基础设施批判的思辨性潜力上,其实质却仍然是要通过新制度主义和组织技术的社会科学,来分析基础设施的大型技术系统和协作型知识生产的机构形式。如此,对技术的反思性使用为数字人文的文化批评提供了合适的通道,也为数字人文的发展做出了一种策略干预。

## 四 ▶ "计算文学研究"论争

布伦南的文章标志着到了 2017 年,对数字人文的怨恨情绪已近极点,随后,圣母大学学者笪章难(Nan Z. Da)撰文发起了更为猛烈的抨击。支持者们认为,这篇发表于 2019 年春天《批评探索》(*Critical Inquiry*)上的长文《以计算的方法反对计算文学研究》("The Computational Case against Computational Literary Studies")。[②] 这是因为,与前人不同,这篇论文似乎不再是出于意识形态因由做出的外围攻击,而是深刻地解构了数字人文触及了计算阐释的合法性基础。由于批评者本身并不从事同类研究,这场争论也折射出数字人文专业评价方面的固有困境。

事实上,笪章难针对的并非数字人文,而是将锋芒对准了其中的一部分,她指的是"文化分析学、文学数据挖掘、定量形式主义、文学文本挖掘、计算文本分析、计算批评、算法文学研究、文学研究的社会计算、计算文学研究"(Computational Literary Studies,CLS)。之所以把目标缩小到这个范围,是因为在她看来,计算文学分析即是对文本挖掘中发现的"模式"的统计学表达,经常重复现存的文学和文学史知识,其问题在于"有说服力的方面很显而易见,不显而易见的方面并不具有说服力"。而且,计算文学研究的对象和统计工具之间根本不搭配,这种不搭配导致了"一系列的技术问题、逻辑谬误和概念缺陷",具体表现为要么统计方法严谨,然而并没有提出和解决有意义的学术问题;要么看似解决了有意义的学术问题,但统计方法并不严谨,或者并没有必要使用统计学和其他机器学习工具。重点在于,笪章难认为文学学者不太有办法查验 CLS 的工作,所以她决心"利用基本统计原则讨论这些例证",即"以计算的方法反对计算文学研究",遂用一万多字快刀斩乱麻式地解决掉 14 篇平均长度在 1 万字左右的研究个案。文章发表后,被批评的大多数研究者在第一时间做出回应和反驳,这些反批评又带动了一波新的意见驳杂的讨论。[③]

从整体上说,笪章难的批评动机是可贵的,她无非想要对文学研究中引入计算的过程去魅,如她所

---

[①] 他认为数字人文正处于"晚期人文批评"(late humanities critique)的分岔口:亦即他所谓"黑客"分支(也即偏于拉姆齐的"建造"论一方的),包括了物的理论(thing theory)、新唯物主义(new materialism)、行动者网络理论(actor-network theory)、拼装理论(assemblage theory)等类似的晚期后结构主义理论,与所谓"闲扯"分支(如在媒介变革影响下的法兰克福学派的批判理论、解构理论、福柯的考古学、后殖民性别和种族等批评传统)的分歧点上。艾伦・刘:《通往思辨的基础设施研究》,汪蘅译,载《山东社会科学》,2019 年第 6 期。

[②] Nan Z. Da, "The Computational Case against Computational Literary Studies," *Critical Inquiry* 45, No. 3 (Spring 2019):601 - 639.笪章难:《以计算的方法反对计算文学研究》,汪蘅译,载《山东社会科学》,2019 年第 8 期。

[③] Computational Literary Studies: A Critique Inquiry online Forum. https://critinq. wordpress.com/2019/03/31/computational-literary-studies-a-critical-inquiry-online-forum/.
中文学界也对这些重要回应做了编译,参见:霍伊特・朗等:《推进计算文学研究:对笪章难〈以计算的方法反对计算文学研究〉一文的讨论》,载《山东社会科学》,汪蘅译,2019 年第 8 期。

说,"为文学编辑赋权"。反过来说,如果人人都有她的统计素养和较真精神,我们今天不会看到大量滥竽充数的数字人文研究。但是,她声称用所谓"计算的方式"来反对计算文学研究,并不意味着可以对这些研究中最深刻的阐释部分及其背后的文学/文化批评目的视而不见,这显示了笪章难文章中避重就轻的一面。更重要的是,笪章难的文本自身也是一个充满了理解错误、逻辑问题以及种种根深蒂固的偏见的文本,它由貌似内行的专家提供,因而更具迷惑性。我们需要结合几位被批评者的反批评,才能更好地将这场辩论透露出的症候识别出来。

### (一) 对原研究的理解错误

首先,让被批评者和读者最难以接受的,是笪章难对原研究的大量误读和所犯的事实错误。最典型者如《以计算的方法反对计算文学研究》中开首便举的《体裁的生命周期》("The Life Cycles of Genres")一例,作者明明以 1941 年为节点,采取了不同的随机对比集来分别训练和测试分类器[①],笪章难却认为他们没有这么做,后来才承认这是误会[②]。又如,在关于《湍流:世界文学的计算模型》("Turbulent Flow: A Computational Model of World Literature")的批评中,笪章难不仅看错了特征集的情况,检验特征鲁棒性的步骤也出现了问题。[③] 这些都是在新一轮反批评中才辨明的问题。

其次,是忽略研究中已经做过的事情。如对《理解 19 世纪小说中的性别和角色能动性》("Understanding Gender and Character Agency in the Nineteenth-Century Novel")中的分类器挑选以及十折交叉验证等前处理步骤的意义置之不理;对《体裁的生命周期》中已经证明了方法有效的"基线测试"忽略不计,便急于抛出批评结论。

### (二) 原研究中存在反例

在对"3000 本小说网络"研究的批评中[④],笪章难轻蔑地写道:"LDA 主题和常用词往往会随时间流逝而群集,这些特征有内置的时间关联……这并不独特,也没有洞见;你已经机械地保证会捕捉到一种体裁的时间趋势——即历来讨论的内容加上语言进化。"如果笪章难的这个判断是成立的,那么,在该研究第二张网络图中清晰显示出来的性别二分又如何解释? 难道 LDA 主题和常用词也会随性别二分而自然集群? 对可视化证据的效度的质疑无可厚非,只是在此例中难以成立。这一质疑方式无法证明时间与主题变化的耦合不存在。

### (三) 批评逻辑无理,显示了对阐释努力的蔑视

抛开上述粗浅的错误不论,笪章难批评逻辑中的很多问题都与其过强的"零假设检验动机"不无关

---

① Ted Underwood, "The Life Cycles of Genres", *Journal of Cultural Analytics*, May 23, 2016, http://culturalanalytics.org/2016/05/the-life-cycles-of-genres/.

② 霍伊特·朗等:《推进计算文学研究:对笪章难〈以计算的方法反对计算文学研究〉一文的讨论》,载《山东社会科学》,2019 年第 8 期,第 40 - 55 页。

③ 在回应中,两位作者已申明,笪章难鲁棒性检验(即稳健性检验,想要知道拿走这个特征后,模型是否还具有与原先相同的预测效果)的初衷是合理的,但她断言存在一个普世的"标准"停用词列表是错误的;退一步说,即便采用她的列表,也必须重跑模型,重新检验"TTR 减去停用词"这一特征的变化是否改变了整体的预测精度。笪章难的批评根本无视这个并列特征的存在,而是仅仅质询了"TTR"这个特征,想要通过修改它而使他们的模型"失效"。关于鲁棒性检验的不当步骤,这一点笪章难自己也承认了。详见本页脚注②所示参考文献。

④ Matthew L. Jockers, *Macroanalysis: Digital Methods and Literary History*, Champaign: University of Illinois Press, 2013, pp. 154 - 168.

系,这导致她有可能出于批判的需要而"被迫发明假设"。马克·阿尔吉-休伊特指出了这一点:

> 笪章难假设的这些对立导致她把注意力完全集中在对验证数据分析(CDA)的零假设检验上:选择图表、提出假设、寻找意义阐发中的错误。……由于笪章难坚持验证数据分析,她的批判就需要一个假设:如果确信语境之外没有假设,她就被迫发明一个。就算粗略读一遍《维特拓扑学》就能发现,我们对于'《维特》对其他文本的影响'的问题不感兴趣:相反,我们感兴趣的是当语料库围绕《维特》的语言重新组织时对语料库的影响。[1]

在文章中,除了上述对《维特拓扑学》的误读,这种动机还体现在以鲁棒性检测为名,非要找出反例,甚至不惜制造反例。如在对《文学模式识别:细读与机器学习之间的现代主义》("Literary Pattern Recognition: Modernism between Close Reading and Machine Learnin")的批评中,为了证明分类模型的鲁棒性有问题(即不能在别的测试集上也获得稳定分类效果),但她又难以找到同质的测试集,便只能以英译中文对联和日文短诗作为测试集,随后自然得出了错误结果,却就此认为研究者的模型"过拟合"(即"不够鲁棒")。然而经过一轮答辩后,她又转而认为"他们的分类器缺乏力量,因为它仅能以非常不同于俳句的诗歌为参照分类俳句;说白了,它会把包含和俳句很接近的重叠关键词的同样短小的文本分类为俳句。"这里的意思完全翻转,到底是过拟合还是过于宽松?看得人一头雾水。事实上,在原研究中,研究者通过实验结果的细读已经对模型做出了检验,而更关键的是,无论是过拟合还是不够有效,这并非他们实验的重点,笪章难的指责严重违背了研究者的批评初衷。诚如作者自辩:"这些错误代表了一种始终如一的拒绝:拒绝将某人的阐释实践置于语境和历史中考虑,不管是统计上还是人文上。我们不相信存在'客观上'好的文学阐释或者存在一种'正确的'做统计分析的方法。"[2]也就是说,即便过于宽松的尺度,恰恰是研究者为达到批评性的阐释目的而构造的步骤,或者说,是以此来说明历史上俳句概念的边界到底为何的突破口,这是通过有意操作来实现的。

另一个绝妙的例子是对停用词(stop words)的批判。笪章难想以研究者对停用词的"肆意"调节,来体现数字人文的"操作"对文学"解释力"的消解,这一观点似乎暗示了一个颇有市场的说法:计算文学研究的结果,大都是凭借人为做手脚的小伎俩才得以实现的。然而是这样吗?斯坦福文学实验室的小册子成果《定量形式主义:一场实验》("Quantitative Formalism: An Experiment")中,为了看清是什么因素在自动聚类中将莎剧区分为了喜剧、悲剧、历史剧和晚期戏剧,团队使用了主成分分析,并且尝试去赋予两个主成分以有意义的解释,可惜的是,这个探索走入了死胡同,只得另寻出路,这也是研究中常有的事。有趣的是,当他们研究载荷图(plot loading)时,却发现驱动者多半是停用词。[3] 这个故事被笪章难抓住,她将这一探索性过程强认作这个研究的结果——这仍然是一个重新发明"假设"的思路。事实上,这个认识仅仅是报告中的一个插曲,或者说充其量只构成了结论的一个层面。研究认为,对于机器来说,风格信号辨识的关键当然在于这些小词,但对人来说,它们就像建房子时候的水泥砂浆,还缺乏更坚实的砖块和整体构型,这也是为什么这个研究叫作"语词层面的文体/风格"。我们知道,为了完善风格理论,后来的研究又分别在句法和段落的层面展开,而且不同层次之间是相交互的,

---

① 霍伊特·朗等:《推进计算文学研究:对笪章难〈以计算的方法反对计算文学研究〉一文的讨论》,载《山东社会科学》,2019年第8期,第40-55页。
② 同上。
③ Allison, S. et al., Quantitative formalism: An experiment. 2011. https://litlab.stanford.edu/LiteraryLabPamphlet1.pdf.

这些更有价值的阐释当然属于被笪章难的叙述隐去的部分。可以看到,这种操作并非她所说的"想要从停用词中制造出一些意义来"。这种断章取义的解读,会使并未读过这篇十分坦诚的报告的人被其批评文本误导。

此种误导也出现在对《湍流:世界文学的计算模型》的批评中。《以计算的方法反对计算文学研究》一文不惜将 13 个语言特征协同工作的事实减缩为只剩一个特征起作用,其目的便是要使读者相信"作者为了区分现实主义文本和意识流文本唯一要做的一件事就是为停用词词频列表格"。但问题是,即便抛开批评者罔顾事实的一面,计算文学研究者不断剔除停用词,直到达到他们想要的区分目的,这样做错了吗?既然都是为了找出有效特征以建构分类器模型,完成推理和论证,又何以不可呢?关键在于这样做是否影响最终结论的得出,这是以阐释为基础的计算批评非常独特的地方。

## (四) 深层分歧与方法论的意义

除去上述事实问题,在此我们尤其应指出的,是存在于批判者和实践者之间更深层的认识论分歧。笪章难之所以会对计算文学研究发起猛攻,表面上看是由于此前的研究大都建立在词频和向量的降维表示的基础上,所谓"只有词频统计并不能带来有意义的结果",往深里说,仍然是知识表征的问题。[1]

在 14 个个案中,安德鲁·派博(Andrew Piper)的《小说信仰:皈依阅读、计算建模及现代小说》("Novel Devotions: Conversional Reading, Computational Modeling, and the Modern Novel")的阐释重心本来是建立在计算的二级表征之上的,但笪章难的注意力仅仅停留在最初的聚类效果,或者说它的文本表示的初级模型上。笪章难的质疑当然有其合理的部分,我们不能把任何可以被聚为两部分的叙事都称为"皈依叙事"。从根源上说,这个出发点并无错,对降维后的多维尺度图作为可视化证据的效度提出了疑问。这的确是文体测量学中的老问题,在作者归属判定研究中曾广泛存在。然而问题是,作者并没有停留于此,而是在此基础上开始了真正的建模:关于"半间距"与"半内距"的计算。派博认为,只有当文本前后两部分的"半间距"和"半内距"的差值也具有显著性,才算是包含"皈依体验"。[2]笪章难对此二级表征不以为然,认为派博的建模"不一定代表这种变化模式,不应被当作拥有此种'信仰'结构的小说的基准",但派博恰恰是通过后续的细读检验,不仅找出了最具有皈依体验的德语小说,还确定了造成这种皈依效果的原因。笪章难以《出埃及记》为反例,却并未按派博的建模方式来计算,她的质疑回避了派博后续的关键步骤,也就是说,仍然避开了"远读建模—细读发现—再建模—再发现"这一阐释循环所体现的具有方法论意义的有益论证。

更有意思的是,笪章难还做出了《忏悔录》的中译本投射图,以其并未达到分类效果而否定了皈依体验的建模。这里颇能引出一个关键性问题,即派博所认为的皈依体验其实是建立在一种语词本体论的规约之上,换言之,换了一套语言将很难捕捉到。琢磨一下笪章难的思路就会明白,这种不信任还是由于她根本无法认同这一类做法的知识表征基础——词频,或者说语词的分布。可以感受到,批评者对这一点的反感是本源性的,她明确认为:"统计工具设计出来是为了特定任务、解决具体问题;它们有特定效用,不应只是用来给词语计数乔装打扮。"与此相反,派博认为,不在某种尺度上动用宏观手段,就无法观察到这一美学现象:"这种大规模语言转换看起来的确像是一种词汇基础建设构造——不同

① 关于知识表征与计算批评的阐释基础,详见赵薇:《作为计算批评的数字人文》,载《中国文学批评》,2022 年第 2 期。
② Andrew Piper, "Novel Devotions: Conversional Reading, Computational Modeling, and the Modern Novel", *New Literary History* 46:1(2015), pp.63 - 98.

种类的皈依叙事在它的基础上建立起来。以这种方式,在这样的多重价值层面上进行阅读,可以揭示出一幅迄今一直未能为我们的批评叙事所捕捉到的这种小说的文体肖像。"

退一步说,即便派博运用词包模型和分类模型归纳出的这一类文本,它们的共同点不是"皈依体验",那又能是什么呢? 很显然笪章难也无法给出更合理的解释,却只是否定了派博的阐释行为。在这种无条件的否定中,笪章难透露了对语词作为单一表征手段的不信任和不屑。这种不信任很有代表性,自斯坦利·费什20世纪60年代对文体学的批判一直延续至今。尽管今天的计算批评学者们始终强调词语作为"线索"的意义,未必将其等同于文类、文体、风格自身,恰如泰德·安德伍德所强调的:"词语只是碰巧成为方便的线索,使我们能够追踪不同做法之间的隐含的相似性和不相似性。"①也就是说,词频仅仅是一种指示剂,与语法、TTR、标点符号,甚至页面格式等其他形式特征共同构成文体,但仍有人无法接受,他们将之一概斥为"简化论"或"还原论"。传统学者批判简化论和化约论,或许有其正当性,特别是在自然科学的语境中。但在数字人文和大部分量化社会科学建模中,采取简化、抽象、降维等等数据处理方式,是以特定的知识表示方式,巧妙而迅速地抓住事物的主要矛盾,使认识得以推进,进一步获得推理的证据。我们当然可以增加足够多的维度,构建足够复杂的大模型,让其模拟现实,但那样未必有助于复杂现象的理解,甚至连算法自身也将变得不可解释,造成无所不在的黑箱。原因很简单,因为人不是机器,人的认知结构和限阈决定了理解过程的特殊性,正如派博所说:"简化是在较大尺度上理解复杂性需要付出的代价。"②

客观上看,笪章难说出了一些无比正确的话,例如"拓扑学洞察力和用于词频论证的拓扑学结构的视觉化工具:这不是一回事"。"计算文学研究没有能力捕捉文学的复杂性。"但问题是,谁说是一回事了? 谁要用计算和建模来捕捉文学的复杂性了? 除了话语本身,有任何一种抽象模型可以捕捉到这种复杂性吗? 计算文学研究,毋宁说是计算批评,更是一种思维和阐释的手段,通过建模,将问题最重要的一面突出,恰如在上述可视化的例子中,"定量的视觉化是打算将复杂的数据输出简化为其基本特征",人们通过这个过程来更好地思考和推理,继而论证自己关心的问题。计算文学研究创造了许多作为思考工具的模型,符合人文学者建模的本来目的。这也是为什么人们应格外尊重建模之后的细读检验与再建模、再检验等环节,这些阐释性环节无不是为了使论证成立。从这个意义上说,派博的研究已经为人们勾勒出了一套清晰的方法论框架。③

当李友仁(Paul Vierthaler)运用与派博几乎同样的文体测量方法,将524部明清时期的小说、野史、正史组成的约50万页的语料库分开,笪章难也发出了几乎相同的疑问。在她看来,这仅仅是由于内容不同而导致的一种语义驱动的区分,就像小说之所以会和野史接近,是因为它们都来自"道听途说"(或"野史的差异在于内容而非正式语言的使用"),这更像是出之于一种传统研究的成见。然而真的如此吗? 以情况更复杂的"演义"为例,演义是对历史事件的虚构重述,在内容上与历史相似,在修辞上又与小说相似。如果把PCA图上数据点自然分开的形态视为文类观念之投影,演义与其近邻之间到底是按语言修辞,还是历史写作的虚实来划分的? 事实上,研究者正是想通过建模(远读)与细读之间的递归循环,来帮助人们理解所谓历史修辞(historical rhetoric)对文体风格的影响有多大,理解"偏离"的发生是由于某些以内容为基础的语义影响,还是历史话语(historical discourse)本身对语料库中

① Ted Underwood, "The Life Cycles of Genres", *Journal of Cultural Analytics*, May 23, 2016, p.6.
② Andrew Piper, "Novel Devotions: Conversional Reading, Computational Modeling, and the Modern Novel". *New Literary History*, 46:1(2015), p.70.
③ Ibid.

常见的词"施加了影响"。这就需要调动先验知识,对主成分轴究竟为何做出解释。细查散点载荷图后李友仁发现,各种语料的组合无不显示了白话/文言向度分布上的差异,它们恰好遵循从正载荷到负载荷的分布规律。鉴于这一操作性证据,作者认为:历史修辞的结构性影响,仍然是通过语言的正式性(语域),而非所谓"历史内容"来施加的。这一点,还可以通过考察加入演义作品后,主成分分析图中虚构文本与正史间的区分效果是否仍然明显来得到证实。① 不同于笪章难的有意简化,李友仁真正的结论意味深长,任何对白话/文言分野与中国近代小说演变之关系感兴趣的人,都可以以此为契机,设计更精细而有针对性的验证性实验,将问题推向深入。

事实上,在批判者一方,不太可能不理解这套阐释行为的意义,却更有可能是出于研究惯习而无法接受,或轻易将之判定为"无效"。这使得"信任什么"这样一个本应建立在经验研究基础上的问题带有了先验色彩,这已经成为数字人文所面临的常态化挑战:"学科变革总是有争议的,而对 DH 的攻击已经成为一种公认的流派。"②在这场计算文学研究的论争中,刨除对研究目的的简化和误解,弄错研究事实这些低级问题不论,发难者几乎未能撼动计算文学研究或者说计算批评、文化分析的根基。当下的数字人文学界已经过了激烈争论阶段,更多人选择不回应,不争论,埋头做事,当越来越多的里程碑式研究涌现,无谓的争论也就失去了意义。许多学者的成功经验告诉我们,建模和数字证据可以作为推理的环节为最终的阐释铺路,其前提是科学合理的统计应用。对于探索者来说,要注意的是不断增强规范意识和统计素养,如此才能创造出大量站得住脚的成果,为后来者奠基。

## 重要论争文献

〔1〕 McCarty, W. Humanities Computing as Interdiscipline 〔EB/OL〕. (1999) http://www. iath. virginia. edu/hcs/mccarty. html.

〔2〕 Unsworth, J. What Is Humanities Computing and What Is Not? 〔EB/OL〕. (2022 - 11 - 8) http://computerphilologie. digital-humanities. de/jg02/unsworth. html.

〔3〕 Presner, T., Schnapp, J., Lunenfeld, P., et al. The Digital Humanities Manifesto 2.0 〔EB/OL〕. (2009 - 1 - 22) https://www. humanitiesblast. com/manifesto/Manifesto_V2. pdf.

〔4〕 Ramsay, S. Who's In and Who's Out 〔EB/OL〕. (2011 - 1 - 8) http://stephenramsay. us/text/2011/01/08/whos-in-and-whos-out.

〔5〕 Ramsay, S. On Building 〔EB/OL〕. (2011 - 1 - 11) http://stephenramsay. us/text/2011/01/11/on-building.

〔6〕 Fish, S. The Digital Humanities and the Transcending of Mortality 〔N〕. The New York Times, 2012 - 1 - 9.

〔7〕 Liu, A. Where Is Cultural Criticism in the Digital Humanities? 〔M〕//Gold, M. K. Debates in the Digital Humanities. Minneapolis: University of Minnesota Press, 2012:490 - 509.

〔8〕 Grusin, R. The Dark Side of Digital Humanities: Dispatches from Two Recent MLA Conventions 〔J〕. Differences, 2014,25(1):79 - 92.

〔9〕 Allington, D., Brouillette, S. & Golumbia, D. Neoliberal Tools (and Archives): A Political History of Digital Humanities 〔J〕. Los Angeles Review of Books, 1 May 2016.

〔10〕 Brennan, T. The Digital-Humanities Bust. The Chronicle of Higher Education. 15 October 2017.

〔11〕 Bond, S., Long H. & Underwood T. Digital Is Not the Opposite of Humanities 〔N〕. Chronicle of Higher Education, 2017 - 11 - 1.

〔12〕 Nan, Z. D. The Computational Case against Computational Literary Studies 〔J〕. Critical Inquiry, 2019, 45(3): 601 - 639.

---

① 详见李友仁文章图 7。李友仁:《虚构与历史:明清文学中的对立与风格梯度》,汪蘅译,载《数字人文》2020 年第 2 期。

② Sarah Bond, Hoyt Long, and Ted Underwood, "Digital Is Not the Opposite of Humanities", *Chronicle of Higher Education*, November 1, 2017.

［13］Algee-Hewitt, M., Bode, K., Brouillette, S., et al. Computational Literary Studies: A Critique Inquiry Online Forum ［EB/OL］. https://critinq. wordpress. com/2019/03/31/computational-literary-studies-a-critical-inquiry-online-forum/.

［14］Gold, M. K. Debates in the Digital Humanities ［M］. Minneapolis: University of Minnesota Press, 2012.

［15］Gold, M. K., Klein, L. F. Debates in the Digital Humanities ［M］. Minneapolis: University of Minnesota Press, 2016.

［16］Gold, M. K., Klein, L. F. Debates in the Digital Humanities ［M］. Minneapolis: University of Minnesota Press, 2019.

?  思考题

1. 如何理解数字人文与新自由主义的关系?

2. 在数字人文实践中,如何处理好"建造"和"思辨"、工具(模型、算法)与人文解释之间的关系?

3. 计算批评的方法论框架是什么?